BRETAGNE

Sommaire

Dans ce guide, les pictos mettent en lumière ce que nous vous recommandons tout spécialement :

À ne pas manquer
À voir absolument – ne repartez pas sans y être allé.

Ma sélection Des experts locaux révèlent leurs coups de cœur et lieux secrets.

Vaut le détour
Des sites un peu moins connus qui méritent une visite.

Si vous aimez...
Un choix de visites ou d'activités complémentaires selon vos envies.

Édition écrite et actualisée par

Carole Huon,
Jean-Bernard Carillet, Muriel Chalandre-Yanes Blanch,
Christophe Corbel, Régis Couturier, Marie Dufay,
Bénédicte Houdré

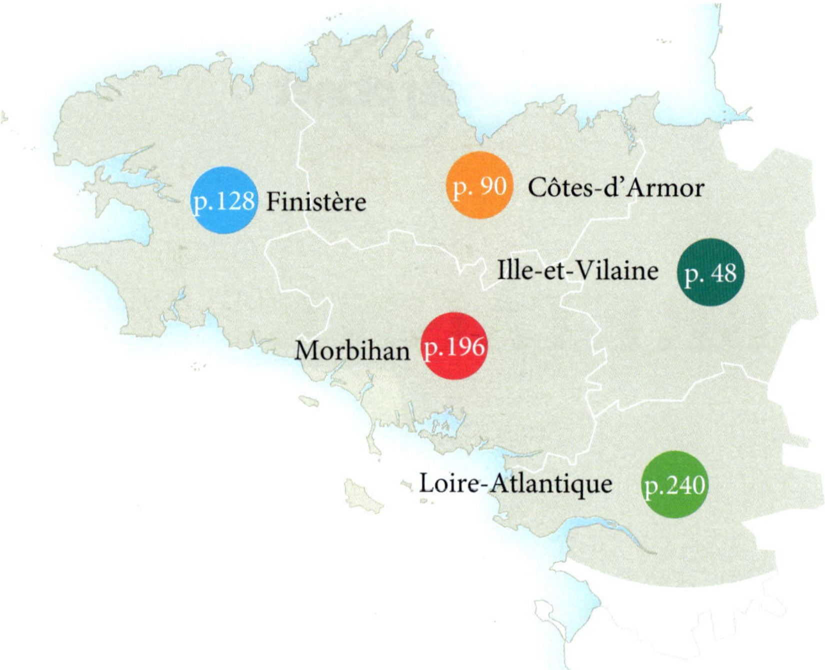
p.128 Finistère
p. 90 Côtes-d'Armor
Ille-et-Vilaine p. 48
Morbihan p.196
Loire-Atlantique p.240

Sommaire

Avant le départ

Sur la route

Sommaire

Sur la route

En savoir plus

Carnet pratique

Quelques mots sur la Bretagne

Degemer mat e Breizh ! Bienvenue en Bretagne ! La région enchante par ses couleurs et ses lumières. L'interminable bras de fer entre la mer et les terres suscite une marqueterie d'atmosphères jamais égales, vibrant sous la lumière océane. Un véritable kaléidoscope de styles et d'ambiances d'où la région tire sa force ; bien que parmi les plus touristiques de l'Hexagone, elle échappe à l'uniformisation et n'a pas perdu une miette de son âme.

Des paysages entre terre et mer...

C'est peu de dire qu'en Bretagne, la nature se donne en spectacle. Et c'est bien sûr la mer qui magnétise avant tout les visiteurs. Plusieurs centaines de kilomètres de côtes y voient défiler chaos rocheux déchiquetés, immenses rubans de sable fin, rias et abers, falaises vertigineuses, criques secrètes et caps téméraires... Une diversité qui se poursuit jusque dans les îles, arborant chacune une personnalité propre : Belle-Île la coquette, Ouessant la sauvage et Bréhat la fleurie pour ne citer qu'elles. De son littoral taillé comme de la dentelle, les marcheurs empruntant le sentier des douaniers (GR®34) n'en perdront pas une miette, les amateurs de sports nautiques n'auront que l'embarras du choix, et chacun trouvera plage à son humeur. Dans les terres, des minichaînes montagneuses, des étendues bocagères, quelques forêts, des lacs et des vallées mystérieuses prolongent cette symphonie naturelle.

De l'Argoat à l'Armor, une terre chargée d'histoire. Partout, vous serez marqué par les traces profondes laissées par une histoire qui a, autant que les éléments, bouleversé les paysages. De Nantes, résolument tournée vers l'avenir, à Brest, métropole océane reconstruite après la guerre, en passant par Rennes, ville-campus au cœur médiéval, vous ferez escale dans de pimpantes stations balnéaires (La Baule, Dinard, Saint-Cast-le-Guildo...), dans de fières cités corsaires (Saint-Malo, Roscoff...), médiévales (Vannes, Fougères, Dinan...), ou épiscopales (Quimper, Tréguier, Saint-Pol-de-Léon...). Vous vous attarderez dans un petit port de pêche finistérien ou dans un paisible village armoricain avant de repartir à la découverte de chapelles perdues et de châteaux forts, de calvaires et d'enclos, de menhirs et de dolmens dissimulés entre l'Argoat et l'Armor.

> « C'est peu de dire qu'en Bretagne, la nature se donne en spectacle. »

Spis, La Trinité-sur-Mer (Morbihan)
DAMIEN BARRAULT ©

J
80
FRA
951
FRA
499

Bretagne

25 incontournables

1. La pointe du Raz
2. Le pays des Abers
3. Saint-Malo
4. La presqu'île de Crozon
5. Les alignements de Carnac
6. Belle-Île-en-Mer
7. La côte de Granit rose
8. Concarneau et sa ville close
9. Nantes
10. L'enclos paroissial de Pleyben
11. La Baule et sa baie
12. Quimper

- 13 Quiberon et la Côte sauvage
- 14 Douarnenez et le cap Sizun
- 15 L'île d'Ouessant
- 16 La vieille ville de Vannes
- 17 Les marais salants de Guérande
- 18 Les îles du golfe du Morbihan
- 19 Le cap Fréhel
- 20 Dinard
- 21 Roc'h Trévezel (monts d'Arrée)
- 22 Le parc naturel régional de Brière
- 23 Dinan
- 24 L'île de Sein
- 25 Les Montagnes Noires

25 incontournables

La pointe du Raz

Au bout du cap Sizun, l'éperon granitique aux airs de bout du monde que forme la mythique pointe du Raz (p. 183), terre d'inspiration de grands noms littéraires comme Flaubert, offre un panorama splendide sur le phare de la Vierge et son chaos marin avec, en arrière-plan, l'île de Sein qui se profile.

1

ALTERFALTER / FOTOLIA ©

2

Le pays des Abers

Perles du Finistère, l'aber Benoît et l'aber Wrac'h (p. 142) offrent une physionomie tout en nuances. Ils composent des paysages versatiles, sans cesse redessinés par les marées et la lumière. Miroirs étincelants à marée haute, quand les flots frangent les champs, ils se transforment à marée basse en de vastes étendues de vase piquetées d'oiseaux. Les deux abers sont séparés par la presqu'île de Sainte-Marguerite, qui déroule ses dunes face à la Manche. Fréquenté en été, le pays des Abers conserve néanmoins une atmosphère d'éden préservé.

Saint-Malo

Ville du corsaire Surcouf, du découvreur du Canada Jacques Cartier et de François-Mahé de La Bourdonnais, célèbre amiral de la Compagnie des Indes, Saint-Malo (p. 71) connut la prospérité grâce à la mer. Flaubert disait de la ville qu'elle sentait "Terre-Neuve et la viande salée, l'odeur rance des longs voyages". Tout cela a certes disparu et la cité corsaire est devenue touristique, mais les remparts de la ville intra-muros, ses ruelles tortueuses et la vue sur le large au-delà de la tombe de Chateaubriand ont gardé leur magie. Ses plages, notamment celle de Bon Secours, sont réputées.

3

TOPDEQ/FOTOLIA ©

Les meilleures... plages

SABLES-D'OR-LES-PINS, FRÉHEL
Une belle plage longue de 2 km, idéale pour les familles (p. 103).

BAIE DE LA BAULE
S'étirant sur 9 km, elle est réputée être la plus belle plage d'Europe (p. 264).

PRESQU'ÎLE DE RHUYS
Les plages émaillent ses côtes dentelées, qu'elles soient orientées vers l'océan ou vers le golfe du Morbihan (p. 234).

BELLE-ÎLE-EN-MER
Les rubans de sable fin et les criques paradisiaques sont omniprésentes (p. 207).

PRESQU'ÎLE DE CROZON
Allez dénicher une crique à votre convenance ; vous aurez l'embarras du choix (p. 166) !

Les meilleures... côtes sauvages

QUIBERON
Des falaises bordées de dunes balayées par les vents (p. 205).

CROZON
Un trident fendant la mer d'Iroise (p. 166).

CAP SIZUN
Falaises déchiquetées et landes aplaties en préambule à la célèbre pointe du Raz (p. 177).

BELLE-ÎLE-EN-MER
Criques encaissées, plages dunaires et hautes falaises (p. 207).

POINTE DU GROUIN
Un panorama sublime entre le cap Fréhel, le Mont-Saint-Michel et les îles Chausey, à 50 m de hauteur (p. 85).

CAP FRÉHEL
Une zone naturelle protégée, vouée aux éléments (p. 100).

SYNTO/FOTOLIA ©

4 La presqu'île de Crozon

Fantastique éperon rocheux qui se termine en forme de trident, la presqu'île de Crozon (p. 166) offre un environnement somptueux, où des plages magnifiques aux configurations très diverses se succèdent, de la petite crique sablonneuse aux allures de calanque aux longues étendues de sable fin.

Les tas de pois, Camaret

DAMIEN BARRAULT ©

5 Les alignements de Carnac

La plus grande concentration de mégalithes du monde se situe entre la presqu'île de Quiberon et le golfe du Morbihan. Ceux de Carnac (p. 215), avec au total 40 hectares d'alignements, sont les plus impressionnants. Une plongée dans l'histoire vieille de 6 000 ans, à coupler avec son excellent musée de la Préhistoire.

Belle-Île-en-Mer

6

De la côte douce à son pendant sauvage, criques encaissées, plages dunaires et hautes falaises se succèdent. Des maisons colorées du port de Sauzon aux colonies d'oiseaux de la réserve de Koh-Kastell, en passant par la citadelle Vauban au Palais et les petits villages qui émaillent son territoire, Belle-Île (p. 207) mérite qu'on lui consacre plusieurs jours.

La pointe des Poulains

7

La côte de Granit rose

Blanc de l'écume, déclinaisons de gris du littoral et demi-teintes de la lande : telle est l'habituelle palette de la Bretagne. Avec une exception : à l'ouest du Trégor, la roche prend des teintes ocre tirant par beau temps sur le rose. Alternant plages et paysages granitiques à la beauté spectaculaire, le littoral bordant Perros-Guirec (p. 117), Trégastel (p. 122), Trébeurden (p. 126) et une poignée d'autres localités attire ainsi les vacanciers et amateurs de nature. Les marcheurs trouveront leur bonheur au fil du superbe sentier des douaniers, qui suit la côte aux abords de Ploumanac'h (p. 118).

Concarneau et sa ville close

À la fois l'un des plus grands ports de pêche français et une ville d'art et d'histoire, Concarneau voit le décor bigarré de ses docks côtoyer celui de son étonnante ville close (p. 190), dont les remparts ont été élevés au XVIe siècle. Ville tout entière dédiée à la mer, dotée d'un excellent musée de la Pêche et d'un Marinarium, Concarneau offre également une agréable façade balnéaire faite de petites criques et de longues plages de sable blanc. Entrée dans la ville close

8

Les meilleurs... forts et remparts

CITADELLE VAUBAN, BELLE-ÎLE-EN-MER
Un patrimoine historique militaire unique, sur un piton rocheux à l'entrée du port (p. 208).

FORT-LA-LATTE, CAP FRÉHEL
Un site fortifié au bord de la côte découpée (p. 100).

VILLE CLOSE, CONCARNEAU
Sur une île, au milieu du port (p. 190).

CHÂTEAU DU TAUREAU, CARANTEC
Vaisseau de pierre à l'entrée de la baie de Morlaix, bâti sur un îlot (p. 137).

Les meilleures... rencontres avec l'Histoire

DINAN
Une plongée dans le Moyen Âge, au cœur des plus longs remparts de Bretagne (p. 98).

SAINT-MALO
La cité corsaire est emblématique de la Bretagne (p. 71).

DINARD
Le faste de la Belle Époque, avec plus de 400 villas accrochées aux falaises (p. 81).

LOCRONAN
Un décor de cinéma, et le reflet des grandes heures de l'industrie de la toile à voile (p. 173).

FOUGÈRES ET VITRÉ
Leurs châteaux sont emblématiques des Marches de Bretagne (p. 65 et p. 68).

Nantes

Ville aux multiples visages, Nantes (p. 248) possède un patrimoine architectural remarquable, dont le château des ducs de Bretagne. Ville d'histoire et de culture, Nantes est aussi tournée vers l'avenir et est entrée résolument dans le XXIe siècle ; la reconversion de sites historiques tels que l'ancienne usine LU ou le Hangar à bananes, sur l'île de Nantes, en est une belle démonstration.

Le château des ducs de Bretagne

9

10 L'enclos paroissial de Pleyben

Entre les monts d'Arrée et les Montagnes Noires, l'enclos paroissial de Pleyben (p. 161) est l'un des plus beaux de Bretagne. Le calvaire (XVIe siècle), l'ossuaire (1550) et la remarquable église de construction mi-gothique, mi-Renaissance qui composent ce fleuron de l'architecture religieuse forcent l'admiration.

11 La Baule et sa baie

Station balnéaire mythique, La Baule (p. 264) s'ouvre sur les 9 km de sable blond formés par sa baie, délimitée par Le Pouliguen (p. 268) au nord-ouest et Pornichet (p. 265) au sud. Royaume du farniente et des sports nautiques, la baie de La Baule conserve quelques splendides villas de la fin du XIXe et du début du XXe siècle, témoins de ses débuts dans le beau monde balnéaire, au milieu de structures modernes – pas toujours du meilleur goût, il est vrai.

KANADEL/FOTOLIA ©

12

Quimper

Réputée autant pour sa vieille ville faite de maisons à pans de bois, d'hôtels particuliers et de ruelles étroites dominées par l'élégante cathédrale Saint-Corentin que pour son centre d'art contemporain (le Quartier), Quimper (p. 186) est une ville d'art et d'histoire bien inscrite dans le XXIe siècle, dont les rues remplies de commerces ne désemplissent pas en été.

La cathédrale Saint-Corentin

FRÉDÉRIC GILLES/FOTOLIA ©

13

Quiberon et la Côte sauvage

Langue de terre qui ne tient que par un fil au continent, la presqu'île de Quiberon (p. 204) offre un profil double : le versant ouest, bordé de falaises, est livré aux colères de l'océan ; la façade est, abritée, est ponctuée de plages. À son extrémité, Quiberon (p. 205), centre névralgique de l'animation estivale et principal port d'embarquement pour Belle-Île-en-Mer (p. 207).

Douarnenez et le cap Sizun

Douarnenez (p. 174), ses trois ports au passé maritime toujours vivace, restés célèbres pour la pêche à la sardine, et sa baie aux belles étendues de sable sont aux portes du réputé très sauvage cap Sizun. La mythique pointe du Raz (p. 183) offre un panorama éblouissant, tandis que de minuscules ports-abris se dissimulent entre les plis de la côte déchiquetée. Mais tout n'est pas que tempêtes et falaises broyées par les flots : la façade sud, autour d'Audierne (p. 179) notamment, présente une physionomie balnéaire. Les quais de Douarnenez

14

Les meilleurs... petits ports de pêche

ERQUY
Un port de pêche surtout dévolu à la coquille Saint-Jacques, encore bien actif (p. 104).

LANILDUT
Prises singulières pour les marins-pêcheurs de ce port goémonier : des algues fraîches (p. 146) !

SAUZON
Ce port de Belle-Île est aussi dédié aux bateaux de plaisance (p. 209).

PORT-NAVALO
Ce minuscule port traditionnel est enchanteur, tout comme la presqu'île de Rhuys (p. 234).

Les meilleurs... caprices de la nature

CÔTE DE GRANIT ROSE
Des rochers à la couleur exceptionnelle et aux formes surréalistes (p. 117).

PLAGE DES GRANDS-SABLES, ÎLE DE GROIX
Une plage convexe qui se déplace, sur une île (p. 236).

AIGUILLES DE PORT-COTON, BELLE-ÎLE-EN-MER
Des rochers fouettés par les vents et un ballet de flocons (p. 121).

FORÊT DE HUELGOAT
D'énormes blocs de granit empreints de légendes (p. 167).

RÉGIS COUTURIER ©

L'île d'Ouessant

Plus grande île de la mer d'Iroise, Ouessant (p. 149) est un monde à part. Balisée par cinq phares, cette terre de marins au long cours, dont les épouses restées sur l'île travaillaient la terre, séduit les amoureux de nature vierge par ses côtes sauvages, ses falaises battues par les vents et les embruns, ses plages de sable ou de galets, ses landes tapissées de bruyères et d'ajoncs et son musée des Phares et Balises, unique en France. Lampaul (ci-dessus) ; phare du Créac'h (ci-contre)

RÉGIS COUTURIER ©

16 La vieille ville de Vannes

Avec ses remparts, ses places médiévales et ses maisons à pans de bois, Vannes (p. 220), chef-lieu du Morbihan, n'a pas usurpé son titre de "ville d'art et d'histoire". Flâner dans les ruelles pavées de la vieille ville donne toute la mesure de la richesse de son patrimoine architectural, qui côtoie par ailleurs d'innombrables commerces de qualité. Résolument tournée vers la mer avec son port et ses plages environnantes, la ville prend un air de station balnéaire à la belle saison.

THIERRY RIO/FOTOLIA ©

17 Les marais salants de Guérande

Sujet d'inspiration inépuisable pour les peintres et les photographes, cette immense marqueterie de damiers liquides (p. 277) dans laquelle le ciel se reflète, miroirs naturels aux teintes changeantes sculptés il y a plus de 1 000 ans, produit l'"or blanc de la Bretagne". Observer les paludiers récoltant le sel au soleil couchant est l'occasion d'un magnifique spectacle.

Les îles du golfe du Morbihan

Le golfe du Morbihan est parsemé d'une cinquantaine d'îles et d'îlots. La verdoyante île aux Moines (p. 230), la paisible et sauvage Arz (p. 232), Gavrinis (p. 233) et ses beautés archéologiques sont autant de joyaux où accoster, de sentiers où flâner, et de criques adorables à découvrir. L'île aux Moines

18

Les meilleures... stations balnéaires

DINARD
Des plages paradisiaques ancrées dans le faste de la Belle Époque et des Années folles (p. 81).

LA BAULE
La station balnéaire la plus mythique de la façade atlantique (p. 264).

PERROS-GUIREC
Ouverte sur les fameux rochers de granit rose (p. 117).

CARNAC
L'une des stations les plus courues de Bretagne, pour le farniente et les sports nautiques (p. 215).

Les meilleurs... spots pour observer les oiseaux

CAP FRÉHEL
Une colonie d'oiseaux de mer à observer d'avril à juillet (p. 100).

LES SEPT-ÎLES
Le repaire des fous de Bassan (p. 123).

OUESSANT
Une halte migratoire de nombreux oiseaux rares (p. 149).

KOH KASTELL, BELLE-ÎLE-EN-MER
Avec la sublime pointe des Poulains en ligne de mire (p. 211).

PARC NATUREL RÉGIONAL DE BRIÈRE
Une zone humide à la faune et à la flore très riches (p. 280).

Le cap Fréhel

19

Pointé vers le nord entre Saint-Malo et Saint-Brieuc, le cap Fréhel (p. 100) offre l'un des paysages naturels les plus grandioses du nord de la Bretagne : celui d'une langue de terre battue par les vents et couverte d'une lande rase, qui semble comme suspendue 70 m au-dessus des flots. Réserve ornithologique, le cap fait le bonheur des amateurs de promenades iodées grâce au sentier qui en fait le tour. Quant à son phare, il se visite parfois sur réservation.

ALONBOU/FOTOLIA ©

JEAN-PHILIPPE DELISLE/FOTOLIA ©

20 Dinard

Surnommée la "Nice du Nord" à la Belle Époque, Dinard (p. 81) a vu sa réputation monter en flèche lorsque les visiteurs anglo-saxons, sans oublier quelques aristocrates et têtes couronnées, découvrirent ses plages. Enclave BCBG d'une Bretagne ailleurs volontiers canaille, elle réunit chaque été des familles d'habitués grâce à ses quatre belles plages, à sa situation idéale pour découvrir la région et à ses belles villas de vacances. Cette ville à l'atmosphère un peu surannée est labellisée *Ville d'art et d'histoire*.

Roc'h Trévezel (monts d'Arrée)

21

Avec un (très !) modeste 384 m, Roc'h Trévezel (p. 164) parvient à s'élever au rang de troisième point culminant des monts d'Arrée. Quinze minutes de marche dans la bruyère mènent à ce sommet venteux qui offre un splendide panorama s'étendant, par temps clair, de la rade de Brest à la baie de Morlaix.

22

Le parc naturel régional de Brière

Paradis naturel tissé de canaux, de marais et de roselières à la lisière de l'océan, le parc naturel régional de Brière (p. 280) est un espace privilégié pour l'avifaune et la flore. Imprégnez-vous de cet univers sauvage lors d'une balade en barque à fond plat, visitez les chaumières typiques de l'île de Fédrun et les superbes chaumières restaurées du village de Kerhinet (photo ci-dessus).

Dinan

Un petit port surplombant l'estuaire de la Rance, des demeures médiévales qui confèrent une ambiance particulière au centre-ville, une histoire commerciale et religieuse dont la trace remonte jusqu'à l'an Mil : Dinan (p. 98) est un concentré des charmes des villes bretonnes. La basilique Saint-Sauveur, le château érigé entre les XIIIe et XVIe siècles et les remparts les plus longs de Bretagne sont les atouts maîtres de cette ville qui se découvre au fil d'une agréable balade. La contrepartie, on s'en doute, est une évidente surfréquentation en haute saison.

23

Les meilleures... visites avec de jeunes enfants

GRAND AQUARIUM, SAINT-MALO
Un spectacle féerique au cœur du monde sous-marin (p. 75).

ESPACE DES SCIENCES, RENNES
Participer au très ludique Labo de Merlin (p. 60).

LES MACHINES DE L'ÎLE, NANTES
Une balade sur le dos d'un éléphant... articulé ! (p. 256).

AQUARIUM ET JARDIN AUX PAPILLONS, VANNES
Pour s'émerveiller dans une même journée devant les poissons et les fragiles insectes (p. 226).

L'île de Sein

Battu par les vents et cerné de courants imprévisibles, ce ruban de granit posé sur la mer, de prime abord austère, livre quelques-uns de ses mystères pour peu qu'on lui consacre plus d'un jour. Car l'île de Sein, c'est aussi la chaleur de ses habitants, de somptueux couchers du soleil et des façades colorées qui s'égrènent le long des quais. Ambiance de bout du monde garantie. Le phare de Goulenez

Les meilleures... escapades au vert

LE CANAL DE NANTES À BREST
Naviguer au rythme de l'eau ou parcourir ses berges à pied ou à vélo (p. 165).

BRIÈRE
Ce site naturel tissé de canaux se parcourt en barque (p. 280).

MONTS D'ARRÉE
Un paradis pour les randonneurs : le plus haut sommet culmine à 385 m (p. 162).

LAC DE GUERLÉDAN
Un lac long de 12 km en plein centre Bretagne (p. 112).

FORÊTS D'HUELGOAT ET DE BROCÉLIANDE
Idéales pour faire le plein d'essences forestières sur fond de légendes (p. 167 et p. 60).

24

25

Les Montagnes Noires

Cette chaîne montagneuse miniature aux doux sommets aplatis, traversée par la vallée de l'Aulne, témoigne d'une Bretagne profonde et intimiste. Émaillée de charmants petits villages et de jolies chapelles, elle est notamment l'écrin de l'enclos paroissial de Pleyben (p. 161), l'un des plus somptueux de Bretagne. L'écotourisme y occupe une place privilégiée, avec de nombreuses activités tournées vers la nature.

Les meilleurs itinéraires de Bretagne

De la baie du Mont-Saint-Michel au parc de Brière

La Bretagne côté nature

Sur la côte ou dans les terres, la Bretagne offre une nature sauvage, préservée ou maîtrisée, qui n'attend que vous pour des vacances au vert ou des bols d'air iodé, à la découverte d'écosytèmes exceptionnels.

15 JOURS

1 Mont-Saint-Michel (p. 88)

Admirez le Mont-Saint-Michel se détachant au loin, au cœur de paysages uniques au monde, où les marées jouent avec les coefficients les plus élevés, et pénétrez ses murs en fin de journée, pour un coucher du soleil mémorable, loin des foules.

MONT-SAINT-MICHEL ➔ FRÉHEL

1 heure 15

2 Cap Fréhel (p. 100)

Le lendemain, gagnez ce site emblématique, suspendu à 70 m au-dessus de la mer. Quelle que soit la couleur du ciel, gris ardoise ou bleu azur, vous aurez certainement du mal à vous extraire de cette terre. Accordez-vous 2 jours de découverte.

FRÉHEL ➔ PERROS-GUIREC

1 heure 45

3 Côte de Granit rose (p. 117)

Découvrez les rochers de granit rose sculptés depuis des millénaires par les vagues et le vent qui font la renommée de cette portion de côte. À mi-chemin entre les stations balnéaires de Perros-Guirec et de Trégastel, le site naturel de Ploumanac'h en dévoile les couleurs les plus fameuses. Pensez à vous offrir une sieste sur un rocher chauffé par le soleil.

PERROS-GUIREC ➔ HUELGOAT

🚗 1 heure 30

4 Monts d'Arrée (p. 162)

Les monts d'Arrée, ultimes rescapés du massif armoricain et points culminants de la Bretagne, se dressent au cœur de paysages sauvages et austères qui tiennent une place de choix dans le folklore breton.

HUELGOAT ➔ AUDIERNE

🚗 1 heure 30

5 Cap Sizun (p. 177)

Gagnez le très sauvage cap Sizun et l'éperon granitique aux airs de bout du monde que forme la mythique pointe du Raz. Elle offre un panorama splendide sur le phare de la Vierge et son chaos marin, ainsi que l'île de Sein. Vous pourrez aussi profiter des nombreuses plages de son versant sud.

AUDIERNE ➔ PLEYBEN

🚗 1 heure 15

6 Montagnes Noires (p. 164)

Une invitation à vous mettre au vert dans une chaîne de montagnes de faible altitude, traversée par la vallée de l'Aulne, reflet d'une Bretagne intimiste. De belles balades fluviales et randonnées en perspective.

PLEYBEN ➔ ÉTEL

🚗 1 heure 30

7 Ria d'Étel (p. 222)

La ria est une vallée encaissée aux rives très découpées, dans laquelle s'écoule la rivière d'Étel, envahie par la mer lors des marées. Elle est connue pour la richesse de son écosystème ; explorer en kayak ses recoins ou plonger dans ses fonds marins permet d'en prendre toute la mesure, l'espace d'une journée.

ÉTEL ➔ VANNES

🚗 40 minutes

8 Golfe du Morbihan (p. 230)

Abritée des houles atlantiques mais traversée de violents courants, cette "petite mer" intérieure est un paradis d'une grande richesse écologique et culturelle. Le golfe surprend avec sa végétation aux accents méditerranéens, ses réserves ornithologiques, et l'activité incessante de ses pêcheurs et ostréiculteurs. Découvrez ses îles et îlots le temps d'une excursion en vedette à la journée, au départ de Vannes.

VANNES ➔ GUÉRANDE

🚗 1 heure

9 Marais salants de Guérande (p. 277)

Observez le soir les paludiers à l'œuvre dans cette immense marqueterie de damiers liquides. Un spectacle magique, au soleil couchant.

GUÉRANDE ➔ SAINT-LYPHARD

🚗 15 minutes

10 Parc naturel régional de Brière (p. 280)

Paradis naturel tissé de canaux, de marais et de roselières à la lisière de l'océan, le parc naturel régional de Brière, le plus grand marais de France après la Camargue, est un espace privilégié pour l'avifaune et la flore. Imprégnez-vous la dernière journée de cet univers sauvage, lors d'une balade en barque à fond plat.

15 JOURS

De Nantes au Mont-Saint-Michel Le grand tour du patrimoine

Voyage dans le temps et dans l'espace : du château des ducs de Bretagne à Nantes au Mont-Saint-Michel en passant par la ville close de Concarneau et les remparts de Saint-Malo, les témoins d'une histoire millénaire sont nombreux.

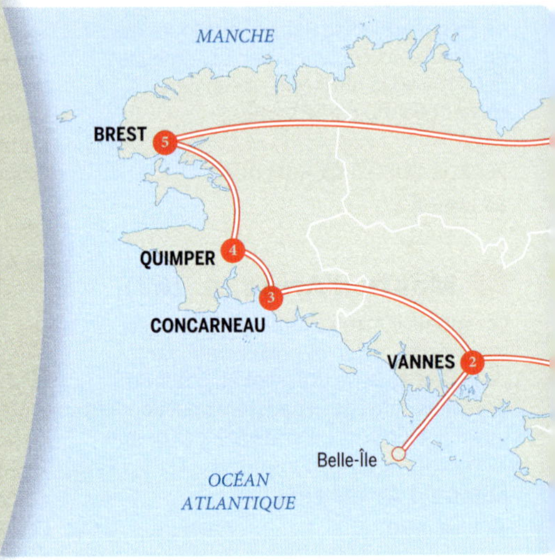

1 Nantes (p. 248)

Château des ducs de Bretagne, musée d'Histoire et mémorial à l'abolition de l'esclavage, réhabilitation des infrastructures portuaires de l'île de Nantes, **Nantes** sait honorer son histoire tout en regardant l'avenir en face. Consacrez lui 2 jours et imprégnez-vous de sa poésie urbaine.

NANTES ➔ VANNES

1 heure 10

2 Vannes (p. 220) et Belle-Île-en-Mer (p. 207)

Pour commencer, une visite de la coquette ville de **Vannes** s'impose. Autrefois tournée vers le commerce maritime, elle a su préserver un riche patrimoine architectural. Ne manquez pas un tour des **îles du golfe** pour observer le cairn de Gavrinis et, le lendemain, partez à la découverte de la citadelle Vauban sur **Belle-Île-en-Mer** (2 heures 15 de trajet, avril-septembre).

VANNES ➔ CONCARNEAU

45 minutes jusqu'à Quimperlé ou **1 heure** jusqu'à Rosporden, puis **50 minutes** (ligne 47) depuis Quimperlé ou **20 minutes** (ligne 44) depuis Rosporden.

3 Concarneau (p. 190)

Grand port de pêche et ville d'art et d'histoire, **Concarneau** est célèbre pour sa ville close, ville dans la ville postée sur une île au milieu du port. Mais Concarneau, c'est aussi la découverte des océans et de la biologie marine au Marinarium, le musée de la pêche, l'alternance de grandes plages et de petites criques qui caractérisent son littoral et où vous aurez plaisir à poser votre serviette.

CONCARNEAU ➔ QUIMPER

55 minutes (ligne 14A)

4 Quimper (p. 186)

Quimper, capitale historique de la Cornouaille située à l'extrémité de l'estuaire de l'Odet, est une ville dynamique, bien inscrite dans son temps, qui recèle des trésors d'architecture. Il est aisé de découvrir en une journée le vieux Quimper à pied, son patrimoine ancien et

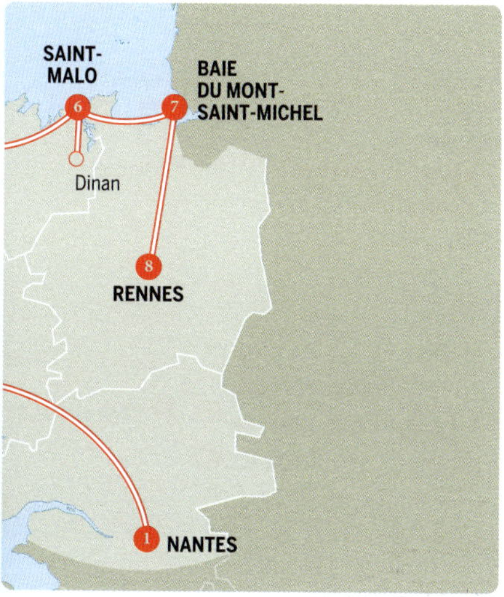

ses musées, dont le musée des Beaux-Arts, l'un des plus éblouissants de la région.

QUIMPER ➲ BREST

🚆 **1 heure 15**

5 Brest (p. 153)

Brest n'a pas toute été rasée pendant la guerre (et l'architecture de la reconstruction a aussi son intérêt). Le château et la tour de la Motte-Tanguy veillent toujours sur la Penfeld, et Recouvrance conserve la mémoire ouvrière de la ville. La vie maritime est indissociable de Brest, à la fois port militaire, port de commerce et port de plaisance ; ne manquez pas de la découvrir à travers Océanopolis, le musée de la Marine ou des Beaux-Arts. Comptez 2 jours.

BREST ➲ SAINT-MALO

🚆 **4 heures via Rennes**

6 Saint-Malo (p. 71), Dinard (p. 81) et Dinan (p. 71)

Consacrez quelques jours au tryptique **Saint-Malo-Dinard-Dinan**, à l'emblématique ville intra-muros de la première, aux villas Belle Époque accrochées à la côte et aux plages paradisiaques de la deuxième, et, enfin, au joyau d'architecture médiévale que représente la dernière.

SAINT-MALO ➲ MONT-SAINT-MICHEL

🚆 **15 minutes jusqu'à Dol-de-Bretagne, puis** 🚌 **35 minutes**

7 Mont-Saint-Michel (p. 88)

Terminez votre périple par le **Mont-Saint-Michel**, un site exceptionnel aux portes de la Bretagne, qui vous occupera toute la journée. Le train jusqu'à **Dol-de-Bretagne** y fait parfois un arrêt d'une heure, qui vous permettra de faire un saut jusqu'à sa cathédrale, très étonnante.

MONT-SAINT-MICHEL ➲ RENNES

🚆 **1 heure 20**

8 Rennes (p. 56)

Superbes exemples de maisons à colombages, d'architecture classique ou Art déco, mosaïques d'Isidore Odorico... **Rennes** concentre sur sa rive nord un patrimoine exceptionnel. Les vestiges des portes Mordelaises rappellent le temps où les ducs de Bretagne venaient se faire couronner dans la cathédrale et le Parlement est emblématique du rôle de capitale provinciale donné à la ville au milieu du XVIe siècle. Deux excellents musées sont consacrés à la petite et la grande histoire de la région, l'écomusée du pays de Rennes et le musée de Bretagne. Vous n'aurez pas trop de 2 jours pour découvrir les multiples facettes de la capitale bretonne.

Des îles du Golfe à Bréhat

La Bretagne insulaire

Entre terre et mer, la Bretagne joue une partie de bras de fer avec les flots, et lance ses pointes rocheuses tel un doigt vengeur vers l'océan, avec, bien souvent, pour prolongement une île ou un archipel.

Golfe du Morbihan
GILLES ROBVEILLE/FOTOLIA ©

1 Port-Navalo (p. 234) et les îles du Golfe (p. 230)

À la pointe ouest de la presqu'île de Rhuys, Port-Navalo, minuscule port traditionnel enchanteur, est idéal pour partir, le temps d'une journée, à la découverte des quelque 500 îles et îlots qui parsèment le golfe du Morbihan. Vous pourrez accoster notamment sur l'île d'Arz et l'île aux Moines, les plus courues d'entre elles.

PORT-NAVALO ➜ BELLE-ÎLE-EN-MER

Départs d'avr à sept, 1 heure de trajet

2 Belle-Île-en-Mer (p. 207)

Ses criques encaissées, ses hautes falaises percées de grottes, ses plages secrètes, les maisons colorées du port de Sauzon, les colonies d'oiseaux de la réserve de Koh-Kastell et la citadelle Vauban au Palais méritent qu'on lui consacre 3 jours de visite.

BELLE-ÎLE-EN-MER ➜ QUIBERON

Départs toute l'année, 45 min

3 Presqu'île de Quiberon (p. 204)

Idéal pour découvrir la région, le train touristique le *Tire-Bouchon* relie Quiberon à Auray en faisant escale sur la presqu'île à Saint-Pierre-Quiberon, Kerhostin, L'Isthme, Penthièvre, Les Sables-Blancs. Vous pourrez y embarquer votre vélo et partir à la découverte de la Côte sauvage.

AURAY ➜ GROIX

20 à 30 min jusqu'à Lorient, puis 45 min jusqu'à Groix

4 Groix (p. 236)

Face à Lorient, l'île de Groix montre sa silhouette élégante aux accents encore sauvages. Vous arrivez sur un territoire qui conjugue falaises massives, lande et plages sublimes. Ancien port thonier, Groix s'est peu à peu ouverte au tourisme, tout en conservant son identité.

GROIX ➜ LE CONQUET

45 min jusqu'à Lorient, 2 heures jusqu'à Brest, puis 50 min (ligne 11) jusqu'au Conquet.

5 Le Conquet (p. 146)

Ce pittoresque port de pêche, embarcadère pour l'île d'Ouessant, se prévaut de l'une des plus belles plages bretonnes. En chemin de Brest au Conquet, des escales au fort de Bertheaume et à la pointe Saint-Mathieu font prendre toute la mesure d'un littoral caractérisé par un relief accidenté et des falaises entrecoupées de criques et de plages sublimes.

LE CONQUET ➜ OUESSANT

Départs toute l'année, 1 heure

6 Ouessant (p. 149)

Consacrez 2 jours à ce microcosme au mode de vie singulier, plus grande île de la mer d'Iroise, environnée d'une nature grandiose mais parfois hostile. Une beauté sauvage à découvrir à pied, à vélo ou à cheval. Pensez à réserver tôt votre hébergement en été.

OUESSANT ➜ BRÉHAT

2 heures jusqu'à Brest puis 2 heures jusqu'à Paimpol via Guingamp et 12 min jusqu'à la pointe de l'Arcouest, embarcadère pour l'île de Bréhat, à 5 min en bateau

7 Bréhat (p. 111)

Celle que l'on surnomme l'île aux fleurs est réputée pour son microclimat et constitue un véritable paradis pour se détendre et profiter d'un paysage incomparable. De l'île Sud à l'île Nord, partie la mieux préservée, elle s'explore aisément à pied ou à vélo en une journée. Gare à la foule en été.

Les voies vertes de Bretagne
Au calme

Imaginez un instant que vous circulez, à pied ou à vélo, sans croiser une seule voiture sur des dizaines de kilomètres. Le bonheur ! La région Bretagne dispose d'un réseau de véloroutes et de voies vertes de près de 1 000 km dont 600 km en site propre.

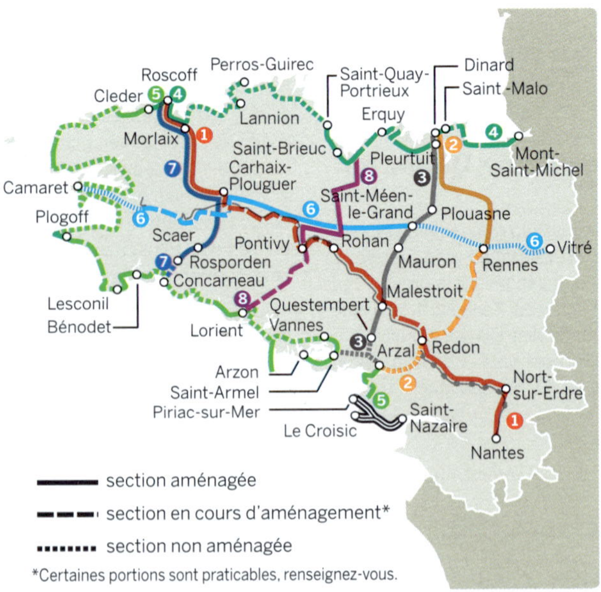

Saint-Pabu
RÉGIS COUTURIER ©

Huit itinéraires traversent la Bretagne. Plus de la moitié de ce réseau utilise les chemins de halage des canaux et rivières, mais également des voies ferrées abandonnées ou encore des sentiers forestiers. Certains itinéraires peuvent se faire à vélo et à pied ou même en rollers et à cheval, selon le revêtement de la piste. Le réseau est dense dans l'intérieur des terres. En revanche, il reste insuffisant pour ceux qui souhaitent longer la côte. À terme, le réseau des véloroutes devrait compter 2 000 km de voies, dont 1 000 en site propre. Nous vous indiquons la liste des 8 véloroutes dans leur portion finalisée ou en voie d'achèvement.

1 Véloroute 1

Roscoff-Nantes, en grande partie le long du canal de Nantes à Brest.

2 Véloroute 2

Saint-Malo-Arzal. Également appelée la liaison Manche-Océan.

3 Véloroute 3

Saint-Malo-presqu'île de Rhuys. Pour l'essentiel sur une ancienne voie ferrée.

4 Véloroutes 4 et 5

Mont-Saint-Michel à Saint-Nazaire, en passant par Brest (la Littorale).

5 Véloroute 6

Camaret-Vitré. La plus grande partie le long d'une voie ferrée. La voie royale pour explorer le Centre Bretagne, à la découverte de l'Argoat.

6 Véloroute 7

Roscoff-Concarneau. Le long d'une ancienne voie ferrée de Morlaix et Rosporden.

7 Véloroute 8

Saint-Brieuc-Lorient. Le long de la rigole d'Hilvern et du Blavet.

À cela il faut ajouter la Vélocéan qui relie par la côte le Morbihan à la Vendée (actuellement aménagée entre Piriac-sur-Mer, au nord, et Bourgneuf-en-Retz, au sud) et la Vélodyssée qui relie Roscoff au Pays basque (www.lavelodyssee.com).

Pour plus d'informations, procurez-vous le dépliant des voies vertes de Bretagne, édité par le Comité régional du tourisme (www.tourismebretagne.com/a-faire/bouger/voies-vertes), ou les ouvrages des Éditions Ouest-France *La Bretagne par les voies vertes* et *La Bretagne à vélo*.

La Bretagne en quelques jours
Idées week-end

Grâce au TGV, la Bretagne est rapidement accessible et il est aisé de venir y passer un week-end. Pour la description des sites ou des promenades et les transports, reportez-vous aux chapitres régionaux et au chapitre Transports.

1 La Loire-Atlantique

1er jour – **Nantes**, le château des ducs de Bretagne, la cathédrale avec les cours Saint-Pierre et Saint-André, le Jardin des plantes (petit zoo), les riches demeures des anciens négriers du quai de la Fosse, le port (vue depuis l'église Sainte-Anne). **2e jour** – **La Baule** et ses belles demeures nichées dans les allées bordées de pins, **Le Croisic**, les **marais salants** et les remparts de **Guérande**, le port de pêche authentique de **La Turballe**.

2 Vannes et les îles du Golfe

1er jour – **Vannes**, son centre historique et sa cathédrale, ses musées et ses nombreux restaurants. **2e jour** – Découverte de l'**île aux Moines** et de l'**île d'Arz** à partir de la presqu'île de Conleau.

3 La presqu'île de Quiberon et Belle-Île-en-Mer

1er jour – S'adonner aux sports nautiques et découvrir la **Côte sauvage** avant de rejoindre **Quiberon**, port d'embarquement pour Belle-Île-en-Mer. **2e jour** – Accoster au Palais à **Belle-Île-en-Mer** et partir à la découverte de la citadelle Vauban avant de flâner sur les quais animés de la "capitale" de l'île et de profiter de ses plages adjacentes.

4 Rennes

1er jour – Le marché des Lices le samedi matin, une balade dans le **vieux Rennes** pour découvrir ses maisons à pans de bois, la visite du parlement de Bretagne et du jardin du Thabor. **2e jour** – Les Champs libres, dans lesquels est établi l'Espace des sciences et le centre d'art contemporain de La Criée.

5 Saint-Malo et Dinard

1er jour – Découverte de la ville intra-muros de **Saint-Malo**, le tour des remparts, le château, le musée d'Histoire situé dans la tour Solidor et une balade dans le port marchand, situé face aux remparts ouest. **2e jour** – Le grand aquarium de Saint-Malo et la visite de l'usine marémotrice de la Rance qui utilise le flux et le reflux de la mer pour produire de l'électricité. **3e jour** – **Dinard**, ses plages et ses quartiers des pointes de la Malouine et du Moulinet, arborant de somptueuses villas.

6 Paimpol et l'île de Bréhat

1er jour – **Paimpol**, ses ruelles, son port animé et la visite de l'abbaye maritime de Beauport. **2e jour** – Découverte de l'**île de Bréhat**, surnommée l'"île aux fleurs", depuis la pointe de l'Arcouest.

7 Roscoff et l'île de Batz

1er jour – **Roscoff**, l'église Notre-Dame-de-Croas-Batz, la chapelle Sainte-Barbe, le retour de pêche sur le vieux port et la criée. **2e jour** – Rejoindre l'**île de Batz** depuis Roscoff et longer ses 10 km de côtes. **3e jour** – L'exploration de la **baie de Morlaix**, et notamment du château du Taureau et de l'île Callot.

8 Brest et Ouessant

1er jour – **Brest**, son château à l'embouchure de la Penfeld, le quartier de Recouvrance et le parc océanographique d'Océanopolis. **2e et 3e jours** – Découverte d'**Ouessant** à partir du **Conquet**, port du bout du monde.

Dinard (p. 81)

L'agenda

Les grands rendez-vous

- **La Folle Journée**, février
- **Étonnants Voyageurs**, mai
- **Troménies de Locronan**, juillet
- **Festival interceltique**, août
- **Les Rendez-Vous de l'Erdre**, septembre

Février

La Folle Journée

Nantes et Saint-Nazaire (1re semaine). Un festival de musique classique à ne pas rater ; des dizaines de concerts accessibles à tous, avec un thème chaque année. Mot d'ordre : populaire et exigeant ! Les places partent très vite : pensez à acheter vos places dès l'ouverture des réservations.

Mars

Jazz à Vitré

(1re semaine). Pour se réchauffer en attendant la fin de l'hiver, Vitré swingue. Des concerts ont lieu dans la rue et dans les bars. Une programmation de qualité mais pas trop pointue.

Avril

Fête de la coquille Saint-Jacques

Erquy, Loguivy-de-la-Mer, Saint-Quay-Portrieux (dernier week-end). La baie de Saint-Brieuc est un haut lieu de la coquille Saint-Jacques. Pour fêter la fin de la saison de pêche, les marins-pêcheurs vous donnent rendez-vous dans l'un de leurs principaux ports d'attache (à tour de rôle).

Fête médiévale

Pont-Croix (années impaires, mi-avril). Reconstitutions historiques, spectacles de rue, banquet médiéval sont organisés pour plonger les spectateurs et les participants dans une ambiance moyenâgeuse, celle du temps des Rosmadec.

Août Festival interceltique de Lorient

YANNICK DELONGLEE/FOTOLIA ©

Mai-juin

Pardon de saint Yves

Tréguier (3e dimanche de mai). Un des pardons les plus importants de Bretagne. Parmi les milliers de pèlerins, de nombreux avocats, dont saint Yves est le patron.

Étonnants Voyageurs

Saint-Malo (week-end de Pentecôte). L'un des plus importants festivals de littérature de France se déroule en Bretagne ! Plus de 60 000 festivaliers viennent rencontrer des auteurs qui ne parlent pas que de voyage mais qui font voyager. Au programme, café littéraire, cinéma, rencontres...

Semaine du golfe

(années impaires, fin mai à début juin). Mille bateaux, 15 communes-escales et des dizaines d'animations permettent de redécouvrir le patrimoine maritime breton, le golfe du Morbihan en toile de fond. Un événement à ne pas manquer.

ArtRock

Saint-Brieuc (4 jours en mai ou juin). Le plus important des festivals briochins invite des artistes connus ou moins connus de la scène rock. La programmation s'élargit à des expositions d'art numérique notamment.

Juillet

Festival des Vieilles Charrues

Carhaix (4 jours, mi-juillet). Ce festival musical rassemble plus de 200 000 personnes chaque année. C'est aujourd'hui le premier festival français, et le troisième au niveau européen.

Grande et Petite Troménie

Locronan (2e et 3e dimanches pour la grande, 2e dimanche pour la petite). L'un des pardons les plus étonnants de Bretagne, la Grande Troménie a lieu tous les 6 ans (une édition en 2013). Les pèlerins, en costumes traditionnels, effectuent un parcours étape par étape (il y en a 12, sur 12 km), tout au long de la semaine. Une Petite Troménie (6 km) a lieu tous les ans. La Grande Troménie réunit des milliers de personnes.

Festival de Cornouaille

Quimper (3e semaine). Temps fort du calendrier quimpérois, ces journées célèbrent la musique et les traditions bretonnes.

Fête des remparts

Dinan (3e week-end, les années paires). La petite ville de Dinan est véritablement prise d'assaut pour cette fête médiévale qui voit défiler à l'ombre de ses remparts des centaines de comédiens et des milliers de figurants costumés.

Jazz à Vannes

(fin juillet). Depuis plus de 30 ans que ce festival a lieu, il s'est enrichi de grands noms du jazz : Stéphane Grappelli, Claude Nougaro, Dee Dee Bridgewater et plus récemment Marcus Miller, Yuri Buenaventura et Manu Dibango. Il programme des têtes d'affiche et des révélations.

Forum de l'algue

Lanildut (4e dimanche). Dans le premier port goémonier d'Europe, on parle beaucoup d'algues en juillet. Expositions, conférences, animations... Mais aussi dégustations et chansons !

Août

Route du Rock

Saint-Malo (1er week-end). Ce n'est sans doute pas celui qui draine le plus de monde mais il jouit d'une solide réputation parmi les passionnés. La programmation est toujours de qualité et les concerts sur la plage du Sillon sont mythiques. Une session hivernale a désormais lieu en février.

Festival du bout du monde

Crozon (3 jours début août). Trois scènes et une trentaine de concerts dédiés à la musique du monde, avec, comme toile de fond, la magnifique presqu'île.

Les Escales

Saint-Nazaire (3 jours début août). Ce festival de musiques internationales voit se succéder les concerts sur plusieurs scènes installées sur le port, pour la plupart en plein air. La programmation, en général excellente, associe des têtes d'affiche à de nouveaux talents.

Festival interceltique

Lorient (10 jours début août). C'est l'événement de l'année à Lorient, qui rassemble des centaines de milliers de personnes. Le monde celte fait la fête, avec jazz, rock, électro, œuvres symphoniques, chants traditionnels…

Les Celtiques de Guérande

(2e semaine). Chants, musiques, danses bretonnes, mais aussi ateliers et contes ; voici une belle plongée dans la culture bretonne, pendant 6 jours.

Fête des Tisserands

Quintin (15 août). Une fête qui met en lumière l'industrie toilière qui faisait vivre la région autrefois. Défilés et démonstrations marquent l'événement.

Festival de la voile

Îles aux Moines (week-end autour du 15 août). Chaque année, ce festival est l'occasion durant trois jours de célébrer la pratique de la voile. Des régates autour des îles sont organisées chaque jour, avec plusieurs centaines de participants. Le cadre du golfe donne une aura particulière à ces courses.

Festival des chants marins

Paimpol (mi-août, années impaires). Le long du port sont dressées plusieurs scènes qui voient se succéder des groupes du monde entier. La foule est au rendez-vous et l'ambiance bon enfant.

Fête de l'oignon de Roscoff

(3e week-end). Un vaste marché à l'oignon est organisé pour fêter l'AOC de cet oignon produit depuis des siècles. On le retrouve dans de nombreux plats à déguster sans modération…

Festival des filets bleus

Concarneau (avant-dernier week-end d'août). Cette fête traditionnelle est l'une des plus célèbres de Bretagne, avec concerts, défilés et spectacles de danse.

Festival international du film insulaire

Port-Lay, île de Groix (fin août). Projections de films (documentaires ou fictions), soirées et concerts gratuits ponctuent ce festival qui célèbre les îles de toute la planète.

Septembre

Les Rendez-Vous de l'Erdre

Nantes, Nort-sur-Erdre, Sucé-sur-Erdre, La Chapelle-sur-Erdre (1er week-end). Une célébration du jazz, en plein air, avec rassemblement nautique et concerts gratuits sur une scène flottante. Des animations sont organisées autour des scènes et le long de l'Erdre. Un magnifique "mariage du jazz et de la Belle Plaisance" !

Grand pardon du Folgoët

(1er week-end). Il y a foule pour cette fête religieuse. La Vierge noire en pierre de Kersanton lourde de 350 kg est sortie de la cathédrale et portée en procession pour l'occasion.

Octobre

Festival du film britannique

Dinard (1re semaine). Ce festival permet de découvrir en avant-première les succès made in Britain.

Le Grand Soufflet

Ille-et-Vilaine (2e semaine). À travers tout le département, l'accordéon est à l'honneur. L'occasion de constater que le "piano à bretelle", comme son aristocratique frère à touches, peut s'accommoder à toutes les notes.

Novembre

Festival des Trois Continents

Nantes (fin novembre). Ce festival de cinéma très attendu programme des dizaines de films (fictions ou documentaires) venus d'Afrique, d'Amérique latine et d'Asie.

Décembre

Transmusicales

Rennes (1er week-end). Un festival à la forte renommée pour tout ce qui touche aux musiques actuelles : hip-hop, techno, rock. Rien n'échappe à ce festival polymorphe à la programmation excitante.

À gauche : Août Défilé du Festival des filets bleus, Concarneau
À droite : Mai-juin La Semaine du golfe, Morbihan

En avant-goût

Livres

- **Mémoires d'un paysan bas-breton** (An Here, 1998) est le journal de Jean-Marie Déguignet, un Breton ordinaire mort en 1905.
- **Le Soleil se lève à l'ouest** (Pocket, 2003), de Yann Quéffelec. Prix Goncourt pour *Les Noces barbares* en 1985, l'écrivain évoque ici la Bretagne et l'aber Ildut au bord duquel il a grandi.
- **Mémoires d'outre-tombe** (1849), de François-René de Chateaubriand. Le plus illustre talent de la littérature bretonne évoque son enfance au château de Combourg.
- **Atlas de la Bretagne** (Autrement, 2011), de Florence Gourlay et Ronan Le Délézir. Un excellent portrait de la Bretagne d'aujourd'hui.

Films

- **Les Vacances de Monsieur Hulot** (1953), de Jacques Tati. Les vacances les plus hilarantes du cinéma français dans la station de Saint-Marc-sur-Mer, près de Saint-Nazaire.
- **Tess** (1979), de Roman Polanski. Le château de Beaumanoir (Côtes-d'Armor) et les rues de Locronan (Finistère) y prennent des allures de demeures anglaises.
- **Chouans !** (1988), de Philippe de Broca. Le cadre préservé de Locronan lui offrit un décor de rêve, de même que Fort-La-Latte, Belle-Île et Poul-Fétan.
- **Un long dimanche de fiançailles** (2009), de Jean-Pierre Jeunet. Le réalisateur fait vivre et évoluer Mathilde (Audrey Tautou) sur la superbe côte rocheuse de Plougrescant.

Musique

- **Finistériens** (2003), de Christophe Miossec et Yann Tiersen, deux Brestois célèbres.
- **Blanche Hermine** (1972), de Gilles Servat. Grand succès d'un ardent défenseur de la culture bretonne.
- **Héritage des Celtes** (1994), de Dan Ar Braz. Soixante-dix musiciens d'origine celte réunis.

Sites Internet

- **Ouest-France** (www.ouest-france.fr). Le site Internet du journal.
- **Les musées de Bretagne** (www.bretagne-musees.culture.fr). Site des musées bretons.

Sur le départ ?

Si vous deviez n'en choisir qu'un...

Un livre *Œuvres poétiques* (Éditions Rougerie, 2010) de Xavier Grall. Un grand poète breton. Magnifique.

Un film *Conte d'été* (1996) d'Éric Rohmer, pour un avant-goût des vacances sur la côte nord.

Un disque *Boire* de Miossec, son premier album.

Un site Internet www.tourismebretagne.com, le site officiel du tourisme en Bretagne.

Ci-dessus : calvaire de Plougastel (Finistère). Ci-contre : Saint-Pabu (Finistère)

RÉGIS COUTURIER ©

L'Ille-et-Vilaine

L'Ille-et-Vilaine, département le plus oriental de la région Bretagne, tiraillé entre la Côte d'Émeraude et la baie du Mont-Saint-Michel, au nord, et la large et puissante vallée de la Vilaine, au sud, est un concentré d'histoire et de merveille architecturale. Entre les deux il y a Rennes et les Marches de Bretagne, les majestueuses cathédrales et les maisons à colombages, les châteaux de Vitré et de Fougères, aux allures de forteresses, les forêts mythiques associées aux contes... Côté mer, certains des plus beaux lieux de villégiature du littoral de la Bretagne Nord, dont l'écho dépasse bien souvent nos frontières. Qu'il s'agisse de Saint-Malo, ville corsaire aux remparts fortifiés, de Dinard et de ses somptueuses maisons Belle Époque accrochées aux falaises, ou de stations balnéaires plus modestes, le charme de la côte tient autant à ses nuances de vert qu'à son patrimoine architectural et à l'histoire de ses eaux.

Plage sur la Côte d'Émeraude
ROCCO FASANO/LONELY PLANET IMAGES ©

La plage de l'Écluse, à Dinard
SIMON GREENWOOD/LONELY PLANET IMAGES ©

L'Ille-et-Vilaine

Les incontournables

1. Le vieux Rennes (p. 56)
2. Brocéliande (p. 60)
3. Fougères et Vitré (p. 65)
4. Cancale et la pointe du Grouin (p. 85)
5. Saint-Malo (p. 71)
6. Dinard (p. 81)

L'Ille-et-Vilaine
Paroles d'expert

Ci-dessus : rue du vieux Rennes. **Ci-contre en haut :** la cathédrale Saint-Pierre. **Ci-contre en bas :** terrasse dans le vieux Rennes.

Ma sélection

Rennes et ses alentours par Benjamin Jardel

31 ANS, ARCHITECTE ET VÉLIPLANCHISTE

1 LE VIEUX SAINT-ÉTIENNE

Aux beaux jours je me retrouve souvent au bar du Vieux Saint-Étienne (43 rue de Dinan) avec des amis pour profiter de sa terrasse arborée, vaste terrain de jeux pour s'adonner à la pétanque ou au palet (jeu breton). L'ambiance y est excellente et le cadre très sympa : la terrasse fait face au théâtre du Vieux Saint-Étienne, une église datant des XIIe-XIIIe siècles, considérée comme la plus ancienne de Rennes et transformée en salle de spectacles (p. 63).

2 LES PRAIRIES SAINT-MARTIN

C'est le poumon vert de Rennes, méconnu des touristes. Les Rennais apprécient particulièrement ce parc urbain de 28 ha, dont 10 ha sont des jardins familiaux au cœur desquels il est très agréable de déambuler. Cité dans la cité, les prairies sont bordées par le canal Saint-Martin au bout duquel vous trouverez Le Bon Accueil, espace d'exposition et de production dédié aux arts sonores, avec un café et une librairie spécialisée Sound art.

3 LA PLAGE DU SILLON À SAINT-MALO

Rapidement accessible depuis Rennes, la plus grande et la plus connue des plages de Saint-Malo est aussi un excellent spot de planche à voile. J'apprécie particulièrement l'endroit en hiver, alors déserté des touristes. Le spot ne s'adresse pas aux débutants.

4 SAINT-LUNAIRE, SAINT-BRIAC ET LANCIEUX

Ce sont trois petites stations balnéaires pleines de charme et à échelle humaine. La première est un super spot de plongée ; depuis le port de la deuxième, vous profiterez d'une vue superbe sur la presqu'île du Nessay. Et, de l'autre côté de la rade, Lancieux, dans les Côtes-d'Armor, est une autre petite station balnéaire, idéale pour s'adonner au char à voile et partir en kayak jusqu'aux îles des Ébihens, dotées de quelques très belles plages de sable blanc. Adressez-vous à l'école de voile, excellente, tenue par Thibaut, un très bon ami.

Suggestions d'itinéraires

Qu'il en soit de la côte ou de ses terres, en Ille-et-Vilaine l'eau n'est jamais bien loin, et la Manche autant que la Vilaine réservent, tantôt teintées d'essences forestières, tantôt de crème solaire, de magnifiques escapades.

4 JOURS

DU MONT-SAINT-MICHEL À DINARD

L'Ille-et-Vilaine par la côte

Le premier jour, commencez par l'incontournable **Mont-Saint-Michel (1)** et consacrez-lui une journée entière pour pouvoir en prendre toute la mesure. Préférez, le soir venu, rejoindre la charmante **Cancale (2)** et vous y offrir un festin d'huîtres plates. Au matin du deuxième jour, arpentez le sentier côtier jusqu'à la **pointe du Grouin (3)**, une pointe rocheuse qui offre un magnifique spectacle lors des grandes marées. Poursuivez jusqu'à la pointe du Meinga ou, pour les plus téméraires, jusqu'à celle de la Varde, à 4 km de Saint-Malo. Vous découvrirez en chemin certaines des plus belles plages de la Côte d'Émeraude, avant de rejoindre Cancale par les terres. Le troisième jour, cap sur **Saint-Malo (4)**, la prestigieuse cité corsaire, sa ville intra-muros et les superbes points de vue sur le large depuis ses remparts. Le lendemain, rejoignez **Dinard (5)** par les eaux, pour vous prélasser sur ses plages bordées de somptueuses villas.

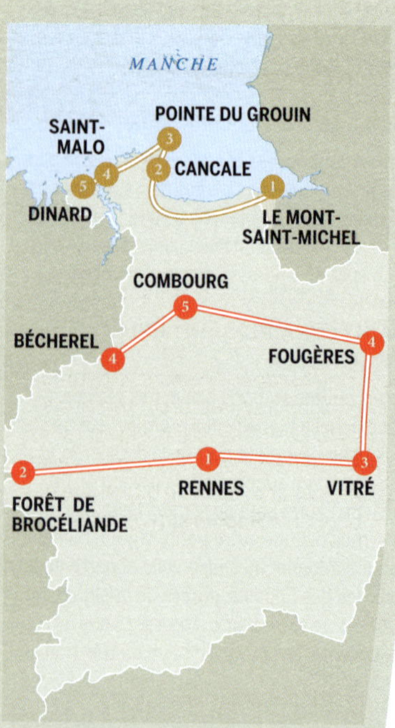

Ci-dessus : le Mont-Saint-Michel (p. 88)
À droite : Châteaugiron (p. 71)

(CI-DESSUS) IZZET KERIBAR/LONELY PLANET IMAGES © ; (À DROITE) HERVÉ MILON ©

4 JOURS

DE RENNES À FOUGÈRES

L'Ille-et-Vilaine par les terres

Avec ses superbes exemples de maisons à colombages, d'architecture classique ou Art déco, **Rennes (1)** concentre sur sa rive nord un patrimoine exceptionnel ; passez-y deux jours pour visiter sa vieille ville et ses musées, goûter à ses soirées festives, et faire un détour vers la mythique **forêt de Brocéliande (2)**, pour une escapade forestière teintée de légendes, à la découverte de l'abbaye de Paimpont et de son architecture remarquable. Consacrez votre troisième jour à **Vitré (3)** et à **Fougères (4)**, à leurs châteaux et leurs vieilles villes, emblématiques des Marches de Bretagne. Terminez votre périple par la visite du château de **Combourg (5)** et ses accents romantiques, et par le charme bucolique des chemins de halage qui filent à proximité, puis par une incursion à **Bécherel (6)**, petite cité de caractère entièrement dédiée aux livres.

Découvrir l'Ille-et-Vilaine

RENNES (ROAZHON)

La capitale historique et administrative de la Bretagne arbore un visage riant, auquel les milliers d'étudiants qui arpentent ses rues (et font vivre ses nombreux bars !) ne sont pas étrangers. Rennes, de fait, n'est pas marquée par les rides que supposerait son âge vénérable.

Le vieux Rennes capte d'abord l'attention : pimpantes façades à colombages des XVe et XVIIe siècles, grandeur imposante des hôtels particuliers de la ville classique, rues pavées bordées de petits restaurants et de cafés et rues commerçantes aux belles boutiques. Le cœur battant en est la place des Lices, le week-end, et la place du Parlement, en semaine. De l'autre côté de la Vilaine s'étend la facette plus moderne de la ville, mais non moins délurée : autour des halles centrales se déploie une activité qui fleure bon la vie de quartier ; des tables originales font honneur à la gastronomie rennaise ; de grandes institutions rythment la vie culturelle locale, tandis que des bars alternatifs voient le jour. Ces deux visages du centre-ville se complètent avec bonheur !

Terrasse dans le vieux Rennes
CAROLE HUON ©

À voir et à faire

Rive nord

Rennes demeure une "ville de bois" jusqu'au XVIIIe siècle. L'absence de carrières de pierre dure aux alentours et la présence de forêts touffues expliquent l'emploi du bois et du torchis dans son architecture. Mais, en 1720, un grand incendie ravage la cité et l'usage de la pierre est alors privilégié pour la reconstruction. Au vieux Rennes, partie rescapée de l'incendie, s'adjoint dorénavant la ville dite classique. La restauration entamée dans les années 1980 a remis en valeur le patrimoine du vieux Rennes : les façades sont nettoyées, débarrassées des enduits et le bois repeint de couleurs soutenues.

Le marché des Lices

Réputé, haut en couleur et immense (le 2e de France, dit-on), le **marché de la place des Lices** (sam 7h-13h ; Sainte-Anne) est le rendez-vous incontournable du samedi matin. Les halles couvertes rassemblent les étals de poissons et de crustacés, de volailles ou de viandes, de pain bio, tandis que les primeurs (pour beaucoup des petits producteurs) envahissent l'esplanade. Des courses réussies commencent par un petit-déjeuner dans l'un des cafés qui bordent la place, suivi d'une déambulation dans les allées, et se concluent par une galette-saucisse achetée auprès d'une camionnette. **Fleuristes** (près de la pl. Saint-Michel) et **bouquinistes** (pl. Sainte-Anne ; mer et sam 9h-18h) prolongent le marché, ainsi qu'un splendide **manège ancien** (pl. Sainte-Anne ; 1/5 tickets 1,50/5 € ; lun-mar et jeu-ven 16h-19h, mer et sam tte la journée), tout droit sorti de l'univers fantastique de Jules Verne.

CATHÉDRALE SAINT-PIERRE

Néogothique

(pl. de la Cathédrale ; tlj 9h30-12h et 15h-18h ; Sainte-Anne). De style néogothique (essentiellement), elle s'élève dans le quartier le plus ancien de Rennes. Commencée en 1780 (une partie de la façade a été édifiée dès le milieu du XVIe siècle), arrêtée durant la Révolution, reprise en 1812, consacrée en 1844, elle a été érigée à l'emplacement d'une cathédrale gothique, attestée au XIVe siècle. À l'intérieur, ne manquez pas le retable du XVIe siècle réalisé à Anvers, qui évoque des épisodes de la vie de la Vierge, et la fresque de la seconde moitié du XIXe siècle retraçant le Tro Breizh (pèlerinage dans toute la Bretagne).

Le lacis de **petites rues autour de la cathédrale**, bordées de maisons à colombages, est l'occasion d'une courte balade évocatrice de la ville du XVIe siècle.

Vestiges des trois enceintes qui assuraient la protection de la ville au XVe siècle, les portes mordelaises sont situées dans une ruelle face à la cathédrale. Après être entrés dans leur bonne ville de Rennes par celles-ci, les ducs de Bretagne venaient se faire couronner dans la cathédrale.

CHAPELLE SAINT-YVES

Architecture et musée

(11 rue Saint-Yves ; entrée libre ; lun 13h-18h, mar-sam 10h-18h). C'est un bel exemple d'édifice gothique. Bâtie en 1494, elle faisait alors partie d'un hôpital chargé de soigner les malades et les indigents. Aujourd'hui restaurée, elle accueille une exposition permanente sur le patrimoine et l'architecture de Rennes – on y accède aux horaires d'ouverture de l'office du tourisme (voir p. 64) qui fait aussi fonction de porte d'entrée.

PARLEMENT DE BRETAGNE

Architecture classique

(www.parlement-bretagne.com ; pl. du Parlement-de-Bretagne ; visites guidées uniquement ; République/Sainte-Anne). L'actuel **palais de justice** est emblématique du rôle de capitale provinciale joué par Rennes à partir de 1561 – le parlement est alors une institution civile, dotée de pouvoirs judiciaires, administratifs et politiques. Ce n'est qu'en 1618 que les magistrats, riches représentants de la nouvelle noblesse de robe, entament les travaux de construction du palais qui doit symboliser leur puissance. Ils confient l'entreprise à Salomon de Brosse, maître d'œuvre du palais du Luxembourg à Paris. Le parlement, terminé en 1655, est de granit au rez-de-chaussée, de tuffeau (pierre calcaire blanche) à l'étage, et coiffé d'un toit d'ardoise. Après l'incendie de 1720, le palais est légèrement modifié : le grand escalier qui menait directement à la salle des Pas-Perdus (ou salle des Procureurs, l'étage actuel) est supprimé et l'on entre

Rennes

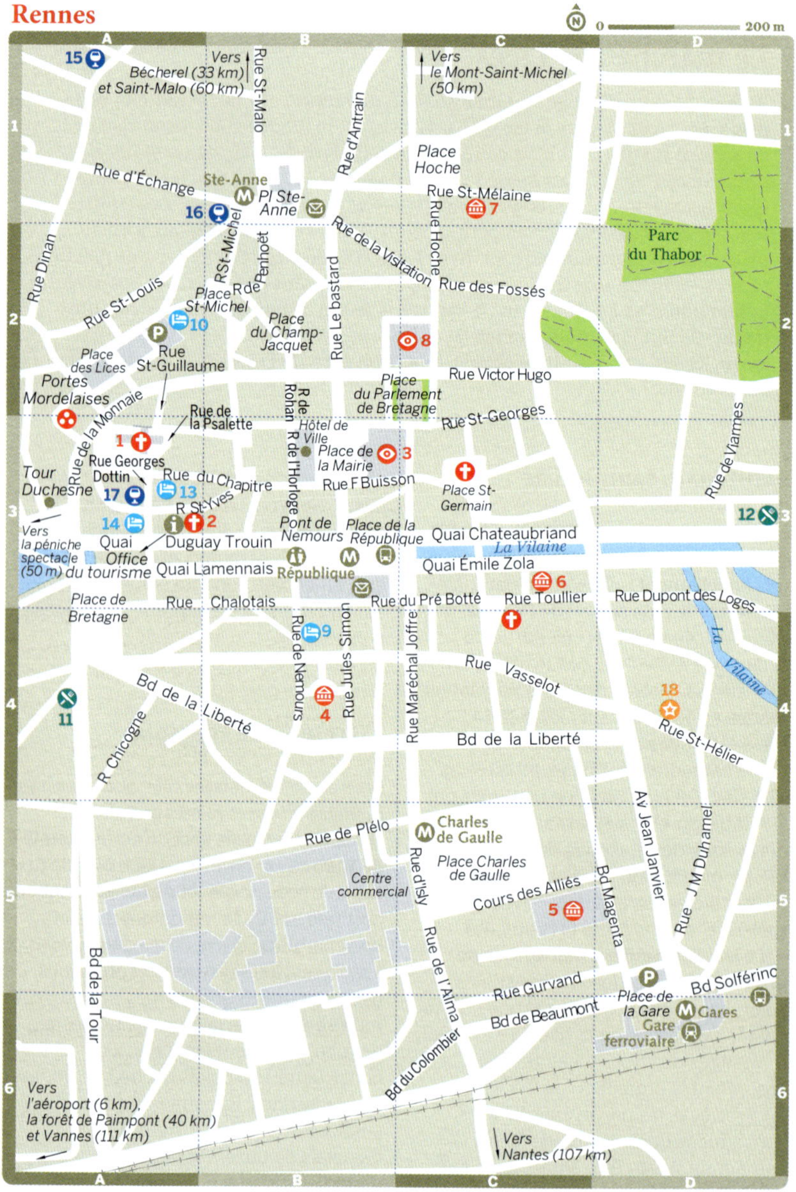

dans le palais par le rez-de-chaussée. La décoration intérieure est remarquable pour ses plafonds suspendus, à caissons, ses peintures (dont certaines du XVIIe siècle) et ses tapisseries. La salle des Pas-Perdus est ornée d'une voûte entièrement restaurée après un incendie en 1994. La salle d'apparat du palais (Grand'Chambre) est la pièce maîtresse du bâtiment pour ses plafonds

Rennes

À voir

1 Cathédrale Saint-Pierre A3
2 Chapelle Saint-Yves A3
3 Opéra B3
4 La Criée B4
5 Les Champs libres C5
6 Musée des Beaux-Arts C3
7 Musée de la Danse C1
8 Parlement de Bretagne C2

Où se loger

9 Hôtel de Nemours B4
10 Hôtel des Lices A2

Où se restaurer

11 L'Amiral A4
12 L'Arsouille D3
13 La Saint-Georges A3
14 Le Café du Port A3

Où prendre un verre

15 Couleurs Café A1
16 L'Atelier de l'artiste B1
17 Oan's Pub A3

Où sortir

18 Théâtre national de Bretagne (TNB) D4

et boiseries du XVIIe siècle, signés Charles Errard ; elle est aussi ornée d'une tapisserie des Gobelins (début du XXe siècle) représentant la mort de Du Guesclin. Le palais du parlement se visite en compagnie d'un guide-conférencier – renseignements et réservation auprès de l'office du tourisme (voir p. 64) ; comptez près de 2 heures.

Ancienne "place royale" d'architecture classique, la **place du Parlement-de-Bretagne** a été dessinée après l'incendie de 1720, qui détruisit la plupart des maisons autour du parlement. La reconstruction du quartier, confiée à l'architecte Jacques Gabriel, se poursuivit jusqu'au milieu du XVIIIe siècle. Gabriel opta pour une place délimitée par des hôtels particuliers, dont la construction reprenait les mêmes matériaux que le palais du parlement (granit, tuffeau et ardoise) dans une optique d'unité.

HÔTEL DE VILLE ET OPÉRA

Architecture classique

Ils encadrent la **place de la Mairie** qui date de la même époque que celle, toute proche, du Parlement-de-Bretagne. Le majestueux hôtel de ville a été édifié à partir de 1734, également par Jacques Gabriel. Au XXe siècle, des travaux viendront modifier l'édifice. L'Opéra (ancien théâtre de la ville) qui lui fait face est un ensemble néoclassique qui fut inauguré en 1836. Il englobe un théâtre en rotonde et des immeubles d'habitation, avec passages couverts et boutiques en rez-de-chaussée. Il privilégie l'ouverture de l'art lyrique à un large public et propose notamment des concerts-découverte d'une heure, appelés "Révisez vos classiques" au tarif unique de 4 € (à 18h et 20 h), assurés par des solistes en résidence ou en visite à l'Opéra (**02 99 78 48 78 ; www.opera-rennes.fr ; pl. de la Mairie ; 6-49 € ; billetterie mar-sam 12h-19h, 1 heure avant chaque spectacle dim-lun et jours fériés**).

PARC DU THABOR

Parc

(**entrée principale pl. Saint-Melaine ; tlj horaires variables selon saison**). Proche du centre historique, il s'étend sur un vaste plateau, en hauteur. Créé sous le Second Empire, il présente de vastes pelouses, un jardin paysager planté de belles essences d'arbres, un jardin botanique, une roseraie et des serres, auxquels s'ajoutent un kiosque et une volière. L'entrée principale du parc se situe au niveau de l'**église Notre-Dame-en-Saint-Melaine** qui fait cohabiter plusieurs styles, du XIe au XVIIe siècle, et dont d'infimes détails témoignent encore de l'art roman.

Rive sud

Au sud de la Vilaine, la ville moderne a pu se développer lorsque le fleuve a été endigué au XIXe siècle. Là où s'étendaient d'anciens marécages, un quartier très vivant a vu le jour, dont le principal intérêt réside, pour les visiteurs, dans ses musées et ses espaces culturels.

Vaut le détour
La forêt de Brocéliande

Bienvenue au pays de Merlin, de la fée Morgane et des chevaliers de la Table ronde ! À une trentaine de kilomètres à l'ouest de Rennes, la forêt de Paimpont revendique d'être la forêt mythique de Brocéliande, pays légendaire du roi Arthur et de Merlin l'enchanteur. À la limite entre l'Ille-et-Vilaine et le Morbihan, le site exploite largement la légende tout en offrant de belles possibilités de balades.

Le village de **Paimpont** constitue une bonne base pour l'explorer. Il est bâti autour de sa remarquable **abbaye** (02 99 07 83 20 ; www.abbayedepaimpont.org ; 3 esplanade de Brocéliande ; entrée libre ; juil-août lun-sam 10h-12h30 et 15h-18h30, dim 10h-12h30, Pâques à fin sept sam-dim 15h-18h30), fondée au XIIIe siècle. En forme de croix latine, elle affiche un beau style gothique du XIIIe siècle. Ce qui détonne le plus est la nef garnie de boiseries, de confessionnaux, de retables, de lambris et de chaires magnifiquement ouvragées de style baroque français, qui traduit une grande richesse ; la statue polychrome de Notre-Dame de Paimpont, placée au beau milieu, date de la fin du XIVe siècle. Au XVIIe siècle furent bâtis les bâtiments conventuels – appelés le Grand Logis – dont une partie abrite aujourd'hui les locaux de la mairie.

Le **syndicat d'initiative** (02 99 07 84 23 ; www.tourisme-broceliande.com, www.broceliande-tourisme.info ; 5 esplanade de Brocéliande ; juil-août tlj 9h30-18h, avr-juin et sept 9h30-12h et 14h-18h, oct-mars 9h30-12h et 14h-17h) vend une brochure (4 €) détaillant les itinéraires sillonnant la forêt et ses environs.

MUSÉE DES BEAUX-ARTS
De l'Antiquité à aujourd'hui

(02 23 62 17 45 ; www.mbar.org ; 20 quai Émile-Zola ; mar 10h-18h, mer-dim 10h-12h et 14h-18h, fermé lun et jours fériés ; expo temporaires tarif plein/réduit 5,80/2,95 €, coll. permanentes 4,65/2,35 € ; M République). Le fonds du musée a été constitué, au départ, par des biens saisis à la Révolution, notamment le "cabinet de curiosités" de Christophe-Paul de Robien, président du parlement de Bretagne au XVIIIe siècle. Un secteur est dédié à l'Antiquité tardive (avec notamment la dame d'Antinoé, une momie des IIIe-IVe siècles dans un sarcophage peint). Côté peinture, le musée renferme des pièces de toute beauté : *Le Nouveau-Né* de Georges de La Tour, *Effet de vagues* de Georges Lacombe, une nature morte de Chardin, *Baigneuse à Dinard* de Picasso..., ainsi que des toiles d'artistes régionaux, comme Yves Laloy.

LES CHAMPS LIBRES
Musée, espace des sciences

(www.leschampslibres.fr ; 10 cours des Alliés ; juil-août mar-ven 13h-19h, sam-dim 14h-19h, sept-juin mar 12h-21h, mer-ven 12h-19h, sam-dim 14h-19h, fermé lun et jours fériés ; entrée libre ; M Charles-de-Gaulle). Ce vaste centre culturel rassemble trois entités : une bibliothèque sur 6 niveaux, un **Espace des sciences** (02 23 40 66 40 ; expositions et Labo de Merlin tarif plein/réduit 4/3 €, supp. planétarium 3/2 €), surtout pour les enfants, et le **musée de Bretagne** (02 23 40 66 00 ; 1er étage ; tarif plein/réduit 4/3 € pour 1 exposition, 7/5 € pour toutes les expositions). Son dessein : jeter des passerelles entre création artistique et recherche, questionnement citoyen et connaissance du passé. L'ensemble prend place dans un bâtiment conçu par Christian de Portzamparc.

LA CRIÉE
Centre d'art contemporain
(☎ 02 23 62 25 10 ; www.criee.org ; pl. Honoré-Commeurec ; ⏲ mar-ven 12h-19h, sam-dim 14h-19h, fermé lun et jours fériés ; entrée libre ; Ⓜ République). La Criée est un centre d'art contemporain, implanté dans les halles centrales (1923), proches de la rue Vasselot. Expositions, rencontres, conférences, visites commentées sont au programme. Outre 4 ou 5 expositions par an, souvent inédites, le centre soutient des projets ayant une dimension européenne et internationale, ainsi que la création artistique régionale.

Où se loger

HÔTEL DES LICES Moderne **€€**
(☎ 02 99 79 14 81 ; www.hotel-des-lices.com ; 7 pl. des Lices ; ch 76-96 € ; ⏲ tte l'année ; wifi ; Ⓜ Sainte-Anne). Un hôtel trois étoiles moderne et bien tenu, d'un excellent rapport qualité/prix. Les 48 chambres, lumineuses, donnent sur la place des Lices (double vitrage) ou les remparts, et la plupart sont dotées d'un balcon. Les chambres de la catégorie supérieure ont été rénovées sur parquet, dans des tons neutres avec une touche acidulée.

HÔTEL DE NEMOURS Sobre et chic **€€**
(☎ 02 99 78 26 26 ; www.hotelnemours.com ; 5 rue de Nemours ; s 61-90 €, d 71-110 €, ste 92-150 € selon ch et saison ; ⏲ tte l'année ; wifi ; Ⓜ République). Un hôtel trois étoiles à la décoration contemporaine, sobre et chic, doté de 28 chambres tout confort et pour certaines fraîchement rénovées dans des tons crème, chocolat ou taupe. Très jolie réception sur parquet, à l'instar de la salle de petit-déjeuner attenante. Une bonne option pour qui recherche un cadre élégant au cœur de la ville, à deux pas de la place de la République. Tarifs préférentiels le week-end. Accueil très souriant.

Où se restaurer

LE CAFÉ DU PORT Traditionnel **€**
(☎ 02 99 30 01 43 ; 3 rue le Bouteiller ; menus midi/soir 11,50/15 € ; ⏲ lun-sam 12h-1h ; Ⓜ République). Un bar à vins-brasserie

Le parlement de Bretagne à Rennes

CAROLE HUON ©

Vaut le détour
Bécherel et ses environs

Pôle textile du XVIe siècle jusqu'à la Révolution, **Bécherel**, à 30 km au nord-ouest de Rennes, est, depuis 1989, devenu une cité du livre. On compte pas moins de 17 librairies et 3 ateliers de reliure disséminés dans les ruelles de ce village de caractère. Un marché du livre s'y tient le 1er dimanche de chaque mois.

Plusieurs sites des environs sont également dignes d'intérêt, au nombre desquels le **château de Caradeuc** (02 99 66 81 10 ; www.caradeuc.com ; à 1 km à l'ouest de Bécherel par la D20 ; 6 €, gratuit -15 ans ; juil-août tlj 12h-18h, mai-juin et sept sam-dim 14h-18h), bel édifice de style classique doté d'un magnifique parc de 40 ha, dessiné en 1898 par l'architecte-paysagiste Édouard André. À 7 km au sud-est de Bécherel par les D27 et D221, ne manquez pas non plus le **château de Montmuran** (02 99 45 88 88 ; www.montmuran.com ; adulte/5-10 ans 5/3 € ; juin-sept tlj sauf sam 14h-19h), ni l'**église Saint-Ouen des Iffs** (Pâques-oct dim après-midi accès libre, mar-sam demander la clé au café), véritable joyau architectural de style gothique flamboyant.

Des passionnés ont donné une seconde vie à la **gare de Médréac** (02 99 07 30 48 ; http://lagaredemedreac.free.fr ; pl. de la Gare, Médréac ; à partir de 6/3 € par adulte/enfant ; juin-sept 10h-18h, mi-fév à fin mai et début oct à mi-nov sur réservation) en proposant une activité originale : le vélo-rail. Il s'agit de deux VTT reliés par une nacelle permettant de circuler sur les anciennes voies.

où les habitués se bousculent, autant pour sa cuisine raffinée, inventive et d'un excellent rapport qualité/prix que pour sa grande terrasse (chauffée) face à la chapelle Saint-Yves, idéale à l'heure de l'apéro.

LA SAINT-GEORGES Crêperie €€
(02 99 38 87 04 ; www.creperie-saintgeorges.com ; 11 rue du Chapitre ; galettes et crêpes 3,70-16,80 €, menus déj 8,50/11,80 € ; mar-sam ; M République). Mention spéciale pour cette crêperie hors norme située dans une maison à pans de bois du vieux Rennes, rajeunie par une déco intérieure audacieuse, et qui fait preuve d'une belle inventivité dans l'assiette (ce qui est assez rare dans le domaine !).

L'ARSOUILLE Traditionnel €€€
(02 99 38 11 10 ; 17 rue Paul-Bert ; menus déj 16/19,50 € ; mar-ven midi et soir, sam soir, jusqu'à 1h ; M République). Raffinement, fraîcheur et créativité sont les maîtres mots de ce bar à vins-restaurant excentré, à la très belle déco type bistrot des années 1950, auquel on pourrait presque octroyer le terme de gastronomique.

Vaste choix de vins, introuvables ailleurs, et excellents conseils en la matière. Une merveille !

L'AMIRAL Traditionnel €€€
(02 99 35 03 91 ; www.restaurantlamiral.fr ; 1 rue de la Motte-Piquet ; menus 23,50/30,80/35,80 € ; tlj ; M République). Une grande brasserie, au décor sobre et contemporain, dotée d'une grande terrasse et reconnaissable à son architecture type paquebot, presque sur la place de Bretagne. Une référence pour déguster coquillages et poissons. Clientèle d'affaires au déjeuner. Excellent service.

Où prendre un verre

La célèbre rue Saint-Michel, dite **rue de la soif** (M Sainte-Anne), jalonnée d'enseignes, ne désemplit pas du jeudi au samedi à partir de 19h, bien qu'elle n'abrite plus les meilleurs bars de la ville. Passé une certaine heure, mieux vaut l'éviter.

Ty Zicos (mensuel ; www.tyzicos.com) et *Wik* (hebdomadaire ; www.wiklesite.fr), gratuits et à disposition dans les lieux de sortie, répertorient toute la programmation des bars, cinémas et salles de spectacles.

COULEURS CAFÉ Rhumerie

(**☎ 02 99 38 70 09 ; http://couleurscafe.com ; 27 rue Legraverend ; ⏱ lun-ven 15h-1h, sam 16h-1h ; M Sainte-Anne/Anatole-France**). Adresse prisée des Rennais pour la qualité de ses rhums et de ses cocktails ("long-short drink" 7 €, rhum arrangé 3-4 €), son ambiance estudiantine, son personnel sympa et décontracté, sa sélection musicale de qualité et son chaleureux cadre bistrot-paillotte.

L'ATELIER DE L'ARTISTE Bar à vins

(**☎ 02 99 78 20 97 ; 2 rue Saint-Louis ; ⏱ lun-ven 8h-1h, sam 12h-1h, dim 16h-21h ; M Sainte-Anne**). Attenant à la place Sainte-Anne, ce bar à vins, également café-théâtre et café-concert, ne désemplit pas. Les fumeurs apprécieront le patio intérieur chauffé en hiver, ou la terrasse sur la rue en été. Sélection d'un "vin du mois" par les clients.

OAN'S PUB Pub

(**☎ 02 99 31 07 51 ; 1 rue George-Dottin ; ⏱ lun-sam 15h-1h ; M République/Sainte-Anne**). Un excellent pub, assez sombre comme il se doit, aux murs de vieilles pierres apparentes, dont la terrasse régulièrement bondée fait face à la chapelle Saint-Yves. Vaste choix de bières, mais vous pouvez aussi goûter à l'hypocras (vin au miel et aux épices). Ambiance bretonnante ou jazzy, c'est selon.

Où sortir

Un temps surnommée le "laboratoire du rock", Rennes reste une ville où s'épanouissent les musiques actuelles. En témoignent les TransMusicales (voir p. 45), in et off, la vitalité de nombreux bars et leur programmation informelle, ou celle des salles de concerts. Côté danse et théâtre, Rennes est particulièrement bien pourvue, avec des salles de qualité, de nombreuses compagnies et une programmation novatrice auxquelles font écho ses nombreux festivals.

THÉÂTRE NATIONAL DE BRETAGNE
Théâtre, danse, cinéma

(**TNB ; ☎ 02 99 31 12 31 ; www.t-n-b.fr ; 1 rue Saint-Hélier ; ⏱ billetterie mar-ven 13h-19h, sam 14h-19h ; M Gares**). Le TNB, en fait centre européen théâtral et chorégraphique, est dirigé par François Le Pillouër. Cette institution assez jeune a été créée en 1990 par la réunion de la Maison de la culture et du Centre dramatique national, lui-même ancien théâtre du Bout du monde (1975). Outre le théâtre et la danse, le TNB abrite un cinéma d'art et d'essai.

Insolite ! Le théâtre du Vieux Saint-Étienne

Datant du XIIe-XIIIe siècle et d'architecture gothique flamboyante, l'église du Vieux Saint-Étienne serait la plus ancienne de Rennes. Située en plein centre de la ville, elle est aujourd'hui sécularisée et se dédie entièrement aux arts vivants. Sa scène de 120 m^2 offre une programmation éclectique en théâtre, danse et musique, et donne la possibilité à plus de 200 spectateurs de profiter de sa belle acoustique et de la magie des lieux. En hiver, la salle est fermée, car impossible à chauffer. Chaque année, en novembre, le festival Mettre en scène, vitrine de la création contemporaine en théâtre et en danse, organisé par le TNB (voir ci-dessus), investit le théâtre du Vieux Saint-Étienne.

PÉNICHE SPECTACLE Cabaret-théâtre, musique (☎ **02 99 59 35 38 ; www.penichespectacle.com ; 30 quai Saint-Cyr**). Il s'agit en fait de deux péniches, *L'Arbre d'eau* et *La Dame blanche*, amarrées l'une à l'autre. La compagnie résidente à l'origine du projet, le Théâtre du Pré perché, reçoit d'autres artistes à son bord et, aux beaux jours, part sur les canaux d'Ille-et-Vilaine pour de nouvelles expériences. Le reste de l'année, lectures, expositions, soirées cabaret ou contes et concerts de musiques du monde se succèdent sur le quai Saint-Cyr, tout près de la place de Bretagne (en plein centre-ville), pour petits et grands.

Renseignements

Office du tourisme (☎ **02 99 67 11 11 ; www.tourisme-rennes.com ; 11 rue Saint-Yves ; M République**). Propose des visites guidées (billetterie ☎ 02 99 67 11 66 ; tarif plein/réduit 6,80/4 €, gratuit -7 ans) – le départ se fait en général de la chapelle Saint-Yves (voir p. 57). Il est possible de louer sur place un **audioguide** (tarif plein/réduit 6,90/4,10 €) et d'acheter un pass touristique, le **City Pass** (13 €, valable 48 heures : accès gratuit aux musées de la ville et des alentours, droit à une visite guidée et réductions sur les transports en commun). Consigne pour les bagages.

Comment circuler

Star (☎ **09 70 821 800 ; www.star.fr ; agence 12 rue du Pré-Botté ; lun-ven 7h-19h30, sam 9h-18h30 ; M République**) gère le réseau de **bus**, efficace, et l'unique ligne de **métro** qui traverse la capitale bretonne selon un axe nord-sud. Les tickets de bus et de métro coûtent 1,30 € à l'unité, le titre journée 3,50 € et le carnet de 10 tickets 11,60 €. Pour aller à l'aéroport, prenez le bus n°57 (arrêt place de la République, en plein centre ; tlj). Comptez 20 minutes de trajet si la circulation est fluide.

De nombreuses stations de **vélos** en libre-service, **VéloStar** (☎ **09 69 365 007 ; www.levelostar.fr**), sont disséminées dans toute la ville. Les usagers occasionnels peuvent se servir directement de leur carte bancaire dans

À gauche : le vieux Rennes (p. 56)

À droite : château de Fougères (p. 66)

(À GAUCHE) CAROLE HUON © ;
(À DROITE) JEAN-PHILIPPE DELISLE/FOTOLIA ©

les 10 principales stations ou souscrire à des abonnements de 1 à 7 jours (adhésion 1-5 €, avec caution de 150 €, puis 1/2/10 € pour 30 min-1 heure/1-2 heures/3-6 heures) ; il est aussi possible de s'abonner via Internet.

Pour un **taxi**, appelez le ✆ 02 99 30 79 79 (www.taxisrennais.fr).

FOUGÈRES (FELGER)

Avec Vitré, La Guerche-de-Bretagne et Châteaubriant (Loire-Atlantique), Fougères est l'une des "portes" fortifiées de la Bretagne. La ville, constituée de deux entités reliées par la rue de la Pinterie, s'est enrichie grâce au commerce des draperies, de la verrerie et des bestiaux, et grâce à la fabrication de chaussures. La ville basse, établie au pied du château, est arrosée par le Nançon, affluent du Couesnon. La ville haute, développée sur le plateau, concentre aujourd'hui l'essentiel du tissu urbain. On saluera l'intelligente initiative municipale d'avoir gratifié la ville de plaques de rues légendées, devenues ainsi moins sibyllines.

À voir

Incontournable élément patrimonial de Fougères, le **château** (voir l'encadré p. 66) offre un résumé de l'histoire de la Bretagne. Sa visite, bien mise en scène grâce à de petits films et aux audioguides fournis gratuitement, fait en effet revivre toute l'histoire de la rivalité entre les rois bretons et le royaume de France.

Devant le château sont alignés les 4 moulins à eau dits de la Tranchée, dont chacune des roues est alimentée par un bief provenant du Nançon. Dans l'ordre, on trouve un moulin à farine, à tan (écorces d'arbres broyées utilisées en tannerie), à foulon (pour extraire les fibres de chanvre et de lin pour les

RICHARD CUMMINS/LONELY PLANET IMAGES ©

À ne pas manquer Le château de Fougères

L'imposant édifice a toujours eu une vocation militaire. Le château a tout d'abord été édifié en bois, au carrefour de deux routes gallo-romaines ; sa destruction en 1166 par Henri II Plantagenêt, roi d'Angleterre, lui a valu une reconstruction en pierre par le roi Raoul II. C'est un château dit philippéen, en référence à Philippe Auguste, c'est-à-dire un château évolutif, compartimenté en trois parties bien distinctes : l'avancée, la basse cour et la haute cour (ou réduit). La large enceinte est jalonnée de multiples tours.

La **première enceinte**, ou avancée, est accessible par la tour carrée de La Haye-Saint-Hilaire, flanquée de deux tours circulaires du XIIIe siècle. L'ensemble est précédé par un pont dormant (et non mobile), la ville parée de remparts étant déjà protégée par un pont-levis. La défense de la tour de La Haye-Saint-Hilaire était assurée par deux herses, deux portes et par un pont étroit qui limitait la puissance des éventuels assauts, sans oublier les nombreuses meurtrières qui permettaient de circonscrire l'édifice. Jetez un coup d'œil attentif à l'orientation intérieure des meurtrières des tours du Hallay et Guémadeuc : elles permettent de couvrir de flèches la première enceinte si celle-ci venait à être forcée.

La **basse cour**, ou deuxième enceinte, avait un niveau de sol beaucoup plus bas qu'actuellement. C'est ici que s'organisait la vie quotidienne du château et que les paysans venaient se réfugier en temps de guerre. Des bâtiments originels ne subsistent que les fondations du logis seigneurial de style roman, qui en supportait un deuxième, de style gothique, et les deux tours d'artillerie, Surienne et Raoul.

La **haute cour** est bâtie sur un bloc rocheux ; on remarquera la base d'une tour qui n'a jamais été édifiée. La tour des Gobelins, au nord, est légèrement conique, et la tour Mélusine, cylindrique, est constituée de schiste et de granit. La poterne, située derrière les deux donjons, date du XVe siècle ; le pont-levis qui en permettait l'accès fut détruit au XVIIIe siècle pour le percement du boulevard de Rennes, comblant ainsi les douves.

Le château a maintenu son rôle de défense jusqu'au XVe siècle. Il fut occupé par une garnison dès le XVIe siècle et fut utilisé comme prison jusqu'au XVIIIe siècle, avant de servir de carrière de pierres.

INFOS PRATIQUES

☎ 02 99 99 79 59 ; www.chateau-fougeres.com ; pl. Pierre-Symon ; 6-16 ans/+16 ans 4,50/7,50 € ; ⏱ juil-août tlj 10h-19h, mai-juin et sept tlj sauf lun non fériés 10h-13h et 14h-19h, oct-avr tlj sauf lun non fériés 10h-12h30 et 14h-17h30, fermé jan.

drapiers) et enfin à papier, établi à partir du XVe siècle. Une porte cavalière et une porte piétonnière, situées au bas du château, donnent accès au quartier Saint-Sulpice par le pont enjambant le Nançon.

ÉGLISE SAINT-SULPICE Gothique tardif
(☎ 02 99 99 05 52 ; rue de Lusignan ; 🕓 tte l'année). Situé au pied du château, l'édifice fut bâti dès le XIe siècle et agrandi au XIIIe. Il est typique de la région, avec un alignement de pignons latéraux de différentes envergures, correspondant à diverses époques de construction (XIVe et XVe siècles). De style gothique tardif, le sanctuaire est agrémenté d'une décoration de végétaux, d'animaux, de figures (y compris des caricatures de moines) ou de gargouilles. La baie flamboyante percée au-dessus de la porte centrale date du milieu du XVe siècle. Quant au clocher-tour, il remonte à la fin du XVe siècle . La porte du chœur, côté sud, est richement ornée de lobes floraux et de moulures en saillie. À l'intérieur, on remarquera surtout deux magnifiques retables en granit datant du XVe siècle. Le chœur fut reconstruit au XVIIIe siècle avec un décor d'inspiration baroque : profond, paré de nombreuses boiseries, il est élevé d'une voûte décorée d'arabesques. On verra également des pierres tombales au sol, deux tableaux du XVIIIe siècle représentant l'Annonciation et l'Adoration des Mages, et un retable en bois sculpté, savamment décoré de près de trois mille feuilles d'or.

ANCIEN HÔTEL DE VILLE Patrimoine civil
(pl. de l'Hôtel-de-Ville). Il fut édifié au XIVe siècle et reconstruit au XVIe – on remarquera les reprises d'appareillage, avec de notables différences de taille des pierres. La porte en anse de panier, de style gothique flamboyant, est richement décorée ; l'accolade porte un écu entouré de deux médaillons circulaires à motif floral. Au-dessus de cette élégante porte se trouve une fenêtre finement moulurée. Les travaux de rénovation survenus au cours du XIXe siècle ont contribué à maintenir intact le bâtiment, même si des interventions en ont quelque peu altéré le charme, avec l'établissement d'un perron et l'agrandissement de certaines salles.

PLACE DU MARCHIX Ville ancienne
Elle fut le premier emplacement du marché de la ville médiévale. Sur cette belle place enjolivée par des maisons à pans de bois du XVIIe siècle se tenait le marché de l'aumaillerie (bestiaux). Prenez le temps de la découvrir, ainsi que ses proches abords, notamment la **maison de Savigny** (expositions artistiques temporaires) et le **lavoir** sous appentis du cours du Nançon. La rue des Tanneurs ravive le souvenir des tanneries établies le long du cours d'eau, dès le XIIe siècle, mais aussi celui des teinturiers et des drapiers qui y officiaient.

BEFFROI Patrimoine civil
(rue du Beffroi). Avec celui de Dinan (voir p. 99), le beffroi de Fougères est l'un des deux seuls visibles en Bretagne. Bâti au XIVe siècle, de forme octogonale, il était jadis le symbole de la ville nouvellement créée sur le plateau, au-dessus du château, qui allait devenir le centre politique, économique et administratif de Fougères. Édifice civil sur lequel s'appuyait le pouvoir, il assurait un rôle de surveillance, d'alarme, d'horloge, mais aussi social, proclamant la prospérité économique de la ville.

Où se loger et se restaurer

LES VOYAGEURS Hôtel **€€**
(☎ 02 99 99 08 20 ; 10 pl. Gambetta ; www.hotel-fougeres.fr ; d standard/supérieures/deluxe 57-71/87-98/125-150 € selon saison ; 🕓 tte l'année ; wifi). L'un des établissements les plus confortables de la ville, à condition d'opter pour les chambres supérieures ou deluxe, entièrement refaites dans un style contemporain, chic et stylé. Les chambres les moins chères sont petites et standardisées. Le bon accueil contribue à en faire une étape agréable.

Vaut le détour
Le château de Combourg

Les aficionados du romantisme, les férus de littérature ou tout simplement les amateurs de belles demeures ne peuvent manquer la visite du **château de Combourg** (**02 99 73 22 95 ; www.combourg.net ; 23 rue des Princes ; adulte/étudiant/enfant 7,50/6,60/3,50 €, gratuit -5 ans ; juil-août tlj, parc 10h-12h30 et 14h-18h, château 14h-17h30 ; avr-juin et sept lun-ven parc 10h-12h30 et 14h-18h, château 14h-17h30, dim parc 14h-18h, château 14h-17h30 ; oct lun-ven parc 10h-12h et 14h-17h, château 14h-17h, dim parc et château 14h-17h**), château privé nimbé de l'aura de Chateaubriand, qui y séjourna durant sa jeunesse. Les quatre tours d'allure massive sont reliées par des courtines, avec une élégante façade du XVe siècle agrémentée d'une galerie couverte, de mâchicoulis et de six minuscules lucarnes ajourant les combles. Le château fut tout d'abord une forteresse au XIIe siècle, d'où l'épaisseur des murs (de 3 à 5 m). L'actuel perron, édifié au XIXe siècle (Chateaubriand ne l'a pas connu), desservant l'entrée par un escalier en granit, rend compte de la profondeur des anciens fossés. Le château fut acquis par le père de Chateaubriand en 1771. François-René y résida à partir de 1776, pendant deux ans. Austère, sombre, auréolé de légendes fantasmagoriques, le château inspira le futur écrivain qui puisa dans le souvenir de ses jeunes années passées ici l'atmosphère des *Mémoires d'outre-tombe*. Abandonné puis dessaisi de son mobilier lors des troubles révolutionnaires, le château fut restauré en 1876 par Viollet-le-Duc. Il appartient encore aujourd'hui aux descendants de l'écrivain.

L'HALTE GOURMANDE Bonne table €€
(**02 99 99 07 00 ; www.lhaltegourmande.com ; 22 pl. de la République ; formules midi 9-13 €, menus 23-37,50 € ; lun-dim midi, ven-sam soir**). Après avoir officié de Cannes à Courchevel, Stéphane Pigeon a posé ses valises dans sa ville natale à l'automne 2006, et les Fougerais ne s'en plaignent pas. Le cadre est chaleureux, les saveurs au rendez-vous, la décoration intimiste. Seul le quartier pourrait être un peu plus sympathique…

LE HAUTE-SÈVE Gastronomique €€€
(**02 99 94 23 39 ; www.lehauteseve.fr ; 37 bd Jean-Jaurès ; menus 26-45 € ; fermé dim soir et lun, plus un soir en sem en fonction des réservations**). La référence gastronomique de Fougères vous accueille dans une salle à la décoration soignée, sous une vague d'éclairage rose traversant le plafond. Depuis 1987, la qualité est au rendez-vous grâce à des produits sélectionnés et cuisinés selon un subtil équilibre entre sophistication et simplicité. L'adresse fait l'unanimité auprès des gourmets.

Renseignements

Office du tourisme (**02 99 94 12 20 ; www.ot-fougeres.fr ; 2 rue Nationale**). Accès Internet sur place.

VITRÉ

À mi-chemin entre Rennes et Laval, Vitré concentre un remarquable patrimoine. Elle le doit à l'époque où elle formait la ligne de défense de la Bretagne, avec Fougères, La Guerche-de-Bretagne et Châteaubriant. Vitré, l'une des portes fortifiées du duché, était alors une ville de carrefour, d'échanges et de commerce avec le Maine et, par extension, avec le royaume de France.

À voir

CHÂTEAU Architecture médiévale
(**02 99 75 04 54 ; pl. du Château ; tarif plein/réduit 4/2,50 € ; avr-sept tlj 10h30-12h30 et**

14h-18h30, oct-mars tlj 10h30-12h15 et 14h-17h30 sauf mar et dim matin). Au cœur de la ville, le château tel qu'on peut le voir aujourd'hui a été successivement remanié et agrandi jusqu'à la fin du XVIe siècle. Il s'agit d'un remarquable ensemble défensif de forme triangulaire qui a accueilli le parlement de Bretagne lors des épidémies de peste au XVIe siècle. L'actuel parking s'étale dans l'avant-cour ou basse cour d'autrefois. Avant de pénétrer dans la place forte par le pont-levis à contrepoids, on remarquera la composition du châtelet et ses deux tours du XIIIe siècle, bâtis en moellons de schiste. La tour Saint-Laurent, plus grosse et qui faisait office de donjon, remonte au début du XVe siècle. Dans la cour d'honneur se trouvent un portail roman en granit roux et schiste noir, un logis néogothique orné de mâchicoulis et de gargouilles ponctuant de façon fantaisiste la petite tour (bâtiments municipaux), et la façade gothique du châtelet, pourvue de corbeaux qui soutenaient une galerie de bois. Prolongée par la tour de la Madeleine, du XVe siècle, la tour de Montafilant, du XIIIe siècle, offre une superbe vue sur les alentours ; à sa base reposent les ruines de la chapelle romane Saint-Julien. La tour de l'Oratoire présente une remarquable loggia exagérément sculptée, de style Renaissance, bâtie en tuffeau.

DEMEURES ANCIENNES Architecture civile

Pas moins de 75 maisons à pans de bois – dont certaines ont été crépies –, disséminées dans le centre ancien, sont l'un des éléments les plus caractéristiques du patrimoine vitréen. Elles ont été construites pour la plupart au cours du XVIIe siècle, et certaines sont élégamment revêtues d'un parement d'ardoise. La rue d'En-Bas, axe historique par lequel transitaient les personnes et les marchandises, est jalonnée de nombreuses habitations de caractère. Au n°30 se tient l'**hôtel de la porte d'En-Bas**, de style gothique, bâti aux XVe et XVIIIe siècles (on remarquera sur le côté un mur coupe-feu édifié en pierre). Échoppes, pierres d'étal, pigeâtres décorés et pans de bois moulurés agrémentent les autres maisons anciennes de la rue, parfois coiffées de toitures à coyau. On verra aux coins des rues les pierres "écarte-charrettes" qui servaient à protéger les façades. L'**hôtel de la Butte Dorée**, au n°20 de la rue d'En-Bas, a été édifié au XVIe siècle. Son étroite façade, dite pignon sur rue, permettait de limiter le coût de l'impôt. La ruelle de la Butte-Dorée donne la profondeur de la maison, parée de nombreuses fenêtres à meneaux. L'hôtel particulier du n°13, caractérisé par deux petits pavillons, remonte au XVIIe siècle. Au n°12 se dresse l'**hôtel du Bol d'Or**, datant de la fin du XVe siècle. Bâti en pierre, il arbore un escalier extérieur et trois toitures

Traces de remparts

Au XIIIe siècle, la ville de Vitré est entourée de remparts et de fossés. La **porte d'En-Bas** est une ancienne barbacane en forme de fer à cheval, aujourd'hui disparue, mais matérialisée au sol par un pavage bien visible au bas de la rue du même nom. La **rue du Bas-Val** était gardée par la poterne Saint-Pierre, petite porte de ville qui donnait sur la Vilaine. Au bout de la rue Notre-Dame se trouve la **porte d'En-Haut** ; non loin se dresse la tour de la Bridolle, tour circulaire d'artillerie du XIVe siècle, défendue par une bouche à feu. L'ancienne tour des Claviers, de la fin du XVe siècle, a intelligemment été mise en valeur par une large vitre panoramique située au n°16 de la rue de la Borderie.

différentes parées de motifs. La rue de la Baudrairie, dont le nom rappelle les artisans qui travaillaient le cuir, présente de grandes maisons à encorbellements qui les font se rapprocher et parfois s'épauler. L'**hôtel de Ringues de La Troussannais** est une demeure de caractère édifiée en équerre, remontant au XVIe siècle. Remaniée aux XVIIIe, XIXe et XXe siècles, elle est agrémentée de lucarnes décorées, de pilastres élevés et de modillons.

QUARTIER DU RACHAPT Ancien faubourg

La rue du Rachapt est l'ancien faubourg des déshérités de Vitré, mais aussi des tanneurs et des artisans, qui mène à la rive droite de la Vilaine. En haut de la rue se dresse la chapelle des Trois-Maries, petit édifice de plan rectangulaire relevé au XVIIIe siècle. Un lavoir de forme courbe borde la Vilaine dans le bas du quartier.

ÉGLISE NOTRE-DAME Gothique flamboyant

L'église actuelle, de style gothique flamboyant, fut construite aux XVe et XVIe siècles, en grès de Vitré. Le sanctuaire se distingue par sa **chaire à prêcher extérieure**, accolée à un contrefort sud au XVIe siècle, et par sa décoration remarquable. La chaire de style gothique est ornée de deux têtes sculptées, l'une représentant la gourmandise et l'autre la luxure. Les inscriptions portées sur les contreforts sont dues aux riches marchands vitréens ayant financé la construction de l'église. En sortant, n'hésitez pas à faire quelques pas dans le **jardin des Bénédictins** pour apprécier le vaste panorama de la Vilaine et du pays vitréen.

Où se loger et se restaurer

HÔTEL DU CHÂTEAU Hôtel €

(02 99 74 58 59 ; http://hebergement-hotel-pres-gare.hotelduchateauvitre.fr ; 5 rue Rallon ; s/d 46-59/52-65 € ; tte l'année ; P). Certes un peu exigu, cet hôtel sans prétention campé au pied des remparts du château est l'un des plus chaleureux de la ville. Les chambres sont petites mais confortables et on apprécie

Château des Rochers-Sévigné (p.71)

HERVÉ MILON ©

particulièrement le patio et les parties communes, à la décoration façon bistrot.

LE POTAGER DE LOUISE

Terroir au goût du jour **€€**

(**☎ 02 99 74 68 88 ; www.lepotagerdelouise.com ; 5 pl. du Général-Leclerc ; formules midi 11-14,80 €, menus 18,90-32,10 € ; ⏲ fermé dim et lun).** Cette adresse du centre-ville fait l'unanimité grâce à sa cuisine inventive et goûteuse : cassolette de lotte aux cèpes, tarte fine d'andouille et émulsion de camembert, mi-cuit cacao cœur pistache... Excellent rapport qualité/prix. Seul bémol : le service est parfois dépassé par le succès des lieux.

Renseignements

Office du tourisme (**☎ 02 99 75 04 46 ; www.ot-vitre.fr ; pl. du Général-de-Gaulle).** Devant la gare, à l'entrée de la vieille ville.

Stationnement Deux parkings gratuits sont situés au pied du château, l'un square François-Louis-Marie-Hirou, l'autre au bas de la rue Rallon, accessible par la rue des Augustins. Le parking de la gare est également gratuit pendant 1 heure.

Si vous aimez... les châteaux

Si vous aimez les châteaux aux allures de forteresse comme ceux de Fougères (p. 66) et de Vitré (p. 68), aux accents littéraires comme celui de Combourg (p. 68) ou encore celui de Caradeuc (p. 62), célébré pour son jardin, ne manquez pas non plus :

1 **SAINT-BRIAC**

Du port de cette station balnéaire, profitez d'une vue superbe sur la presqu'île de Nessay et son château de la fin du XIXe siècle. La ligne 16A des cars Illenoo (www.illenoo.fr) relie Saint-Malo à Saint-Briac-sur-Mer.

2 **CHÂTEAU DES ROCHERS-SÉVIGNÉ**

À 6 km au sud de Vitré, ce joli manoir du XVe siècle (☎ 02 99 75 04 54 ; tarif plein/réduit 4/2,50 € ; ⏲ avr-sept tlj 10h30-12h30 et 14h-18h30, oct-mars ven-dim 14h-17h30) fut la demeure favorite de la marquise de Sévigné.

3 **CHÂTEAU DE LA BALLUE**

Une belle propriété privée des XVIIe et XVIIIe siècles (☎ 02 99 97 47 86 ; www.laballuejardin.com ; adulte/enfant 9/7 €, gratuit -10 ans ; ⏲ mi-mars à fin oct 10h30-18h30), à 3 km au nord-est de Bazouges-la-Pérouse, qui mérite une visite pour ses magnifiques jardins à la française.

4 **CHÂTEAUGIRON**

Découvrez son château (visites guidées adulte/enfant 3/2 €, gratuit -6 ans ; ⏲ juil-août tlj, reste de l'année sur rdv), fondé au XIIe siècle, et ses maisons à colombages.

SAINT-MALO (SANT-MALOÙ)

Lors de son passage à Saint-Malo en 1847, Gustave Flaubert écrit : "Dans l'intérieur de la ville vous passez par de petites rues tortueuses, entre des maisons hautes, le long de sales boutiques de voiliers ou de marchands de morue [...]. Ça sent Terre-Neuve et la viande salée, l'odeur rance des longs voyages." Les parfums malodorants ont depuis disparu, mais l'attrait de la mer et la mémoire des remparts font toujours de Saint-Malo un endroit unique.

"Malouin d'abord, Breton peut-être, Français s'il en reste" : cette devise résume bien l'histoire de la cité corsaire. Évangélisée par un moine gallois (Malo, Maclow ou Maclou en 541), la ville se fortifie pour se protéger des invasions normandes et anglaises. Son rattachement à la France dès 1395 marque le début de sa prospérité. Elle devient alors l'un des principaux ports du royaume : l'acheminement d'armes à Terre-Neuve, le commerce de la toile et la pêche à la morue sont florissants. Mais Saint-Malo est aussi connue à travers le monde par ses habitants. Le plus célèbre d'entre eux, Jacques Cartier, découvre le Canada en 1534. Citons aussi René Duguay-Trouin qui s'empare en 1711 de Rio, Bertrand-François Mahé de la Bourdonnais qui colonise l'archipel des Mascareignes (Madagascar, Réunion, Maurice...), Robert Surcouf, le plus célèbre des corsaires français, sans oublier l'écrivain François-René de Chateaubriand.

Orientation

Procurez-vous, à l'office du tourisme, le plan imprimé dans l'une des brochures (gratuite) de Saint-Malo intra-muros. Si vous comptez circuler dans les quartiers alentour, achetez le plan plus complet (0,20 €). Pour visiter la ville et les remparts en vous amusant avec vos enfants, achetez le *Carnet de bord du petit corsaire* (1 €), qui comprend de nombreux jeux.

Un conseil : laissez votre véhicule au **parking Paul-Féval** (3,20 €/jour) qui se trouve à environ 4 km de la ville intra-muros. Une navette gratuite (15 min) vous déposera devant les remparts. Il existe aussi des **parkings** (juil-août 12 €/jour, 1,50 €/heure, Pâques à mi-nov 7 €/jour, 1,10 €/heure, gratuit le reste de l'année) situés à proximité des principales portes de la ville.

La **gare TGV** (rue Moka-Marville) est située au sud-est des remparts, à environ 2 km (comptez 20 minutes à pied). Elle est implantée dans un nouveau quartier en retrait de 300 m par rapport à l'ancienne gare. En raison de travaux en cours, le stationnement aux abords de la gare est quasi impossible.

À voir

Saint-Malo intra-muros

REMPARTS Patrimoine

Les parties les plus anciennes datent des XIIe et XIIIe siècles, mais l'enceinte fortifiée fut largement modifiée au XVIIe siècle, pour accompagner la croissance de la ville. Épargnée par les bombardements alliés de 1944, elle permet de faire le tour de la vieille ville sur 2 km environ. La visite débute habituellement à partir de la porte Saint-Vincent (1709), qui marque l'entrée principale de la vieille ville, et longe les remparts dans le sens des aiguilles d'une montre jusqu'à la porte Saint-Thomas.

CHÂTEAU Histoire et patrimoine

Cet édifice, construit entre le XVIe et le XVIIIe siècle, abrite le **musée d'Histoire**

Histoire d'un port

À la fin du XVIIe siècle, le port de Saint-Malo était le plus important de France grâce à la pêche à la morue sur les bancs de Terre-Neuve, ainsi qu'aux négoces de fourrure, de toile et de métaux précieux. Les corsaires avaient obtenu du roi de tels privilèges qu'ils étaient devenus les hommes les plus riches de la ville. On partait vers l'Amérique du Sud, les Indes orientales, le Yémen, que l'on appelait encore l'"Arabie heureuse". L'activité était débordante, et la ville tout entière enviée.

Aujourd'hui, avec seulement deux millions de tonnes de marchandises échangées dans le port de commerce, Saint-Malo ne se situe plus, malgré des importations massives d'engrais et de bois, qu'au troisième rang en Bretagne. Il est bridé en particulier par sa proximité avec la ville, ce qui l'empêche de recevoir des produits chimiques. Dans la tradition de la grande pêche, la société malouine Compagnie des pêches exploite toujours deux bateaux, au large de l'Islande pour le merlan bleu, et vers le Spitzberg pour le cabillaud. Mais la criée ne résonne plus comme avant. Le port de Saint-Malo reste néanmoins le lieu de transit d'un million de passagers tous les ans.

Remparts de Saint-Malo
SIMON GREENWOOD/LONELY PLANET IMAGES ©

(**☎ 02 99 40 71 57 ; www.ville-saint-malo.fr/culture/les-musees ; tarif plein/réduit 5,80/2,90 € ; avr-sept tlj 10h-12h30 et 14h-18h, oct-mars 10h-12h et 14h-18h sauf lun et jours fériés)** consacré à l'histoire de la ville et de ses hommes illustres. Également au sein du château et accessible avec le même billet d'entrée, le **musée d'Ethnographie du pays malouin**.

CATHÉDRALE SAINT-VINCENT

Patrimoine religieux

Élevée à partir du XIIe siècle, elle ne fut achevée qu'au XVIIIe siècle. Après 1238 et l'exil de l'évêque Geoffroy en pays normand, le chœur de la cathédrale fut bâti dans le style anglo-normand. Une mosaïque témoigne du lieu où le navigateur Jacques Cartier s'est agenouillé avant sa deuxième expédition vers le Canada, le 16 mai 1535. Au XIXe siècle, Napoléon III offrit à l'édifice une flèche néogothique qui fut détruite lors des bombardements alliés d'août 1944. Seules la chaire et les stalles du XVIIe siècle résistèrent à l'incendie. La flèche a été restaurée et remontée en 1971 en haut du bâtiment.

MAISON DE CORSAIRE

Histoire au long cours

(**☎ 02 99 56 09 40 ; www.demeure-de-corsaire.com ; 5 rue d'Asfeld ; adulte/7-12 ans 5,50/4 € ; juil-août et vacances scolaires tlj sauf dim matin 10h-11h30 et 14h30-17h30, hors saison visite à 15h sauf lun)**. L'hôtel Magon-Asfeld – l'une des rares demeures à avoir échappé au bombardement de 1944 – appartenait à Magon de la Lande, l'un des directeurs de la Compagnie des Indes orientales au XVIIIe siècle. Dotée de plus de 50 pièces, cette authentique maison de corsaire se visite aujourd'hui (comptez 1 heure 15) au rythme des explications des propriétaires.

TOMBE DE CHATEAUBRIAND

Romantisme

C'est sur l'île du Grand Bé que repose François-René de Chateaubriand (1768-1848), natif de Saint-Malo, enterré debout afin de pouvoir regarder la mer éternellement. L'endroit est sobre : une croix en granit, une sépulture sans nom et une plaque sur laquelle on peut lire : "Un grand écrivain français a voulu se reposer ici pour n'y entendre que la mer et le vent. Passant, respecte sa dernière volonté."

FORT NATIONAL

Patrimoine

(**☎ 06 72 46 66 26 ; www.fortnational.com ; adulte/6-16 ans 5/3 €, visite guidée 35 min ; juin-sept tlj, vacances scolaires et longs week-ends, horaires variables selon marées)**. Sur la plage, face au château, ce monument, construit dès 1689 par Vauban et Garangeau, ressemble à un navire de guerre et résista à de nombreuses attaques à travers le temps. Le fort n'est accessible qu'à marée basse et n'est

Saint-Malo intra-muros

Saint-Malo intra-muros

Renseignements
1 Office du tourisme D2

À voir
2 Cathédrale Saint-Vincent C2
3 Château D1
4 Maison de Corsaire C4

Activités
5 Compagnie Corsaire C5

Où se loger
6 Le Nautilus C2
7 Hôtel Quic-en-Groigne B4
8 Hôtel San Pedro A3
9 La Porte-Saint-Pierre A4

Où se restaurer
10 Côté Sens C4
11 Le Bistro de Jean C2
12 Le Chalut C2
13 Le Chateaubriand C1

Où prendre un verre
14 Bar de l'Univers C2
15 L'Alambic Café B3

ouvert que lorsque le drapeau français est hissé !

Saint-Servan-sur-Mer et sud de Saint-Malo

TOUR SOLIDOR Musée

(**☎ 02 99 40 71 58 ; tarif plein/réduit 5,80/2,90 € ; ⏲ avr-sept tlj 10h-12h30 et 14h-18h, oct-mars mar-dim sauf jours fériés 10h-12h et 14h-18h**). Construite en 1382, puis restaurée au XVIIe siècle, elle domine l'estuaire de la Rance. Autrefois utilisée comme prison, elle accueille aujourd'hui le **musée international du Long-Cours cap-hornier**, qui abrite une galerie de portraits des grands navigateurs depuis le XVIe siècle et des témoignages de leurs aventures.

MÉMORIAL 1939-1945 Blockhaus

(**☎ 02 99 82 41 74 ; fort de la cité d'Alet ; tarif plein/réduit 6/3 € ; ⏲ juil-août tlj, visite guidée uniquement 10h15, 11h, 14h, 15h, 16h et 17h, avr-juin et sept tlj sauf lun 14h30, 15h15 et 16h30, fermé nov-mars**). Ouvert à l'occasion du 50e anniversaire du débarquement allié, ce mémorial, installé dans un blockhaus allemand à l'intérieur même du fort de la cité d'Alet, présente des photographies, des objets et un film historique, *La Bataille de Saint-Malo*, consacré à la période de la Seconde Guerre mondiale. Dommage que l'on ne puisse pas le visiter individuellement !

GRAND AQUARIUM DE SAINT-MALO Aquarium

(**☎ 02 99 21 19 00 ; www.aquarium-st-malo.com ; av. du Général-Patton ; adulte/4-14 ans 16/11,50 € ; ⏲ juil-août 9h30-20h ou 22h, fév-mars 10h-18h, avr-juin et sept 10h-19h, oct-déc 10h-18h**). Avec 600 000 litres d'eau à 24°C, cet aquarium est l'un des plus profonds d'Europe. Il se trouve à la périphérie de Saint-Malo, à La Ville-Jouan. Cet imposant complexe moderne, tout en acier, présente le monde marin dans sa plus grande diversité : vous déambulerez à travers de multiples galeries, observerez de nombreuses espèces aquatiques des mers froides ou chaudes, puis atteindrez un gigantesque aquarium circulaire, à 360°, où évoluent dorades, tortues et requins. Pour la séquence grands frissons, descendez à bord du sous-marin Nautibus, pour une plongée abyssale à la rencontre de plus de 5 000 poissons...

Petit mais costaud

Saint-Malo se protégeait des invasions anglaises derrière ses remparts mais également grâce à ses 4 forts construits sur des îlots tels des bastions sur la mer. Le plus proche est le fort national (appelé fort de l'Islet). Viennent ensuite le fort de la Conchée, le fort de l'île Harbour et enfin le **fort du Petit-Bé** (**☎ 06 08 27 51 20 ; www.petit-be.com ; adulte/enfant 5/3 €**). Ce dernier a été racheté en 1999 par un particulier passionné qui organise des visites de 30 minutes environ. Pour signaler sa présence et les heures de visite, le propriétaire hisse un pavillon ; mais il sera toujours préférable de téléphoner auparavant ! Accès à pied ou en navette gratuite entre la cale des Bés et la plage du Petit-Bé.

Rothéneuf

MANOIR JACQUES-CARTIER Dernière demeure

(**☎ 02 99 40 97 73 ; www.musee-jacques-cartier.com ; rue David-MacDonald-Stewart ; adulte/enfant 5/2-4 € ; ⏲ juin et sept lun-sam 10h-11h30 et 14h30-18h, juil-août tlj 10h-11h30 et 14h30-18h, oct-mai 2 visites guidées/jour à 10h et 15h ; 🚌 lignes 3 et 8, arrêt Sainte-Famille**). Le manoir de Limoëlou, dernière demeure de celui qui a découvert le Canada en 1534, était en fait une ferme du XVIe siècle jusqu'en 1978. Les lieux, admirablement rénovés, évoquent aujourd'hui la vie quotidienne au XVIe siècle et offrent un regard particulier sur les voyages du grand navigateur. Hors saison, des visites sont organisées à 10h et à 15h, ainsi que sur réservation. Deux vidéos complètent la visite.

ROCHERS SCULPTÉS DE ROTHÉNEUF Curiosité

(☎ 02 99 56 23 95 ; 4 chemin des Rochers-Sculptés ; 2,50 € ; 🕓 Pâques-sept tlj 9h-19h, oct-Pâques tlj 10h-12h et 14h-18h). Leur histoire est aussi saisissante que ces rochers. L'abbé Fouré (1839-1910), jeune recteur de Paimpol, fut victime d'une maladie qui le laissa sourd et muet. Pendant 25 ans, tous les matins, les gens du village virent la silhouette de l'ermite, comme on l'appelait à cette époque, se diriger vers le bord de mer pour sculpter le granit et composer, sur plus de 500 m², un ensemble incroyable de portraits et de scènes. Il semblerait qu'il se soit inspiré des membres d'une vieille famille locale, les Rothéneuf. Quoi qu'il en soit, l'œuvre de l'abbé, composée avec ses seuls marteau et burin, résiste depuis plus d'un siècle au temps et à la mer. Il y a plus de 300 statues représentant des thèmes divers : en plus de ses contemporains, les thèmes des saints et des légendes, de la colonisation et de Jacques Cartier ont été ses sources d'inspiration. Aujourd'hui, les rochers sont situés sur une propriété privée.

Activités

Plages

Vous aurez l'embarras du choix pour vous baigner à Saint-Malo. La grande **plage du Sillon** est la plus connue. Pour les plus petits, vous trouverez un club à la **plage de la Hoguette** (Surf School), qui prolonge la précédente vers l'est. La SNBSM propose également en été des activités pour les enfants à partir de 6 ans sur 2 sites. Les plages au pied des remparts (plages de l'Éventail, de Bon-Secours et du Môle) sont très fréquentées. Si la **plage de l'Éventail** ne doit pas son nom au hasard, la **plage du Môle** est, au contraire, bien abritée et fait le bonheur des culottes courtes en vacances. La **plage de Bon-Secours**, plébiscitée par la jeunesse du coin (adolescente, étudiante ou en colo dans la région), dispose d'un bar et d'une piscine d'eau de mer à même la plage. Le soir, ambiance feu de joie, guitares et bains de minuit. La **plage des Bas-Sablons**, à Saint-Servan, est agréable et abritée. Le sable est fin et doux, mais gare

Les malouinières

C'est entre 1650 et 1730, époque prospère du pays malouin, que la plupart de ces maisons appelées "malouinières" ou "vide-bouteilles" furent construites. Elles servaient de résidences secondaires aux riches armateurs et corsaires malouins et permettaient d'échapper un temps à la cité corsaire. Les malouinières sont, avant tout, des "maisons des champs" qui servaient de lieu de villégiature et de réception, de poste (toutes ces demeures étaient dotées de pigeonniers qui permettaient à l'armateur de communiquer avec les différents ports de France) et de jardin : il produisait une polyculture de subsistance que chaque famille rapportait à Saint-Malo intra-muros.

Il en reste une centaine dont les plus connues (comme Montmarin, la Ville-Bague, le Bos ou le Puits-Sauvage) sont situées dans un rayon de 12 km autour de Saint-Malo, distance moyenne parcourue en 2 heures par un cavalier. Sauf très rares exceptions, les malouinières ne devaient surtout pas offrir de vue sur la mer. Cela a bien changé depuis ! La mairie de **Saint-Coulomb** (☎ 02 99 89 00 21) fournit les plans de 5 circuits à vélo de 4 à 30 km et les **Vélos bleus** (voir p. 78) un itinéraire de 2 heures 30/4 heures pour explorer les malouinières de la région.

Malouinière de la Ville Bague, à Saint-Coulomb (voir p. 76)

HERVÉ MILON ©

aux bouts de verre. Il est interdit de se baigner dans l'anse de Solidor.

En voiture, on peut se rendre sur les plages entre la **pointe du Meinga** et la **pointe du Grouin**. Elles sont plus sauvages. En pleine saison, le parking est difficile d'accès. Il faut trouver une place le long de la route et la marche pour accéder aux plages peut être dangereuse avec des enfants. La **plage des Chevrets** (pointe du Meinga, accessible par La Guimorais) est une plage naturiste, autorisée par la municipalité.

Sorties en mer

L'**Étoile Marine** (**☎ 02 99 40 48 72, 06 77 08 62 54 ; www.etoile-marine.com ; 41 quai Dugay-Trouin ; 30 € la demi-journée, 75 € la journée ; ⏲ tte l'année)** est une société qui gère *Le Renard*, le dernier navire de Surcouf (1812). Possibilité de participer aux manœuvres.

La **Compagnie Corsaire** (**☎ 0825 138 100 ; www.compagniecorsaire.com ; gare maritime de la Bourse ; ⏲ tte l'année)** permet de rejoindre Dinard en bus de mer (10 min) et également d'effectuer des excursions vers le cap Fréhel ou la pointe du Grouin. L'embarcadère se trouve sur la cale de Dinan, face à la porte du même nom.

Plusieurs possibilités s'offrent à vous pour rejoindre les îles Anglo-Normandes : peu romantique mais rapide, **Condor Ferries (☎ 0825 135 135 ; www.condorferries.fr ; terminal ferry du Naye ; ⏲ tte l'année)** dessert Jersey et Guernesey 3 fois par jour en été et 3 fois par semaine en hiver, mais également Poole et Weymouth. Le trajet se fait sur car-ferries.

Thalassothérapie

Saint-Malo abrite le plus ancien centre de thalassothérapie de France, les **Thermes marins (☎ 02 99 40 75 75 ; www.thalassotherapie.com ; grande plage du Sillon)**. Si le bâtiment principal date de 1867, il faut se souvenir qu'au XIXe siècle des chaudières roulantes permettaient aux vacanciers de prendre des bains d'eau chaude dans de grands bacs. Aujourd'hui, les Thermes marins accueillent chaque année près de 27 000 curistes. L'espace soin représente 5 000 m^2 et on compte plusieurs hôtels (dont le Grand Hôtel des Thermes) et restaurants. Vous pouvez profiter des soins sans être hébergé aux

Thermes (comptez de 90 à 152 € pour une journée).

Vélo

Situés à proximité de la gare SNCF, les **Vélos Bleus (02 99 40 31 63 ; www.velos-bleus.fr ; 19 rue Alphonse-Thébault ; location vélo de ville 1/7 jours 12/53 €, VTT et VTC 1/7 jours 15/77 €, vélo enfant 1/6 jours 10/39 € ; avr-oct lun-sam sur rdv, tlj pendant les vacances et jours fériés)** proposent, outre la location de cycles, de multiples itinéraires guidés et commentés dans le pays malouin (30 €/pers avec le vélo pour 4 heures de balade). L'occasion de découvrir la région sans les embouteillages. Possibilité de louer casque (2 €), panier (2 €), sacoche (3 €) et siège enfant (5 €/jour).

Où se loger

HÔTEL SAN PEDRO Vue mer **€€**
(02 99 40 88 57 ; www.sanpedro-hotel.com ; 1 rue Sainte-Anne ; s/d 50-55/63-69 €, vue sur la mer s/d 54-59/79 € ; fin fév-nov). Mireille Morice vous accueille dans son hôtel composé de 12 chambres. Petites, bien entretenues, ces dernières sont réparties sur 4 étages et équipées de sdb, TV et minibar. Certaines ont vue sur la mer. Il faut dire que la plage de Bon-Secours est à deux pas. Les petits-déjeuners, savoureux, changent chaque jour. À disposition gratuitement, 4 ou 5 vélos.

HÔTEL BEAUFORT Vue mer **€€€**
(02 99 40 99 99 ; www.hotel-beaufort.com ; 25 chaussée du Sillon ; d/fam 87-247/117-207 selon saison et vue ; tte l'année). À la recherche de l'endroit idéal pour un week-end romantique ou un séjour détente ? Ne cherchez plus ! Les 22 chambres du Beaufort vous séduiront par leur décoration simple et raffinée dans les tons sable et blanc, leur ambiance à la fois cosy et épurée et, surtout, pour 14 d'entre elles, la vue imprenable sur la mer.

HÔTEL QUIC-EN-GROIGNE Calme **€€**
(02 99 20 22 20 ; www.quic-en-groigne.com ; 8 rue d'Estrées ; d/tr/qua 68-102/82-102/91-112 € selon saison ; fermé 3 sem en jan et 3 j à Noël ; P). Qu'est-ce qui fait la différence entre cette adresse et la plupart des

Saint-Malo et la plage de Bon-Secours, vus depuis le fort du Grand-Bé

SIMON GREENWOOD/LONELY PLANET IMAGES ©

Le bonheur est dans le port

Différentes excursions en bateau sont proposées au départ de Saint-Malo (ainsi que de Dinard ; comptez 10 minutes de plus sur l'horaire). En activité de Pâques à début novembre.

- **Dinard**, le bus de mer (10 min, départ toutes les 40 min ; adulte/enfant 6,90/4,50 €).
- La **côte ouest** (depuis Saint-Cast-Le-Guildo vers le cap Fréhel et le Fort-la-Latte, 2 heures 30 ; adulte/enfant 19/11,40 €).
- La **côte est** (pointe du Grouin et baie de Cancale, 2 heures 30 ; adulte/enfant 28/16,80 €).
- **Îles Chausey** (départ le matin et retour l'après-midi ; adulte/enfant 31/18,50 €).
- **Dinan** et la rivière de la Rance (2 heures 45, retour en bus ou en bateau ; adulte/enfant 30/18 €).
- **Baie de Saint-Malo** (1 heure 30 ; adulte/enfant 19/11,40 €).
- **Île de Cézembre** (20 min ; adulte/enfant 14/8,40 €).

autres établissements intra-muros ? Probablement sa position stratégique, un peu à l'écart des rues trop bruyantes. On ajoutera également l'accueil de son patron, franc et sympathique. Demandez les chambres rénovées avec douches à l'italienne. Celles pour 4 personnes (2 adultes/2 enfants) sont d'un bon rapport qualité/prix. N'oubliez pas de réserver votre place de parking (12 €/jour).

LE NAUTILUS Bon plan **€€**

(**02 99 40 42 27 ; www.lenautilus.com ; 9 rue de la Corne-de-Cerf ; s/d/tr/q 45-58/59-70/74-84/84-96 € selon la saison ; fermé mi-nov à mi-fév ; P**). Une adresse de qualité qui dispose de 15 chambres très colorées, avec douche, toilettes et TV, d'une propreté impeccable. Certaines, avec lits doubles et superposés, sont une excellente solution pour les familles avec un ou deux enfants. Parking 5 € par jour.

LA PORTE-SAINT-PIERRE
Hôtel-restaurant **€€€**

(**02 99 40 91 27 ; www.hotel-portestpierre.com ; 2 place du Guet ; s-d/tr/fam 73-85/95-140/145-155 € ; menus 15-52,50 € ; tte l'année ; P**). Cet hôtel tenu par la même famille depuis 1936 a été entièrement rénové en 2011. Comme il donne sur les remparts et la plage, les prix sont un peu élevés pour des chambres parfois petites, même si elles sont confortables et propres. À souligner l'existence de deux chambres pour personnes à mobilité réduite et l'installation de casques audio dans la partie restaurant pour les malentendants. Demandez une chambre avec vue sur la mer et les remparts. Parking à 300 m sur réservation.

Où se restaurer

LE CHALUT Incontournable **€€**

(**02 99 56 71 58 ; 8 rue de la Corne-de-Cerf ; formule semaine 26 €, menus 26-73 € ; hors saison fermé lun-mar**). L'une des adresses les plus courues de Saint-Malo. On vient ici surtout pour les plats de poissons et de crustacés, hyperfrais et merveilleusement cuits. Réservation indispensable.

CÔTÉ SENS Gastronomique **€€**
(**02 99 20 08 12 ; www.cote-sens.com ; 16 rue de la Herse ; menu 28 €, plats 22-45 € ; tlj en saison à partir de 19h30, midi uniquement sur réservation, fermé mer en hiver).** Voici un établissement qui donne confiance dans la jeune cuisine française. À sa tête, un chef sorti du lycée hôtelier de Dinard. Après avoir exercé à Paris et à l'étranger, il s'est installé à Saint-Malo. La carte est subtile sans être prétentieuse et les plats varient en fonction des saisons. On pourrait venir ici tous les jours !

LE CHATEAUBRIAND Historique **€€**
(**02 99 56 66 52 ; www.hotel-fr-chateaubriand.com ; 12 pl. Chateaubriand ; menus 15-37 € ; tte l'année).** C'est un peu un hommage que l'on rend à l'écrivain lorsqu'on s'attable ici. Et pour cause : François-René de Chateaubriand est né dans la grande demeure adjacente (aujourd'hui transformée en hôtel) le lundi 4 septembre 1768. La salle de restaurant prend place dans un superbe bistrot d'époque Napoléon III d'où émerge une indéfinissable sensation de temps suspendu. Le détail culinaire qui a de la classe : tartare de bœuf et crêpe Suzette sont préparés sous vos yeux. Le top du top ? Déguster un bon chateaubriand dans la demeure de Chateaubriand.

LE BISTRO DE JEAN Savoureux **€€**
(**02 99 40 98 68 ; 6 rue de la Corne-de-Cerf ; menus déj 14-19 €, plats 16,80-19,80 ; fermé mer midi, sam midi et dim).** Mitoyen du Chalut, ce petit restaurant convivial aux allures de bistrot est conduit de main de maître par un couple de Lyonnais qui ont adopté Saint-Malo (et vice versa d'ailleurs). Ici, pas de chichis. La décoration simple annonce la couleur, le patron est un fan de sport. Il aime aussi faire plaisir aux clients, aidé par un menu simple aux saveurs subtiles. La cuisine du marché est à l'honneur. Choisissez le filet de dorade à l'anis étoilé et terminez par le tiramisu à l'abricot et sa crème de mascarpone.

À gauche : tour Solidor, Saint-Servan-sur-Mer (p. 75)
À droite : plage de l'Écluse, Dinard (p. 82)

Où prendre un verre

BAR DE L'UNIVERS
Institution malouine
(**02 99 40 83 62 ; pl. de Chateaubriand ; tlj 17h-2h**). Un bar emblématique de Saint-Malo où tous les marins de France et d'ailleurs ont dû un jour s'accouder. C'est aussi l'un des lieux festifs officieux de la Route du Rhum. Idéal pour boire une bière (bretonne) ou siroter un rhum en jouant au tarot.

L'ALAMBIC CAFÉ Whiskys à gogo
(**02 99 40 86 41 ; 8 rue Boyer ; haute saison tlj 10h-2h, basse saison 10h-1h**). Cette maison, vieille de plus de trois siècles, abrite aujourd'hui un superbe alambic en plomb et quelques jolies poutres. Le décor est soigné, la musique rock, et plus d'une cinquantaine de whiskys sont servis par le jeune patron. Le bar dispose en outre d'un accès Internet (1 €/10 min). Que demander de plus ?

Renseignements

Office du tourisme (**0825 135 200, 0,15 €/min ; www.saint-malo-tourisme.com ;**). Situé hors les murs, face à la porte Saint-Vincent, près du port, il propose des visites guidées de la ville intra-muros (**6 € à partir de 12 ans, se présenter 10 min avant l'horaire avec vos tickets et compter 1 heure 30 de visite ; juil-août lun-mer et ven 10h30, jeu et sam 14h30, avr-sept se renseigner**).

Maison de Corsaire (**voir p. 73 ; 12 € pour 2 heures**). Loue des **audioguides** (avec 2 casques) pour visiter la ville.

DINARD (DINARZH)

Certains l'appellent la "Nice du Nord", car à son instar, les premiers touristes venus s'étendre sur ses plages étaient britanniques. Elle partage aussi avec d'autres villes chics du littoral un nombre incroyable de maisons de vacances qui,

Le Prince Noir

La maison du Prince Noir (propriété privée) est l'un des rares témoins du passé dinardais : cette demeure de grand caractère datant de la fin du XVe siècle et du tout début du XVIe affiche deux petites tourelles jumelées. Elle abrite désormais la **galerie d'art du Prince Noir** (☎02 99 46 29 99 ; 70 av. George-V ; ⏱mai-sept tlj sauf mar 11h-12h30 et 15h-19h).

pour certaines, ont des allures de petits châteaux. Dinard a connu entre les deux guerres une période faste lorsqu'on y comptabilisait pas loin de 100 hôtels et 4 casinos. Elle fut même la coqueluche des têtes couronnées européennes et des aristocrates anglais.

À voir

Le charme de Dinard tient à son ambiance Belle Époque, où les réminiscences du Second Empire sont encore perceptibles. Lieu de villégiature depuis le XIXe siècle, la ville présente une physionomie particulière, comparable à celle de La Baule ou de Pornichet, en Loire-Atlantique, ou à celle de Biarritz dont Dinard serait la petite sœur. Les quartiers balnéaires offrent l'occasion d'une plongée dans le passé, avec des visions étonnantes. Il faut impérativement flâner du côté de la **pointe de la Malouine** et de la **pointe du Moulinet**, qui encadrent la **plage de l'Écluse**, et se laisser impressionner par les villas balnéaires à l'architecture si exubérante, juchées sur ces deux éperons rocheux qui se font face.

Pour découvrir quelques-unes de ces 400 superbes demeures, suivez les 2 circuits pédestres (itinéraires disponibles à l'office du tourisme).

Activités

Plages

Côté mer, Dinard est bien nantie avec 4 grandes plages de sable fin. La **plage de l'Écluse**, face aux casinos, est souvent choisie par les vacanciers de passage. Les familles de Dinard préfèrent se replier sur les **plages de Saint-Briac** et de **Saint-Lunaire** ou, plus proches, sur celles **du Prieuré** et **de Saint-Énogat**. La **plage de Port-Blanc** accueille généralement les vacanciers étrangers installés au camping tout proche. Enfin, on ne peut pas oublier la superbe plage de sable fin de l'**île de Cézembre**, accessible en bateau (20 min ; voir l'encadré p. 84) de Dinard. Les enfants trouveront des clubs sur les plages de l'Écluse, du Prieuré et de Saint-Énogat. Hors saison, ou lorsque le temps est frisquet, rejoignez la **piscine municipale olympique d'eau de mer** (☎02 99 46 22 77 ; digue de l'Écluse ; adulte/enfant 4,60/3,60 €, gratuit pour les -5 ans ; ⏱horaires variables selon les jours) chauffée et couverte : saunas, Jacuzzi et espace pour les enfants.

Randonnée

La marche est comme toujours le meilleur moyen d'apprécier la côte. Le GR®34C qui vient de **Minihic-sur-Rance** longe la Rance et rejoint Dinard. Les plus pressés ou paresseux peuvent se contenter de la **promenade du Clair-de-Lune**, au milieu d'un jardin exotique composé de fleurs et de palmiers sur un coteau rocheux, entre la plage du Prieuré, au sud, et la pointe du Moulinet, illuminée à partir de la tombée de la nuit de début juillet à fin septembre.

Sorties en mer

De mi-avril à mi-novembre, on peut rejoindre Saint-Malo depuis Dinard par la mer, ou faire des excursions sur la côte et dans les îles voisines. À Dinard, l'embarquement a lieu à la cale du Bec-de-la-Vallée ou à la promenade du Clair-de-Lune. S'adresser à la **Compagnie Corsaire** (☎0825 138 100 ;

HERVÉ MILON ©

www.compagniecorsaire.com ; promenade du Clair-de-Lune ; avr-sept 9h-19h30) en face du Grand Hôtel.

Thalassothérapie

Dinard abrite un centre de thalassothérapie implanté sur les hauteurs de Saint-Énogat.

Vélo

Breiz Cycles (02 99 46 27 25 ; 8 rue Saint-Énogat ; 9 € la journée). Pour partir à la découverte des belles villas sur une petite reine.

Où se loger et se restaurer

HÔTEL DU PARC DES TOURELLES
Hôtel €€
(02 99 46 11 39 ; www.hotelduparc.org ; 20 av. Édouard-VII ; s/d 56-71/63-78 € selon la saison ; mi-fév à mi-nov). Classé deux-étoiles, installé à environ 300 m de la plage de l'Écluse et du centre de Dinard, l'hôtel abrite 19 chambres rénovées. Celles donnant sur la rue sont un peu plus bruyantes, malgré le double vitrage, mais l'établissement conviendra parfaitement aux voyageurs qui cherchent une adresse confortable.

HÔTEL DE LA PLAGE Vue mer €€€
(02 99 46 14 87 ; www.hoteldelaplage-dinard.com ; 3 bd Féart ; d basse/haute saison 55-115/70-142 € ; tte l'année). Idéalement situé, presque en face de l'office du tourisme, à deux pas de la plage de l'Écluse. Cet hôtel, aménagé dans une belle maison de vacances, possède 18 chambres tout confort. Certaines sdb auraient besoin d'une cure de jouvence.

Une astuce pour se garer à Dinard

Pas facile de trouver une place de parking à Dinard, qui plus est non payante, surtout en pleine saison ! Sachez que le parking situé juste derrière la Poste comporte non seulement plusieurs places mais qu'en plus elles sont gratuites.

Plage paradisiaque

Comment se prélasser sur une plage orientée plein sud en Bretagne Nord ? Facile : prenez le bateau de Saint-Malo ou de Dinard, direction l'**île de Cézembre**, située à 20 minutes environ de la côte et qui bénéficie d'une superbe plage de sable fin. L'endroit est vraiment magique et jouit d'une vue imprenable sur les deux stations et le littoral. L'île est inhabitée, mais elle possède un bar-restaurant ouvert en saison, **Le Repaire des Corsaires** (☎ 02 99 56 78 22). Pour vous rendre à l'île de Cézembre, contactez la **Compagnie Corsaire** (voir p. 82). De Dinard, le départ se fait cale du Bec-de-la-Vallée, près de la pointe du Prieuré, et de Saint-Malo, cale de Dinan. Un départ par jour en fin de matinée, retour fin d'après-midi, de Pâques à la Toussaint (adulte 11-13 € selon la saison).

HÔTEL-RESTAURANT LE PRINTANIA
Inspiration bretonne **€€€**
(☎ 02 99 46 13 07 ; www.printaniahotel.com ; 5 av. George-V ; s/d 68-126/79-162 € selon la vue et la saison ; ⏲ mi-mars à mi-nov et 2 sem à Noël, tte l'année sur réservation). Un trois-étoiles au mobilier breton, bien tenu, bénéficiant d'une situation idéale, en surplomb de la promenade du Clair-de-Lune. Il possède 55 chambres ou suites donnant sur la rue ou la mer. Le confort dans un cadre rustique au charme rétro. Très bon restaurant également.

L'ESCALE À CORTO
Restaurant des Marins **€€**
(☎ 02 99 46 78 57 ; 12 av. George-V ; plats 15-22 € ; ⏲ tlj le soir seulement, fermé lun hors saison). Une bonne adresse, appréciée des Dinardais, face à l'hôtel-restaurant Le Printania. Dans un cadre chaleureux et convivial, un zeste branché, vous dégusterez une cuisine bien maîtrisée. Au sein de l'assortiment de plats variés proposés à la carte uniquement, tels le filet de bar au beurre rouge ou l'aile de raie gratinée aux épinards, la dorade rose au citron vert et au gingembre s'est révélée sans défaut.

LA PASSERELLE-DU-CLAIR-DE-LUNE
Tout en délicatesse **€€**
(☎ 02 99 16 96 37 ; www.la-passerelle-restaurant.com ; promenade du Clair-de-Lune, 3 av. George-V ; menus 25-35 €, formule midi 20 € ; ⏲ tte l'année). Appartenant au même propriétaire que Le Printania et La Gonelle, ce restaurant se veut plus intimiste et plus calme, tout en bénéficiant aussi d'une vue sur la mer. La cuisine s'inspire des saveurs du monde. Plus locales, les ravioles de langoustines aux lentilles sont excellentes. Délicate attention : un pavé de chocolat blanc avec des bonbons de coquelicot (une spécialité maison) servis avec la tisane du soir !

LE FULL TIME Au soleil **€€**
(☎ 02 99 46 18 72 ; fulltimedinard@hotmail.fr ; 2 bd Albert-Ier (plage de l'Écluse) ; menus 12-15 € ; ⏲ mars-oct tlj, nov-fév fermé lun et ven). Une paillote en bord de plage... Ce lieu sympathique à l'ambiance décontractée réunit touristes de passage et Dinardais de la petite trentaine. Les hamburgers maison sont très prisés et les gambas grillées à la fleur de sel sont excellentes. Le service est dynamique et sans chichis. Une bonne option pour un midi ensoleillé.

ℹ Renseignements

Office du tourisme (☎ 02 99 46 94 12 ; www.ot-dinard.com ; 2 bd Féart). Propose des **visites guidées** (les villas de la pointe du Moulinet ou de la pointe de la Malouine...) d'avril à octobre, toute l'année sur rendez-vous pour les groupes. Départs de l'office du tourisme à 15h, sauf pour certains itinéraires. Juste devant trône un grand plan de la ville avec parcours lumineux reliant les différents sites.

CANCALE ET LA POINTE DU GROUIN

Cancale est l'étape par excellence des amateurs de fruits de mer. Situé à une quinzaine de kilomètres de Saint-Malo, ce port vit au rythme de l'ostréiculture, qui occupe plus de la moitié de la ville. Celle-ci est divisée en deux parties : le bourg, sur les hauteurs, appartenait aux notables, aux armateurs et aux commerçants aisés, et le port de la Houle, avec ses maisons accolées les unes aux autres, était le lieu de vie et de travail des pêcheurs de morue.

Depuis Cancale, il est possible de rejoindre la **pointe du Grouin**, une pointe rocheuse qui s'élève à près de 50 m de hauteur et qui permet, par temps dégagé, de profiter d'un magnifique panorama entre le cap Fréhel, le Mont-Saint-Michel et les îles Chausey. De l'autre côté de la "vieille rivière", l'île des Landes, réserve naturelle ornithologique depuis 1961, constitue aujourd'hui le plus important lieu de nidification des 6 principales sortes d'oiseaux de la baie du Mont-Saint-Michel. Plusieurs espèces de cormorans et de goélands – sans oublier le tadorne de Belon – se retrouvent sur l'île au milieu de l'hiver pour s'y reproduire. Mais c'est entre avril et août que vous en verrez le plus grand nombre sur les flancs de l'île. L'accès à celle-ci est interdit.

On peut accéder à la pointe par la D201, mais les randonneurs privilégieront le sentier des douaniers, qui se poursuit jusqu'à la **pointe de la Varde**, à 4 km de Saint-Malo. De belles découvertes en perspective, notamment de jolies plages (Port-mer, la plage du Verger, La Guimorais, les Chevrets) et criques, qui ne sont toutefois pas toujours faciles d'accès. Ne soyez pas étonné si, au cours de votre promenade, vous apercevez une maison sur un îlot à peine relié à la terre. Il s'agit de l'ancien fort de Léo Ferré. Une curiosité qui mérite le détour.

Où se loger et se restaurer

Côté table, outre les nombreux restaurants de qualité de Cancale, vous pourrez opter pour une dégustation d'huîtres directement au pied des parcs. Pour ce faire, rendez-vous au bout du quai Thomas.

LE CANCALAIS Hôtel-restaurant €€
(☎ 02 99 89 61 93 ; www.lecancalais.fr ; 12 quai Gambetta ; d avec douche 75/95 € selon la vue ; menus 15-38 € ; ⏲ fermé mi-déc à fin jan). Cet hôtel propose 10 chambres spacieuses et confortables (6 vue mer, 4 côté toits). La vue sur le port de la Houle se paie un peu cher, tandis que l'option vue sans mer est franchement économique. Côté table, l'adresse vaut le coup pour ses nombreuses formules autour des produits de

Cancale
SIMON GREENWOOD / LONELY PLANET IMAGES ©

À l'abordage !

On connaît l'histoire des pirates qui attaquaient les navires marchands pour s'emparer de leur cargaison. On sait moins que de ces attaques sont nés la "guerre des courses" et le concept de **corsaire**, qui consistait pour un navire marchand et son capitaine à s'emparer d'autres vaisseaux. Ici réside toute la différence entre pirate et corsaire. Le corsaire participait à une "guerre" devenue officielle sous le règne de Louis XIV car encadrée par un édit royal. L'objectif visait à ruiner le commerce de nations concurrentes comme l'Angleterre et la Hollande. Elle se poursuivit jusqu'à Napoléon Ier et permettait l'enrichissement du roi sans qu'il en assume la responsabilité si l'assaut échouait. C'était aussi un moyen de former d'excellents futurs officiers du roi.

Le corsaire qui décidait de se livrer à ces actes de piraterie devait bien entendu partager son butin et le produit de la vente des prises avec le roi. Le partage ? Un cinquième pour le roi, un dixième pour l'amiral de France, deux tiers pour l'armateur et le restant pour l'équipage. Les deux corsaires malouins les plus connus sont Duguay-Trouin et Surcouf. Le premier finit commandant du port de Toulon, tandis que le second fut fait baron d'Empire.

la mer : de l'assiette de fruits de mer (28 €) au grand plateau royal avec homard tiède pour 2 (125 €).

LE DUGUAY-TROUIN Grand confort **€€**
(✆02 23 15 12 07 ; www.hotelduguaytrouin.com ; 11 quai Duguay-Trouin ; s-d basse/haute saison 85-95/105 € ; ⏱tte l'année). Ne tournons pas autour du pot : cette adresse est la meilleure option à Cancale dans sa catégorie. Sept chambres claires et spacieuses donnant toutes sur le port et sur la mer, décorées avec goût, et équipement complet (lecteur DVD, lit "king size"...). Le propriétaire a privilégié ici le confort à la rentabilité. Une petite préférence pour les chambres mansardées n° 32 et 33 du 3e étage.

CHAMBRES D'HÔTES ET RESTAURANT MAISON DE LA MARINE Cosy **€€€**
(✆02 99 89 88 53 ; www.maisondelamarine.com ; 23 rue de la Marine ; d/suite 95-120/145-160 €, petit-déj inclus ; menus 27-69 € ; ⏱fermé nov et 2 semaines début mars ; restaurant saison tlj sauf lun, hors saison tlj sauf lun-mar). Vous reconnaîtrez facilement cette charmante maison de la ville haute – cachée derrière l'église – à ses volets jaune crème. Les 5 chambres, 2 doubles et 3 suites, à l'aspect cosy et à la décoration soignée, possèdent lits à baldaquin et baignoires sabots. Celles donnant côté église sont dotées de triple vitrage, les autres bénéficient d'une vue sur la mer et le beau jardin intérieur. Le bon goût est également de mise dans la partie restaurant, avec fresques sur les murs et chaises en feutrine pourpre, mais aussi dans l'assiette, à l'instar de cet encornet farci au homard breton (30 €).

Renseignements

Office du tourisme de Cancale (✆02 99 89 63 72 ; www.ville-cancale.fr, www.cancale-tourisme.fr ; 44 rue du Port). Il se situe dans la ville : pas forcément pratique si vous êtes garé au port de la Houle. Une **annexe** (✆02 99 89 74 80) ouvre en été dans la halle à marée.

DOL-DE-BRETAGNE ET SES ENVIRONS

Sa cathédrale, ses petits restos, ses ruelles moyenâgeuses, son marché dans les brumes, l'air vivifiant du matin et sa situation, à 29 km du Mont-Saint-Michel et à 30 km de Saint-Malo en font une étape agréable à la journée. Fondée au VIe siècle par saint Samson, à la lisière de la Bretagne, elle n'a été épargnée ni par la guerre de Succession de Bretagne ni par la guerre de Cent Ans ou celle de la Ligue lors des guerres religieuses du XVIe siècle. Malgré cette histoire mouvementée, elle a réussi à garder un certain charme, en particulier grâce à ses maisons à pans de bois, comme celles que l'on trouve au 17 et au 27 de la Grande-Rue-des-Stuarts, deux anciens hôtels particuliers des XIe et XIIe siècles.

À voir et à faire

CATHÉDRALE SAINT-SAMSON Patrimoine

Ne vous fiez pas à son aspect extérieur quelque peu austère et disparate, c'est assurément l'un des monuments les plus étonnants de Bretagne. Longue de près de 100 m et haute de 20 m, elle fut comparée à la cathédrale de Salisbury par Stendhal en 1837. Édifiée dans un style roman, elle fut incendiée en 1203 par Jean sans Terre, roi d'Angleterre. Sa reconstruction s'étala sur plusieurs siècles. À l'intérieur, on s'étonne de son caractère gothique. Le vitrail situé dans le chœur est le plus ancien de Bretagne (XIIIe siècle).

MONT DOL Panorama

(à 2 km au nord de Dol-de-Bretagne par les D155 et D123). De Dol, vous ne pourrez manquer mont Dol, cette curieuse colline qui se dresse dans un paysage uniformément plat. Le village, blotti au pied d'une butte qui culmine à plus de 60 m d'altitude, abrite l'église Saint-Samson, qui recèle des peintures remontant aux XIIe et XIVe siècles. Ne pas manquer le panorama qui s'ouvre depuis le sommet et le **moulin à vent du Tertre (☎02 99 48 33 57, 02 99 48 20 98 ; visite gratuite ; 🕓23 avr-9 mai tlj 14h-18h, 10 mai-19 juin sam-dim et jours fériés 14h-18h, 20 juin-août tlj 10h-12h30 et 14h-18h).**

Où se restaurer

LE PORCHE AU PAIN

Spécialités locales €€

(☎02 99 48 37 57 ; 1 rue Ceinte ; formules midi 11,50 €, menus 16-29 € ; 🕓fermé mer et mar dim soir hors saison). Vous avez deux raisons objectives de vous arrêter à cette adresse. La maison qui l'abrite est l'une des plus anciennes de Dol (remarquez la superbe cheminée du XVe siècle) et le menu vous permettra de tester quelques spécialités comme la cassolette de volaille au cidre. Florence et Pascal Saussey vous préparent également de nombreux poissons et grillades. Réservation recommandée en saison.

Renseignements

Office du tourisme du Pays de la Baie du Mont-Saint-Michel (☎02 99 48 15 37 ; www.pays-de-dol.com ; 5 pl. de la Cathédrale). Possibilité d'acheter des fiches de randonnées pédestres (2 € l'étui).

Pique-nique en famille sur le mont Dol
DAVID TOMLINSON/LONELY PLANET IMAGES ©

À ne pas manquer Le Mont-Saint-Michel

Avec plus de trois millions de visiteurs par an, le Mont-Saint-Michel est le premier site touristique français en dehors de Paris. Il souffre de cette surfréquentation, d'autant plus qu'il est situé dans un environnement naturel sensible, où son insularité lui sera restituée une fois les travaux de désensablement achevés. Si les ruelles du Mont sont combles dès le matin, elles se vident au coucher du soleil. Ne restent alors que quelques dizaines d'habitants dont une poignée de religieuses, et des touristes qui ont décidé d'y passer la nuit. Un conseil : venez tôt le matin ou tard le soir. Promenez-vous sur les remparts, un bel exemple de réalisation défensive militaire médiévale, parfaitement conservée. C'est un vrai spectacle que de se retrouver face à l'îlot de Tombelaine ou à l'estran découvert lors des fortes marées !

Une légende prétend qu'en 709 l'archange saint Michel commanda à Aubert, évêque d'Avranches, de fonder un monastère sur ce qui était alors le mont Tombe. En 966, Richard Ier, duc de Normandie, plaça des moines bénédictins dans les murs. Au XIIIe siècle, le roi de France, Philippe Auguste, finança la construction de l'ensemble gothique de la Merveille qui s'élève sur trois niveaux. Les Anglais assiégèrent le Mont-Saint-Michel à trois reprises durant la guerre de Cent Ans. En vain. De la Révolution au Second Empire, l'abbaye servit de prison aux détenus politiques et de droit commun. Ce n'est véritablement qu'au XIXe siècle qu'il devint un lieu de pèlerinage. En 2009, le 1 300e anniversaire du Mont fut célébré par de nombreuses manifestations festives et culturelles.

L'**abbaye** (☎ 02 33 89 90 00 ; tarif plein/18-25 ans/-18 ans 9 €/5,50 €/gratuit avec visite guidée de 1 heure, audioguide 4,50 € ; visites-conférences 2 heures tarif plein/réduit/-12 ans 13 €/9 €/gratuit ; ⌚ mai-août tlj 9h-19h, dernière entrée 18h, sept-avr tlj 9h30-18h, dernière entrée 17h). Après avoir franchi la salle des gardes, vous parcourrez les escaliers du Grand Degré jusqu'à la terrasse ouest. Sur le parvis, les pierres sont marquées de lettres et de numéros. Cette identification permettait à chaque tailleur de pierre d'être payé selon sa tâche.

GAVIN GOUGH/LONELY PLANET IMAGES ©

La façade de l'**église abbatiale** date de 1780. On peut voir, à son sommet, la statue de saint Michel, haute de 4 m, qui a été restaurée et recouverte de 60 g d'or en 1987. Elle domine le niveau de la mer à 152 m de hauteur. À l'intérieur de l'église, la nef et le transept sont caractéristiques de l'art roman, tandis que le chœur est d'un gothique flamboyant des XVe et XVIe siècles.

La visite se prolonge dans le monastère **gothique** de la Merveille. Cette magnifique construction en granit abrite sur 3 étages des bâtiments claustraux : au niveau supérieur, le cloître et le réfectoire ; au-dessous, la salle des hôtes ; en bas, l'aumônerie et le cellier. Le cloître est ouvert sur la baie et semble comme suspendu dans le vide. À l'étage inférieur, on trouve la salle des chevaliers et la salle des hôtes, ainsi qu'une crypte soutenue par dix énormes piliers dont les pierres proviennent des îles Chausey.

INFOS PRATIQUES

Office du tourisme (02 33 60 14 30 ; www.ot-montsaintmichel.com ; juil-août tlj 9h-19h, sept lun-sam 9h-18h30 et dim 9h-12h et 14h-18h, fév, avr et oct 9h-12h et 14h-18h, mai-juin 9h-12h30 et 14h-18h30, nov-déc 9h-12h et 14h-17h). Sur la gauche du corps de garde des Bourgeois. On peut consulter les horaires des marées sur place et sur le site Internet.

Stationnement Désormais, la route-digue (qui sera détruite en 2014 une fois le pont achevée) n'est plus accessible en voiture. Il faut se garer juste avant sur les nouveaux parkings (8,50 € la journée) et prendre une des navettes gratuites ou marcher sur les 2 km restants.

Visites guidées Découvrir le Mont-Saint-Michel la nuit, se faire expliquer les travaux de désensablage, marcher en écoutant les contes et les légendes de la baie. Les visites guidées proposées pour découvrir le Mont et sa baie sont nombreuses, variées et le plus souvent passionnantes. Voici les coordonnées de quelques organismes : **Maison du Guide** (02 33 70 83 49 ; www.decouvertebaie.com ; 1 rue Montoise, Genêts) ; **Chemins de la Baie du Mont-Saint-Michel** (02 33 89 80 88 ; www.cheminsdelabaie.com ; 34 rue de l'Orillon, Genêts) ; **Maison de la Baie** (02 99 48 84 38 ; www.maison-baie.com ; port est Le Vivier/Cherrueix, Le Vivier-sur-Mer).

Les Côtes-d'Armor

Les Côtes-d'Armor sont un formidable résumé de la Bretagne, et, quelle que soit la couleur du ciel, gris ardoise ou bleu azur, vous aurez certainement du mal à vous en extraire. Des falaises vertigineuses du cap Fréhel aux rochers surréalistes de la côte de Granit rose, s'étire ici une côte remarquable. Au détour de chaque échancrure, une rencontre avec l'histoire : ici le Fort-la-Latte et l'abbaye maritime de Beauport, là Dinan et Tréguier, joyaux d'architecture pour des sauts immédiats dans le passé... Et puis il y a les stations balnéaires frangées de plages splendides comme Saint-Cast-le-Guildo, les ports de pêche traditionnels comme Erquy, les îles de rêve où accoster comme Bréhat, et celles à savourer de loin comme les Sept-Îles. Une partition qui ne dépare pas dans les terres avec des sites emblématiques de Bretagne comme le lac de Guerlédan pour des vacances au vert, ou Quintin qui ravira les férus d'histoire et d'architecture.

Maisons au bord de la Rance, à Dinan

Bateaux au mouillage, Trégastel
HERVÉ MILON ©

Les Côtes-d'Armor

Les incontournables

1. Dinan (p. 98)
2. Le cap Fréhel (p. 100)
3. Ploumanac'h (p. 117)
4. L'abbaye de Beauport (p. 109)
5. L'île de Bréhat (p. 111)
6. Les Sept-Îles (p. 123)

Les Côtes-d'Armor
Paroles d'expert

Ci-dessus : phare du Paon, île de Bréhat. **Ci-contre en haut :** Plougrescant. **Ci-contre en bas :** Loguivy-de-la-Mer.

Ma sélection

Les Côtes-d'Armor par Cathy Morin

37 ANS, GLOBE-TROTTEUSE, NATIVE DE LOGUIVY-DE-LA-MER

1 PLOUGRESCANT

J'affectionne particulièrement Plougrescant et sa côte, très sauvage. Le site naturel du Gouffre et sa maison entre les deux rochers (célèbre car longtemps affichée dans le métro parisien comme faire-valoir de la Bretagne) est un lieu idyllique pour les amoureux de la nature, où les éléments se déchaînent en hiver, et où, ado, je pique-niquais avec mes copains aux beaux jours.

2 PORT-BLANC

Après Plougrescant, en longeant la côte, Port-Blanc est un site merveilleux qui, outre un joli port, voit son horizon jalonné d'îlots. C'est un lieu privilégié pour se baigner, faire patauger les enfants et s'adonner aux sports nautiques (école de voile sur place). Ne manquez pas le rocher du Voleur et l'île des Femmes.

3 L'ÎLE DE BRÉHAT

L'île de Bréhat fait partie de mes endroits favoris. Partir en bateau entre copains ou en famille, accoster derrière "la Chambre" (une plage), s'y baigner, manger au petit bourg des moules frites au cidre, se balader sur l'île jusqu'au phare du Paon... Autant de menus plaisirs et de petits rituels que l'on se plaît à recréer.

4 LOGUIVY-DE-LA-MER

Moins touristique, Loguivy, petit village paisible, et les deux plages de mon enfance : Roc' Hir et le Ouern ; on choisit l'une ou l'autre en fonction des vents et de la marée. J'adore également marcher jusqu'à la roche aux Oiseaux pour y admirer la vue vers Bréhat ou Lézardrieux. Et puis il y a bien sûr les fruits de mer de chez Régine et Jacques, au Grand Large (p. 112). La vue sur le petit port y est magnifique, surtout à marée haute, et j'ai toujours plaisir à y déguster la lotte que Jacques cuisine à merveille.

5 PAIMPOL

Questions sorties, j'aime les bars de Paimpol, comme L'Époque, face au port (3 quai Morand), où chaque Paimpolais a son rendez-vous hebdomadaire. Chez nous, c'est le mardi à midi, à la fin du marché.

Suggestions d'itinéraires

Les Côtes-d'Armor arborent tous les visages de la Bretagne. Balnéaire, sauvage et vertigineuse, douce ou fouettée par les vents, historique, rurale, huppée ou confidentielle, voici deux itinéraires pour ne rien rater de ses sites phares.

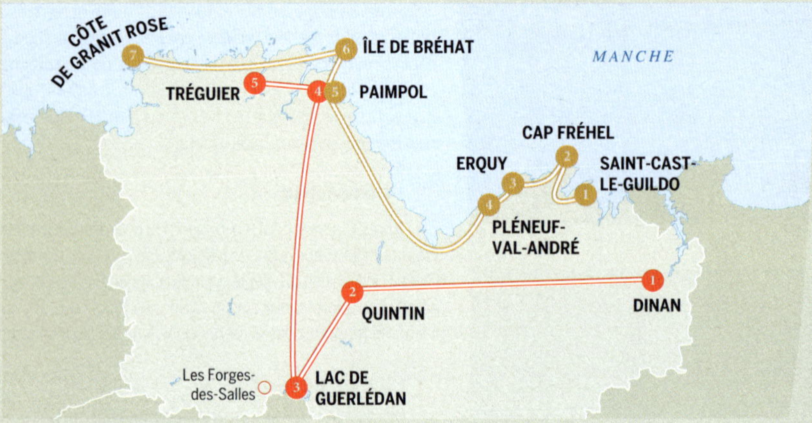

7 JOURS

DE SAINT-CAST-LE-GUILDO À PERROS-GUIREC, LA CÔTE

Plaisirs balnéaires et caprices de la nature

Le premier jour, détendez-vous sur la Grande Plage de **Saint-Cast-le-Guildo (1)** sans rater le spectacle qu'offre la pointe de la Garde. De là, rejoignez les falaises de granit ocre du **cap Fréhel (2)** et autorisez-vous une baignade dans l'anse des Sévignés. Le soir venu, offrez-vous un festin au port d'**Erquy (3)**, la capitale de la coquille Saint-Jacques. Le lendemain, gagnez **Pléneuf-Val-André (4)**, belle station balnéaire dotée de villas cossues, idéale pour s'adonner aux sports nautiques. Le quatrième jour, partez à la découverte de la légendaire **Paimpol (5)** et de ses environs, notamment l'abbaye maritime de Beauport. Consacrez ensuite une journée entière à **Bréhat (6)** pour profiter de son climat méditerranéen, et terminez votre périple par la fameuse **côte de Granit rose (7)**, renommée pour ses splendides rochers sculptés par les éléments.

5 JOURS

DE DINAN À TRÉGUIER, L'INTÉRIEUR DES TERRES

Cités de caractère et patrimoine historique

Commencez votre périple par **Dinan (1)**, et consacrez une journée à ce joyau architectural dominant l'estuaire de la Rance. Percez les terres jusqu'à **Quintin (2)**, au riche patrimoine architectural provenant du commerce des toiles. Le troisième jour, aventurez-vous jusqu'au **lac de Guerlédan (3)** pour découvrir l'abbaye de Bon-Repos ainsi que les Forges des Salles, un ancien village sidérurgique superbement restauré. Le lendemain, gagnez **Paimpol (4)**, ses maisons d'armateurs, et la toute proche abbaye maritime de Beauport, un ensemble exceptionnel d'architecture religieuse bordé par la mer. Terminez votre voyage par la découverte du château de la Roche-Jagu, dominant l'estuaire du Trieux, et **Tréguier (5)**. La capitale historique du Trégor est dotée d'une magnifique cathédrale et parsemée de maisons à pans de bois et d'hôtels particuliers en granit, au gré de ses ruelles étroites et pentues.

Ci-dessus : île de Bréhat (p. 111)

Découvrir les Côtes-d'Armor

DINAN

Postée sur une colline qui domine l'estuaire de la Rance, pelotonnée à l'intérieur de ses magnifiques remparts, Dinan possède un charme fou et une ambiance toute particulière grâce à son patrimoine médiéval impeccablement conservé et à son petit port aux allures romantiques qui s'étire le long de la Rance.

Basilique Saint-Sauveur de Dinan

DAVID TOMLINSON/LONELY PLANET IMAGES ©

À voir

BASILIQUE SAINT-SAUVEUR Patrimoine religieux

Édifiée au XIIe siècle à l'initiative de Rivallon le Roux (un croisé qui s'était juré d'accomplir une bonne œuvre s'il revenait vivant à Dinan), la basilique Saint-Sauveur domine la place du même nom. Sa principale caractéristique tient dans l'alliance hardie de différents styles architecturaux. On distinguera des influences byzantines, gothiques, classiques et baroques. Situé au chevet, l'agréable jardin anglais était jadis un cimetière paroissial. De cette esplanade, joli point de vue étendu sur la vallée de la Rance.

CHÂTEAU Patrimoine historique

(**02 96 39 45 20 ; tarif plein/réduit 4,50/1,80 € ; juin-sept tlj 10h-18h30, oct-mai tlj 13h30-17h30, fermé jan**). Le château se compose de plusieurs bâtiments : le donjon, la porte du Guichet (XIIIe siècle) et la tour de Coëtquen (XVe siècle). Le donjon a été érigé au XIVe siècle à l'initiative du duc Jean IV. Il culmine à 34 m et se compose de deux tours que relie une courtine. Il est garni d'une jolie couronne de mâchicoulis. Mercœur fit du château l'une des places fortes bretonnes lors de la Réforme au XVIe siècle. À l'origine forteresse et résidence, il servit de prison de 1823 à 1904. Il abrite aujourd'hui le **musée d'Art et d'Histoire** (**même billet que le château**), qui retrace l'histoire de la ville et du pays de Dinan.

LE VIEUX DINAN Promenade

Après avoir longé la place Du-Guesclin, esplanade bordée d'hôtels particuliers, empruntez la rue Sainte-Claire, jusqu'à la rue de l'Horloge. Vous découvrirez alors la **tour de l'horloge** (Pâques-Toussaint), le beffroi de la ville, sentinelle dotée d'une toiture à pans coupés. Du haut de ses 160 marches, vous toiserez tout Dinan et ses environs. Au bout de la rue de l'Horloge, tournez à gauche par la **rue de l'Apport**, vous débouchez sur la **place des Cordeliers** et la **place des Merciers**, centre commerçant de la ville, qui sont flanquées de ravissantes habitations à pans de bois, de maisons dites à porche, avec un étage en encorbellement reposant sur des piliers de bois. Ces demeures datent des XVe, XVIe et XVIIe siècles. Toutes proches, parallèles les unes aux autres, les **rues de la Mittrie**, **du Petit-Pain**, **de la Cordonnerie** et **de la Chaux** accentuent ce sentiment d'immersion dans le passé. Très étroites, elles alignent des maisons en granit. À la jonction entre la rue de l'Apport et la rue Haute-Voie, l'**hôtel Beaumanoir** est doté d'un élégant portail, d'un corps de logis et d'un escalier remarquables. Plus loin, en suivant la Grand-Rue, l'**église Saint-Malo**, de style gothique flamboyant, dresse sa masse imposante et son élégante volée d'arcs-boutants. Commencée à la fin du XVe siècle, elle fut terminée quatre siècles plus tard. Revenez rue de la Poissonnerie pour emprunter la célèbre **rue du Jerzual**, que prolonge, passée la porte du Jerzual, la **rue du Petit-Fort**, probablement la plus emblématique de la ville. Pentue, pavée, elle forme une magnifique tranchée dans le tissu urbain, avec ses superbes maisons à pans de bois, dont la **maison du Gouverneur**, au n°24.

PORTES ET REMPARTS Patrimoine

(jusqu'à 21h). Dinan possède les remparts les plus longs de Bretagne (3 km). Vous pourrez les découvrir à pied, à partir du chemin de ronde accessible à proximité de la porte du Jerzual, dans la rue Haute-Voie. On admirera la succession de portes et de tours, dont les plus anciennes datent du XIIIe siècle. La tour Sainte-Catherine (XIIIe siècle), au nord du Jardin anglais, offre une magnifique vue sur la vallée, le port et le viaduc.

PORT Romantique

Le sillon paisible de la Rance, un petit pont en pierre, les berges bucoliques, quelques

Le bord de la Rance à Dinan

SIMON GREENWOOD/LONELY PLANET IMAGES ©

JOHN ELK III/LONELY PLANET IMAGES ©

À ne pas manquer Le cap Fréhel et le Fort-la-Latte

D'un bout à l'autre de l'Anse des Sévignés, le Fort-la-Latte et le cap Fréhel, deux sites remarquables, ne s'apprécient jamais mieux qu'en empruntant le GR® et en parcourant les deux heures de marche qui les séparent (il est plus intéressant de laisser la voiture au parking du Fort-la-Latte).

Le **Fort-la-Latte** (02 96 41 57 11, 02 99 30 38 84 ; www.castlelalatte.com ; tarif plein/réduit 5,10/3,10 € ; avr-sept tlj 10h-12h30 et 14h-18h, 7 juil-27 août tlj 10h-19h, hors saison sam-dim, jours fériés et vacances scolaires 14h-18h). Érigé sur une pointe rocheuse vers le XIVe siècle, il servit de poste stratégique de défense et visait à empêcher les Anglais de mouiller dans l'anse des Sévignés, lorsqu'ils se préparaient à attaquer Saint-Malo. Les éléments défensifs sont toujours en place : ponts-levis, donjon, courtines et tours. Depuis le fort, on profite d'une superbe vue sur toute la Côte d'Émeraude.

Le **cap Fréhel** (accès payant en voiture du 1er juin au 30 sept : 2 €, gratuit le reste de l'année) est le deuxième site le plus visité en Bretagne après la pointe du Raz et incontestablement l'un des plus grandioses. Dans cet univers minéral qui semble comme suspendu au-dessus de la mer, tanné par les vents, l'usage du superlatif est de mise. Partez à la découverte de la lande, site classé de 400 ha qui s'étend sur un vaste plateau de grès rose, culminant à 70 m au-dessus de la mer. Les ajoncs et les bruyères sont les plantes reines. Au printemps, le paysage est sublime, illuminé par une explosion de couleurs.

INFOS PRATIQUES

Office du tourisme (02 96 41 57 23 ; www.paysdefrehel.com ; pl. Chambly, Fréhel)

voiliers nonchalants, les restaurants et leurs terrasses fleuries font de ce lieu une étape obligée. À pied, depuis la ville haute, descendez la rue du Jerzual puis la rue du Petit-Fort. Jadis, le port de Dinan était très actif. Les navires en provenance de Saint-Malo acheminaient diverses marchandises alimentaires et rapportaient cuirs, toiles, draps et matériaux de construction navale.

MAISON D'ARTISTE DE LA GRANDE VIGNE Peinture

(02 96 87 90 80 ; 103 rue du Quai, port de Dinan ; 3 €/1,90 € ; mai-fin sept tlj 14h-18h30). Cette maison permet de découvrir le travail d'Yvonne Jean-Haffen (1895-1993), peintre dont l'inspiration première a été la nature bretonne et qui vécut dans cette maison, située à l'extrémité du port, pendant une partie de sa vie.

MUSÉE DU RAIL Passion des trains

(☎ 02 96 39 81 33 ; www.museedurail-dinan.com ; gare de Dinan ; adulte/enfant, 4,50/3,50 € ; ⌚ juin-sept tlj 14h-18h, vacances de Pâques, Toussaint et Noël tlj 14h30-17h). Fans de train et personnes en quête d'une occupation pour leurs enfants ne rateront pas ce musée. Reconstitutions, maquettes de trains, affiches du début du XXe siècle et même un poste d'aiguillage miniature.

MAISON DE LA HARPE Musée

(☎ 02 96 87 36 69 ; 6 rue de l'Horloge ; adulte/enfant 2/1 € ; ⌚ juin-sept mar-sam 15h-19h, vacances scolaires hors saison mar-ven 14h-17h). Ce centre unique en son genre permet d'en savoir un peu plus sur cet instrument en vogue dans les groupes bretons. Si la visite du musée fait naître en vous une passion pour la harpe, rendez-vous la 2e semaine de juillet aux Rencontres internationales de la harpe.

Où se loger et se restaurer

HÔTEL ARVOR Hôtel de charme €€

(☎ 02 96 39 21 22 ; www.hotelarvordinan.com ; 5 rue Pavie ; s/d/tr/75-105/95-135 € ; ⌚ fermé jan). Au cœur du vieux Dinan, l'hôtel Arvor occupe un immeuble du XVIIIe siècle, sur l'ancien site du couvent des Jacobins. Les propriétaires qui l'ont repris en 2010 le transforment en hôtel de charme trois étoiles. Chacune des 24 chambres, joliment agrémentées de meubles de brocante, possède sa propre teinte dominante. Les sdb des 2 chambres pour personnes handicapées devaient être refaites, ainsi que la salle des petits-déjeuners. Une suite était prévue.

CRÊPERIE LE BEFFROI
Restaurant-terrasse €

(☎ 02 96 39 03 36 ; 3 rue de l'Horloge ; galettes 4,90-11 €, crêpes 1,90-6,20 € ; ⌚ sept-juin tlj 12h-15h et 19h-21h, fermé mar, juil-août et vacances scolaires tlj 12h-22h). On ne peut manquer cette crêperie, superbement située face à l'hôtel de Keratry et au théâtre municipal. L'été, profitez donc de la terrasse ! Christophe Gosset et son équipe sauront contenter votre appétit par de savoureuses et copieuses galettes. Accueil et service charmants.

LE COTTAGE
Cuisson au feu de cheminée €€

(☎ 02 96 87 96 70 ; 78 rue du Petit-Fort ; formule midi 11,5 €, menus 19,50/28,50/38,50 € ; ⌚ Pâques-mi nov tlj, hors saison fermé mer et jeu midi, fermé 2 sem fin jan à mi-fév). Au bout de la salle du rez-de-chaussée, tout en longueur, trône une superbe cheminée d'époque dans laquelle les serveurs cuiront devant vous poissons et viandes. Vérifiez toutefois que la cuisson soit à votre convenance ! Vous pourrez également déguster du homard gratiné au calvados, des langoustes roses ou un plateau de fruits de mer… En plus, l'accueil est sympathique.

Où prendre un verre et sortir

Musardez à la tombée de la nuit du côté des rues de la Chaux, de la Cordonnerie, du Petit-Pain ou de la Mittrie, au cœur du quartier médiéval de la ville. De nombreux bars font le bonheur des amateurs de bières bretonnes et d'ambiance animée.

Au port, le pub **Rive Gauche** (☎ 02 96 87 56 77 ; 4 et 6 rue du Port ; ⌚ jeu-dim hors saison et tlj pendant les vacances 21h-6h) a des airs de "lounge british". Des concerts de salsa, de blues ou de jazz-rock s'y déroulent régulièrement le vendredi.

Renseignements

Office du tourisme (☎ 02 96 87 69 76 ; www.dinan-tourisme.com ; 9 rue du Château). Visites de la ville avec un **guide-conférencier** (6 €, 1 heure 30). Accès Internet (1 €/15 min).

SAINT-CAST-LE-GUILDO (SANT-KAST-AR-GWILDOÙ)

Assoupie l'hiver, fébrile l'été : c'est la rude loi du tourisme balnéaire qui s'applique à Saint-Cast. Il faut dire qu'elle réunit tous les ingrédients essentiels d'une station :

port de plaisance, immenses plages de sable fin, quelques villas cossues, un centre nautique, etc. La localité voit sa population décupler en saison, avec des familles intergénérationnelles, très "bon chic bon genre", qui viennent ici chaque année depuis des décennies.

Activités

La **Grande Plage** est le principal atout de Saint-Cast avec la **pointe du Sémaphore**, au nord, et la **pointe de la Garde**, au sud, qui offrent un panorama grandiose, du cap Fréhel à la baie de Saint-Malo.

Le **centre nautique** (02 96 41 86 42 hors saison, 02 96 41 71 71 au Point Plage en juil-août ; www.centre-nautique-saint-cast.fr ; stages 99-185 €/sem ; Pâques-Toussaint) bénéficie des labels Point Passion Plage et Station Voile. Vous y trouverez un ensemble complet de prestations liées aux activités nautiques.

À Saint-Cast et dans les environs, 3 itinéraires pour les VTT sont balisés (11/18/19 km). Vous pouvez vous renseigner à l'office du tourisme. **Cycles Page** (02 96 41 87 71 ; www.patrickpage.fr ; 9 rue de l'Isle ; 8-11 € la journée ; mar-sam) est la seule adresse ouverte toute l'année pour louer des VTT et des VTC.

Où se loger et se restaurer

CHEZ M. HUSSON Chambres d'hôtes **€€**
(02 96 81 05 36, 06 81 79 08 37 ; 26 av. de Pen Guen ; s ou d 55-65 € petit-déj inclus ; fév-mi-déc). Vous reconnaîtrez rapidement cette superbe maison d'architecte, agrémentée de bois et de grandes baies vitrées, située à 300 m de la plage de Pen Guen et longeant le GR®34. Rémy Husson, ancien réalisateur de dessins animés, a aménagé quatre chambres dont une familiale, bénéficiant toutes d'une décoration très classe, inspirée du monde maritime, mais aussi d'un confort et d'une propreté irréprochables. Jardin et transats à disposition. C'est simple, on n'a pas envie d'en repartir !

LE JARDIN DÉLICE Produits frais **€€**
(02 96 81 05 27 ; 23 bd Duponchel ; formule midi 9,90 €, menus 24-47 € ; mi-mars à mi-déc, fermé mer hors saison). En terrasse ou à l'intérieur, où est inscrit sur un mur : "L'espiègle gourmandise taquine

Sables-d'Or-les-Pins

JOHN ELK III/LONELY PLANET IMAGES ©

les papilles", vous vous régalerez d'une cuisine fine, goûteuse et de saison, mélangeant des produits frais régionaux aux épices du monde. Testez par exemple un gaspacho indien, puis un assortiment de tapas (15 €) servi avec du beurre salé aux algues et finissez par une assiette gourmande (mousse au chocolat, riz au lait nappé de caramel au beurre salé et tiramisu).

Renseignements

Office du tourisme (**☎02 96 41 81 52 ; www.saintcastleguildo.com ; pl. Charles-de-Gaulle**). L'office vend un guide de randonnées à effectuer dans Saint-Cast (2,50 €). Accès Internet (1 €/15 min).

Parking À Saint-Cast, toutes les places de stationnement sont gratuites !

Sables-d'Or-les-Pins

Cette station balnéaire de la commune de Fréhel, créée de toutes pièces dans les années 1920, possède l'une des plus belles plages de Bretagne. Une grande dune fut rasée pour céder la place à des hôtels, un casino, une large avenue, un golf, des villas cachées dans les pinèdes et des clubs hippiques, prisés d'une clientèle internationale fortunée. L'élan immobilier fut cassé net lors de la crise de 1929. L'essor reprit par la suite, mais la station laisse une impression d'inachevé. Sa grande plage de sable fin, bordée de dunes, est très prisée.

PLÉNEUF-VAL-ANDRÉ (PLENEG-NANTRAEZH)

Pléneuf-Val-André est l'archétype de la station de villégiature du nord de la Bretagne : immense plage bordée par une promenade, architecture balnéaire et petit port de plaisance.

Le bourg se compose de trois entités : la station balnéaire du **Val-André**, tournée vers la mer ; **Dahouët**, l'ancien port des terre-neuvas aménagé en port de plaisance ; et **Pléneuf**, plus à l'intérieur des terres. La station a connu ses heures de gloire dès la fin du XIXe siècle : le gratin des lettres, des sciences et de la politique y avait alors ses habitudes. Si elle a quelque peu perdu de sa superbe, elle conserve un pouvoir d'attraction auprès des plaisanciers, des adeptes du farniente et des activités nautiques.

Les plages sont magnifiques, surtout celle du Val-André, interminable liseré blond de 2,5 km flanqué de demeures de caractère. Il fait bon flâner sur la digue piétonne qui la longe. De l'autre côté de la pointe de Pléneuf, les plages des Vallées et de Nantois affichent des dimensions plus modestes. L'**îlot du Verdelet** se dresse fièrement face à la pointe de Pléneuf, à l'est de la plage du Val-André. C'est une réserve ornithologique où ont élu domicile des goélands, des sternes, des mouettes et des cormorans.

Où se loger et se restaurer

HÔTEL DE FRANCE
Hôtel-restaurant **€€**
(**☎02 96 72 22 52 ; www.pleneuf-hoteldefrance.com ; 4 rue Pasteur ; d 68-75 €, demi-pension 99 €/2 pers ; menus 18-33 €, menu enfant 10 € ; ⏲fermé 1er-15 nov et 15 jan-15 fév**). On aime bien cet hôtel familial situé sur la place de l'église de Pléneuf (dans le village haut). Toutes les chambres portent un nom différent et ont une décoration personnalisée. La salle de restaurant est une ode à la gastronomie locale. Accueil sympathique et souriant d'Isabelle et Alain Pottier. Ne laissez pas votre véhicule le lundi soir dans la rue Pasteur ou sur la place de l'église, car mardi est jour de marché.

LA MOULERIE DE LA BAIE Moules **€**
(**☎02 96 32 82 22 ; Jospinet ; plats 9-17,50 € ; ⏲juil-août tlj, mars-juin fermé mar et sept-nov ven soir-dim midi**). Une adresse reconnue pour ses moules. Le succès est au

Vaut le détour
Erquy (Erge-Ar-Mor)

Falaises et rochers taillés à la serpe, jeux de couleurs sur les landes sauvages, longues grèves... Le **cap d'Erquy**, c'est 170 ha de zone protégée où la côte de Penthièvre se montre sous son meilleur jour. Et parce qu'**Erquy** (office du tourisme ☎ 02 96 72 30 12 ; www.erquy-tourisme.com ; 3 rue du 19-Mars) est aussi la capitale de la coquille Saint-Jacques, une halte prolongée sur son **port** s'impose. La flottille de bateaux de pêche côtière et de chalutiers au mouillage ou débarquant leurs prises, essentiellement des coquilles Saint-Jacques (d'octobre à fin avril), constitue un spectacle à part entière. Pour en savoir plus sur l'économie locale, rendez-vous à la **criée d'Erquy** (☎ 02 96 72 30 12 ; adulte/enfant 6/3,50 € ; ⏲ vacances scolaires) pour une visite passionnante organisée par le syndicat des caps.

Si Erquy possède pas moins de 10 plages sachez que celle de **Caroual** est probablement la plus belle de cette partie de côte. C'est une longue étendue de 2 km, bordée par la lande. Elle est surveillée en juillet et août seulement.

rendez-vous, donc n'oubliez pas de réserver.

AU BINIOU Gastronomique €€
(☎ 02 96 72 24 35 ; 121 rue Georges-Clemenceau ; formule déj 17 €, menus 27-36 €, menu enfant 12 € ; ⏲ juil-août tlj, hors saison fermé mar soir et mer). À proximité de la plage, cet établissement propose une cuisine gastronomique et originale, fleurant bon l'iode. Langoustines marinées à l'aneth et jus de volaille crémeux aux morilles, saint-pierre au beurre de nuoc-mâm, donnent un aperçu de la carte.

Où prendre un verre et sortir

LE BREIZH IZEL Bar-crêperie €
(☎ 02 96 72 98 41 ; pl. du Général-de-Gaulle ; ⏲ 7h-20h). Ce bar du Val-André est aussi une crêperie. Le lieu vaut surtout pour sa terrasse ensoleillée, très appréciée en fin de journée.

CASINO DU VAL-ANDRÉ
Faites vos jeux ! €€
(☎ 02 96 72 85 06 ; www.casinovalandre.com ; 1 cours Winston-Churchill ; ⏲ juil-août tlj 10h-4h, hors saison ven-sam 10h-4h, dim-jeu 10h-3h) Agrandi il y a peu ; tout y est flambant neuf : restaurant, brasserie, salle de jeux, terrasse et cinéma.

SPACE CLUB Discothèque €€
(☎ 02 96 63 08 95 ; 38 rue de la Cour, Val-André ; 10/12 € ; ⏲ juil-août tlj 23h-6h). Caché au cœur de la station balnéaire du Val-André, ce qui permet aux plus courageux d'y aller (ou d'en revenir !) à pied.

Renseignements

Office du tourisme (☎ 02 96 72 20 55 ; www.val-andre.org ; rue Winston-Churchill). Situé au Val-André, à 50 m de la plage, l'office propose à la vente un guide de fiches de randonnées sur tout le Penthièvre (2,30 €).

QUINTIN (KINTIN)

Quintin est l'étape à ne pas rater si vous cherchez une cité de caractère pour flâner quelques heures, le nez au vent. Aux XVIIe et XVIIIe siècles, la fabrication et le commerce des toiles ont enrichi le patrimoine architectural de la ville, qui fut même chef-lieu de département en 1799. Quintin compte ainsi un nombre incroyable de demeures plus belles les unes que les autres, dont certaines abritent des chambres d'hôtes.

À voir

CHÂTEAU DE QUINTIN Histoire

(**☎ 02 96 74 94 79 ; www.chateaudequintin.fr ; adulte/étudiant/enfant 5/4/3 € ; ⌚ juil-août tlj 10h30-12h et 14h-18h, juin et sept 14h-17h30, oct-jan, avr-mai et vacances scolaires dim 14h-17h**). L'édifice est composé de deux châteaux, l'un du XVIIe siècle, l'autre du XVIIIe, et appartient à la même famille depuis son origine. Une visite permet de découvrir les appartements meublés, ainsi que son "potager", un spécimen rare de grand fourneau en granit du XVIIIe siècle.

BASILIQUE NOTRE-DAME-DE-DÉLIVRANCE Architecture néogothique

Elle s'élève à l'emplacement de l'ancienne collégiale de Quintin. Terminée en 1887, l'église de style néogothique n'a pris le titre de basilique qu'en 1934. À l'intérieur, plusieurs statues en bois polychrome datant des XVIe et XVIIe siècles, dont une Vierge recouverte d'argent et de bronze doré. Autre curiosité, une relique de la ceinture de la Vierge offerte par le patriarche de Jérusalem à Geoffroy Ier Boterel lors d'une croisade en 1252. Ce fragment de lin de 8 cm porte les traces de l'incendie de 1600 qui détruisit le trésor de l'ancienne collégiale.

VIEILLE VILLE Architecture civile

On ne manquera pas de se promener sur les places et dans les ruelles de Quintin pour admirer une succession d'hôtels particuliers, dont certains furent construits par les familles enrichies par le négoce des toiles.

MUSÉE-ATELIER DU TISSERAND ET DES TOILES Histoire des métiers

(**☎ 02 96 74 01 51 ; 1 rue des Degrés ; entrée 3 € ; ⌚ juin-sept mar-dim 13h30-18h30, le matin sur rdv**). La visite du musée qui possède, en particulier, un métier à tisser du XIXe siècle, constitue une excellente introduction à cette histoire. Rappelons qu'au début du XVIIIe siècle, 30 000 personnes vivaient de cette activité et on a compté jusqu'à 900 métiers à tisser sur la seigneurie de Quintin.

Bateaux de pêche dans le port d'Erquy

Vaut le détour

Le château de Bienassis

Situé entre Erquy et le Val-André, le **château de Bienassis** (☎ 02 96 72 22 03 ; www.chateau-bienassis.com ; en direction de Pléneuf-Val-André par la D786 ; visite du jardin et du château adulte/enfant 5/3 € ; ⌚ mi-juin à mi-sept tlj 10h30-12h30 et 14h-18h30, sauf dim matin) est un incontournable de la région. Parcours extérieur libre pour découvrir les écuries, les jardins et le parc, mais aussi un parcours guidé pour l'intérieur. En été, spectacles et animations diverses (cirque, poésie, danse, musique, artisanat...). À l'origine château fort du XVe siècle, détruit pendant les guerres de la Ligue, il fut reconstruit à partir de 1620. Transformé en prison pendant la Révolution, il fut racheté par des particuliers à la fin du XIXe siècle.

Où se loger et se restaurer

HÔTEL-RESTAURANT LE COMMERCE Central €€

(☎ 02 96 74 94 67 ; www.hotelducommerce-quintin.com ; 2 rue Rochonen ; d 80 € ; ⌚ fermé fin août à mi-sept, vacances de Noël et 1 sem en avr ; @). En plein centre de Quintin, cette adresse propose des chambres confortables équipées de sdb. Si la décoration n'est pas toute récente, elle est néanmoins gaie et propre. Accueil sympathique. Très bien situé pour explorer la ville.

MANOIR DE ROZ MARIA

Chambres d'hôtes de charme €€€

(☎ 02 96 58 15 90, 06 72 88 60 70 ; www.rozmaria.com ; 5 rue du Maréchal-Leclerc ; d 80-125 €, petit-déj inclus ; ⌚ tte l'année ; P). À l'abri derrière une enceinte de 4 m de hauteur qui enserre son parc, ce manoir, ancien couvent datant de 1620, est une magnifique propriété qui profite d'une perspective unique sur l'église et les toits de Quintin. À l'intérieur, boiserie et meubles réchauffent l'atmosphère de cette grande demeure. Immenses salles de bains, grandes et vastes chambres qui rappellent que la propriétaire fut antiquaire dans sa Normandie natale. C'est le luxe et le raffinement.

LE CAFÉ DES CHASSEURS Familial €

(☎ 02 96 79 60 60 ; 5 pl. de la République ; plats 6,10-15,90 € ; ⌚ juil-août tlj, hors saison fermé dim midi, lun soir et mar). Accueil impeccable dans ce petit restaurant du centre de Quintin. La carte propose des grandes salades colorées ou de larges pizzas, ainsi que des plats plus aboutis comme le curry à la noix de Saint-Jacques. Quelques tables à l'extérieur pour profiter des rayons de soleil, à l'avant ou à l'arrière du restaurant.

Renseignements

Office du tourisme (☎ 02 96 74 01 51, 09 71 53 79 19 ; www.tourisme-quintin-communaute.fr ; 6 pl. 1830)

Celtic Bar (☎ 02 96 74 88 50 ; www.celtic-bar.fr ; 15 rue du Lin ; restauration 1,50-5 € ; connexion gratuite pour les clients ; ⌚ lun 17h-23h, mar 10h-24h, mer-jeu 11h-24h, ven 11h-1h, sam 10h-1h, dim 10h-12h et 17h-23h). Accès Internet et bières bretonnes.

SAINT-QUAY-PORTRIEUX (SANT-KE-PORZH-OLUED)

Parallèlement à la fin de la grande pêche à Terre-Neuve et en Islande, Saint-Quay-Portrieux s'oriente vers le tourisme et accueille, dès le début du XXe siècle, les citadins venus découvrir les joies de la mer. Lors de la Première Guerre mondiale, de nombreux réfugiés du nord de la France s'installent dans la petite station et lui resteront fidèles, en revenant les étés suivants. La construction d'un port en eau profonde en 1990 (le premier entre Cherbourg et Brest) a donné un coup de fouet à l'activité économique et touristique de la station. Et si, hors saison, Saint-Quay-Portrieux est assoupie, en été, elle attire toujours autant de monde.

Saint-Quay-Portrieux est réputée pour ses plages de sable fin bien abritées du vent. Celles de la Comtesse, du Casino et du Châtelet, ainsi que celle du port sont toutes surveillées en été. La **plage du Châtelet** dispose d'une piscine d'eau de mer avec plongeoir.

Où se loger et se restaurer

HÔTEL DU COMMERCE Central €
(**02 96 70 41 53 ; 4 rue Georges-Clemenceau ; d 40 € ; tte l'année ;**). Situé dans une rue perpendiculaire au vieux port qui fut, au siècle dernier, l'âme du bourg, ce petit hôtel est une option bon marché. Les chambres, sans chichis, sont claires et propres. Certaines ont une vue sur le port. Mêmes tarifs pour les chambres avec baignoire ou douche. Ambiance locale et amicale au bar de l'hôtel.

KER MOOR Vue sur mer €€€
(**02 96 70 52 22 ; www.ker-moor.com ; 13 rue du Président-le-Sénécal ; d basse/haute saison 75-119/139-169 € ; tte** l'année ; **P**). Construit au pied d'une villa mauresque, face aux îles de Saint-Quay, le Ker Moor a pour lui une vue splendide sur la mer et un confort quatre étoiles. Les parties communes ont été rénovées récemment avec goût, mais il manquera toujours aux intérieurs du Ker Moor le charme de l'architecture de son bâtiment. Pour certains, la superbe vue ne justifie pas les prix, trop élevés pour la petite station. Vélos à disposition de la clientèle.

BISTROT LA MARINE Ambiance €€
(**02 96 70 87 38 ; www.bistrotlamarine.com ; 38 quai de la Marine ; plats 12,50-21 €, menu midi 16 €, plateau de fruits de mer 12-24-36 € ; avr-sept tlj, hors saison fermé jeu, fermé jan à mi-fév).** Repris par une fine et jeune équipe, ce petit bistrot a tout pour plaire. En bas, un comptoir pour lever le coude avec des petits vins fruités ou de la bière locale, en haut, la salle de restaurant, qui a gardé son ancienne déco heureusement rafraîchie, pour attaquer les plateaux de fruits de mer et, enfin, une terrasse

Pléneuf-Val-André (p. 103)

Envie d'une sortie en mer ?

Catamaran, Dundee thonier ou sardinier, faites votre choix pour votre sortie en mer. Les départs peuvent se faire de Paimpol, de Loguivy-de-la-Mer ou de Lézardrieux, selon la météo et la destination finale (tour de Bréhat, Trieux...). Et surtout n'oubliez pas votre pique-nique. Il n'y a rien de pire qu'un marin au ventre vide...

Catamaran Émaé (02 96 20 67 73, 06 35 93 88 55 ; www.catamaran-emae.com ; sortie 3 heures adulte/-12 ans 40/30 € ; tte l'année sur réservation). Pour une escapade sur un catamaran avec au maximum 6 personnes plus le skipper.

Voiles et traditions (02 96 55 44 33, 06 12 88 17 24 ; www.voilestraditions.fr ; 22 Brezel-Nevez, Plouézec ; à partir de 30 €/pers ; tte l'année sur rdv). Vous naviguerez sur un ancien Dundee thonier de 1949 long de 19 m.

Eulalie (02 96 55 99 99 ; www.eulalie-paimpol.com ; adulte/enfant 39-42/30 € ; avr-oct). Départ de Paimpol ou de Lézardrieux (pour la remontée sur le Trieux) à bord d'un sardinier de Douarnenez restauré en 2002. Jusqu'à 10 personnes pour une journée.

sur l'herbe sous une toile de tente pour profiter du bon air. Le chef aux fourneaux connaît son affaire et vous ne serez pas déçu par ses choix. En été, le bistrot redonne de la vitalité à ce petit coin de Saint-Quay, notamment grâce à des concerts. Hors saison, jazz le dimanche à 18h30.

CRAPAUD ROUGE

Moulerie et rhumerie **€€**

(02 96 70 36 21 ; www.lecrapaudrouge.com ; 28 plage de Port-Goret, Tréveneuc ; plats 9,80-14 € ; juil-août tlj 12h-14h30 et 19h15-22h30, avr-juin et sept-oct jeu-lun, fermé nov-fév ; P). On ne se souvient plus quand est apparu ce "petit crapaud" près de la pointe du Bec de Vir, à deux pas du sentier côtier, tant s'attabler ici relève du plaisir de la première fois. Toujours est-il que cette institution perdure depuis pas mal d'années maintenant et qu'on a beau y répéter les mêmes gestes : siroter le ti-punch en attendant ses moules, avant de passer à la gaufre, forcément à la chantilly... on y revient encore et toujours. Réservation impérative en été et le week-end hors saison. Idéal pour conclure une balade sur le sentier côtier.

Renseignements

Office du tourisme (02 96 70 40 64 ; www.saintquayportrieux.com ; 17 bis rue Jeanne-d'Arc). Billetterie SNCF et vente de tickets pour des **croisières vers Bréhat** (au départ du port d'Armor ; adulte/enfant 4-11 ans/-5 ans 28/20,50/5 € ; mi-juin à mi-sept mar et jeu, réservation obligatoire la veille).

PAIMPOL (PEMPOULL) ET SES ENVIRONS

Le port de Paimpol est entré dans la légende à la fin du XIXe siècle grâce au livre de Pierre Loti, *Pêcheur d'Islande* (1886), et à la chanson de Théodore Botrel, la (fameuse) *Paimpolaise* (1895). Profitant de cette renommée, la ville attire un flux ininterrompu de touristes pendant l'été. Si vous appréciez la chaude ambiance des festivals de musique, faites-y escale, début août, pour le Festival des chants marins.

Paimpol et ses alentours sont idéals pour faire des **balades à pied**, en boucle, de quelques heures. Vous pourrez facilement faire le tour de l'Anse, rejoindre la pointe de l'Arcouest, ou remonter les rives du Trieux, puis revenir à votre point de départ. Pour piocher dans les itinéraires possibles, procurez-vous le *Guide des randonnées* (3 €) à l'office du tourisme, qui décrit neuf itinéraires.

À voir et à faire

Paimpol

Pour découvrir le cœur de Paimpol et ses beaux exemples de demeures anciennes, arpentez ses ruelles, autour de la **place du Martray**. Au n°31 de la place, vous remarquerez une maison en granit du XVe siècle, ancien hôtel, où logea Pierre Loti. L'écrivain en fit la maison de l'héroïne de son plus célèbre roman, *Pêcheur d'Islande*. **Quai Morand** mais également **quai Dayot**, de grandes demeures rappellent que Paimpol, à l'instar de Saint-Malo, fut une cité d'armateurs avisés.

Pour comprendre l'histoire maritime de Paimpol et de ses habitants, dirigez-vous vers le **musée de la Mer** (02 96 22 02 19 ; www.museemerpaimpol.com ; rue de Labenne ; tarif plein/réduit 4,80/2 € ; juil-août 10h30-12h30 et 14h-18h30, avr-juin et sept 14h-18h), qui abrite un fonds permanent du patrimoine local retraçant l'épopée islandaise.

Vous pouvez aussi visiter le **musée du Costume** (02 96 55 04 61 ; rue Raymond-Pellier ; tarif plein/réduit 2,40/1,25 € ; juil-août), qui fait revivre l'intérieur d'une maison traditionnelle du Goëlo-Trégor. Un billet combiné donne accès aux deux musées (tarif plein/réduit 8/3 €). Une visite commentée du **port** (s'adresser à l'office du tourisme) vous permettra de comprendre l'époque de la Grande Pêche durant laquelle la flotte de Paimpol comptait des dizaines d'embarcations.

Environs de Paimpol

ABBAYE MARITIME DE BEAUPORT

Patrimoine religieux

C'est sans conteste le site de la côte du Goëlo à ne pas manquer. L'**abbaye** (02 96 55 18 58 ; www.abbaye-beauport.com ; tarif été adulte/jeune/enfant 6/3,50/2,50 €, hiver 5,50/2,50/1,50 €, forfait 2 adultes et

Insolite ! Remonter le Trieux en train, en bateau ou à la force des bras

Il existe trois manières originales de visiter les rives du Trieux. Depuis la gare de Paimpol (av. du Général-de-Gaulle), vous pouvez emprunter le **vapeur du Trieux** (08 92 39 14 27 ; www.vapeurdutrieux.com ; aller-retour avec halte adulte/enfant 22/11 €, forfait famille 2 adultes et 2 enfants 60 € ; réservation obligatoire ; mai-sept), une locomotive du début du siècle qui rejoint Pontrieux en longeant la rivière. Deux formules : un trajet direct (30 minutes) ou avec une halte dégustation (1 heure 30) à la Maison de l'estuaire de Traou-Nez pour y goûter des produits locaux. Départ à 11h15 de Paimpol (10h15 et 15h40 certains jours en été) et à partir de 15h30 de Pontrieux (14h30 et 17h50 en été).

Les Vedettes de Bréhat (02 96 55 79 50 ; www.vedettesdebrehat.com ; tarif plein/réduit 21/13 € ; mai-sept) proposent de remonter le Trieux en bateau depuis la pointe de l'Arcouest jusqu'au château de la Roche-Jagu (voir p. 114). Un arrêt de 1 heure 30 est prévu au château. Départ de la pointe de l'Arcouest à 13h45 (13h30 de Bréhat) et retour à 18h.

Dernière solution, de loin la plus sportive et la plus passionnante. Il s'agit de remonter l'estuaire en **oumiak** (office du tourisme de Paimpol ou de Lézardrieux ; 26 € ; juil-août jeu 14h-17h), sorte de canoë à 8 places équipé d'un petit moteur. Départ du port de Lézardrieux.

2 enfants 13 € ; 15 juin-15 sept tlj 10h-19h, 16 sept-14 juin tlj 10h-12h et 14h-17h ; P) a accueilli pendant plusieurs siècles des pèlerins en route vers Saint-Jacques-de-Compostelle, tout en devenant un centre du commerce maritime. Pendant six siècles, les chanoines ont acquis et développé un domaine qui a compté jusqu'à 68 ha, répartis sur les communes environnantes. Les religieux y produisaient des céréales, des légumes, exploitaient les forêts, sans oublier les produits de la mer. Abandonnée après la période révolutionnaire, l'abbaye se dégrada pendant deux siècles avant d'être acquise en 1993 par le Conservatoire du littoral. Plongez dans 800 ans d'histoire en visitant cet ensemble d'architecture religieuse et son environnement exceptionnel.

LOUBAZLANEC (PLAERANEG) Bourg

À mi-chemin de Paimpol et des navettes pour Bréhat, Ploubazlanec respire l'histoire maritime de la région. Trois édifices témoignent de cette épopée : le **mur des Disparus**, la **croix des Veuves** et la magnifique **chapelle de Perros-Hamon** (appelée "chapelle des Naufragés" par Pierre Loti). On estime à 2 000 le nombre de disparus en mer d'Islande durant les années de pêche, c'est-à-dire entre 1852 et 1935. C'est dire le poids de cette aventure dans le cœur des familles !

En quittant le bourg de Ploubazlanec, on atteint rapidement la **pointe de l'Arcouest**, d'où l'on embarque pour l'archipel de Bréhat (voir p. 111). La pointe n'a pas de charme particulier si ce n'est sa vue sur l'archipel. En longeant la côte à pied (ou par la route au départ de Ploubazlanec), on peut rejoindre aisément le petit port de **Loguivy-de-la-Mer**. Rien à voir avec l'effervescence des quais de Paimpol mais Loguivy est connue pour son fameux homard à la teinte bleutée qui fait le bonheur des amateurs.

Où se loger et se restaurer

HÔTEL LES AGAPANTHES

Hôtel au petit air frais **€€**

(02 96 55 89 06 ; www.hotel-les-agapanthes.com ; 1 rue Adrien-Rebours, Ploubazlanec ; d 44-65 € ; fermé jan). Transformation radicale pour cet hôtel du centre-bourg. Sa sympathique propriétaire a rénové avec goût les chambres, les parties communes et construit un nouveau bâtiment au fond du jardin. Le résultat est impressionnant et les prix sont restés raisonnables. L'hôtel possède le label Relais Rando et a de nombreuses chambres familiales.

LE BALTHAZAR Cuisine locale **€**

(02 96 20 08 85 ; 26 rue des Huit-Patriotes, Paimpol ; plats 5-20 € ; mar-sam 17h-1h en saison, jeu-sam hors saison). Sous l'œil bienveillant de Danielle, la patronne des lieux, attablez-vous au Balthazar pour manger un plat ou boire un verre. Le vendredi, c'est morue (du *Grand Léjon*) pour tout le monde, et le reste du temps il y a toujours quelque chose à grignoter de frais, local et souvent bio. En été, tables en extérieur pour profiter de l'air frais et en hiver, une grande cheminée pour se réchauffer les gambettes. Le Balthazar est labellisé Café de pays et, à ce titre, accueille de nombreux rendez-vous avec des artistes locaux (musiciens, conteurs, comédiens). La clientèle mêle habitants et touristes.

LA COTRIADE

Restaurant gastronomique **€€**

(02 96 20 81 08 ; www.la-cotriade.com ; 16 quai Armand-Dayot, Paimpol ; plats 27-35 €, menu du jour 25 €, menus 25-39 € ; juil-août fermé lun midi, mer midi et sam midi, avr-juin et sept fermé sam midi et lun, oct-mars fermé sam midi, dim midi et lun). À l'écart de l'animation touristique du port. Une salle très claire aux lambris de bois. Des tables espacées et une jolie terrasse abritée du vent. Cuisine subtile, imaginative et pleine de saveurs mais pas prétentieuse : filet de saint-pierre aux artichauts violets ou maquereaux au boulgour. Aux commandes, un jeune couple qui a fait

JULIETTE STEPHENS ©

À ne pas manquer L'île de Bréhat (Enez-Vriad)

Vous ne rêvez pas, vous n'êtes pas en Méditerranée, bien que le microclimat (le Gulf Stream passe à quelques kilomètres), la végétation et la foule puissent vous égarer. Celle que l'on surnomme aussi l'"île aux fleurs", qui voit pousser comme l'herbe folle agapanthes, rosiers, hortensias, chèvrefeuilles, figuiers, palmiers et eucalyptus, réveille avec bonheur votre odorat.

La plupart des visiteurs feront comme vous : se balader de l'île Sud vers l'île Nord, partie la mieux préservée de Bréhat à laquelle on accède via le **pont ar Prat**, édifié par Vauban en 1694 pour permettre aux charrettes et aux piétons de passer d'une île à l'autre quelle que soit la hauteur de la marée. N'hésitez pas à ralentir le pas ou à changer de direction, vous aurez plus de chance de marcher en solitaire et de goûter à l'indescriptible enchantement de l'île. Ceux qui auront opté pour la location de vélo pourront se prélasser plus rapidement sur le tapis herbeux de l'île Nord. À son extrémité, on voit se dresser le **phare du Paon**, construit en granit rouge de Bréhat et de Ploumanac'h. Le bâtiment d'origine, érigé en 1853, fut détruit par les Allemands en 1944. Reconstruit après la guerre, le phare est aujourd'hui entièrement automatisé. À proximité, le **gouffre du Paon** est une accumulation de rochers. Le **petit bourg** de Bréhat est quant à lui situé à une dizaine de minutes à pied du port et il s'articule autour de sa placette. C'est ici que se concentre la quasi-totalité des commerces et des restaurants de l'archipel.

Située au nord de Paimpol, à 1 km au large de la pointe de l'Arcouest, l'île de Bréhat est accessible en quelques minutes en bateau avec les **Vedettes de Bréhat** (☎ 02 96 55 79 50, renseignements horaires ☎ 02 96 55 73 47 ; www.vedettesdebrehat.com ; aller-retour adulte/enfant 9/7,50 €, gratuit -4 ans ; 🕒 6 à 20 liaisons par jour selon la saison). De Paimpol, si vous ne possédez pas de voiture, vous pourrez toujours rejoindre la pointe de l'Arcouest grâce aux taxis **Alizés** (☎ 02 96 20 49 76 ; tarif aller-retour sem/dim 30/38 € ; 🕒 tlj) ou à la ligne 9 des **Tibus** (☎ 0810 22 22 22 ; www.tibus.fr ; ticket 2 € ; 🕒 tte l'année) qui effectue 6 à 8 fois par jour ce trajet, selon le jour de la semaine et la saison. Comptez 12 min de la gare de Paimpol à l'embarcadère.

INFOS PRATIQUES

Syndicat d'initiative (☎ 02 96 20 04 15 ; www.brehat-infos.fr ; Le Bourg)

Trois sites naturels protégés

Outre le sentier des douaniers et l'archipel de Bréhat, 3 sites naturels sont protégés autour de Paimpol. L'abbaye de Beauport (95 ha entre champs et mer), le massif forestier de Penhoat-Lancerf (400 ha autour de la maison de l'Estuaire de Traou-Nez) et la réserve Paule Lapicque (baie de Launay). Cette dernière abrite un **écologîte** (02 96 55 71 46 ; capacité 6 pers ; sem 480-680 € selon saison ; tte l'année). Renseignez-vous auprès de l'office de tourisme de Paimpol pour obtenir les itinéraires de randonnée.

ses armes en Provence. Prix à la carte trop élevés. Réservation conseillée.

HÔTEL-RESTAURANT AU GRAND LARGE
Plateau de fruits de mer €€
(02 96 20 90 18 ; www.hotelrestaurant-augrandlarge.com ; 5 rue de la Jetée, Loguivy-de-la-Mer ; plats 8-25 €, menus 14-39 € ; fermé lun et dim soir, fermé 2 sem en nov et 3 sem en jan). On mange dans une salle qui surplombe le petit port. Seules quelques tables disposent d'une vue sur la mer. Idéal tout de même pour casser quelques pattes aux dormeurs, sans oublier bien entendu le célèbre homard bleu de Loguivy, grandi dans le coin, le tout accompagné d'huîtres. D'autres formules font la part belle aux poissons.

Où prendre un verre et sortir

LE CORTO Ambiance musicale €
(02 96 22 05 76 ; 11 rue du Quai, Paimpol ; boissons 2-5 € ; juil-août tlj 11h-2h, hors saison mar-dim 16h-1h). Repris en 2005 par un Normand de Lisieux, le Corto est une adresse à retenir pour son ambiance musicale. En été, programmation en salle ou sur la petite terrasse de groupes de rock, de folk ou de blues. Pendant le Festival des chants marins, nombreux concerts gratuits.

Renseignements

Office du tourisme Paimpol-Goëlo (02 96 20 83 16 ; www.paimpol-goelo.com ; pl. de la République, Paimpol). Organise des **visites guidées** (par exemple sur les traces des pêcheurs d'Islande) et dispose d'une **billetterie** pour les traversées en bateau vers Bréhat. Pour découvrir la région à pied, un topoguide avec 11 parcours est proposé à la vente (3 €). D'autres itinéraires sont disponibles gratuitement sous la forme d'**audioguide** (à télécharger sur le site de l'office). Même chose pour les adeptes de l'exploration en famille et à vélo (fiches à disposition ou téléchargeables).

RÉGION DU LAC DE GUERLÉDAN

S'étendant sur 12 km, matérialisant la frontière entre le Morbihan et les Côtes-d'Armor, le lac de Guerlédan est le plus grand plan d'eau douce de Bretagne (40 km de tour). Ce long serpent bleu, lové dans un écrin de verdure, est un lac artificiel, conséquence de la construction en 1930 du barrage de Guerlédan et d'une usine de production d'électricité. Côté baignade, peu de solution si ce n'est la **plage de Beau-Rivage**, sur la rive septentrionale, près de Caurel, et une petite crique, l'**anse de Sordan**, sur la berge méridionale. Elles sont toutes les deux prises d'assaut en été.

Après cette halte balnéaire, ne manquez pas de faire une étape à l'imposante **abbaye de Bon-Repos** (02 96 24 82 20 ; www.bon-repos.com ; Saint-Gelven ; adulte/réduit/enfant 4/3/2 € ; 15 juin-15 sept tlj 11h-19h, mars-juin et sept-oct tlj 14h-18h sauf sam ; P), fondée en 1184, puis de vous échapper vers la forêt de Quénécan pour visiter l'ancien village sidérurgique des **Forges des Salles** (02 96 24 90 12 ; www.lesforgesdessalles.info ; Perret ; adulte/réduit/enfant 5/3/1,60 € ; juil-août lun-dim 14h-18h, Pâques-Toussaint sam-dim 14h-18h), magnifiquement restauré.

Autant de témoignages et de sites qui se découvrent à pied, à vélo ou en bateau.

Le lac et sa région ont misé à fond sur la petite reine avec pas moins de 12 circuits balisés totalisant 300 km. On récupérera les itinéraires à l'office du tourisme de Mûr-de-Bretagne et la location des vélos s'effectue à la **base départementale de plein air de Guerlédan** (**02 96 67 12 22 ; http://base-plein-air-guerledan.com ; 106 rue du Lac, Mûr-de-Bretagne ; journée/sem 15/60 € ; lun-dim 9h-12h30 et 14h-18h**). L'**Association Roul-Coul** (**06 67 12 90 42 ; roulcoulbzh22@free.fr ; Prad Braz, Plélauff ; 1/3 heures 50/100 € ; tte l'année sur réservation**) propose quant à elle des circuits et des balades en carriole autour du lac, en forêt et sur le canal, à l'heure et à la demi-journée. Il est préférable de constituer son groupe. Les départs se font de Bon-Repos et l'itinéraire est modifiable selon les envies des passagers. Habituellement, l'attelage remonte vers le lac de Guerlédan ou s'enfonce dans la forêt de Quénécan, en direction des Forges. Enfin, les **Vedettes de Guerlédan** (**02 96 28 52 64 ; www.guerledan.com ; départ de Beau-Rivage ; tarif enfant/adulte 6,50/9,50 € ; avr-oct, en juil-août départ à 15h, hors saison sur réservation seulement**) proposent des balades en bateau de 1 heure 30 environ.

Où se loger et se restaurer

HÔTEL-RESTAURANT GRAND MAISON

Étoilé **€€€**

(**02 96 28 51 10 ; www.auberge-grand-maison.com ; 1 rue Léon-Le-Cerf, Mûr-de-Bretagne ; d 48-90 €, suppl 7-8 € en été ; formule midi 27 €, menus 50-80 € ; juil-août tlj, sept-juin restaurant fermé dim soir-mar midi ; @ P**). Cet hôtel à l'extérieur rustique propose 8 chambres dont certaines ont été rénovées. Quelques-unes disposent d'un lit extra-large. L'ensemble n'étant pas très homogène, il ne faut pas hésiter à visiter la chambre que l'on vous propose. Le restaurant a bonne réputation. Son chef et propriétaire, le chaleureux Christophe Le Fur dispense également des cours de cuisine (juil-déc, 63 €) dans un bel atelier cuisine.

Loguivy-de-la-Mer (p. 110)

HERVÉ MILON ©

LE RELAIS DU BOUCHER

Carnivore **€**

(**02 96 26 05 67 ; 37 rue Sainte-Suzanne, Mûr-de-Bretagne ; plats 9,50-22 € ; juil-août tlj, hors saison fermé dim soir, lun soir et mar soir**). Excès de galettes et de crustacés ? Réfugiez-vous chez cet ancien boucher de la région parisienne qui a ouvert ce restaurant, bar à viande, en 2005. Face à la superbe chapelle Sainte-Suzanne, vous pourrez vous gorger de tartare de bœuf (nature ou à la russe, imprégné de vodka), d'escalope de veau au cidre et à la crème fraîche. Agréable terrasse lorsque le soleil est au beau fixe. Service attentif et rapide.

CRÊPERIE LE BON REPOS

Qualité **€**

(**02 96 24 86 56 ; Bon-Repos, Saint-Gelven ; galettes 2-9 € ; 12h-14h30 et 19h-23h, fermé**

Vaut le détour

Le château de la Roche-Jagu

À 14 km au sud de Tréguier, le **château de la Roche-Jagu** (**☎ 02 96 95 62 35 ; www.larochejagu.fr ; La Roche-Jagu, Ploëzal ; tarif plein/réduit 4/3 € ; ⏲ juil-août 10h-19h, sept-juin 10h30-12h30 et 14h-18h ; P**) est un joyau inestimable, vieux de neuf siècles. Construite au XVe siècle, la forteresse domine fièrement l'estuaire du Trieux dont les rives sont protégées. Le moment idéal pour une visite ? En fin de journée, lorsque la lumière du soleil couchant irradie le granit rose des façades du bâtiment. Le domaine accueille des artistes en résidence qui travaillent sur des thèmes autour du paysage. Leurs œuvres sont disséminées dans le parc, qui se visite toute l'année, gratuitement.

lun et mi-sept à mi-oct ; P). Le meilleur endroit pour manger à proximité de l'abbaye. Dans une maison néobretonne, juste avant le croisement qui mène à l'abbaye, on prend table dans une grande salle à la décoration rustique. Tout cela manque cruellement de charme, mais, heureusement, galettes et crêpes sont savoureuses et cuisinées avec des produits appétissants. Service professionnel et rapide.

Achats

PETIT MARCHÉ DE BON REPOS

(www.lepetitmarchedebonrepos.com ; Bon-Repos, Saint-Gelven ; ⏲ mars-oct dim 10h30-13h). Ne ratez pas ce petit marché d'artisans du coin qui se tient le dimanche. Une vingtaine de producteurs du Centre-Bretagne vendent ici leurs produits. Selon la saison et votre humeur, faites le plein de cidre, de miel, de pain bio, de chocolat, d'escargots, de légumes...

Renseignements

Office du tourisme de Guerlédan (☎ 02 96 28 51 41 ; www.guerledan.fr ; pl. de l'Église, Mûr-de-Bretagne)

TRÉGUIER (LANDREGER)

Ruelles étroites et pentues, maisons à pans de bois et hôtels particuliers en granit, magnifique cathédrale, petit port de plaisance... Tréguier justifie pleinement son titre de capitale historique du Trégor. Les origines de la ville remontent au VIe siècle, lorsqu'un Breton du pays de Galles, Tugdual, s'installa sur le site, qui devint un évêché. Tout au long de son histoire, Tréguier est restée fortement marquée par l'empreinte religieuse, mais aussi par la philosophie, grâce au rayonnement de l'enfant du pays, Ernest Renan.

À voir

CATHÉDRALE SAINT-TUGDUAL

Patrimoine religieux

(accès payant avr-sept entre 1 et 2 € ; ⏲ visites 9h30-12h et 14h30-18h). Cette cathédrale et sa flèche de 63 m irradient le regard. Elle compte parmi les plus beaux édifices religieux de Bretagne. Elle se compose de parties d'époques différentes, dont la tour Hastings, vestige de l'ancienne cathédrale romane datant de la fin du Xe siècle et du début du XIe siècle, la nef et le chœur gothiques, les éléments principaux, du XIVe siècle, et un magnifique cloître, construit en 1468, doté de 48 arcades, d'un calvaire et d'une quinzaine de gisants.

VIEUX TRÉGUIER Promenade

Autour de la cathédrale, le vieux Tréguier déborde de charme. La place du Martray est flanquée de maisons à colombages et à pans de bois des XVᵉ et XVIᵉ siècles. Face à la cathédrale, c'est la statue d'Ernest Renan (1903) qui s'offre à la vue. Son érection déchaîna les passions, entre les catholiques, farouchement opposés à ce projet (Renan avait publié *La Vie de Jésus*, qui fit scandale), et le reste de la population. Flânez également dans les rues Saint-Yves, Colvestre, des Perderies et Renan, où alternent bâtisses en granit, hôtels particuliers et maisons à pans de bois (remarquez le magnifique porche du vieil évêché). À quelques minutes à pied du centre, en haut de la rue Chalotais, ne manquez pas l'ancien **couvent des Augustines**, datant du XVIIᵉ siècle et classé monument historique. Les Augustines, sœurs hospitalières, s'établirent à Tréguier en 1654 et ne quittèrent la ville qu'en 1995. On peut visiter le cloître, les cellules moniales, la chapelle et le chœur.

PORT Histoire et plaisance

En descendant la rue Chalotais, vous déboucherez sur le port, qui eut son heure de gloire grâce au commerce du lin aux XVᵉ et XVIᵉ siècles. Les deux belles tours à pans de bois, dont la vocation initiale était de servir de tour de guet, n'eurent jamais cette destination et firent office, notamment, de grenier. Aujourd'hui, l'une d'entre elles abrite les bureaux de l'office du tourisme. Le port n'accueille plus que des plaisanciers.

MAISON D'ERNEST-RENAN Musée

(☎ 02 96 92 45 63 ; 20 rue Ernest-Renan ; tarif adulte/réduit 3/2,50 € ; ⏲ juil-août tlj 10h-12h et 14h-18h, avr-juin et sept-oct mer-dim 10h-12h et 14h-18h). Le philosophe et historien des religions Ernest Renan (1823-1892) est un enfant de Tréguier. Sa maison natale à pans de bois, pleine de charme, est classée monument historique. Renan y vécut les 15 premières années de sa vie. Aménagé en musée, l'édifice rassemble documents et souvenirs sur l'écrivain-philosophe. Le rez-de-chaussée était occupé par l'épicerie de sa mère. Sa chambre d'écolier est au 3ᵉ étage, sous les combles. Également, des expositions temporaires de qualité et un espace librairie.

Maisons de la rue Renan, à Tréguier

DAVID TOMLINSON/LONELY PLANET IMAGES ©

Où se loger et se restaurer

LE SAINT-YVES Hôtel €

(**02 96 92 33 49 ; 4 rue Colvestre ; d 32-45 € ; tlj fermé le jeu ; fermé 3 sem en sept et 2 sem mi-mars**). Dans cette cité pourtant très touristique, le Saint-Yves a su rester raisonnable sur ses tarifs. En dépit d'un très bel escalier à vis, n'espérez guère trouver la chambre de vos rêves, mais l'ensemble reste très convenable, propre et idéalement placé, près de la cathédrale.

CHAMBRES D'HÔTES LE TARA Charme €

(**02 96 92 15 28 ; 31 rue Ernest-Renan ; s/d/tr 52/62/80 € petit-déj inclus ; fermé 3 sem en oct ; P**). Des chambres impeccables, installées dans une demeure historique à pans de bois, au-dessus d'une boutique de produits irlandais. Les propriétaires, accueillants, proposent 5 chambres toutes d'excellent confort. Autres atouts : un grand jardin à l'arrière, un parking clos, un espace commun doté d'une kitchenette et d'une magnifique salle de petit-déjeuner qui vous plongera dans une autre époque.

POISSONNERIE MOUTACT Fruits de mer €€

(**02 96 92 30 27 ; 2 rue Ernest-Renan ; plats 6-35 €, formules crustacés 16/22/35/48 € ; juin-oct tlj**). Pour rejoindre le restaurant, empruntez l'escalier en colimaçon situé au fond de la poissonnerie. Aux 1er et 2e étages, deux salles habillées de magnifiques fresques maritimes. Au menu, assiettes et plateaux de fruits de mer. C'est frais, servi avec le sourire et bien plus économique que dans un restaurant gastronomique. En été, pensez à réserver.

LA KRAMPOUZERIE Galettes et fraîcheur €

(**02 96 92 35 09 ; les Quais ; galettes 6,60-10,80 €, menus midi/enfant 8,80/8 € ; juil-sept tlj midi et soir, oct-juin mar-ven midi, sam-dim midi et soir**). Logée dans l'une des plus belles maisons de Tréguier (et pourtant elles sont nombreuses), cette crêperie est une bouffée d'air frais dans le petit bourg. Une salle intérieure claire et colorée, une équipe jeune et dynamique, des produits de qualité et bio... vous avez trois bonnes raisons de rejoindre cette adresse. En été, une terrasse protégée par une bâche orange permet de s'abriter du soleil tout en surveillant l'activité du port.

Achats

COPER MARINE Résistant à l'eau

(**lun-sam 9h-12h et 13h30-18h30**). Vous avez su résister aux magasins de souvenirs du centre de Tréguier ? Rejoignez maintenant l'ancien moulin à marée qui jouxte le Jaudy. Sur trois étages, cet antique bâtiment en bois qui transpire une odeur de goudron attire

Maison-musée Ernest-Renan, Tréguier
HERVÉ MILON ©

plaisanciers et marins de la côte. Vous y trouverez aussi toute la panoplie des vêtements bretons : du caban au pull marin, en passant par la vareuse ou le bonnet à rayures. Bref, de quoi s'équiper pour passer l'hiver au chaud et se faire plaisir. À visiter même sans rien dépenser.

Renseignements

Office du tourisme (☎ 02 96 92 22 33 ; 67 rue Ernest-Renan). Il organise parfois des activités thématiques.

Si vous aimez... les cités de caractère

Si vous aimez les cités de caractère comme Dinan (p. 98) et Tréguier (p. 114), ne manquez pas non plus :

1 **PONTRIEUX**

Ateliers d'art et d'artisans et charmants édifices anciens ponctuent les ruelles de la ville.

2 **SAINT-BRIEUC**

Dans le vieux Saint-Brieuc, de superbes maisons à pans de bois et à encorbellement font écho à d'altières demeures en granit.

3 **MONCONTOUR**

L'une des places fortes de la région jusqu'au début du XVIIe siècle.

4 **JUGON-LES-LACS**

Nichée dans une petite vallée, cette petite bourgade historique affiche une belle unité urbaine, avec ses toitures d'ardoise uniformisées.

CÔTE DE GRANIT ROSE

Ses rochers de couleur rose ont fait toute sa renommée. La côte offre en ces lieux un littoral que la nature semble avoir façonné depuis des siècles pour nous éblouir d'un spectacle sans cesse changeant, au gré des marées, des vents, des lumières saisonnières. Mais la côte de Granit rose, c'est aussi des criques sauvages, des landes rases, des espaces naturels protégés à l'image des Sept-Îles, étonnante réserve ornithologique. Une nouvelle fois, le sentier des douaniers, le GR®34, se révèle le meilleur chemin pour capter l'énergie brute de ces paysages.

Perros-Guirec (Perroz-Gireg) et ses environs

C'est la cité balnéaire emblématique de la côte de Granit rose. Les chaos rocheux, les Sept-Îles au loin, le phare de Ploumanac'h exercent, il est vrai, un fort pouvoir de séduction. Cela en toutes saisons : sous la lumière révélant les couleurs du granit, comme sous la colère d'un ciel inondant les rochers de vagues furieuses. Perros-Guirec tire son nom de "Penros", sommet de la colline en breton, et "Guirec", en référence au saint gallois évangélisateur qui a débarqué au VIIe siècle sur la plage de Ploumanac'h. Depuis 1890, année de construction du premier hôtel perrosien, la ville n'a pour ainsi dire cessé de voir sa vocation touristique s'affirmer.

La station s'étend sur 15 km de côtes et offre des quartiers distincts. À l'ouest, **Ploumanac'h** est un ancien village de pêcheurs et d'agriculteurs. L'architecture y est plus sobre, et les ruelles sinueuses ont conservé une touche intimiste. À l'intérieur des terres, le **quartier de la Clarté** est le point culminant de Perros-Guirec. Sa carrière de granit rose est encore exploitée. Les beaux exemples d'architecture balnéaire sont à découvrir dans le centre, notamment autour de la **plage de Trestrignel**. La plage centrale de moderne, avec un quartier refait à neuf à la fin des années 1980. La promenade en bord de mer a été aménagée. De là, on peut voir le ballet des bateaux voguant vers les Sept-Îles, archipel ornithologique protégé.

Ci-dessous et à droite : rochers de la côte de Granit rose.
(CI-DESSOUS) DAVID TOMLINSON/LONELY PLANET IMAGES © ; (À DROITE) JOHN ELK III/LONELY PLANET IMAGES ©

Perros-Guirec compte trois plages principales. La **plage de Trestraou** est la plus centrale et la plus animée avec ses nombreux cafés et restaurants en bord de mer. La **plage de Trestrignel** accueille le public familial des résidences secondaires. La **plage de Saint-Guirec**, à Ploumanac'h, est la plus authentique, avec ses rochers et son sable au gros grain couleur rose. Toutes trois sont surveillées en été, et comptent un club de plage pour les enfants. Pour le farniente et la détente, il n'y a pas que la plage. La station compte en effet un centre de thalassothérapie, les **Thermes marins** (✆02 96 23 28 97 ; www.thermesmarins-perros.com ; bd Joseph-Le-Bihan), qui dispense cures et soins à la carte, et possède deux spas. Le superbe hôtel design l'**Agapa** (✆02 96 49 01 10 ; www.lagapa.com ; 12 rue des Bons-Enfants ; ⏲tlj sur rdv 9h-19h30) a ouvert un spa Nuxe. L'espace bien-être associe une piscine intérieure chauffée, un Jacuzzi, un hammam et un sauna.

À voir et à faire

SENTIER DES DOUANIERS Balade

Le secteur côtier aux alentours de Ploumanac'h est réellement envoûtant. Déchiqueté, criblé d'amoncellements granitiques de couleur rose, le littoral se dévoile aux marcheurs qui empruntent le sentier des douaniers, une pure merveille, entre la plage de Trestraou et Ploumanac'h, ou inversement. Du joli port de Ploumanac'h, très abrité du fait de sa digue, empruntez le chemin de la Pointe. Après un boisement de châtaigniers et de troènes, vous parviendrez à la petite plage de la Bastille, d'où se dégage une belle vue sur le fameux château de Costaérès (voir p. 122). Poursuivez jusqu'à la plage de Saint-Guirec, où se dresse l'oratoire du même nom, celui aussi du moine gallois qui évangélisa la région. Observez bien la statue en granit et

son nez... manquant. Les jeunes femmes qui souhaitaient se marier venaient planter une aiguille dans ledit nez. Poursuivez par le chemin des douaniers jusqu'au phare de Ploumanac'h et à la maison du Littoral, et voyez sur la route le rocher des Amoureux. Peu après, l'anse de Pors-Kamor dispose d'un rail d'accès à la mer pour le bateau de sauvetage de la SNSM (Société nationale de sauvetage en mer) parqué au-dessus, dans un hangar. C'est aussi un lieu apprécié des plongeurs, car il est protégé des courants et bénéficie d'une profondeur de 30 m. Au niveau de la pointe du Skewell se situe la "cabane du douanier", et près de l'anse de Pors-Rolland, le "château du diable", un beau chaos granitique. Pour une vue complète, continuez jusqu'à la plage de Trestraou. Comptez 2 heures 30 pour la balade (5 km).

MAISON DU LITTORAL Expos et randos

(**☎ 02 96 91 62 77 ; chemin du phare ; entrée libre ; ⏲ mi-juin à mi-sept lun-sam 10h-13h et 14h-18h, vacances scolaires lun-ven 14h-17h, le reste de l'année mer 14h-17h**). Située face au phare de Ploumanac'h, qui a été reconstruit en granit rose en 1947, elle abrite une exposition permanente expliquant le rôle du Conservatoire du littoral et ses actions de protection du site, complétée chaque année par une exposition temporaire. Elle propose aussi des randonnées guidées à thème (5 €/pers) pour découvrir la géologie de Ploumanac'h, ainsi que l'histoire et le fonctionnement des carrières de granit rose de la Clarté. Des visites sont plus spécialement destinées aux enfants. Vend un guide (1,60 €) sur les sentiers pédestres de Ploumanac'h, qui recense une vingtaine d'étapes, sur un chemin d'environ 8 km dans sa totalité.

CHAPELLE NOTRE-DAME-DE-LA-CLARTÉ Patrimoine religieux

Le quartier de la Clarté mérite une visite pour les artisans qui s'y installent, et surtout pour sa superbe chapelle en granit, édifiée au XVe siècle. La flèche de la chapelle servait de repère aux bateaux en cas de mauvais temps. L'histoire veut qu'un comte de Lannion, perdu en mer dans un brouillard à couper au couteau, ait aperçu à cet emplacement une lueur, le guidant à bon port. Revenu sur terre sain et sauf, il décida d'édifier une chapelle en l'honneur de la Vierge. La chapelle abrite toujours des maquettes de bateaux offertes par des marins sauvés des eaux. Et une grande procession a lieu tous les 15 août.

ARCHITECTURE BALNÉAIRE Balade

Perros-Guirec compte aussi une séduisante architecture balnéaire, fin XIXe-début XXe siècle. Vous en verrez de beaux spécimens le long du chemin de la Messe, avec notamment le **manoir du Sphynx** (un hôtel-restaurant) et les villas **Les Korrigans** et **Lan Gueuc**. Au-dessus de la plage de Trestrignel, la rue Maurice-Denis accueille la maison **Silencio**, que le peintre acquit en 1908 (elle ne se visite pas). Voyez aussi, sur la plage de Trestraou, le **Grand Hôtel** de style Art déco. L'office du tourisme détaille dans sa brochure un circuit balnéaire de 5 km.

MUSÉE DE L'HISTOIRE ET DES TRADITIONS DE BASSE-BRETAGNE

Musée

(02 96 91 23 45 ; 51 bd du Linkin ; adulte/6-14 ans 3,50/1,50 € ; juin-août tlj 9h30-18h30, mars-mai et sept tlj 10h-12h15 et 14h-18h). Près du port de plaisance, ce musée est logé dans l'ancienne capitainerie. Une salle de documents un peu foutraque réunit d'anciennes cartes marines, des coiffes traditionnelles, la liste des députés de Bretagne aux états généraux de 1789, et d'autres témoignages historiques. À l'étage, plusieurs salles mettent en scène, avec supports audio et lumière, les personnages et événements marquants de l'histoire bretonne (la chouannerie, etc.). À côté du musée, un blockhaus abrite une exposition sur la Seconde Guerre mondiale, avec une collection de cartes postales anciennes.

EXCURSIONS VERS LES ÎLES Bateau

Les excursions en bateau vers les Sept-Îles se font au départ de la plage de Trestraou (voir p. 123). En saison, des départs ont aussi lieu depuis le port de

Sillon de Talbert

HERVÉ MILON ©

Ploumanac'h. D'avril à septembre, les **Vedettes de Perros-Guirec** (02 96 91 10 00 ; www.vedettes-perros-guirec.com) proposent également de vous emmener sur l'île de Bréhat, avec un départ le matin (généralement vers 8h30) et un retour en fin de journée. Cette excursion (adulte/3-12 ans 30/20 €) se déroule le mercredi et le dimanche, ainsi que le vendredi en saison. Pensez à réserver.

Où se loger

LE SUROÎT
Hôtel-restaurant **€€**
(02 96 23 23 83 ; www.lesuroitperros.com ; 81 rue Ernest-Renan ; s/d/f 46-62/62-72/102-112 € selon saison ; fermé vacances fév, 2 sem en nov et 1 sem en juin ; restaurant fermé lun et dim soir ;). Un très bon point de chute sur le port de plaisance. Refaites à neuf, les 8 chambres (la n° 4 donne sur l'arrière, au calme) sont certes un peu petites mais cosy, colorées et confortables, tout en restant dans des prix très raisonnables. Une chambre peut accueillir les familles. L'hôtel fait aussi restaurant : sa table a bonne réputation. En prime, un parking gratuit en face.

LES COSTANS Hôtel-restaurant **€€€**
(02 96 23 20 27 ; www.hotel-les-costans.fr ; 14 rue Rouzic ; ch classique 85-119 € selon vue et saison, ch supérieure 115-179 € selon vue, terrasse et saison ; mi-fév à mi-nov ;). Sur la corniche, en face des Sept-Îles (dont l'une s'appelle Les Costans), cet hôtel a été entièrement refait à neuf. Les 27 chambres affichent une moquette claire et des lambris côté tête de lit. Le tout dans des coloris naturels sable et bleu gris pour les 10 chambres donnant côté mer, et aubergine et vert, dans un esprit lande bretonne, dans les pièces côté jardin. Une adresse cosy, où les familles trouveront de nombreuses solutions d'hébergement. L'adresse est complétée par un restaurant à l'esprit lounge.

Si vous aimez... les coins sauvages loin de tout

Pour vous sentir au bout du monde, ne manquez pas les destinations suivantes :

1 **LES FALAISES DE PLOUHA**
Les falaises les plus hautes de Bretagne (104 m).

2 **LE SILLON DE TALBERT**
Langue de terre de 3 km s'enfonçant dans la mer, à L'Armor-Pleubian.

3 **SITE NATUREL DU GOUFFRE**
Au cœur de la très sauvage côte des Ajoncs, sur la commune de Plougrescant.

4 **LES FALAISES DE TRÉDREZ**
Elles s'étendent sur 2 km de la pointe de Séhar à celle de Beg-ar-Forn. Belle perspective sur la baie de Lannion.

Où se restaurer

Une quinzaine de bateaux de pêche travaillent à Perros-Guirec. Tous les matins, de 9h à 12h, les pêcheurs font de la **vente directe de poissons et de crustacés** au port de plaisance.

DIGOR KALON Pub-restaurant **€€**
(02 96 49 03 63 ; 89 rue du Maréchal-Joffre ; plats du jour 15 €, menus 17,80-25,50 € ; lun midi, mar-ven midi et soir, sam-dim soir). Repérable à sa devanture aux couleurs vives, cet établissement est une institution à Perros. Des formules tapas à la cassolette ou à l'assiette, des plats du jour tels que le poulet et les moules à la Dremmwel rousse et les desserts maison se savourent dans un décor de bric et de broc (voyez, au plafond, la multitude de vieilles casseroles, de poêles et de passoires apportées par les clients), accompagnés de bières locales et de

sangria maison. Concert une fois par semaine, le vendredi.

LA CLARTÉ Gastronomique **€€€** (☎ 02 96 49 05 96 ; www.la-clarte.com ; 24 rue Gabriel-Vicaire ; menus 34-75 €, carte 65-80 € ; ⏲ fermé dim soir, lun et mer, fermé mi-déc à début fév). La bonne table de Perros-Guirec, auréolée d'une étoile au Michelin. Daniel Jaguin, qui officiait auparavant avec son frère à la Ville Blanche, à Lannion, fait désormais ses gammes culinaires en solo. La belle partition allie produits du terroir et savoureuses créations. Sélection de vins au verre.

Renseignements

Office du tourisme (☎ 02 96 23 21 15 ; www.perros-guirec.com ; 21 pl. de l'Hôtel-de-Ville). En juillet-août, des annexes sont ouvertes plage de Trestraou et dans le centre de Ploumanac'h. Parmi les **visites guidées**, l'une propose de partir à la découverte de l'estran (4 €, gratuit pour les -6 ans) avec un guide nature. L'office édite chaque année le *P'tit Perrosien*, un journal dédié aux enfants, où figurent notamment des "bons plans". Wi-Fi.

Comment circuler

VÉLO Vous pouvez louer des vélos auprès de **T. S. Loisirs**, à l'hôtel Albatros (☎ 02 96 91 42 04 ; www.hotelalbatros.fr ; 81 bd des Traouïero ; adulte/enfant 6/4 € les 2 heures, 8/5 € la demi-journée, 12/9 € la journée), de l'**hôtel Le Phare** (☎ 02 96 91 41 19 ; www.hotel-le-phare.com ; 39 rue Saint-Guirec, Ploumanac'h ; 9 €/demi-journée, 13 €/j) ou de **Studio Art Déco Vélos Bureau** (☎ 02 96 37 92 85, 06 08 67 80 64 ; 25 bd des Traouïero, Ploumanac'h ; à partir de 7,50 €/j).

SCOOTER Si vous ne voulez pas pédaler, **Bigoud In Bike** (☎ 02 96 91 46 74 ; www.bigoudinbike.fr ; 26 bd du Sémaphore ; 35-50 €/jour selon le modèle, casque et gants inclus).

TAXI Appelez le 06 08 28 84 56 ou le 06 07 76 40 02.

Trégastel (Tregastell)

Comme sa consœur Perros-Guirec, Trégastel occupe une place de choix sur la carte des stations bretonnes. Pas moins de 12 plages, reliées entre elles par le sentier des douaniers, jalonnent les 17 km de côte de Trégastel. Les deux plages familiales, surveillées en juillet et août, sont celles de la **Grève blanche** et de **Coz-Pors**. Cette dernière abrite le rocher dit de "la Sorcière", également emblématique de Trégastel, et le **Forum de Trégastel** (☎ 02 96 15 30 44 ; www.forumdetregastel.fr), un espace aquatique et de détente avec de l'eau de mer à 30 °C. La plage de la **Grève rose** recueille les suffrages des véliplanchistes, surfeurs et amateurs de kitesurf, tandis que celle du **Toul-Bihan** est davantage fréquentée par les habitants en quête de tranquillité.

Face à la côte s'égrène un chapelet de petites îles. L'eau, la roche et le vent se livrent un combat acharné, l'ensemble dégageant une belle tonicité. Depuis Trégastel, il est possible de faire une excursion aux **Sept-Îles** (voir ci-contre). Renseignez-vous auprès de l'office du tourisme (voir p. 125) pour les réservations.

À voir

CHÂTEAU DE COSTAÉRÈS
Villa néogothique
Se dressant à la sortie du chenal de Ploumanac'h, mais situé sur le territoire de Trégastel, le château a des allures de manoir de la Belle au bois dormant avec son architecture de style gothique. Construit à la fin du XIXe siècle sur un îlot granitique, il est un peu l'emblème de la côte de Granit rose. Son nom provient de "Coz-Schérès", qui en breton signifie la "vieille sècherie", pour désigner l'usage ancien de cette terre où les pêcheurs venaient faire sécher les poissons. Habité depuis des années par des artistes, le château ne se visite pas. Mais vous en aurez une très belle vue depuis le bout de la presqu'île Renote ou depuis la plage de Tourony.

FOU DE BASSAN, D.R. ©

À ne pas manquer Les Sept-Îles

En fait de Sept-Îles, il s'agit plutôt de cinq îles (Rouzic, Malban, île aux Moines, île Plate et Bono), celles des Costans et des Cerfs s'apparentant davantage à des îlots rocheux. Mais qu'importe, l'histoire a retenu le nombre de sept pour ce petit archipel sauvage, situé à 7 km environ au large de Perros-Guirec. Il forme la plus ancienne réserve naturelle ornithologique de France et compte parmi les plus importantes d'Europe.

Créée en 1912 par la Ligue pour la protection des oiseaux (LPO) afin de mettre un terme à la chasse aux macareux moines, cette réserve abrite aujourd'hui 27 espèces d'oiseaux nicheurs, la grande majorité marins, pour un total de 25 000 couples. La colonie la plus importante est celle des majestueux fous de Bassan, la seule que l'on peut observer en France. En 2009, 21 393 couples ont été dénombrés sur l'île Rouzic. Derrière, les colonies les mieux représentées sont les goélands argentés (1 406 couples), les goélands bruns (643), les cormorans huppés (358), les puffins des Anglais (188) et les macareux moines (150). Les fous de Bassan arrivent à la mi-janvier et repartent en septembre. Les macareux, les pingouins et les guillemots sont quant à eux présents d'avril à début juillet.

Le débarquement est interdit sur l'archipel, excepté sur l'**île aux Moines**. Cette île abrite un phare, qui a récemment été automatisé, voyant partir le dernier habitant de l'île. On peut aussi y observer une éolienne et les ruines d'un fort Vauban et d'un ancien couvent des Cordeliers, datant du XVe siècle. La végétation de l'île étant extrêmement fragile, veillez à n'emprunter que les chemins indiqués.

Des **excursions en bateau** autour de l'archipel sont proposées de février à novembre au départ de Perros-Guirec (plage de Trestraou), et de juin à septembre au départ du port de Ploumanac'h et de Trégastel (plage de Coz-Pors). Prenez contact avec les **Vedettes de Perros** (☎ 02 96 15 31 00 ; www.vedettes-perros-guirec.com ; adulte/3-12 ans 19/13 €), et veillez à réserver en haute saison (billetterie à l'office du tourisme). Certaines sorties prévoient une escale à l'île aux Moines, et la plupart une thématique "côte de Granit rose". Les commentaires sont le plus souvent instructifs.

INFOS PRATIQUES

Station LPO de l'île Grande (☎ 02 96 91 91 40 ; www.lpo.fr ; tarif plein/réduit 4/3 € ; ⏲ vacances de Pâques, juin et sept tlj 14h-18h, juil-août tlj 10h-13h et 14h30-19h sauf sam matin et dim matin, reste de l'année sam-dim 14h-18h)

MOULIN À MARÉE Patrimoine civil
(☎ 02 96 23 47 48 ; route de Perros-Guirec ; visite gratuite ; ⌚ juil-août tlj 10h-17h). Au pont de Ploumanac'h, cet ancien moulin se visite seulement en juillet et août. C'est en 1375 que le roi Charles V accorda à un notable de Lannion le droit de construire un moulin sur ce bras de mer et de percevoir les taxes allant avec. L'actuel bâtiment daterait de 1764. Le moulin, qui fonctionnait à marée basse, a cessé son activité en 1932 avec la mort de son dernier meunier.

PRESQU'ÎLE RENOTE Patrimoine naturel
Pour s'imprégner des richesses de cette côte tourmentée, semée de chaos de granit aux contours surréalistes, la presqu'île Renote se révèle incontournable. Située au nord de Trégastel, elle se découvre à pied uniquement en parcourant le GR®34, dont une bonne partie de la boucle est accessible en fauteuil roulant (demandez le plan à l'office du tourisme). Il faut compter 45 minutes pour en faire le tour en prenant son temps. L'office du tourisme organise en outre des balades chantées (avec auteurs-interprètes, conteurs) sur la presqu'île en avril puis en juillet-août (5 €/pers).

AQUARIUM MARIN DE TRÉGASTEL
Découverte
(☎ 02 96 23 48 58 ; www.aquarium-tregastel.com ; bd du Coz-Pors ; adulte/enfant 4-18 ans 7,50/5 € ; ⌚ juil-août tlj 10h-19h, avr-juin et sept mar-ven 10h-18h, sam-lun 14h-18h, vacances scolaires d'hiver, Toussaint et Noël tlj 14h-18h, mars et oct mar-dim 14h-17h). Il est construit dans

Vaut le détour
Port-Blanc

Port-Blanc est une belle illustration de cette côte des Ajoncs, où les marées découvrent d'impressionnants estrans et où les chapelets rocheux composent un paysage minéral. Outre un joli port, la localité voit son horizon jalonné d'îles. La plus importante est l'**île Saint-Gildas**, dont la légende rapporte que les chevaux ont été épargnés d'une maladie frappant les autres équidés de la région par saint Gildas, patron protecteur des chevaux. Début juin, le **pardon de saint Gildas** célèbre toujours les chevaux. Le rassemblement part à marée basse de la grève de Buguélès jusqu'à l'île, qui abrite une chapelle du XIe siècle construite en partie de galets. Les autres jours, l'île est inaccessible car c'est une propriété privée.

À l'ouest de Port-Blanc s'étend une longue plage de sable fin, la **plage des Dunes**. Surveillée en juillet-août, elle présente la particularité d'être adossée à un massif dunaire. À l'arrière se trouve le **marais du Launay**, entrecoupé de canaux fleuris, de bois humides et de prairies où paissent des vaches bretonnes de race pie noire. Un circuit de randonnée de 7,5 km est balisé au sein du marais.

À demi enterrée, la **chapelle Notre-Dame** a joué un rôle défensif avant de devenir, à la fin du XVe siècle, un lieu à usage religieux. À l'entrée du port, voyez également le **rocher de la Sentinelle**, baptisé ainsi en raison de la guérite qui le coiffe (elle a été reconstruite au début du XXe siècle) et qui jouait aussi un rôle de surveillance de la côte, en particulier des îlots de la baie. Au pied du rocher, on remarque une ancienne poudrière. Un peu plus à l'est, le **rocher du Voleur** venait compléter ce dispositif de protection, sur lequel subsiste la base d'un ancien fortin édifié sur l'ordre de Vauban. Il surplombe majestueusement des petites criques.

Granit rose, Trégastel

MATTHIEU LUNA/FOTOLIA ©

un chaos granitique et les salles sont aménagées dans des grottes naturelles. Accessible aux personnes handicapées.

ALLÉE COUVERTE ET DOLMEN
Mégalithe
La commune de Trégastel compte une **allée couverte** très bien conservée, qui témoigne de la présence humaine au néolithique dans le Trégor. L'entrée de cette allée se fait latéralement, et l'intérieur est gravé. À côté, le **dolmen de Kerguntuil** mesure 6 m de longueur pour 3,25 m de largeur, et pèse 90 tonnes. Il se targue d'être l'un des plus grands du Trégor.

Où se loger et se restaurer

HÔTEL DE LA MER Confortable **€€-€€€**
(**☎02 96 15 60 00 ; www.hoteldelamer-tregastel.com ; pl. du Coz-Pors ; d haute/basse saison vue mer 75-120/65-110 €, sans vue 65/55-58 € ; ⏲avr à mi-nov et vacances de Noël ;**). Un établissement familial très bien tenu. Les 19 chambres, dont 10 ont vue sur la mer, arborent un style marin à l'image des luminaires ou des hublots sur les portes. Dommage que l'insonorisation ne soit pas satisfaisante !

L'IROISE Crêperie **€**
(**☎02 96 15 93 23 ; 29 rue Charles Le Goffic ; menus 8,50-15 €, galettes 2,20-14,50 € ; ⏲début fév à fin oct, fermé jeu hors vacances scolaires**). C'est l'adresse où les habitants du coin vont manger des crêpes et des galettes. Vous plongerez dans une ambiance "marins bretons", avec des chants bretons passés en boucle et des filets de pêche accrochés au plafond. Côté assiette, si la galette de rillettes de thon maison au curry ne nous a pas convaincus, nous nous sommes en revanche régalés avec la crêpe au caramel au beurre salé maison. En vente : des pots de caramel au beurre salé maison (5 €), ainsi qu'un livre de recettes de crêpes et galettes (5,50 €).

Renseignements

Office du tourisme (**☎02 96 15 38 38 ; www.ville-tregastel.fr ; pl. Sainte-Anne**). Il est situé dans le centre de Trégastel-Plage et abrite la stèle celtique de Sainte-Anne datant du Ve siècle av. J.-C. Accès Internet (2 €/15 min, 5 €/heure).

Trébeurden (Trebeurden)

Un port de plaisance, des plages de sable fin, des chaos rocheux… Plus intimiste que Perros-Guirrec, avec un côté plus suranné, Trébeurden a aussi profité de l'arrivée du chemin de fer à Lannion, à la fin du XIXe siècle, qui a favorisé l'essor touristique de la côte. Trébeurden s'est forgé une réputation balnéaire dans les années 1920, époque à laquelle elle a été classée station touristique. Dans les années 1940, de grandes familles américaines venaient ici pour la pêche au thon. Aujourd'hui, Trébeurden demeure une station très familiale.

Plusieurs plages vous permettront de satisfaire vos envies marines. Située entre Le Castel et la pointe de Bihit, la **plage de Tresmeur** est sans doute la plus fréquentée, à la fois par les familles et les jeunes. La plage typiquement familiale de **Pors-Termen** est appréciée des locaux, qui aiment aussi se retrouver sur les plages plus intimistes de **Pors-Mabo** et du **Toëno** (cette dernière n'est pas surveillée en juillet et août). Enfin, la **plage de Goas Treiz** a les faveurs des véliplanchistes et des kitesurfeurs.

À voir

À l'extrémité sud du port de plaisance se situe **Le Castel**, une petite presqu'île granitique reliée au continent par une bande sablonneuse. En faisant le tour par le chemin des douaniers, vous apercevrez le **Père Trébeurden**, une curiosité de la nature sculptée dans le granit par l'érosion au fil du temps.

Face au Castel s'étend l'incontournable **île Milliau**, d'une superficie de 23 ha. Accessible seulement à marée basse (un panneau indique les horaires avant d'entamer le passage dégagé par la mer), l'île est réputée pour son intérêt botanique. Plus de 275 espèces végétales y ont été recensées. Un chemin de 3 km (soit 45 min de marche environ) en fait le tour, le long duquel une diversité de paysages se découvre : falaises, landes, rochers, forêts. L'île a été habitée au néolithique, comme en témoigne la présence d'une allée couverte. Elle a

Trégastel (p. 122)

HERVÉ MILON ©

accueilli des hôtes célèbres, à l'image d'Aristide Briand qui rejoignait là sa maîtresse Lucie Jourdan, un temps propriétaire de l'île, aujourd'hui propriété du Conservatoire du littoral.

Plus au sud, la **pointe de Bihit**, couverte de landes à ajoncs, surplombe la côte. De la table d'orientation, panorama grandiose garanti !

Côté terres, à proximité de Trébeurden, les **marais du Quellen**, la **vallée de Goas Lagorn** et le **bois de Lann ar Waremm** (300 ha) sont des espaces naturels aux écosystèmes particuliers. Ils se prêtent à des balades faciles sur des chemins balisés. L'office du tourisme organise des visites régulières de ces sites.

Où se loger

HÔTEL LE TOËNO Grand confort **€€**
(**02 96 23 68 78 ; www.hoteltoeno.com ; route de Trégastel ; d 60-112 € selon confort et saison ; tte l'année, fermé en janv**). Ne vous fiez pas à l'extérieur, une bâtisse rose moderne pas très engageante. Cet hôtel lumineux, à la décoration dans des tonalités de jaune et de bleu, compte 17 grandes chambres, spacieuses et confortables, qui ont toutes vue sur la mer. L'hôtel appartenant aux propriétaires du manoir de Lan Kerellec, une escale gourmande vous y est proposée à tarif préférentiel (89/105 € par personne selon la saison).

MANOIR DE LAN KERELLEC Hôtel grand luxe **€€€**
(**02 96 15 00 00 ; www.lankerellec.com ; allée de Lan Kerellec ; d 195-498/150-398 € haute/basse saison ; fermé mi-nov à mi-mars ;**). Oasis de quiétude, de confort et de raffinement, le Manoir est labellisé Relais & Châteaux. Toutes les chambres jouissent d'une vue sur la mer. Et le personnel est adorable !

Où se restaurer et prendre un verre

LA TOURELLE Original **€€**
(**02 96 23 62 73 ; 45 rue de Trozoul ; plats 14,90-29,90 €, menu du marché 19,90 €, menus 29,90-58 € ; tlj sauf mar soir, mer midi et soir et ven midi, tlj en juil-août**). Face au port, la Tourelle occupe le 1er étage d'un bâtiment à l'architecture quelconque. L'intérieur offre en revanche un cadre design et une vue dégagée. On vient pour les produits de la mer, comme le homard rôti au four (29,90 €) ou la trilogie de la mer, avec homard, saint-jacques et queues de langoustines (28 €), ou les plats qui se targuent d'une pointe d'originalité (filet de saint-pierre grillé à la mangue, au chorizo et aux cacahuètes, par exemple).

RESTAURANT DU MANOIR DE LAN KERELLEC De haute volée **€€€**
(**02 96 15 00 00 ; www.lankerellec.com ; allée de Lan Kerellec ; menu midi jeu-sam 27 €, dim 42-48 €, menus soir 51-58-83 €, menu enfant 19 € ; tlj sauf midi lun-mer, fermé mi-nov à mi-mars**). La cuisine de Marc Briand est auréolée d'une étoile au Michelin. Quelques exemples piochés dans le menu Clin d'œil : chair de tourteaux et foie gras de canard (des Landes !), filet de turbot poêlé et mousseline d'artichauts et rhubarbe, soufflé au citron vert, figue rôtie et sorbet fraise. À tomber ! Le tout se dégustant dans un cadre raffiné, avec vue sur la baie de Tresmeur en contrebas.

LA CABANE BAMBOU'S Bar **€**
(**02 96 15 48 69 ; www.cabane-bambous.com ; 42 rue de Trozoul ; juil-août et vacances scolaires tlj, hors saison jeu-dim**). Sur la plage de Tresmeur, un bar parfait pour l'apéro ou les soirées qui se prolongent.

Renseignements

Office du tourisme (02 96 23 51 64 ; www.tourisme-trebeurden.com ; pl. de Crec'h Héry). Organise à l'année des **soirées contes** (adulte/enfant 6/4 €) et des **visites guidées** (4 €/pers, gratuit -12 ans) de l'île Milliau. Propose également des **sorties en mer** (adulte/4-15 ans 10/7 €). Accès Internet (1,50 €/30 min).

Le Finistère

Le Finistère, c'est la Bretagne dans ce qu'elle a de plus grandiose. D'Ouessant à l'île de Sein et de Crozon au cap Sizun en passant par les monts d'Arrée et les Montagnes Noires, l'ambiance de bout du monde est partout perceptible. Et puis bien sûr il y a des villes au patrimoine exceptionnel comme Quimper, Locronan et Saint-Pol-de-Léon, des joyaux d'architecture religieuse disséminés dans la campagne et sur la côte, des bourgs de caractère, des ports comme Le Conquet, Concarneau et Douarnenez et le ballet des pêcheurs qui va avec, qui rivalisent avec les splendides maisons d'armateurs nichées entre leurs murs. Point d'orgue de la région : la mer, qui la façonne, omniprésente et bleu turquoise, bordée de fantastiques échappées terrestres et de plages de sable blanc idylliques, propices à toutes les envies.

L'île Louet (p. 137)

Le Finistère
0
10 km
MANCHE
Île d'Ouessant
Parc naturel régional d'Armorique
Île de Molène
Île de Quéménès
Le Conquet
Île de Béniguet
Pointe Saint-Mathieu
0
10 km
CÔTE DES LÉGENDES
Île de Batz
Pointe de Perharidy
Île de Sieck
Roscoff
Baie de Morlaix
Pointe de Diben
Pointe de Primel
Baie de Lannion
Brignogan-Plages
Grève de Goulven
Moguériec
D58
Île Callot
Primel-Trégastel
Plougasnou
Pointe de Locquirec
Locquirec
Île Vierge
La Grève Blanche
Plouescat
Saint-Pol-de-Léon
Cairn de Barnenez
Marc'h Sammet
Île Wrac'h
Lilia
Saint-Michel
Guissény
D10
Carantec
Rade de Morlaix
Kernéléhen
Pointe de Kervigorn
Aber Wrac'h
Plouguerneau
Tréflez
Plounévez-Lochrist
Plouezoc'h
Île Carn
Roches de Portsall
Roches d'Argenton
PAYS DES ABERS
D125
D788
Aéroport de Morlaix
Dourduff
Portsall
Saint-Pabu
Aber Benoît
Lannilis
Lesneven
Berven
D58
BAS-TRÉGOR
CÔTES-D'ARMOR
Île d'Yoc'h
Ploudalmézeau
Le Folgoët
Lambader
Le Four
Landunvez
Argenton
Porspoder
Plouvien
D788
Ploudaniel
HAUT-LÉON
Penzé
N12
Morlaix
D69
Île Melon
Lanildut
Brélès
Aber Ildut
PAYS D'IROISE
Plabennec
Saint-Servais
N12
Landivisiau
Saint-Thégonnec
Plougonven
Île Ségal
Lampaul-Plouarzel
Aéroport de Brest-Guipavas
Lampaul-Guimiliau
Guimiliau
Guerlesquin
Pointe de Corsen
Saint-Renan
Landerneau
La Roche-Maurice
3
D30
Le Cloître-Saint-Thégonnec
D785
Grève de Porsmoguer
La Martyre
Locmélar
Pointe de Kermorvan
Le Conquet
BREST
Plouzané
Pont de l'Iroise
Saint-Jean
Élorn
Commana
Sizun
MONTS D'ARRÉE
D789
Plougastel-Daoulas
(384 m)
Roc'h Trévezel
Parc naturel régional d'Armorique
Plougonvelin
Anse de Bertheaume
Goulet de Brest
Rade de Brest
PRESQU'ÎLE DE PLOUGASTEL
Élorn
Lac du Drennec
Barrage du Drennec
Réserve naturelle du Vénec
Forêt de Huelgoat
Aulne
Pointe Saint-Mathieu
L'auberlac'h
Saint-Guénolé
Daoulas
D18
Huelgoat
Pointe des Espagnols
(381 m)
Brennilis
Roscanvel
Pointe de Kerdeniel
Ménez-Meur
Mont Saint-Michel-de-Brasparts
Lac Saint-Michel
Voir encadré
Pointe du Grand Gouin
N165
Hanvec
Moulin Mer
Pointe du Toulinguet
Parc Naturel Régional d'Armorique
Forêt du Cranou
D764
Camaret-sur-Mer
Landévennec
Le Faou
Pointe de Penhir
Térénez
Brasparts
Lannédern
PRESQU'ÎLE DE CROZON
Les Tas de Pois
Crozon
D887
4
D791
Pont de Térénez
N165

Les incontournables
1 Ouessant (p. 149)
2 Douarnenez (p. 174) et Le Conquet (p. 146)
3 Les enclos paroissiaux (p. 158)
4 La presqu'île de Crozon (p. 166)
5 Cap Sizun et la pointe du Raz (p. 177)
6 Concarneau (p. 190)
FINISTÈRE
MORBIHAN
OCÉAN ATLANTIQUE
MONTAGNES NOIRES
CORNOUAILLE
CAP SIZUN
PAYS BIGOUDEN
Morgat
La Palue
Saint-Hernot
Kerroux
Rostudel
Cap de la Chèvre
Baie de Douarnenez
Aulne
(330 m) Ménez Hom
Saint-Nic
Pentrez-Plage
Plomodiern
Châteaulin
Pleyben
Plonévez-du-Faou
Carhaix-Plouguer
Canal de Nantes à Brest
Châteauneuf-du-Faou
Notre-Dame du Crann
Domaine de Trévarez
Sainte-Anne-la-Palud
Douarnenez
Locronan
Tréboul
Pointe du Millier
Réserve du Cap-Sizun
Pointe de Brézellec
Pointe du Van
Baie des Trépassés
Pointe du Raz
Port de Bestrée
Anse du Loch
Beuzec-Cap-Sizun
Goulien
Cléden-Cap-Sizun
Esquibien
Pont-Croix
Audierne
Plouhinec
Poulgoazec
Confort-Meilars
Pouldergat
Goyen
Landudec
Plonéis
Pors-Poulhan
Plozévet
Saint-Demet
Penhors
Baie d'Audierne
Plovan
Tréogat
Plonéour-Lanvern
Tréguennec
Notre-Dame-de-Tronoën
Pointe de la Torche
Plomeur
Saint-Guénolé
Penmarc'h
Kérity
Pointe de Penmarc'h
Le Guilvinec
Lesconil
Loctudy
Île-Tudy
Kérazan
Pont-l'Abbé
Bénodet
Odet
Plomelin
Aéroport de Quimper-Cornouaille
QUIMPER
Landrévarzac
Briec
Landudal
Trégourez
Coray
Gourin
Scaër
Le Faouët
Elliant
Forêt de Coat-Loc'h
Rosporden
Saint-Thurien
Querrien
Bannalec
Isole
Mellac
Ellé
Quimperlé
Melgven
Aven
La Forêt-Fouesnant
Fouesnant
Beg-Meil
Pointe de Mousterlin
Concarneau
Trégunc
Pont-Aven
Riec-sur-Belon
Belon
Moëlan-sur-Mer
Clohars-Carnoët
Abbatiale de Saint-Maurice
Port de Merrien
Le Pouldu
Anse du Pouldu
Pointe de Trévignon
Îles de Glénan
D785
N164
D769
D887
D7
N165
D107
D765
D39
D15
D784
D44
D783

Le Finistère

Paroles d'experts

Ci-dessus : Kerlouan-Brigognan (pays des Abers). **Ci-contre en haut :** presqu'île Sainte-Marguerite. **Ci-contre en bas :** phare de l'île Vierge.

Notre sélection

Le Finistère par Guillaume Appriou et Audrey Cosquer

FAMILLE IODÉE

1 LES ÎLES DU PAYS DES ABERS

On aime les rejoindre à pied et se balader à cette occasion dans l'estran, à travers les parcs à huîtres. L'île Wrac'h est accessible à marée basse quel que soit le coefficient. Sur place, la maison du phare est devenue un lieu d'exposition géré par une association de bénévoles passionnés, et très actifs. Il y a également l'île Vierge, au large de Lilia, accessible à pied uniquement les jours de grandes marées et par navette le reste du temps. Son phare, célèbre pour être le plus haut du monde en pierre de taille, dévoile un panorama splendide.

2 LES VIVIERS BRETONS, À PLOUGUERNEAU

Fraîcheur assurée, dans un cadre exceptionnel : sur la plage face au phare de l'île Vierge, près du surfshop Hoalen. Les Viviers Bretons font de la vente au détail de poissons, coquillages et crustacés, à choisir directement dans les bassins en eau de mer. On est des habitués.

3 LE CRABE MARTEAU, À BREST

Idéal pour casser du crabe avec un maillet en bois sur des nappes en *Ouest-France*, un soir d'août durant les Jeudis du Port, quand les quais du port de commerce s'animent de spectacles en tout genre.

4 ÎLE DE QUÉMÉNÈS

Confetti en plein cœur de l'archipel de Molène, Quéménès a été confiée en 2006 à un couple de trentenaires par le Conservatoire du littoral pour y tenir une chambre d'hôtes en autonomie énergétique. Des pommes de terre y sont de nouveau cultivées sur des terres engraissées au goémon, et des moutons et une petite basse-cour s'y ébattent. Au programme de l'escale, de bons repas avec les algues récoltées dans la grève et, à chaque fenêtre, des dauphins et l'horizon sans fin. On y accède via Molène, où Fred, qui fait des balades en mer d'Iroise (www.promenade-mer-iroise.fr), se charge d'y amener les gens en Zodiac.

Suggestions d'itinéraires

Du nord au sud, le Finistère est un concentré de Bretagne, dans ce qu'elle a de plus majestueux ou, tout du moins, extrême. Au gré de vos pérégrinations et au hasard des routes intérieures ou littorales, vous croiserez autant de fleurons de l'architecture religieuse que de paysages vertigineux.

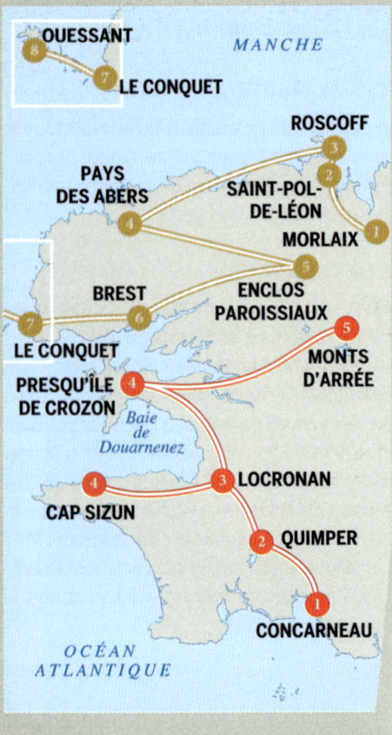

7 JOURS

DE MORLAIX À L'ÎLE D'OUESSANT

Le Finistère nord

Posez vos valises 2 jours dans la baie de Morlaix et découvrez **Morlaix (1)**, célèbre pour ses maisons à pans de bois d'un style unique, avant de rallier **Saint-Pol-de-Léon (2)**, avec son imposante cathédrale-basilique, et **Roscoff (3)**, dotée de belles maisons d'armateurs. Poussez ensuite jusqu'au **pays des abers (4)**, où vous pourrez passer une belle journée entre terre et mer. Quittez la côte et aventurez-vous pour un jour à l'intérieur des terres du Haut-Léon : vous serez ébloui par les somptueux **enclos paroissiaux (5)** de Saint-Thégonnec, Guimiliau et Sizun. Retour en ville : les musées et monuments de **Brest (6)** vous occuperont au moins une journée. Ensuite, en route vers **Le Conquet (7)**, port de carte postale où vous séjournerez une journée, et visiterez le phare et l'abbaye de la pointe Saint-Mathieu. Du Conquet, embarquez pour l'**île d'Ouessant (8)**, pour une journée à vélo, au bout du monde.

Ci-dessus : sculpture, Roscoff (p. 136) ; **À droite :** port abri du Vorlenn, cap Sizun (p. 177)

7 JOURS

DE CONCARNEAU AUX MONTS D'ARRÉE

Le Finistère sud

Consacrez une journée à la ville close de **Concarneau (1)**, très visitée, et profitez des jolies plages qui la bordent. Plus au nord, rejoignez **Quimper (2)** et visitez sa vieille ville et son centre d'art contemporain en un jour, avant de gagner **Locronan (3)** qui, classé parmi les "plus beaux villages de France", mérite un autre jour de visite. Au choix, et pour deux jours de visite sous un décor de paysages vertigineux et de plages de rêves, gagnez le **cap Sizun et la pointe du Raz (4)** ou la **presqu'île de Crozon (5)**. Consacrez vos deux derniers jours à une incursion dans les terres jusqu'aux **monts d'Arrée (6)**, pour vous consacrer à des randonnées teintées de légendes, de patrimoine religieux et de points de vue spectaculaires en pleine nature.

Découvrir le Finistère

ROSCOFF (ROSKO)

Étirée sur une presqu'île, à la pointe ouest de la baie de Morlaix, Roscoff décline avec bonheur ses atouts : un climat doux et vivifiant, un patrimoine architectural diversifié et un environnement exceptionnel. La cité s'est forgé une réputation dans les domaines de la **thalassothérapie** (02 98 29 20 00 ; www.thalasso.com ; rue Victor-Hugo ; fermé 3 sem en déc), de la plaisance et de la pêche. Elle est également la tête de pont des échanges avec l'Irlande et la Grande-Bretagne, grâce à son port en eaux profondes construit à Bloscon en 1972, d'où partent de nombreux ferries et cargos. L'ancien port, au cœur de la ville, sert d'embarcadère pour la délicieuse île de Batz (p. 138). Pour ne rien gâcher, Roscoff compte une dizaine de jolies petites plages, dont celles de Roc'h' Kroum, de la Croix-Rousse, de la Grande Grève et de Perharidy.

Roscoff
RÉGIS COUTURIER ©

À voir

ÉGLISE NOTRE-DAME-DE-CROAS-BATZ Gothique flamboyant

Allez voir de plus près cette belle église du XVIe siècle, de style gothique flamboyant, située au centre du bourg. Le jeu des volumes et des proportions est étonnant, notamment le clocher à lanternons, l'un des plus spectaculaires du Finistère En détaillant les murs, vous distinguerez des sculptures en relief représentant des tritons et des navires, qui rappellent la vocation maritime de la ville. L'intérieur abrite un joli retable de la Passion en bois et en albâtre du XVe siècle, d'origine anglaise.

VIEILLE VILLE Patrimoine architectural

Flânez dans les rues entourant l'église pour découvrir des trésors architecturaux, notamment les **maisons d'armateurs et de corsaires** en granit, dont les façades stylisées, les cheminées et les lucarnes richement sculptées (gargouilles, personnages

Vaut le détour
Le château du Taureau

Vigie hiératique postée à l'entrée de la baie de Morlaix, le vaisseau de pierre qu'est le **château du Taureau (☎02 98 62 29 73 ; www.chateaudutaureau.com ; adulte/enfant 13/6 €, gratuit - 4 ans, tarification spéciale pour les visites animées ; ⏲avr-oct sam-dim, juil-août et vacances scolaires presque tlj, planning disponible aux offices du tourisme de Carantec ou de Morlaix)** a été bâti sur un îlot en 1542 pour décourager les convoitises de la flotte anglaise. Remanié par Vauban à la demande de Louis XIV, il est l'élément défensif central de la rade de Morlaix – à tel point qu'il ne subira jamais aucune attaque ! – avant d'être reconverti à divers usages. Prison d'État à partir du XVIIIe siècle, il devient une villégiature d'été dans les années 1930 et, après avoir été abandonné lors de la Seconde Guerre mondiale, il est investi par une école de voile dans les années 1960, puis de nouveau délaissé. Un vaste programme de restauration a été entrepris de 1998 à 2006 pour le sauver de la ruine et le rendre accessible au public. La visite libre du château (scénographiée par Patrice Pellerin, auteur de la BD *L'Épervier)* vous prendra une heure environ. Mais il est bien plus drôle de rejoindre l'une des visites avec animation : théâtrale (adulte/enfant 19/10 €), contée (17/8 €), chantée (17/8 €), ou encore ornithologique. Le château du Taureau offre en effet une vue imprenable sur la **réserve naturelle**, constituée de sept îlots, abritant plusieurs espèces d'oiseaux rares. Face au château, l'**île de Louët** vaut le coup d'œil pour son image de carte postale bretonne.

étranges) témoignent de la richesse de leurs anciens propriétaires du XVe au XVIIe siècle. Les plus belles sont situées rue Armand-Rousseau, rue Amiral-Réveillère et sur la place Lacaze-Duthiers.

CHAPELLE SAINTE-BARBE Point de vue

Perchée telle une sentinelle sur la pointe de Bloscon, à l'ouest de la ville, cette petite chapelle (XVIIe siècle) aux murs blancs mérite le détour. Non qu'elle se singularise par son architecture, mais l'on jouit ici d'une vue sans pareille sur la ville. Le sanctuaire est construit en surplomb du vieux port et sert toujours d'amer pour la navigation.

VIEUX PORT Promenade

Il est réputé pour la pêche aux tourteaux. Avec un peu de chance, en vous promenant sur le môle (XVIIIe siècle), vous assisterez à un retour de pêche, moment toujours émouvant. Sinon, de ses quais, on découvre les vieilles maisons de corsaires, dont celle, à la façade ornée d'accolades, qui aurait accueilli Marie Stuart, reine d'Écosse, en 1548.

MAISON DES JOHNNIES ET DE L'OIGNON DE ROSCOFF Terroir

(☎02 98 61 25 48 ; 48 rue Brizeux ; tarif plein/réduit 4/2,50 €, gratuit - 10 ans ; ⏲visites commentées 15 juin-20 sept lun-ven 11h, 15h, 17h, dim 15h et 17h, hors saison mar 10h30 et jeu 15h, fermé jan). Près de la gare, ce petit musée retrace l'épopée des Johnnies, ces marchands bretons qui vendaient les oignons de Roscoff en Angleterre.

CENTRE DE DÉCOUVERTE DES ALGUES Tout sur les algues

(☎02 98 69 77 05 ; www.thalado.fr, www.algopole.fr ; 5 rue Victor-Hugo ; entrée libre ; ⏲lun-sam 9h30-12h et 14h-18h30, jusqu'à 19h ou 19h30 en été, 15 juil-31 août aussi dim 11h-18h). La côte de Roscoff est l'une des plus riches et des plus diversifiées en algues de la planète. L'entreprise Thalado commercialise des produits à base d'algues et partage avec le public sa science et sa passion pour ces plantes aquatiques méconnues. Elle propose

Vaut le détour
L'île de Batz (Enez Vaz)

De dimensions modestes (3,5 km de longueur, 1,5 km de largeur), l'île de Batz (prononcez Ba) s'étire à 2 km à peine au large de Roscoff. Elle n'en révèle pas moins un fort particularisme. Peu après l'embarcadère de Pors-Kernoc se dévoile un bourg tout en longueur et un paysage côtier alternant roches et anses de sable blanc. On découvre rapidement que Batz est un immense potager. Grâce aux faveurs du Gulf Stream, les primeurs – tout comme les palmiers ou les agapanthes – poussent à merveille sur les 180 ha de terre cultivée, dont les trois quarts en agriculture biologique. Le tracteur fait partie intégrante du paysage et le goémon sert d'engrais. Le ramassage de ce dernier, ainsi que la pêche et le tourisme constituent les autres grandes activités de l'île (l'une des seules en Bretagne à être dotées d'une économie propre). Le tourisme reste discret, même en été, et ne perturbe pas l'ambiance familiale et la quiétude des 600 Batziens. Au nord, les belles plages de sable ourlées de dunes invitent au farniente.

L'île, interdite à la circulation des voitures, se visite à pied ou à vélo. Un sentier non balisé permet de longer les 10 km de côte (comptez au moins 2 heures de marche). Il est interdit de l'emprunter à vélo (les dunes et leur végétation sont fragiles).

Un **Point Information** (**02 98 61 75 70 ; www.iledebatz.com, www.iledebatz.net ; juil-août 10h-12h30 et 13h30-17h**) est aménagé en été au niveau de l'embarcadère, et fournit une bonne carte de l'île et des circuits de randonnée. Hors saison, adressez-vous à la **mairie** (**02 98 61 77 76 ; lun-ven 9h-12h et 14h-18h**), sur la route menant au centre du bourg.

Trois compagnies maritimes associées desservent tous les jours l'île de Batz à partir de Roscoff : les **Vedettes CFTM** (**02 98 61 78 87 ; www.vedettes-ile-de-batz.com**), **Armein** (**02 98 61 75 47 ; www.armein.fr**) et **Armor Excursions** (**02 98 61 79 66 ; www.vedettes.armor.ile.de.batz.fr**). Les trois compagnies pratiquent les mêmes tarifs (aller-retour tarif plein/réduit 8/4 €, vélos 8 €). Leur billetterie commune est installée sur le quai du vieux port de Roscoff (réservation nécessaire pour les groupes). Les traversées, très fréquentes en été comme en hiver, durent 15 minutes. L'île peut également se rejoindre en été depuis Locquirec, Plougasnou, Carantec, Trébeurden ou Moguériec. Parking gratuit à l'embarcadère de Roscoff ou à la gare SNCF, à 10 minutes de marche (200 places).

toute l'année diverses animations (projections commentées, microscopies d'algues à l'écran...), des conférences, des initiations à la cuisine aux algues et, seule prestation facturée, des randonnées-découvertes sur le littoral à marée basse (**tarif plein/réduit 6/3 €, gratuit - 3 ans**).

CRIÉE DE ROSCOFF Poisson frais
(**02 98 62 39 26 ; port de Bloscon ; visites guidées tarif plein/réduit 4/2,50 €, gratuit - 8 ans ; juil-août lun-jeu à 11h, 15h et 17h, 6 mai-24 juin et 2 sept-4 nov mer à 15h30**). Rouage essentiel de la pêche dans le Finistère Nord, la nouvelle criée de Roscoff, ouverte en 2003, traite annuellement jusqu'à 4 500 tonnes de poisson frais. Elle accueille les visiteurs dans le cadre d'une visite guidée de 1 heure 15, qui permet de découvrir les coulisses de la pêche et le déroulement des enchères, notamment grâce à des films et à une exposition permanente. Des baies vitrées permettent d'assister à certaines activités comme le débarquement des bateaux ou le tri du poisson.

JARDIN EXOTIQUE Nature colorée

(☎ 02 98 61 29 19 ; www.jardinexotiqueroscoff.com ; tarif plein/réduit 5/2-4 €, - 12 ans gratuit ; juil-août tlj 10h-19h, avr-juin et sept-oct tlj 10h30-12h30 et 14h-18h, mars et nov tlj 14h-17h, fermé déc-fév). Sur la pointe de Bloscon, après le port des ferries, ce jardin vous étonnera. Il rassemble en effet, sur 1,6 ha, quelque 3 000 espèces de plantes provenant de l'hémisphère Sud, qui se sont parfaitement acclimatées – preuve de l'existence d'un microclimat à Roscoff. Un chaos granitique haut de 18 m permet de bénéficier d'une vue panoramique sur la baie de Morlaix.

Où se loger et se restaurer

HÔTEL AUX TAMARIS

Vue sur l'île de Batz €€

(☎ 02 98 61 22 99 ; www.hotel-aux-tamaris.com ; 49 rue Édouard-Corbière ; haute/basse saison s 79/59 €, d 79-109/59-79 € ; tte l'année ; wifi). Proche des instituts de thalassothérapie, cet agréable hôtel trois étoiles, chic et familial, possède 25 chambres douillettes et bien tenues, avec sdb, et dont les plus chères ont l'île de Batz en ligne de mire. Il n'y a plus qu'à admirer la vue !

LE BRISE-LAMES Crêperie €

(☎ 02 98 19 31 49 ; quai d'Auxerre ; galettes 4-10,50 €, crêpes 2,30-6 € ; haute saison, fermé sam midi). Cette crêperie séduira les gastronomes : cuisson idéale de la pâte, à la fois moelleuse et croustillante, accords originaux comme la "Poul Louz" (chèvre, miel, canneberges) ou la "Valanec" (saucisse fumée, oignons, sauce moutarde). Les crêpes sucrées se déclinent autour du chocolat (puissant) et du caramel au beurre salé. On recommande "L'estran" (caramel au café, glace café et chantilly) et La "Gala" (poire et chocolat).

L'ÉCUME DES JOURS

Gastronomique €€€

(☎ 02 98 61 22 83 ; www.ecume-roscoff.fr ; quai d'Auxerre ; plat du jour 13 €, formules midi 15/19,50 €, menus 31-54 €, menu enfant 8,80 € ; fermé mar-mer hors saison, fermé déc-jan). Dans une belle maison d'armateur du XVIe siècle aux touches design, avec vue sur la mer, cette table inventive puise dans le répertoire marin et les produits locaux. La carte propose d'heureux mariages : lotte rôtie et blinis de patates douces avec risotto de quinoa, filet de veau aux asperges vertes, saint-jacques grillées et capuccino de topinambours, etc. Les desserts, comme la crème brûlée caramel au beurre salé, y arrivent en point d'orgue. Belle sélection de vins (assez onéreux au verre, à partir de 4 €).

Renseignements

Office du tourisme (☎ 02 98 61 12 13 ; www.roscoff-tourisme.com ; quai d'Auxerre). Point Internet gratuit.

SAINT-POL-DE-LÉON (KASTELL-PAOL)

Saint-Pol-de-Léon, ancien siège de l'évêché à moins de 25 km au nord-ouest de Morlaix, joint l'attrait d'un patrimoine religieux parmi les plus significatifs de Bretagne aux plaisirs plus attendus des activités balnéaires que procurent plusieurs **plages**, dont la plage **Sainte-Anne** (surveillée), et le port de **Pempoul**. Une digue relie le rivage à l'**îlot Sainte-Anne**, où un petit parc est aménagé, et au **port de plaisance de La Groue**. Le panorama de la baie de Morlaix est superbe. La **baie de Pempoul** est le paradis de la pêche à pied.

À voir

L'architecture du centre-ville, dominé par des demeures en granit, dégage une certaine austérité, non dénuée de charme. Plusieurs **maisons de caractère** attestent du riche passé de la ville, lorsqu'elle était au cœur d'un intense trafic commercial. Flânez dans les **rues Rozière**, **Kermenguy** et du **Général-Leclerc** pour apprécier toutes les nuances de ces édifices remarquables. Surtout, Saint-Pol reste marquée par

Vaut le détour
Morlaix (Montroulez)

Troisième ville du département, Morlaix, 15 600 habitants, assume plutôt bien son statut de ville moyenne. C'est une ville de confluence, à la jonction entre le Léon à l'ouest et le Trégor à l'est, entre la Manche au nord et les monts d'Arrée au sud. Le visiteur profitera de cette situation géographique enviable pour rayonner aux alentours.

La ville elle-même possède un indéniable cachet et l'on se laisse prendre au charme du lacis de ses venelles, de ses maisons médiévales, de sa prospérité tranquille et du sentiment d'harmonie qui enveloppe la cité.

Ne manquez pas les **circuits des venelles**, décrits dans une brochure disponible à l'office du tourisme. Quatre promenades fléchées vous donneront l'occasion de ne rien perdre des richesses architecturales de la ville et des ambiances des ruelles sinueuses du vieux Morlaix, si attachantes. La rampe Saint-Melaine, les venelles aux Prêtres, Auguste-Ropars, des Ursulines, aux Pipes, au Son ou au Beurre, la rue du Mur, la Grand-Rue, la rue Ange-de-Guernisac, notamment, vous livreront leurs secrets et vous découvrirez au passage de superbes panoramas. Ces promenades sont courtes (de 45 min à 1 heure 15), mais attendez-vous à des grimpettes assez traîtresses.

l'histoire religieuse et la puissance de ses évêques, dont témoignent deux édifices magistraux.

CATHÉDRALE SAINT-POL-AURÉLIEN

Incontournable

(**visites guidées gratuites en saison lun, mer, jeu et ven 10h30-12h45 et 14h15-18h, mar 12h30-18h, pas de visite sam et dim matin**). Ses tours polygonales, dissymétriques, de style normand et hautes de 55 m, se repèrent de très loin. Dédié au premier évêque du Léon, le majestueux édifice date de l'époque ogivale (XIIIe-XVIe siècle). La nef renferme de nombreux trésors, comme les magnifiques **stalles** (XVIe siècle) en chêne, la grande **rosace** (XVe siècle) du pignon nord ou ses **grandes orgues** (XVIIe siècle). Au-dessus du maître-autel trône un **ciborium** – où les hosties étaient conservées dans un ciboire que l'on descendait à l'aide d'un cordonnet – de style rococo et en forme de palmier, symbole de la Résurrection. C'est l'un des derniers encore en place dans une église. Autre curiosité, les "Étagères de la Nuit" sont un ensemble de **boîtes à crânes**, en forme de chapelles, que vous trouverez derrière une grille dans le déambulatoire. Elles remontent à la seconde moitié du XVIIIe siècle, époque où l'inhumation dans le sol de l'église fut interdite et où, le cimetière étant trop petit, seule la tête des squelettes était conservée, une fois les chairs décomposées...

MAISON PRÉBENDALE

Architecture Renaissance

(**02 98 63 49 53 ; entrée libre ; juil-août tlj sauf lun 15h-19h, sept-juin mer et ven-dim 14h-18h**). À l'est de la cathédrale, c'est l'ancienne maison des chanoines du Léon, datant de 1530. Édifice remarquable de style Renaissance bretonne, il abrite aujourd'hui des expositions artistiques et des conférences.

CHAPELLE NOTRE-DAME-DU-KREISKER

Plus haut clocher breton

(**02 98 69 01 15**). Prodige architectural et symbole du pouvoir des marchands, cette collégiale de granit a été érigée au XIVe siècle. Son majestueux clocher à jour – plus de 80 ouvertures ! – qui s'élance à 77 m de hauteur est le plus élevé de Bretagne et a longtemps servi d'amer aux marins. De juillet à mi-septembre, vous pouvez en gravir les 169 marches

(2 €) pour admirer depuis la balustrade un panorama étourdissant sur la baie de Morlaix et les monts d'Arrée.

Où se loger et se restaurer

HÔTEL DE FRANCE Familial **€€**

(**02 98 29 14 14 ; www.hoteldefrancebretagne.com ; 29 rue des Minimes ; s 48-60 €, d 60-70 €, twin 64-74 €, fam 110-120 € ; fermé les 3 premières sem de jan ; P**). Situé sur une éminence au cœur de la ville, ce deux-étoiles au charme rétro, dans une grande maison bretonne, offre un bon rapport qualité/prix. Les 22 chambres, calmes, fonctionnelles et confortables, ouvrent sur la cathédrale, le Kreisker ou la mer. Agréable jardin à l'arrière.

LE CLOS SAINT-YVES

Chambres d'hôtes **€€**

(**02 98 69 05 98, 06 32 14 45 21 ; www.le-clos-st-yves.fr ; 5 rue Saint-Yves ; s/d/tr 80/85/115 € petit-déj inclus ; tte l'année ;**). Gaby et Jacky Herrien ont ouvert la porte de leur maison, un ancien manoir des XVIe et XVIIe siècles posé au cœur de la cité. Ce sympathique couple propose 4 chambres à la décoration raffinée. On est ici chaleureusement accueilli et les chambres sont douillettes.

TY KORN Crêperie **€**

(**02 98 69 25 14 ; 17 rue des Minimes ; galettes 7,20-10 €, crêpes 6,40-7 € ; vacances scolaires tlj sauf lun, hors saison tlj sauf mar et mer**). La "maison du coin" est l'une des meilleures crêperies de Saint-Pol. Dans un décor traditionnel de pierre et de bois, les spécialités sont marines (saint-jacques, saumon), terrestres (artichaut, andouille de Guémené, saucisse fumée) ou montagnardes (avec des fromages de Savoie). En dessert, la "Madoué" associe poire caramélisée, glace au pain d'épice et chantilly.

LE CHALET SUR LA PLAGE

Face à la mer **€€**

(**02 98 29 08 09 ; www.restaurant-chalet.com ; 1 promenade de Penarth, plage Sainte-Anne ; formules midi 9-12 €, menus 17-35,90 €, menu enfant 7 € ; juil-août tlj, hors saison fermé dim soir, mar soir et mer**). Dans un cadre privilégié, face à la plage Sainte-Anne, cette grande maison est agrémentée d'une terrasse aux beaux jours. Vous pourrez déguster des poissons de la criée de Roscoff et des fruits de mer sortis du vivier. Les habitants du coin fréquentent régulièrement l'établissement dans

Le cairn de Barnenez

Situé sur la presqu'île de Kernéléhen, le **cairn de Barnenez** (**02 98 67 24 73 ; http://barnenez.monuments-nationaux.fr ; Plouezoc'h ; entrée 5,50 €, gratuit - 26 ans de l'Union européenne ; mai-août tlj 10h-18h30, sept-avr tlj sauf lun 10h-12h30 et 14h-17h30, fermé jours fériés**), qualifié de "Parthénon mégalithique" par André Malraux, est un superbe site archéologique qui abrite 11 chambres funéraires à couloir (inaccessibles en tant que telles à la visite, mais des vues de coupe sur la façade nord offrent un bon aperçu). Construit entre 4500 et 3900 av. J.-C. – le plus ancien cairn, d'une couleur plus sombre, servant d'appui au second –, le monument mesure 75 m de longueur et 28 m de largeur. Difficile d'imaginer que ces dalles de granit de plusieurs tonnes étaient déplacées par la seule force de l'homme ! Ce chantier colossal atteste les notions très précises de l'équilibre des masses qu'avaient acquises les sociétés néolithiques.

Depuis la presqu'île, vous bénéficiez d'un point de vue sur l'**île Stérec** – accessible à pied à marée basse –, dont le granit blanc aurait servi à la construction du cairn secondaire.

une ambiance conviviale. Piano et jeux d'enfants.

Renseignements

Office du tourisme (☎ 02 98 69 05 69 ; www.paysduleon.com, www.saintpoldeleon.fr ; pl. de l'Évêché)

LE PAYS DES ABERS

Aber est un mot breton désignant une basse vallée ennoyée par la remontée du niveau marin. Le pays des abers compose des paysages versatiles, sans cesse redessinés par les marées et la lumière. Miroirs étincelants à marée haute, quand les flots frangent les champs, ils se transforment à marée basse en de vastes étendues de vase piquetées d'oiseaux.

Aber Benoît et aber Wrac'h

Long de 8 km, l'aber Benoît est le plus bucolique des abers. Sa rivière se faufile entre forêts et prairies, où tournaient autrefois une centaine de moulins, et s'évase jusqu'à une embouchure où la mer prend des airs tropicaux. L'aber Wrac'h, une entaille d'une trentaine de kilomètres dans le plateau du Léon, est à la fois plus majestueux et plus sauvage. Son entrée est gardée par un chapelet d'îles et de récifs et forme un bassin protégé propice aux sports de voile. Ces rias sont aussi un haut lieu de l'ostréiculture ; profitez de votre séjour pour déguster les fameuses belons de Prat-ar-Coum.

Plouguerneau (Plougerne) et environs

Avec l'aber Wrac'h et l'océan pour derniers terrains vagues, le phare de l'île Vierge pour vigie et le port goémonier du Koréjou comme autre atout dans la Manche, Plouguerneau jouit d'un cadre maritime exceptionnel. Avec plus de 40 km de littoral, c'est même la commune française qui possède la plus longue côte. Mais la cité balnéaire est aussi agricole, comme en témoigne la physionomie du bourg. Chapelles et calvaires rappellent son histoire profondément chrétienne. Plouguerneau est aussi une bonne base pour visiter les abers et comblera les amateurs de farniente avec ses

Port du Koréjou, Plouguerneau

jolies plages familiales comme la **Grève Blanche**, **Le Zorn** et **Le Vougot**.

À voir et à faire

ÉCOMUSÉE DE PLOUGUERNEAU
Algues et goémoniers
(☎02 98 37 13 35 ; www.ecomusee-plouguerneau.fr ; route de Kerveogan ; tarif plein/réduit 4/2,50 € ; ⏲avr-8 mai tlj sauf mar 14h-18h, mi-mai à début juin sam-dim 14h-18h, mi-juin à sept tlj sauf mar 14h-18h, aussi en juil-août jeu 10h30-12h30, visites commentées mar 14h). Situé à la sortie du bourg, il évoque le travail des goémoniers à travers les âges et la vie de ces jardiniers de la mer.

À Saint-Michel

ILIZ-KOZ Le Pompéi breton
(☎02 98 04 71 84 ; http://iliz-koz.fr ; 3 € ; ⏲15 juin-15 sept tlj sauf lun 14h30-18h30, le reste de l'année dim 14h30-17h). Iliz-Koz, la "vieille église", désigne une nécropole médiévale ensevelie sous le sable autour de 1720 et remise au jour en 1970. On peut y voir une soixantaine de dalles funéraires, dernières demeures de prêtres ou de chevaliers, sculptées de calices et de ciboires pour les uns, d'épées et de blasons pour les autres. Les animateurs présents sur place et l'espace muséographique sauront faire parler ces pierres, qui n'ont pas encore livré tous leurs secrets.

À Lilia

PHARE DE L'ÎLE VIERGE
Géant de granit
(tarif plein/réduit 2,50/2 € ; ⏲avr-oct horaires à l'office du tourisme). Planté sur un îlot à 2 km au large de Lilia, ce phare a été mis en service en 1902, à côté de son prédécesseur (1845), bien plus petit, qui servit de logement aux gardiens jusqu'à leur départ en 2010. Avec ses 82,50 m, c'est le phare en pierre de taille le plus haut du monde. Il éclaire la nuit d'un éclat blanc régulier d'une portée de 27 milles nautiques pour indiquer le continent et marquer l'entrée de l'aber Wrac'h. Son escalier en colimaçon compte 397 marches et s'élève le long de murs habillés de petits carreaux d'opaline – afin de protéger le phare de l'humidité –, couvrant une surface de 900 m² ! La grimpette est récompensée par une vue magnifique sur la côte, le chaos des récifs et les îles (Wrac'h, Stagadon...). Le phare est accessible à pied les jours de très grand coefficient de marée ; le reste du temps, les **Vedettes des Abers (www.vedettes-des-abers.com)** organisent la visite.

PHARE DE L'ÎLE WRAC'H
Balade et expositions
Ce petit phare aujourd'hui automatisé éclaire l'entrée de l'aber Wrac'h depuis 1845. Il offre l'occasion d'une très belle balade. L'île aux multiples vues panoramiques se rejoint en effet à marée basse depuis la **plage de Saint-Cava**, en suivant l'estran. La maison de gardien abrite en été des **expositions (www.ippa29.fr ; ⏲horaires en fonction de la marée)**.

Route touristique vers Lannilis

NOTRE-DAME-DU-TRAON
Chapelle Renaissance
Sans doute la plus croquignolette des chapelles qui constellent la commune. Vous la trouverez le long de l'ancienne route de Lannilis (D113), dans un vallon boisé qui se jette dans l'aber Wrac'h. Elle se découvre après avoir franchi la porte triomphale de 1738. Le petit sanctuaire, paré de gargouilles et d'un clocheton à deux chambres, date du XVIe siècle. Dans le placître se dresse un joli calvaire (1511) en kersanton, tandis qu'au sud de la chapelle coule la fontaine de dévotion, assortie de deux lavoirs.

Si vous poursuivez vers Lannilis, arrêtez-vous au virage de **Beg-An-Toul** pour admirer la vue superbe sur l'aber Wrac'h.

Où se loger et se restaurer

LE CASTEL AC'H Hôtel-restaurant **€€**
(☎02 98 37 16 16 ; www.castelach.fr ; Kervinni, Lilia ; d/tr 85-130/105-145 € selon saison ; menus

17,90 et 29,80 € ; tlj ;). Ce trois-étoiles face à la plage de Lilia a fait peau neuve et affiche enfin des prestations dignes de son cadre privilégié. Les chambres avec petit balcon ouvrant sur la mer ont adopté une livrée contemporaine et un confort de première classe. Le restaurant, qui fait la part belle aux produits de la mer, a lui aussi fait un saut qualitatif.

Renseignements

Office du tourisme (02 98 04 70 93 ; www.abers-tourisme.com ; pl. de l'Europe). Billetterie (Océanopolis, Penn Ar Bed, visite d'Ouessant en car...), location de vélos, balade commentée en bateau sur l'aber Wrac'h (lundi à 20h en saison)...

Lannilis (Lanniliz)

Située sur la presqu'île séparant l'aber Benoît et l'aber Wrac'h, cette commune rurale attire surtout pour son environnement, mais aussi pour son marché du mercredi et ses bonnes tables.

Sur la rive gauche de l'aber Wrac'h, le **Paluden** (www.paluden.fr) est le plus petit port à marée d'Europe pour le transport du bois. Il est aussi aménagé pour la plaisance. Relié par le GR®34, c'est le point de départ de belles promenades sur les bords de l'aber.

À 1 km au nord de Lannilis, toujours sur la rive gauche de l'aber Wrac'h, vous pourrez apercevoir depuis la route côtière le remarquable **château de Kerouartz**, construit entre 1580 et 1602 et typique de la Renaissance bretonne. Propriété privée, il s'ouvre peu à peu à la visite, et accueille des festivals et des tournages. Renseignez-vous à l'office du tourisme.

Le **pont Krac'h**, chaussée gauloise ou gallo-romaine qui relie les deux rives de l'aber Wrac'h et lien historique entre Plouguerneau et Lannilis, est sans doute le plus vieux pont de Bretagne. Selon la légende, l'ouvrage aurait été construit en une nuit par le diable, qui aurait fait un pacte avec un meunier plus malin que lui (l'enjeu était l'âme de la première personne qui traverserait le pont ; le meunier y envoya son chat !). Il est toujours défendu de s'y signer. Le pont permet de découvrir les berges bucoliques de l'aber. Il est recouvert deux fois par jour par les marées.

Où se loger et se restaurer

LE JOSÉRIK Bon petit hôtel €

(02 98 04 19 46 ; www.jozerik.fr ; 18 rue de la Mairie ; d/tr 39-58/58 € ;). Ce petit hôtel de 9 chambres dans le centre-ville se révèle pratique, chaleureux et bien tenu. Vous y serez au calme et vous pourrez profiter du bar. Petite restauration.

VIVIERS DE PRAT-AR-COUM
Huîtres et crustacés €€€

(02 98 04 00 12 ; www.prat-ar-coum.fr ; à partir de 35 € ; juil-août lun soir-sam). Les meilleures huîtres de Bretagne sont affinées dans les eaux des abers, et celles de Prat-ar-Coum sont les plus réputées. Pendant l'été, la famille Madec tient ce restaurant sur les bords de l'aber Benoît. Vous pourrez composer votre propre assiette et vous régaler d'huîtres et de crustacés tout droit sortis des viviers et cuits à la vapeur. Petite sélection de vins et pâtisseries bretonnes.

Vous pourrez acheter à emporter huîtres plates, fines de claire et creuses, mais aussi langoustes, homards, tourteaux, coquillages, et parfois des ormeaux (lun-sam 8h-12h et 13h30-18h, dim et jours fériés 10h-12h). Les viviers se trouvent à la sortie de Lannilis en direction de Landéda, sur la rive est de l'aber Benoît.

AUBERGE DES ABERS
Bistrot et gastronomie €€€

(02 98 04 00 29 ; 5 pl. du Général-Leclerc ; formules bistrot 24 et 31 €, menus 48-125 € ; table gastronomique mer soir-sam soir et dim midi sur réservation, bistrot mar midi-sam midi ;). On vient de loin pour déguster la cuisine de Jean-Luc L'Hourre, meilleur ouvrier de France 2000, maître cuisinier de France et récompensé depuis 2009 par une étoile au Michelin. Côté bistrot, l'ambiance rappelle celle d'un pub anglais. Côté gastronomique, la décoration est plus feutrée. Les produits

Vaut le détour
Landunvez et sa route touristique

Landunvez, qui borde le littoral sur 6 km, est réputé pour ses jolies plages de sable fin, notamment celle de **Penfoul**. La commune se répartit entre le séduisant petit **port d'Argenton**, contigu à Porspoder, le centre-bourg et la station de vacances de **Kersaint**.

N'hésitez pas à embarquer dans le bateau ancré dans le port d'Argenton – un fileyeur de 1977 opportunément sauvé de la destruction –, où s'est installé un original et douillet salon de thé : **Fleur des thés** (**02 98 89 97 64 ; rte de la Cale, Argenton ; vacances scolaires tlj 10h30-20h, été dès 8h le mer, hors saison mar-dim après-midi).**

Entre la plage de Penfoul et Kersaint, une **route touristique** serpente sur 5 km le long de falaises adoucies par les âges, offrant un merveilleux balcon sur le **chenal du Four** et les **rochers de Portsall**. À mi-chemin, vous passerez devant la modeste **chapelle Saint-Samson** (1785), flanquée de son calvaire de granit, un site emblématique représenté sur de nombreuses cartes postales. En contrebas sur la falaise, sa fontaine passait pour guérir les maladies des yeux et les rhumatismes. Avant d'arriver à Portsall, dans le hameau de **Kersaint**, on peut apercevoir les ruines fantomatiques du **château de Trémazan** (XIIIe-XVe siècle), dont le haut donjon délabré surgit d'une végétation qui a repris ses droits.

de la mer, mais le foie gras ou l'agneau du Quercy sont aussi à l'affiche.

Landéda

Landéda s'étire le long de l'aber Wrac'h jusqu'à son embouchure, englobe la sublime **presqu'île Sainte-Marguerite**, qui s'avance dans la Manche et ferme la baie des Anges, et se poursuit jusqu'à l'estuaire de l'aber Benoît. La commune est ainsi bordée de 15 km de rivage découpé, comprenant de belles plages et un important massif dunaire. Elle abrite aussi, sur l'aber Wrac'h, l'un des plus grands ports de plaisance bretons.

Où se loger et se restaurer

LE LIBENTER Hôtel-restaurant **€€**
(**02 98 37 43 75 ; www.hotel-libenter.com ; 200 Ar Palud, port de l'Aber-Wrac'h, Landéda ; ch 60-70 € selon saison ; @**). Sur le port, cet hôtel a fait le choix d'une décoration épurée, contemporaine. Et ça lui va bien. Les 20 chambres sont lumineuses et 4 ont vue sur mer. Il abrite **Le Pot de Beurre** (**02 98 37 43 77 ; formules midi 12 et 15 €, menus 23 et 33 € ; tlj sauf lun**), un restaurant affichant lui aussi des airs modernes qui s'est rapidement taillé une petite réputation pour sa cuisine soignée, entre terre et mer, et son service avenant.

HISTOIRE DE CRÊPES
Maître es krampouezh **€**
(**02 98 04 84 29 ; 4-5 pl. de l'Europe ; galettes 6,60-13,50 €, crêpes 5,50-7 € ; tlj sauf mer).** Sur la place de l'église, c'est à cette adresse pimpante et chaleureuse qu'officie l'un des meilleurs crêpiers du Finistère. Ses *krampouezh* (crêpes en breton), *craz* (croustillantes) à souhait, sont un écrin de luxe pour accueillir la crème des produits du terroir. À déguster sur place ou à emporter. Des soirées cabaret sont organisées et le maître crêpier se fendra peut-être d'un petit air d'accordéon. Moules-frites aussi en saison.

Saint-Pabu (Sant-Pabu)

Accrochée à la rive sud de l'aber Benoît, la petite commune de Saint-Pabu possède un charme fou. Elle aligne une série de sites enchanteurs reliés par le sentier littoral (GR®34). À commencer par l'ancien port goémonier de **Pors-ar-Vilin**, niché à l'abri de l'aber, aujourd'hui un havre de paix chatoyant et secret. Passé le **quai du Stellac'h**, se découvre la somptueuse **plage de Béniguet** qui s'étire le long de l'estuaire jusqu'à la **pointe de Kervigorn**. Vous pourrez de là embrasser du regard l'embouchure de l'aber et poursuivre face à la pleine mer sur la longue **plage de Corn-Ar-Gazel**. Au-delà de la corne s'étendent la **plage d'Erléac'h** et un sauvage massif dunaire jusqu'à Lampaul-Ploudalmézeau.

La **Maison des Abers** (☎02 98 89 75 03 ; Corn-Ar-Gazel ; adulte/enfant 3/2 €, gratuit - 10 ans ; ⏲juin et sept sam-dim 14h-18h, juil-août mar-ven 14h-18h, sam-dim 14h-19h) est un petit centre d'interprétation posé sur la dune de Corn-Ar-Gazel qui a pour ambition de faire découvrir les trois abers (Wrac'h, Benoît et Ildut) dans leurs aspects géographiques, historiques et économiques. Un film, un audioguide et un petit aquarium aident à appréhender cet écosystème fascinant.

Aber Ildut

Langue de mer glissée dans les terres agricoles du Finistère sur 3 km, l'aber Ildut est le plus court et le plus étroit des abers léonards. Sur l'une de ses rives s'étend la commune de **Lanildut**, premier port goémonier d'Europe. En fin d'après-midi, quai de Cambarell – où se trouve l'office du tourisme –, vous pourrez observer les bateaux, armés de leurs "scoubidous", qui déchargent entre 30 000 et 35 000 tonnes d'algues fraîches sur les quais de mi-mai à mi-octobre (période légale de pêche). Ancien port de cabotage, Lanildut a connu son apogée sous Louis XIV, où il était plus important que celui de Brest. Les magnifiques maisons de capitaines du quartier de Rumorvan en gardent le souvenir. Lanildut est aussi connu pour son granit, surtout exploité au XIXe siècle, qui lui a procuré une forte activité économique jusqu'à l'entre-deux-guerres.

Longez les bords charmeurs de sa rive droite depuis le **rocher du Crapaud** jusqu'à **Brélès** en suivant le GR®34. Du port de Lanildut, **Porscave**, à Lampaul-Plouarzel, ne se trouve qu'à un jet de pierre de l'autre côté de l'aber, mais à défaut de pont, il faut faire le tour complet de l'aber pour rejoindre ce petit havre, soit une bonne dizaine de kilomètres. Mais ça vaut le détour !

Renseignements

Office du tourisme (☎02 98 04 05 43 ; www.abers-tourisme.com ; pl. de l'Église)

LE CONQUET (KONK-LEON)

Le Conquet, c'est le Finistère dans toute sa splendeur. Ici, la carte postale ne ment pas : activité maritime intense, embarcadère animé où se succèdent les navettes pour Ouessant et Molène, falaises abruptes et longues plages de sable clair. La localité, en prise directe avec le large, s'étale à flanc de coteau, le long d'un aber de 2 km formant une profonde indentation dans la côte – un paradis pour nombre d'oiseaux. Le centre-ville, riche de belles demeures en granit, se compose de ruelles escarpées ménageant des points de vue sur la mer.

À voir et à faire

LE PORT ET LE CENTRE-VILLE

Promenade

Rendez-vous au **port**, l'un des premiers en France pour la capture des crustacés, pour guetter les retours de pêche dans l'après-midi et en début de soirée. Le vieux **quai du Drellac'h** et les rues qui remontent vers le centre-ville sont bordés de maisons du XVe siècle (reconnaissables à leurs escaliers extérieurs), dont la **maison des Seigneurs**, flanquée de son emblématique échauguette, qui surplombe le port, ou la **maison des Anglais**, rue Aristide-Briand. Elles font partie des huit seules maisons qui survécurent au saccage de la ville en 1558. La petite **place Saint-Christophe**, sur la pointe la plus escarpée de l'aber, est l'endroit où les femmes du Conquet attendaient le retour des hommes en mer.

GUITOU60 / FOTOLIA ©

À ne pas manquer Notre-Dame du Folgoët

Ce chef-d'œuvre gothique a été consacré vers 1419, à l'emplacement de la tombe de Salaün le Fou, simple d'esprit en l'honneur duquel il fut érigé. La basilique est originale à plus d'un titre. Elle est en effet entièrement réalisée en kersantite – une première en Bretagne –, selon un plan atypique en équerre. La nef est prolongée par une chapelle en aile, précédée du remarquable **porche des Apôtres** (au nombre de 13, Paul, reconnaissable à son épée, y ayant été ajouté). Sur la tour nord, le grand **clocher** est surmonté d'une flèche culminant à 54 m, sur le modèle du Kreisker (voir p. 140), tandis que la tour sud est ornée d'un **campanile** Renaissance. Les **façades** sont parées de festons, de galeries en dentelles, de balustrades et d'une profusion de **statues** où aux saints se mêlent personnages grotesques, êtres fantastiques, animaux et gargouilles. Mais c'est à l'intérieur que se trouve le joyau de la basilique : le **jubé** qui sépare la nef du chœur, ciselé comme une dentelle dans le kersanton, compte parmi les plus beaux de France. Autres curiosités : les **autels** – dont l'un supporte la Vierge noire menée en procession lors du Grand Pardon (l'un des plus importants pardons bretons) – et les magnifiques **vitraux** représentant le couronnement de Marie ou l'histoire de Salaün. La **fontaine** extérieure, alimentée par la source située sous l'autel, est intégrée au pignon de la basilique.

INFOS PRATIQUES

Le **Grand Pardon du Folgoët** a lieu le 1er week-end de septembre.

PLAGES

Criques protégées ou grande baie exposée

Si vous aimez les petites criques, suivez la corniche de Portez et la route touristique qui part du centre-ville vers la pointe Saint-Mathieu : se succèdent la **plage du Portez**, la **plage du Bilou**, celle de **Porz Liogan** et la **Grève bleue**, autant de recoins de sable fin protégés par les falaises et reliés par le sentier côtier (GR®34). À l'entrée du Conquet, **le Croaë**, au pied de la passerelle du même nom, est très prisé à marée basse pour la pêche à pied. De l'autre côté, sur la presqu'île de Kermorvan (voir ci-après), la grandiose **plage des Blancs-Sablons** est sans doute l'une des plus belles de Bretagne.

PRESQU'ÎLE DE KERMORVAN

Zone protégée

Face au port, elle s'élance comme un doigt vengeur pointé dans l'océan. Vous la rejoindrez en traversant l'aber Conq par la **passerelle du Croaë**. S'y dresse la tour carrée du **phare de Kermorvan** (ne se visite pas), qui signale l'entrée nord du port. Le panorama est grandiose. En suivant le chemin côtier, vous gagnerez la petite **plage de Pors Pabu**, romantique à souhait, et l'**îlette**, une ancienne forteresse napoléonienne accessible à marée basse. Au nord de la presqu'île, la **plage des Blancs-Sablons** déroule une frange de sable clair longue de 2,5 km. Sauvage et préservée, elle se prête aux joies du surf, de la planche à voile, du kitesurf mais aussi au farniente, et offre une vue inoubliable sur l'archipel de Molène. Aux dunes succède une falaise que le sentier gravit pour déboucher sur la jolie **plage d'Illien**, sertie entre deux pointes rocheuses. Le tour de la presqu'île par le chemin côtier est un must.

Où se loger et se restaurer

AU BOUT DU MONDE

Chambres d'hôtes **€**

(☎ 02 98 89 48 15 ; http://jeannine.queguiner.pagesperso-orange.fr ; 2 rue Sainte-Barbe ; d 65 € petit-déj inclus ; 🕒 tte l'année , fermé 1 sem à Noël ; wifi). Les 2 chambres claires et lumineuses jouissent d'une vue imprenable sur l'estuaire et la mer. La grande maison, dont l'intérieur est joliment agencé, s'agrémente d'un petit jardin. Et la dynamique Jeannine est aux petits soins.

LA VINOTIÈRE

Hôtel de charme, salon de thé **€€**

(☎ 02 98 89 17 79 ; www.lavinotiere.fr ; 1 rue du Lieutenant-Jourden ; d 60-125 €, fam 105-200 € ; wifi). Un havre douillet et chaleureux, niché en plein centre-ville. Pas de vue sur la mer

Pointe de Kermorvan

PHILB / FOTOLIA ©

dans ce petit trois-étoiles aménagé dans une maison d'armateur du XVIe siècle, mais 10 chambres formidables, où les boiseries en chêne se marient à la pierre et où la décoration s'harmonise aux peintures agrémentant les murs. Si vous pouvez obtenir une chambre au 2e étage, vous pourrez même profiter d'un spa. Vous pouvez faire une pause gourmande dans le **salon de thé** (**tlj sauf lun 10h-12h et 15h-19h**) installé au rez-de-chaussée, qui fait également office de galerie d'art.

LOUISE DE BRETAGNE
Crêperie chic **€€**
(**02 98 33 10 67 ; 6 rue Poncelin ; galettes 3,60-18,50 €, crêpes 2,50-8,50 € ; tlj en saison**). Cet artisan crêpier a récemment investi l'une des belles demeures historiques du centre-bourg. L'intérieur, avec sa belle pierre de taille, ses poutres apparentes, est un peu sombre (petite terrasse sur le trottoir), mais l'endroit brille par la qualité et l'originalité de ses crêpes et galettes. C'est aussi un salon de thé.

Achats

LE PORT
Poissons et crustacés
Vers 16h, les femmes de pêcheurs vendent en direct la pêche du jour. Vous pouvez aussi appeler directement les bateaux pour connaître leur heure d'arrivée, notamment le **Cœur Vaillant** (**06 31 53 51 77, 02 98 89 06 33, téléphoner vers 13h30**) et **Flipper 3** (**06 85 55 40 76**).

Renseignements

Office du tourisme (**02 98 89 11 31 ; www.leconquet.fr ; parc de Beauséjour**). Outre les billets pour Ouessant, Molène et Océanopolis, l'office vend un livret décrivant un parcours historique dans la ville (2 €) et un circuit de découverte sur la presqu'île de Kermorvan (0,50 €). En été, **visites guidées du centre-ville** (**1 € ; mar 14h30 et ven 9h30**) et circuit de découverte du patrimoine naturel du Conquet (gratuit ; mer matin).

Si vous aimez... les stations balnéaires

En quête de farniente et de sports nautiques ? En dehors de Penmarc'h (p. 182), du cap Sizun (p. 177) et de la presqu'île de Crozon (p. 166), ne manquez pas les stations balnéaires suivantes :

1 **BRIGNOGAN-PLAGES**
Station balnéaire phare des années 1930 au charme désuet, à la baie ourlée de dunes. À l'est de Roscoff.

2 **CARANTEC ET L'ÎLE CALLOT**
Station balnéaire huppée au sud de Roscoff, face à l'île Callot, laquelle abrite l'une des plus belles plages du littoral, et est accessible à marée basse.

3 **LOCQUIREC**
Une dizaine de plages propices aux plaisirs balnéaires. À la frontière avec les Côtes-d'Armor.

4 **BEG-MEIL, COMMUNE DE FOUESNANT**
Au sud de Quimper, des criques idylliques et une station balnéaire d'allure rétro avec ses grandes villas. À 5,5 km au sud-est du bourg de Fouesnant.

ÎLE D'OUESSANT (ENEZ EUSA)

Séparée du plateau molénais par le profond chenal du Fromveur et gardée par une ceinture d'écueils, Ouessant est un monde à part. À une vingtaine de kilomètres de la côte finistérienne, c'est la plus lointaine des îles bretonnes. Longue de 8 km et large de 4 km, c'est aussi la plus grande de la mer d'Iroise. Les hommes y étaient traditionnellement navigateurs au long cours, tandis que revenait aux femmes le soin de cultiver la terre. Jusque dans les années 1950, l'île fut donc surtout paysanne et marquée par l'agriculture et l'élevage ovin.

DJIGGIBODGI.COM / FOTOLIA ©

À ne pas manquer La pointe Saint-Mathieu

Ce site, à mi-chemin du bourg de Plougonvelin et du Conquet sur la D85, est exceptionnel. On est ici aux avant-postes occidentaux de l'Hexagone (d'où le surnom breton de la pointe : Penn-ar-Bed, “la tête du monde”), et l'impression de bout du monde est soutenue par un paysage saisissant : une côte déchiquetée, des vagues donnant l'assaut aux falaises et le **phare** se dressant depuis 1835 tel un cerbère vigilant sur ce promontoire désolé, et du haut duquel (163 marches ; 37 m) le panorama est grandiose. Attenantes au phare, les ruines d'une abbaye tentent timidement de se faire une place, tandis qu'un peu plus loin un sémaphore assure la surveillance du littoral. La petite chapelle Notre-Dame-de-Grâce complète le tableau.

INFOS PRATIQUES

Phare (☎ 02 98 89 00 17, 02 98 32 37 76 ; adulte/enfant 3/1 €, gratuit - 4 ans ; 🕒 mai-juin sam-dim et jours fériés 14h-18h30, juil-août tlj 10h-19h30, 1er-15 sept tlj sauf mar 10h-12h30 et 14h-18h30, 15-30 sept tlj sauf mar 14h-18h30, vacances Toussaint et Noël tlj sauf mar 14h-17h30)

À l'image des caprices du climat, ses paysages sont contrastés : côtes sauvages, falaises battues par les embruns, plage de sable fin ou de galets blancs, lande tapissée de bruyère et d'ajoncs...

L'île a la forme d'une pince de crabe, se divisant à l'ouest en deux pointes – celle de Pern au nord et celle de Porz Doun au sud – encadrant la baie de Lampaul.

À voir et à faire

CIMETIÈRE DE LAMPAUL Enterrements fictifs

Attenant à l'église Saint-Pol-Aurélien (XIXe siècle), il témoigne d'un rite unique dans le monde de la chrétienté, la *proëlla* (qui viendrait soit du breton *bro* “pays” et de *elez* “rapatriement”, soit du latin *pro illa*, “à la place de...”, ici des funérailles) : lorsqu'un marin disparaissait en mer, famille et amis se retrouvaient pour une veillée funèbre autour d'une petite croix de cire, la "croix de *proëlla*", qui matérialisait le corps du défunt. Le lendemain, après la cérémonie religieuse, la croix était déposée dans ce mausolée. Ce simulacre d'enterrement n'est plus pratiqué depuis 1959.

PHARE DU CRÉAC'H
Le plus puissant d'Europe
Sa tour cylindrique rayée de noir et blanc se dresse sur la **pointe de Pern**, où le Créac'h ("promontoire" en breton), allumé pour la première fois en 1863, nargue les vagues à plus de 70 m. Ses feux voient passer chaque année les 50 000 navires qui empruntent le rail d'Ouessant. Il ne se visite pas, mais ses abords et les formidables rochers qui frangent la pointe de Pern constituent un site exceptionnel.

MUSÉE DES PHARES ET BALISES
Signalisation maritime
(**02 98 48 80 70 ; www.pnr-armorique.fr ; phare du Créac'h ; adulte/enfant 4,30/3 € ; juil-août et vacances scolaires tlj 11h-18h, avr-juin et sept tlj 11h-17h, oct-mars tlj sauf lun 13h30-17h30**). Ce musée, installé dans l'ancienne centrale électrique du phare du Créac'h, retrace l'histoire de la signalisation maritime depuis l'Antiquité. En juillet-août, des nocturnes, avec projection de film, sont proposées les mardis et vendredis, de 21h à 23h.

MAISON DU NIOU Écomusée d'Ouessant
(**02 98 48 86 37 ; www.pnr-armorique.fr ; adulte/enfant 3,50/2,40 € ; juil-août et vacances scolaires tlj 11h-18h, avr-juin et sept tlj 11h-17h, oct-mars tlj sauf lun 13h30-17h30**). Cet écomusée créé en 1968 et consacré aux traditions ouessantines fut le premier du genre en France. Situé dans le village de Niou Huella, à 1 km de Lampaul, il est constitué de deux maisons traditionnelles. L'une reconstitue un intérieur typique et évoque la vie sur l'île au XIXe siècle. Dans l'autre maison, textes, photos et cartes retracent l'histoire géologique et humaine de l'île et présentent notamment la *proëlla* (voir p. ci-contre).

PHARE DU STIFF Feu historique
(**02 98 48 80 06 ; falaise du Stiff ; adulte/enfant 2/1 € ; en principe juil-août tlj 10h-12h et 14h-17h, sept mar-dim 13h30-16h30**). Le petit phare blanc d'Ouessant, construit en 1695 et allumé en 1700, ne mesure que 32 m, mais, dressé au point culminant de l'île, au nord-est, il s'élève à 90 m au-dessus des flots. Équipé en 1830 d'une lentille de Fresnel, il a été électrifié en 1957, puis automatisé en 1993. Depuis 2009, les touristes peuvent gravir ses 104 marches pour admirer un panorama unique. Dès la tombée de la nuit, le Stiff émet deux éclats rouges toutes les 20 secondes. À une encablure, se dresse l'impressionnante tour-radar qui surveille le rail d'Ouessant.

PLAGES Baignade et pique-nique
De Lampaul, vous rejoindrez facilement les plages à vélo. Pour les enfants, préférez celles qui sont situées à l'ouest : la **plage de Corz**, à 600 m du bourg, est la plus fréquentée, bien que son sable gris n'en fasse pas la plus jolie ; bien plus attrayante, la **plage du Prat**, qui lui succède à 1 km en direction de Porz Doun, sert de mouillage à quelques bateaux. La **plage de Yuzin**, au nord de l'île, à 1,6 km environ de Lampaul, est tout aussi conseillée pour petits et grands. À l'est, **Porz Arlan**, étroit ruban de sable, se révèle agréable pour un pique-nique. Ne vous baignez surtout pas en dehors des plages en raison des courants.

RANDONNÉES À pied ou à vélo
Faire le tour de l'île à pied par les **sentiers côtiers** représente une randonnée de 45 km. L'office du tourisme édite un guide de circuits de randonnées pédestres très bien conçu (2,50 €).

Où se loger et se restaurer

Si vous comptez séjourner sur l'île, réservez impérativement, surtout en été. Dans Lampaul se concentrent 3 **supérettes**, une **boulangerie** et une **boucherie-charcuterie**. En été, une **vente**

de poissons et de crustacés se tient en face de l'église tous les matins (10h-12h), sauf le dimanche.

TI JAN AR C'HAFE
Deux-étoiles de charme **€€**
(**02 98 48 82 64, 06 70 89 29 23 ; www.tijan.fr ; Kerginou ; ch 69-99 € selon confort et saison ; ouvert 15 fév-11 nov et fêtes de Noël ;**). Situé à l'entrée de Lampaul, ce deux-étoiles à l'allure de maison d'hôtes est l'hébergement de charme d'Ouessant. Odile Thomas a donné à ce lieu (dont le nom signifie "Jeanne aime le café") une harmonie et une chaleur délicieuses. Chacune des 8 chambres affiche une décoration pleine d'esprit. La salle vitrée du petit-déjeuner (10 €) donne sur une belle terrasse en teck et sur un grand jardin. Si vous venez de l'embarcadère par la navette, demandez au chauffeur de vous déposer (l'hôtel se trouve à 500 m avant la place de l'église, terminus du bus).

TY KORN Pub et restaurant marins **€€**
(**02 98 48 87 33 ; menu 31 €, plats environ 18 € ; fermé dim soir et lun, fermé jan ou mars**). Aménagé au rez-de-chaussée de la "maison du coin", à deux pas de l'église, le pub est un repaire incontournable des soirées ouessantines. Des musiciens sont parfois programmés. Il dissimule, à l'étage, la meilleure table de l'île. Dans une ambiance marine, vous pourrez vous régaler de fruits de mer (45 € le plateau) et de poissons d'une impeccable fraîcheur, mais aussi de viandes joliment travaillées et de délicieux desserts maison.

À un jet de pierre du Ty Korn, l'hôtel-restaurant **Roc'h ar Mor** (**02 98 48 80 19 ; fermé dim soir, lun et mar**) bénéficie de la plus belle terrasse de l'île, face à la baie de Lampaul et d'un terrain de pétanque. Elle est très prisée au coucher du soleil.

Renseignements

Office du tourisme (**02 98 48 85 83 ; www.ot-ouessant.fr ; pl. de l'Église, Lampaul**)

À Lampaul, des **DAB** sont installés dans les 2 supermarchés du centre et accessibles aux heures d'ouverture des magasins. Les 3 banques ne délivrent du liquide qu'à leurs clients. Les chiens doivent être tenus en laisse sur l'île.

Maison ouessantine à Lampaul

DX / FOTOLIA ©

Depuis/vers Ouessant

BATEAU La **compagnie Penn-ar-Bed** (**☎ 02 98 80 80 80, gare maritime du Stiff 02 98 48 80 13 ; www.pennarbed.fr**) dessert Ouessant toute l'année au départ de Brest (2 heures), du Conquet (1 heure) et, en été, également de Camaret (1 heure). La fréquence et les horaires varient d'un mois à l'autre. De juin à septembre, tarif unique (aller-retour adulte/enfant 29,90/18,10-24 €), sur lequel la compagnie propose jusqu'à 35% de réduction le reste de l'année. Le Conquet, qui dispose de davantage de départs, est le port d'embarquement le plus pratique (vous pourrez y stationner votre véhicule).

Penn-ar-Bed effectue tous les jours de l'année la traversée Ouessant-Molène (30 min). L'aller-retour entre les deux îles n'est généralement possible que les mercredis et vendredis en été.

Vérifiez toujours le port d'embarquement et l'horaire.

Comment circuler

Les bateaux accostent au Stiff, à 4 km de Lampaul. De l'embarcadère, vous pouvez prendre un **minibus-taxi** (**2 €/pers, 3,50 € aller-retour**) ou louer un vélo pour vous rendre au bourg. La voiture est interdite, excepté pour les îliens.

L'île, de faibles dimensions, se visite aisément à pied, mais encore mieux à vélo. Rappelez-vous que les sentiers côtiers sont interdits aux vélos, y compris aux VTT, et que des voitures circulent aussi sur l'île... Trois loueurs, dans le centre de Lampaul, s'installent à l'embarcadère de juin à octobre et pratiquent les mêmes tarifs : 10/17/37/83 € la journée/2 jours/semaine/mois pour un vélo ordinaire et 14/23/50/100 € pour un VTC ou un VTT. Il est possible de prendre son vélo au bourg et de le rendre à l'embarcadère.

Les **minibus-taxis** proposent leurs services toute l'année et tous organisent des **tours de l'île (minimum de 4 pers, environ 13 €/pers)**. Les bus partent généralement en début d'après-midi, en face de l'office du tourisme.

BREST

Rayée de la carte en 1944, puis reconstruite dans l'urgence, Brest, forte de 145 000 habitants, ne peut se prévaloir du titre de cité de caractère. La succession d'immeubles en forme de cubes blancs ou gris et les larges artères à angle droit du centre-ville n'emportent pas l'adhésion immédiate. Les architectes (sur les plans de Jean-Baptiste Mathon) ont donné la priorité au fonctionnel, car il s'agissait de reloger rapidement une population qui venait de voir disparaître sa mémoire sous les bombes.

D'un abord difficile, marquée par le travail ouvrier et les arsenaux, Brest réserve cependant bien des surprises à qui l'approche sans préjugés. Métropole maritime transfigurée par une rade magnifique, la ville est actuellement en pleine métamorphose. Outre ses animations d'envergure, ses festivals, sa scène nationale et l'attraction majeure que constitue Océanopolis, Brest apparaît de plus en plus comme une ville branchée, festive et bouillonnant d'une véritable effervescence artistique.

À voir

Centre-ville

Il s'organise autour de la **rue de Siam**. La grande artère commerçante n'a plus grand-chose à voir avec la rue que pleure Prévert, après les bombardements de 1945, dans son célèbre poème *Barbara*. Elle conduit à la **place de la Liberté** et à l'**hôtel de ville**, un ensemble aux proportions et à l'allure toutes staliniennes. La rue de Lyon, perpendiculaire, dessert les **halles Saint-Louis** et l'**église Saint-Louis**. L'immense vaisseau au clocher de béton armé, bardé de pierre de Logonna, serait la plus grande église reconstruite en France (entre 1953 et 1958).

MUSÉE DES BEAUX-ARTS
Du XVIe au XXe siècle

(**☎ 02 98 00 87 96 ; 24 rue Traverse ; 4 €, gratuit - 18 ans et 1er dim du mois ; mar-sam 10h-12h et 14h-18h, dim et jours fériés 14h-18h**). Peu avenant de l'extérieur, ce musée mérite pourtant le détour. Il brosse un petit panorama de la production picturale européenne de la fin du XVIe au milieu du XXe siècle. Flamands, Hollandais,

Italiens, romantiques, orientalistes, réalistes, symbolistes et fauves côtoient des peintres régionaux de l'école de Pont-Aven. Des expositions temporaires sont généralement consacrées à des artistes plus contemporains.

CHÂTEAU DE BREST Moyen Âge

Impossible de manquer sa silhouette altière, qui domine la Penfeld d'une trentaine de mètres. Cette forteresse, qui occupe le cœur historique de la ville, a échappé aux bombardements. Au cours de sa tumultueuse histoire, elle a notamment été occupée par les Anglais, pendant la guerre de Cent Ans, et la duchesse Anne y a vécu au début du XVIe siècle. Sous le règne de Louis XIV, Vauban y a mis sa patte en faisant renforcer la défense. Pendant la Révolution, elle a fait office de prison. Avec Napoléon, elle a retrouvé sa vocation militaire. Aujourd'hui, elle abrite dans sa cour intérieure la préfecture maritime et, dans sa partie historique, le **musée de la Marine** (**☎02 98 22 12 39 ; www.musee-marine.fr ; rue du Château ; tarif plein/réduit 5,50/4 €, gratuit - 26 ans ; ⏲avr-sept tlj 10h-18h30, oct-mars tlj 13h30-18h30, fermé 1er mai, 25 déc et jan**). Très bien conçu, ce dernier évoque l'histoire maritime de la ville, ainsi que l'art des charpentiers royaux. Depuis les remparts, vue exceptionnelle sur la ville, la rade et la Penfeld.

COURS DAJOT Promenade avec vue

Cette très belle promenade de 600 m, construite en 1769 par des bagnards sur le front sud de l'ancienne ligne de remparts, commence à hauteur du château et surplombe la rade de Brest. La **tour Rose** fut élevée pour commémorer l'accueil que firent les Brestois aux soldats américains lors de la Grande Guerre. Ce qui lui valut d'être démolie en 1941, et reconstruite à l'identique en 1958. Comme une ambassade, ce monument américain bénéficie de l'extraterritorialité. L'immense **double escalier** est le trait d'union entre le centre-ville et le port de commerce.

Recouvrance

C'est dans ce quartier ouvrier et bretonnant que la cité est née, et que se forge aussi sans doute une partie de son avenir, avec la réhabilitation en cours du plateau des Capucins. C'est Louis XIV, en 1681, qui unit Brest au village de Recouvrance, alors occupé par des artisans et des pêcheurs.

PONT DE RECOUVRANCE
Emblème de la ville

Recouvrance est relié au bas de la rue de Siam par ce formidable pont levant en béton qui enjambe la Penfeld. L'ouvrage remplace depuis 1954 l'ancien pont tournant de 1861. Avec sa travée mobile de 88 m, qui peut s'élever à plus de 50 m au-dessus des eaux en 2 min 30, c'est, après celui de Rouen, le deuxième plus important pont mobile d'Europe.

TOUR DE LA MOTTE-TANGUY Vigie

(**☎02 98 45 05 31 ; sq. Péron ; entrée libre ; ⏲juin-sept tlj 10h-12h et 14h-19h, oct-mai mer-jeu 14h-17h et sam-dim 14h-18h, vacances scolaires tlj 14h-18h**). Sentinelle solitaire dressée face au château de Brest, la belle maison de pierre coiffée d'une poivrière capte l'attention. Construite au XIVe siècle sur une motte féodale pour surveiller l'entrée de la Penfeld, elle fut vendue comme bien national durant la Révolution et servit d'habitation jusqu'à la Seconde Guerre mondiale. Abîmée en 1944, elle fut restaurée en 1964 pour abriter un musée qui retrace l'histoire de la ville et de ses quartiers.

BASE NAVALE
Arsenal de la Marine nationale

(**☎02 98 22 11 78 ; porte de la Grande-Rivière ; gratuit ; ⏲15-30 juin et 1er-15 sept visites tlj à 14h30 et 15h, juil-août lun-ven visites en continu 14h-15h30, sam-dim et jours fériés 14h-15h15**). Cette visite constitue une expérience inédite. Son intérêt dépasse le cadre strictement militaire ou technique, puisque l'arsenal, pilier économique de la ville, continue de faire vivre plusieurs milliers de familles brestoises. En fonction des disponibilités à quai, vous pourrez

Vaut le détour
La presqu'île de Plougastel

À quelques kilomètres de Brest, à laquelle elle est reliée par le monumental pont à haubans de l'Iroise, la presqu'île de Plougastel, péninsule s'avançant sur une dizaine de kilomètres dans la rade de Brest, vous propulse dans un autre monde. Souvent ignorée des voyageurs, qui se ruent sur Crozon, elle déroule pourtant un superbe littoral sur près de 40 km, ponctué de petits ports et d'anses, et bénéficie d'un climat d'une douceur exceptionnelle.

Ne manquez pas **Plougastel-Daoulas**, qui s'enorgueillit de l'un des plus importants et des plus beaux calvaires bretons, édifié de 1602 à 1604, ni les huit chapelles, édifiées aux XVe et XVIe siècles et aujourd'hui dans un parfait état, qui émaillent la presqu'île. Parmi les plus remarquables, la **chapelle Saint-Jean**, à l'est, au bord de l'Élorn, qui se signale par son superbe clocher gothique, et la **chapelle Saint-Guénolé** si paisible, au sud-ouest, au fond de l'anse de L'auberlac'h.

Enfin **Daoulas**, et son **abbaye** (**02 98 25 84 39 ; www.cdp29.fr ; 21 rue de l'Église ; tarif plein/réduit 7/1-4 € ; fin mai-début jan tlj 10h30-18h30, fermé Noël, 31 déc et 1er jan)** fondée au XIIe siècle sur le site d'un monastère qui remonterait à l'an 510 et les expositions de qualité qu'elle accueille, méritent vraiment le détour.

monter à bord d'un navire de guerre. Munissez-vous d'une pièce d'identité.

MAISON DE LA FONTAINE
Culturelle et historique

(18 rue de l'Église ; entrée libre ; tlj sauf dim et jours fériés 14h30-17h30). Bâtie en pierres grises de Kersanton et ocre de Logonna, cette maison, datant de la fin du XVIIe siècle-début XVIIIe, est l'une des plus anciennes de Brest. Sans doute construite pour l'aumônier du cimetière des Noyés, elle fut ensuite achetée en 1825 par d'Yves Collet, l'un des maîtres sculpteurs les plus réputés de l'arsenal de Brest. Elle abrite des expositions toute l'année.

JARDIN DES EXPLORATEURS
Botanique

(rue de la Pointe ; 1er mai-15 sept 9h-22h, 16 sept-30 avr tlj 9h-18h). Il fait bon flâner ou pique-niquer dans ce jardin aménagé en 2002 dans une ancienne batterie de canons au bord de la Penfeld. On y trouve des plantes exotiques rapportées lors des expéditions scientifiques pour la marine par des explorateurs comme Bougainville, Frézier ou Commerson. La passerelle qui surplombe les collections de plantes offre une superbe vue sur le château et la pointe de l'Armorique.

AUTOUR DE LA RUE DE SAINT-MALO
Brest d'autrefois

Recouvrance n'a pas trop souffert des bombardements de 1944 et conserve la mémoire du vieux Brest. La **rue de Saint-Malo**, pavée et bordée de maisons des XVIIe et XVIIIe siècles, est la plus ancienne de la ville. Après sa fontaine, elle se termine par l'**escalier de la Madeleine** et vient buter contre le **bâtiment aux Lions**, qui ferme l'arsenal et le relie au plateau des Capucins. Construit en 1807, cet édifice-pont servait autrefois d'entrepôt pour la marine et doit son nom aux 10 gargouilles à têtes de lion qui ornent sa façade. À proximité se trouve la **prison de Pontaniou**, construite par Napoléon et destinée à l'origine aux marins et ouvriers de l'arsenal. À partir de 1952, elle est utilisée à des fins civiles et devient la prison de Brest jusqu'en 1990. À l'autre extrémité du quartier, se dresse l'**église Saint-Sauveur**, de style jésuite et très austère, achevée en 1749, et aujourd'hui la plus vieille église de Brest.

Moulin-Blanc

OCÉANOPOLIS Découverte des océans

(02 98 34 40 40 ; www.oceanopolis.com ; tarif plein/réduit 16,80/11,70 €, gratuit - 3 ans ; mai à mi-sept tlj 9h-18h, jusqu'à 19h en juil-août, reste de l'année mar-dim 10h-17h, sam, dim et jours fériés jusqu'à 18h, ouvert lun pendant les vacances scolaires). À deux pas du port de plaisance, cet immense ensemble à l'architecture moderne est entièrement dédié au monde de la mer. Il se compose de 3 pavillons : Polaire, Tropical et Tempéré. D'immenses aquariums, rassemblant près de 1 000 espèces différentes, des maquettes, des animations audiovisuelles d'excellent niveau et des spectacles tiendront en haleine petits et grands pendant une bonne demi-journée. Le pavillon Tempéré présente les multiples facettes de la Bretagne marine. Depuis le centre-ville, prenez le bus n°3 ou n°15.

VALLON DU STANG-ALAR

Conservatoire botanique national

(02 98 41 88 95 ; www.cbnbrest.fr ; 52 allée du Bot ; jardin gratuit, serres tarif plein/réduit 4,50/3 €, visite guidée tarif plein/réduit 7/5 € ; jardin tlj 9h-18h, jusqu'à 20h en été, serres avr-nov jours variables 14h-17h30, visites guidées juil-15 sept mer à 10h30). Avec ses serres tropicales et son parc paysager de 22 ha, ce magnifique jardin botanique abrite l'une des plus importantes collections au monde d'espèces végétales en danger. Aménagé dans une vallée profonde où coule une rivière alimentant plusieurs plans d'eau, le parc, fréquenté par les joggeurs, est un agréable but de promenade. Du centre-ville de Brest, dirigez-vous vers l'aéroport (D712) ; place de Strasbourg, prenez la direction de Quimper et suivez les panneaux.

Activités

La rade de Brest, vaste plan d'eau navigable toute l'année, est un espace

À gauche : architecture brestoise ; **Ci-dessous :** château de Brest (p. 154)
RÉGIS COUTURIER ©

sécurisant parfaitement adapté aux loisirs nautiques et notamment à la plongée, car riche en épaves et comptant de beaux tombants. L'Élorn et l'Aulne sont également navigables.

Des prestataires proposent des croisières en **vedette** (Azénor ; ☎ 02 98 41 46 23 ; www.azenor.com ; port de commerce et port de plaisance du Moulin-Blanc ; adulte/enfant 16/4-12 € ; juil-août tlj, avr-juin et sept tlj sauf lun) et en **goélette** (La Recouvrance ; ☎ 02 98 33 95 40 ; www.larecouvrance.com ; billets en vente à l'office du tourisme ; adulte/enfant 92/46 € pour 1 journée, repas compris).

Où se loger et se restaurer

MC GUIGAN'S Couette & café **€**
(☎ 02 98 44 41 69 ; www.mcguigans.fr ; 9 rue Jean-Marie-Le-Bris ; s/d 30/35 €, demi-pension 42/39 €, pension complète 49/43 €). Ce chaleureux pub irlandais, fait aussi Bed & Breakfast (on dit ici "couette & café"). C'est simple, propre, bon marché et pratique quand on embarque au matin pour les îles ou quand on a un peu forcé sur la Coreff. La plupart des 8 chambres ont les WC sur le palier.

LE CONTINENTAL Art déco **€€€**
(☎ 02 98 80 50 40 ; www.oceaniahotels.com ; sq. de La Tour-d'Auvergne ; ch à partir de 137 €, week-end à partir de 90 € petit-déj inclus ; wifi). Le "Conti", bâti en plein centre-ville en 1913 et reconstruit à l'identique en 1948, est une institution à Brest. Le confort des 73 chambres, au chic rétro, est largement à la hauteur des 4 étoiles de l'hôtel. Ses murs ont vu passer quelques visiteurs illustres, parmi lesquels Rockefeller, Jean Gabin et Michèle Morgan.

LE POTAGER DE MÉMÉ
Épicerie-restaurant **€**
(☎ 09 51 44 14 78 ; 44 rue de Lyon ; plat 10,50 €, menus 13,50 et 15,50 € ; lun-sam 11h30-15h, ven et sam soir à partir de 19h ; wifi). Tout est

frais, appétissant, savoureux et bio dans cette petite échoppe, à la fois épicerie et restaurant, qui a pour devise "le goût et la qualité au rythme des saisons". Tartes, tourtes, tartines, potages, salades, plats de saison et desserts sont faits maison à partir de produits locaux et artisanaux.

LE RUFFÉ Terroir breton **€€€**
(**02 98 46 07 70 ; 1 bis rue Yves-Collet ; formules midi 14,80-21,90 €, menus 21,90-38 € ; tlj sauf dim soir et lun**). Dans le quartier de la gare, le Ruffé fait partie du cénacle des bonnes tables brestoises. Le chef concocte des mets finement présentés, telles la fricassée d'ormeaux et Saint-jacques au beurre d'escargot ou l'andouillette fermière, sans oublier les plateaux de fruits de mer (à partir de 34,50 €). Le cadre est classique, lumineux, sans verser dans l'ostentation.

Où prendre un verre et sortir

Brest compterait plus de 300 bars ! Les endroits pour "partir en riboule" sont disséminés dans toute la ville mais un bon nombre d'entre eux se concentrent sur le port de commerce, le long et autour de la rue de Siam et dans le quartier bohème de Saint-Martin.

ESPACE VAUBAN Salle mythique
(**02 98 46 06 88 ; www.espacevauban.com ; 17 av. Georges-Clemenceau**). Tout droit sortie des années 1950, cette incroyable salle de concerts, couplée à un bar, à un hôtel et à un restaurant, incarne la quintessence de l'esprit brestois, populaire et chaleureux. Plus de 230 dates par an.

Renseignements

Office du tourisme de Brest métropole océane (**02 98 44 24 96 ; www.brest-metropole-tourisme.fr ; pl. de la Liberté**). Il propose en été des visites guidées (**adulte/enfant 5/3 € ; mer 15h-17h, mar et jeu 10h-12h**) de la ville et diverses sorties en groupe. Billetterie pour les spectacles, sorties en mer, entrées dans les musées... à des tarifs souvent plus intéressants.

Comment circuler

BUS Le réseau de bus, appelé **Bibus**, dense et étendu, dessert toute l'agglomération, ainsi que Plougastel-Daoulas. Procurez-vous le plan à l'office du tourisme ou au **Point Accueil Bibus** (**02 98 80 30 30 ; www.bibus.fr ; 33 av. Georges-Clemenceau ; lun-ven 8h15-18h15, sam 9h-17h**), équipé d'un distributeur automatique de titres de transport.

TAXI Pour commander un taxi, appelez **AAA Taxis Brestois** (**02 98 806 806 ; www.taxi806.com**). Des stations de taxis sont installées à l'aéroport, à la gare et au centre-ville.

LE CIRCUIT DES ENCLOS PAROISSIAUX

La visite d'un enclos paroissial provoque un sentiment d'émerveillement légitime. La Bretagne, à travers ces fleurons de l'architecture religieuse, est une terre où le catholicisme s'est exprimé avec une magnificence toute particulière. Ils sont répartis sur une zone grobalement délimitée par la rade de Brest, la baie de Morlaix et les monts d'Arrée, et plus particulièrement le long de la vallée de l'Élorn.

Il faut se plonger dans la Bretagne des XVIe et XVIIe siècles pour comprendre les fondements historiques des enclos. À cette époque, la région tire parti de sa situation géographique, au carrefour des grandes routes maritimes, et connaît une prospérité sans précédent grâce au développement de l'agriculture, de la pêche, des industries manufacturières et à la toile de lin du Léon, exportée dans toute l'Europe pour les voiles des navires. Des fortunes colossales s'amassent dans les villages du Finistère, et cette prospérité ne tarde pas à rejaillir sur les édifices religieux. À partir de 1545, face au protestantisme, les paroisses se lancent dans des travaux de grande ampleur, stimulés par un phénomène d'émulation. Cette période d'exubérance et de vitalité créatrice dure près de 200 ans. Les mesures protectionnistes prises par

Colbert, interdisant le libre-échange avec l'Angleterre, donnent un coup d'arrêt brutal à la prospérité bretonne et mettent fin à cette épopée.

La Roche-Maurice (Ar Roc'h-Morvan)

Entre Landerneau et Landivisiau, le **donjon en ruine (02 98 20 43 57 mairie ; accès libre ; 10h-18h)** de la forteresse des vicomtes de Léon (XIIe siècle) se dresse sur un piton rocheux surplombant l'Élorn et le village de La Roche-Maurice. L'ascension (sécurisée) promet une belle vue. Quant à l'ancienne chapelle du château, elle a laissé place à l'**église Saint-Yves (visites guidées gratuites en saison)**, entourée d'un bel enclos. Un sobre **calvaire** en marque l'entrée. L'église (début XVIe siècle) est ornée d'un toit à pans retombants et d'un clocher à jour surmonté d'une flèche gothique. L'élément le plus intéressant de l'enclos est sans doute l'**ossuaire** (1639), dans le plus pur style Renaissance bretonne. À l'angle sud, remarquez la figure grimaçante de l'Ankou (représentation masculine de la mort dans la tradition armoricaine, figurée par un squelette sur les ossuaires des enclos paroissiaux), armé d'un dard et accompagné des mots "Je vous tue tous." L'intérieur de l'église impressionne par ses couleurs, ses sablières sculptées, son jubé Renaissance en chêne polychrome et la profusion de personnages et d'animaux, certains grotesques ou fabuleux.

La Martyre (Ar Merzher-Salaun)

À 4,5 km de La Roche-Maurice, ce bourg rural niché sur un plateau verdoyant surplombe la vallée de l'Élorn. Il a accueilli, à partir du XVIe siècle, une grande foire qui attirait des marchands venus de toute la France, d'Angleterre et de Hollande, et qui a assuré la prospérité du lieu. Sa rue principale aligne de belles maisons de pierre, en parfaite harmonie avec le remarquable enclos paroissial, le plus ancien du Léon, commencé au XIVe siècle sur des éléments plus vieux.

Église et calvaire de Guimiliau (p. 160)

BOBROY20 / FOTOLIA ©

Sizun

Petite ville au pied des monts d'Arrée, Sizun abrite, avec son **enclos** (**visites guidées gratuites en saison lun-ven 10h30-13h et 14h30-18h, pas de visites sam et dim matin**) des XVIe et XVIIe siècles, un véritable joyau de la Renaissance, témoin du passé prospère de la ville grâce au tissage du lin. La très haute **flèche à crochets** de l'église fait forte impression, tout comme l'**arc de triomphe** (fin XVIe) surmonté d'un petit **calvaire**. Il symbolise la porte de Vie par où entraient les fidèles. L'**ossuaire** (1585), typique de la Renaissance bretonne, se distingue par l'élégance de sa composition architecturale. Le **clocher-porte** et la façade de l'église sont agrémentés de créatures étranges. L'intérieur, lambrissé, vaut également le coup d'œil (chaire, buffet d'orgue, baptistère à baldaquin, belles poutres sculptées et trois retables du XVIIe siècle).

Lampaul-Guimiliau (Lambaol-Gwimilio)

Non loin de Landivisiau, ce pimpant village se signale à l'horizon par la tour-clocher tronquée de son église. Dans la course à la magnificence que se livrèrent Saint-Thégonnec, Guimiliau et Lampaul-Guimiliau au XVIe siècle, Lampaul-Guimiliau, paroisse de tanneurs, l'avait emporté pour la taille du clocher. L'orgueilleux ouvrage fut, en 1809, brisé par la foudre. Châtiment divin ?

L'enclos s'ouvre à l'ouest par une **porte triomphale** (1669), ornée d'une balustrade et d'un petit calvaire. Tout de suite à gauche se tient l'**ossuaire** (1667) en forme de chapelle, dont la belle porte figurant l'arbre de Vie est surmontée de l'inscription *Memento mori*, "Souviens-toi que tu vas mourir." Face à l'église, le **calvaire** (XVIe), beaucoup plus sobre que celui de Guimiliau, présente en haut d'une croix de peste le Christ et les larrons. L'intérieur de l'**église Notre-Dame** éblouit en revanche par son exubérance baroque que complètent plusieurs **retables** d'une grande finesse d'exécution ainsi qu'une *Mise au tombeau* (1676) en tuffeau polychrome, signée Antoine Chavagnac. En faisant le tour de l'église, vous remarquerez une gargouille, ou peut-être faudrait-il dire un gargouillon, vu les attributs un peu lestes dont on l'a affublée.

Guimiliau (Gwimilio)

Petite bourgade fleurie à 7 km de Lampaul-Guimiliau, Guimiliau possède un enclos paroissial et l'un des calvaires les plus exubérants de Bretagne. Dédié à Miliau, roi légendaire de Cornouaille, cet impressionnant ensemble architectural a été édifié aux XVIe et XVIIe siècles.

Le **calvaire**, de la fin du XVIe siècle, compte près de 200 personnages. Autrefois, le curé faisait son prêche depuis la plate-forme ! La construction est surmontée d'une croix de peste portant le Christ crucifié.

Le **porche sud** (début du XVIIe siècle), surplombé par une statue de saint Miliau, se prévaut d'une magnifique voussure, agrémentée de scènes de l'Ancien et du Nouveau Testament. De l'église bâtie au XVIe siècle ne demeure que le petit **clocher** (1530), le reste ayant été reconstruit dans les styles flamboyant et Renaissance au cours du siècle suivant. L'intérieur est de toute beauté, avec un exceptionnel **baptistère** à baldaquin en chêne sculpté de 1675, des **sablières**, un **jeu d'orgues**, une gracile **chaire** à prêcher et des retables du XVIIe siècle.

Saint-Thégonnec (Sant-Tegoneg)

Situé entre la mer et les monts d'Arrée, ce village doit sa renommée à son enclos, l'un des plus éblouissants de Bretagne. Son clocher, bardé de clochetons et creusé de niches, transpire l'aisance et la fierté des paysans d'autrefois. Il s'ouvre par une superbe **porte triomphale**, achevée en 1587, composée de quatre blocs de granit. Comparé à d'autres enclos, le **calvaire** (1610) n'est pas le plus élaboré, mais comprend plusieurs scènes très expressives, dont un Christ aux yeux bandés, souffleté par deux bourreaux (voir photo p. 299). L'**ossuaire** (**été 9h-19h, hors saison 9h-18h**) de 1682

SEB HOVAGUIMIAN / FOTOLIA ©

À ne pas manquer L'enclos paroissial de Pleyben (Pleiben)

Choc esthétique garanti devant l'**enclos paroissial de Pleyben**, l'un des plus éblouissants de Bretagne. Le **calvaire** (XVIe siècle), sur un imposant piédestal aux portes triomphales, force l'admiration : on compte une trentaine de scènes, très expressives, avec des personnages bien détaillés. L'**ossuaire** (1550) mérite qu'on le détaille : il possède une façade percée de baies jumelées et de petites colonnes. L'**église**, remarquable construction mi-gothique, mi-Renaissance, est coiffée d'une imposante tour surmontée de clochetons et d'un dôme à lanterne. L'émerveillement se poursuit à l'intérieur : de magnifiques sablières sculptées polychromes, un maître-autel finement ouvragé, des retables, des vitraux anciens, les superbes orgues de Dallam (1688) et la voûte en forme de carène de navire renversée retiendront votre attention. Notez également les statues d'apôtres à l'intérieur du porche de l'église.

En saison, des bénévoles proposent des visites guidées (gratuites).

INFOS PRATIQUES

Pleyben est situé plus au sud, près de Châteaulin, vers la vallée de l'Aulne. **Office du tourisme** (☎ 02 98 26 71 05 ; www.tourismepleyben.fr ; 11 pl. Charles-de-Gaulle). Prêt de lecteurs MP3.

passe pour l'un des plus aboutis dans son ornementation. Notez ses colonnes corinthiennes, l'agréable répartition de ses volumes et, à l'intérieur, une belle *Mise au tombeau*, en bois et grandeur nature, du sculpteur morlaisien Jacques Lespaignol. L'**église** abrite plusieurs compositions majeures. Le **buffet d'orgue**, inspiré par les décors de la Renaissance, et les célèbres **retables** du Rosaire et du Vrai Secours, remarquablement restaurés, semblent sortir de l'atelier du peintre.

Un **office de tourisme** (☎ 02 98 79 67 80 ; www.saint-thegonnec.fr ; Park-an-Illiz) vous accueille de juin à septembre.

Où se loger et se restaurer

AR PRESBITAL KOZ

Chambres et table d'hôtes €

(02 98 79 45 62 ; http://ar.presbital.koz.free.fr ; 18 rue Lividic, Saint-Thégonnec ; s/d 52/58 €, 47/53 € à partir de 2 nuits, petit-déj inclus ; table d'hôtes 23 €, 12 € jusqu'à 12 ans ; tte l'année ;). Vous aurez ici le privilège de dormir dans l'ancien presbytère. Mais rassurez-vous, celui-ci, estampillé 1760, n'a rien de monacal. Les 5 chambres sont immenses, meublées d'époque mais bénéficiant de tout le confort moderne. La maîtresse de maison est une fine cuisinière et vous mitonnera sur demande un lapin au roquefort ou un artichaut farci. La grande demeure de caractère, dans le centre-bourg, est de plus dotée d'un très beau jardin.

LES MONTS D'ARRÉE

À la fois grandiose et désolé, le Yeun Elez (le "marais de la rivière Elez") désigne la dépression creusée au milieu du cirque des monts d'Arrée. Au fond de cette vaste cuvette tapissée de lande, entourée des points culminants de Bretagne, s'étendent un marais et des tourbières qui ont été en partie inondés par le lac Saint-Michel, après la construction du barrage de Nestavel, dans les années 1930. Avec ses eaux noires, au milieu des bruyères, ce lac prend des airs de loch écossais. Le marais dissimulerait le Youdig ("petite bouillie"), une bourbe mouvante où le folklore breton situe le pays de l'Ankou, passeur entre le monde des vivants et celui des morts. La tradition chrétienne y voit une des sept portes de l'enfer... Habité dès le néolithique, comme en témoignent plusieurs mégalithes, le Yeun Elez est aussi un ensemble de villages taillés dans le schiste du pays, à forte connotation rurale, qui appellent à la visite.

Réserve naturelle du Vénec

Créée en 1993, cette réserve protège l'une des dernières tourbières bretonnes, sur la rive nord du lac Saint-Michel. Outre la bruyère, les ajoncs et les petits chênes verts, la végétation se compose de sphaignes, de plantes carnivores (drosera

Pont habité de Landerneau

SÉBASTIEN DELAUNAY / FOTOLIA ©

Vaut le détour
Landerneau

Vous ne pourrez pas manquer le magnifique ouvrage qui enjambe l'Élorn, à Landerneau. C'est l'**un des derniers ponts habités** d'Europe et l'unique en France avec celui de Narbonne. Autre particularité, il est baigné par l'eau de la mer, son emplacement délimitant l'endroit jusqu'où la marée remonte dans la ria. Il a été édifié en 1510. Réalisé en pierre de Kersanton, il repose sur six arches et a supporté un moulin, une pêcherie, une chapelle, une salle de garde et même une prison. Ses belles maisons à encorbellement et couvertes d'ardoise ont été conservées. La rive droite, côté léonard, abrite le cœur historique de la ville. La **place du Général-de-Gaulle** est bordée de maisons remarquables, comme la maison de la Sénéchaussée (1664), qui mêle des éléments médiévaux et Renaissance. Au 14 de la rue du Chanoine-Kerbrat, la **maison à la Sirène** a conservé sa lucarne médiévale, dont les crossettes d'angle figurent une sirène et un dragon. Flânez aussi dans la **rue de la Fontaine-Blanche** pour admirer les hôtels particuliers de riches négociants, ainsi que le long des quais de Léon et de Cornouaille. Au-dessus de la vieille ville se dresse l'**église Saint-Houardon**. Situé à l'origine près de la rivière, ce sanctuaire des XVIe et XVIIe siècles fut démonté pierre à pierre entre 1858 et 1861 pour être reconstruit à son emplacement actuel. Le porche en kersanton (1604) est tenu pour l'un des plus beaux de la vallée de l'Élorn. La tour-clocher de l'**église saint-Thomas**, de style Renaissance, domine la rive sud de Landerneau, côté Cornouaille. Un bel ossuaire (1635) en pierre de Logonna et dédié à saint Cadou s'élève devant l'église.

ou rossolis), de mousses et de lichens, de linaigrettes aux panaches blancs ou de narthécies aux fleurs jaunes. La faune y est aussi d'une grande diversité et comprend des espèces protégées comme la loutre d'Europe et des rapaces. Non loin, sur l'Elez, vivent les seuls castors de Bretagne, introduits en 1968. Vous avez peu de chance de les apercevoir car ce sont des animaux nocturnes. La **Maison de la réserve naturelle et des castors** (☎ 02 98 79 71 98 ; www.bretagnevivante.org ; 2 € ; 15 juin-15 sept mar-dim 14h-18h), située dans le bourg, vous racontera tout sur le discret rongeur à queue plate, à travers une exposition et un film. La tourbière du Vénec et son exploitation par les hommes sont également expliquées dans ce musée. Le must cependant, ce sont les **sorties** (tarif plein/réduit 4/2,50 € ; juil-août mar-jeu et sam à 15h ; rendez-vous à la Maison de la réserve) organisées en été sur les traces des castors, puis à travers la tourbière en compagnie d'un guide de l'association. N'oubliez pas vos bottes !

Nous vous conseillons d'arriver à 14h afin de voir, avant la sortie, le film consacré aux castors (55 min).

Où se loger et se restaurer

AUBERGE DU YOUDIG
Crêperie et chambre d'hôtes €
(☎ 02 98 99 62 36 ; www.youdig.fr ; Kerveguenet ; ch 40 € petit-déj inclus, gîte 160 €/2 pers, 560 €/4 pers, repas à partir de 15 € ; tte l'année ; wifi). Vous trouverez ici le gîte, le couvert et toute l'âme des monts d'Arrée. Quatre chambres d'hôtes, un gîte d'étape de 15 lits, ainsi que 6 gîtes ruraux (de 2 ou 4 personnes) sont disponibles. Le restaurant cultive le style auberge de campagne et sert d'authentiques plats du terroir : *kig ha farz*, rôti de porc au chouchen, pommes de terre au lard… Des soirées contes et légendes, ainsi que des balades et randonnées à thème (et des week-ends combinant tout ça) sont

organisées (30 €/j/pers avec déjeuner à l'auberge). Renseignez-vous et réservez. Le Youdig est fléché à partir du bourg de Brennilis.

Roc'h Trévezel

Haut de seulement 384,89 m (le panneau en indique encore 20 de moins), le Roc'h Trévezel est le troisième point culminant des monts d'Arrée, après le Roc'h Ruz (385,01 m) et le Ménez Kador (384,91 m), situés non loin. Un sentier mène en 15 minutes à travers la bruyère au sommet venteux de cet escarpement taillé dans les quartzites. Du haut de ses arêtes acérées, par temps clair, le paysage découvre au nord tout le plateau léonard, de la rade de Brest à la baie de Morlaix. Au pied du *roc'h* s'étire le bourg de Commana hérissé de son haut clocher. Un peu plus à l'est se dresse le **Roc'h Trédudon** (383 m), qui supporte le relais-émetteur de télévision. Au sud, la vue embrasse le paysage de lande autour du lac de Brennilis.

Domaine de Ménez-Meur

Appartenant au parc naturel régional d'Armorique et situé sur la commune d'Hanvec, ce **domaine** (**☎ 02 98 68 81 71 ; www.pnr-armorique.fr ; tarif plein/réduit 3,50/2,20 €, gratuit - 8 ans, visite libre ou guidée ; 🕒 juil-août tlj 10h-19h, mai, juin et sept tlj 10h-18h, mars, avr, oct et nov mer, dim et jours fériés 13h30-17h30, déc-fév vacances scolaires 13h-17h)** est un véritable conservatoire du patrimoine naturel breton. Sur 500 ha, il rassemble et protège, autour d'une ferme rénovée, l'ensemble des paysages des monts d'Arrée (landes, prairies, bois...). Et dans ce joli décor a été aménagé un superbe parc animalier. Les visiteurs peuvent y voir des espèces locales en danger. La mascotte du parc est le porc blanc de l'Ouest, avec ses grandes oreilles lui tombant sur les yeux. Trois circuits balisés permettent de découvrir l'ensemble du site ; les aires de jeux, le bar-restaurant et les zones de pique-nique permettront d'y passer une agréable journée en famille. De Saint-Rivoal, prenez la D42 sur 5 km en direction du Faou.

Chapelle du mont Saint-Michel-de-Brasparts

RÉGIS COUTURIER ©

Vaut le détour
Les Montagnes Noires et le canal de Nantes à Brest

Les Montagnes Noires, qui s'étirent au sud-est de Pleyben, doivent leur nom à l'épais manteau forestier qui les recouvrait autrefois. À peine moins hautes que les monts d'Arrée (318 m contre 385 m), elles s'étirent sur une soixantaine de kilomètres d'est en ouest. Quant à l'Aulne, qui traverse la région, elle constitue une partie du canal de Nantes à Brest.

Ici, l'écotourisme occupe une place privilégiée. De la pêche à la randonnée, en passant par le VTT ou les balades fluviales, les occasions de profiter d'une nature préservée sont nombreuses. Côté patrimoine, les Montagnes Noires réservent de belles surprises, comme l'**enclos paroissial de Pleyben** (p. 161), l'un des plus spectaculaires de Bretagne, ou le **château de Trévarez**, une magnifique demeure au milieu d'un vaste parc botanique. Autour de Pleyben, des chapelles rurales retiennent l'attention. **Châteauneuf-du-Faou** constitue une étape indispensable ; outre un cadre magnifique en bordure de canal, ce bourg qui a su retenir le peintre Sérusier recèle de petites merveilles d'architecture religieuse. Vers l'est, **Carhaix-Plouguer**, célèbre pour son festival les Vieilles Charrues, cultive son image de gardienne de l'identité culturelle bretonne.

Mont Saint-Michel-de-Brasparts

Ce mont pelé coiffé d'une petite chapelle toute nue est l'un des sites les plus emblématiques des monts d'Arrée. Culminant à seulement 381 m (391 avec la chapelle), le Menez-Mikael se repère de loin au milieu des bruyères grâce à sa silhouette arrondie. Ancien lieu de culte celtique, du moins on le suppose, il est dédié à l'archange saint Michel depuis le XVIIe siècle. Depuis le parking, vous en atteindrez le sommet en quelques minutes. Quand l'horizon n'est pas noyé par les brumes, le regard porte jusqu'aux clochers de Saint-Pol-de-Léon et à la rade de Brest ! De l'autre côté, vous apercevrez les arêtes acérées des Montagnes Noires.

Brasparts (Brasparzh)

Ce gros bourg posé sur une colline est le plus important du Yeun Elez. Ancien lieu de foires importantes, environné d'une nature grandiose, il est le point de départ de deux beaux circuits de randonnée : celui du Méné (18 km) et celui du Gorre (13 km), à travers landes, bois et bocages et marchant sur les pieds du mont Saint-Michel-de-Brasparts.

À voir

ENCLOS PAROISSIAL
Patrimoine religieux
Il s'articule autour de l'**église Notre-Dame-et-Saint-Tugen** (XVIe-XVIIIe siècle) qui mêle gothique et Renaissance. Le porche a conservé les statues des douze apôtres portées par des culs-de-lampe aux formes grotesques, notamment une démone cornue aux seins nus. Devant le porche, le grand **calvaire** (XVIe siècle) inclut une belle statue de saint Michel, patron des monts d'Arrée, transperçant le dragon. Mais le groupe le plus étonnant est la pietà qui figure sur la base, ici représentée sous l'aspect austère de trois femmes portant le corps du Christ. L'**ossuaire**, de style flamboyant, présente un personnage bien connu dans les parages : l'Ankou. Figé dans la pierre du pignon, il serre son javelot et prononce ces mots terribles : "Je vous tue tous." De l'autre côté, pour faire bonne figure, l'ange

de la Résurrection sonne de l'olifant, accompagné des mots "Réveillez-vous". L'intérieur de l'église comprend un beau mobilier, des statues en bois polychrome, comme ce saint Michel piétinant le dragon (XVIIe) et une superbe pietà à l'air serein, du XVIe siècle.

AN EURED VEN ("LA NOCE DE PIERRE") Mégalithes
Il s'agit d'un alignement d'une vingtaine de menhirs, dans la lande au pied du versant est du mont Saint-Michel-de-Brasparts. Selon la légende, une noce paysanne, possédée par le démon de la danse, aurait refusé de laisser le passage au recteur de Brasparts, qui allait porter les derniers sacrements à un mourant. En punition, dès que les binious se turent, les noceurs furent pétrifiés sur place !

Où se loger et sortir

LA VALLÉE DU RIVOAL Familial **€€**
(**☎ 02 98 81 11 30 ; http://lavalleedurivoal.pagesperso-orange.fr ; Kerfranc, Lopérec ; s/d/tr/q 40/45/58/71 € petit-déj inclus, studios 240-365 €/sem petit-déj 7,50 €, table paysanne 20 € sur réservation sauf mer et dim ; ⌚tte l'année ; wifi**). Dans leur ferme en agriculture durable, les Le Borgne élèvent des porcs en plein air, quelques vaches, et louent 5 chambres paysannes, idéales pour se mettre au vert, et rustiques (superbes armoires). Il y a aussi 5 studios pouvant accueillir jusqu'à 4 personnes. De quoi faire une belle tablée autour du repas à partir de produits de la ferme et du terroir. C'est à 4,5 km de Brasparts, sur la D21.

FERME DE GWERNANDOUR Ferme rock
(**☎ 06 07 82 72 57 ; www.ferme-gwernandour.fr ; Gwernandour**). C'est bien une ferme en activité, mais aussi la plus célèbre salle de concerts de Centre-Bretagne ! Depuis plus de dix ans, les vaches ont vu défiler Manu Chao, Zebda, les Têtes Raides, Denez Prigent, Louise Attaque, Miossec et bien d'autres. L'association Rock d'Arrée Fréquent (RAF) y organise également des *festoù-noz*, des soirées cabaret et, en mai, le festival Aux portes de l'enfer. En tout, de 25 à 30 concerts y sont donnés tous les ans (tarif entre 10 et 12 €). Surveillez la programmation ! Gwernandour se trouve dans la direction de Lannédern, par la D21.

Achats

LA FERME DES ARTISANS Expo-vente
(**☎ 02 98 81 46 69 ; ferme Saint-Michel ; entrée libre ; ⌚juil-août tlj 10h-19h30, avr-juin et sept lun-ven 14h-18h30, sam-dim 10h30-19h, le reste de l'année sam-dim 10h30-19h**). Sur la route du mont Saint-Michel-de-Brasparts, c'est un lieu d'exposition-vente regroupant les œuvres d'une centaine d'artisans de la région : potiers, tourneurs, céramistes, sculpteurs, peintres, tapissiers, ébénistes, tisserands... Des produits alimentaires, des livres et des objets liés aux légendes de l'Arrée sont également en vente. De Pâques à septembre, des expositions y sont visibles.

Renseignements

Office du tourisme (**☎ 02 98 72 84 20**). Il est ouvert en juillet et août place du Présidial. Vous pourrez vous y renseigner sur les randonnées à faire dans les environs.

PRESQU'ÎLE DE CROZON

Les amoureux de terres ultimes, de falaises écorchées, d'à-pics vertigineux, de panoramas inoubliables, de landes multicolores, de grottes marines et de plages sublimes léchées d'une eau turquoise trouveront leur bonheur dans cette étonnante presqu'île dont l'extrémité ressemble à un trident fendant la mer d'Iroise.

Une vaste gamme d'activités, nautiques et terrestres, s'offrent à ceux qui privilégient une approche plus sportive. Et si les richesses patrimoniales sont moins nombreuses que dans les régions voisines, l'abbaye de Landévennec et la ville de Camaret contenteront largement les amateurs d'histoire et de culture.

HERVÉ MILON ©

À ne pas manquer Huelgoat (le “bois du haut”)

Au cœur du parc naturel régional d’Armorique, Huelgoat, qui s’étend sur plus de 1 000 ha jusqu’aux versants sud des monts d’Arrée, est l’un des grands ensembles forestiers de Bretagne. Entrecoupée de vallées profondes, la forêt est principalement plantée de chênes et de hêtres. Un **moulin à eau** (sans doute du XVIIe siècle) sert de porte d’entrée au site. Le sentier s’enfonce alors à travers les énormes blocs de granit du **chaos du Moulin**, où se faufile la rivière d’Argent. En longeant sa rive droite, vous arriverez vite au **Trou du Diable**, où l’on descend par une échelle en fer. Après le théâtre de verdure, sur la rive gauche de la rivière, la **Roche tremblante** est un bloc de granit de 137 tonnes que l’on peut faire bouger d’une simple pression du dos, pour peu que l’on trouve le bon endroit. Par le sentier des Amoureux, vous pourrez rejoindre la **grotte d’Artus**, qui aurait hébergé le roi des chevaliers de la Table ronde. Son corps, veillé par une armée de démons, y reposerait au fond, non loin du trésor qu’il aurait rapporté de Brocéliande. Plus loin, un petit pont de bois enjambe la **mare aux Sangliers**, qui tient son nom de la forme de certains rochers. S’y trouveraient quelques paillettes d’or du trésor d’Arthur… En prenant l’allée des Violettes au **Ménage de la Vierge**, vous rejoindrez, sur la rive droite de l’Argent, le **Gouffre**, une cascade qui déferle depuis un monticule de rochers pour se perdre sous la terre. Il est associé à la légende de Dahud, fille du roi d’Ys aux mœurs dissolues, qui y précipitait ses amants d’un soir. Au sommet de ce promontoire se dresse la **stèle de Victor Segalen**. L’écrivain, archéologue et grand voyageur est mort à cet endroit en 1919, alors qu’il se promenait. Plus loin se découvre la **mare aux Fées** où, selon la légende, les fées coiffaient leur longue chevelure avec des peignes en or au clair de lune. Plusieurs **chemins** sont balisés.

INFOS PRATIQUES

Le réseau **Penn-ar-Bed** (☎ 0 810 810 029 ; www.viaoo29.fr ; billet 2 €) dessert Huelgoat par les lignes 36 Morlaix/Carhaix-Plouguer et 60 Morlaix/Quimper.

Landévennec (Landevenneg)

Dans ce recoin de la presqu'île de Crozon, au bord de l'estuaire de l'Aulne, tout respire le calme et le mystère. La rade de Brest n'est pas loin, et pourtant on ressent un dépaysement total, dans un univers à la fois maritime, fluvial et boisé, avec, en plus, une touche méditerranéenne – mimosas, camélias, lauriers, palmiers et figuiers poussent ici grâce à un microclimat exceptionnel. Imprégnez-vous de cette ambiance en flânant le long des ruelles et des quais du bourg, dominé par l'église du XVIe siècle, avant de rejoindre l'un des plus hauts lieux du christianisme en Bretagne : les ruines de l'abbaye de Landévennec. Sur les hauteurs du bourg, un belvédère offre une perspective exceptionnelle sur les derniers méandres de l'Aulne et un **cimetière de bateaux**, où plusieurs navires (militaires et civils) stationnent en attendant de rejoindre les chantiers de démolition.

À voir

ABBAYE DE LANDÉVENNEC

Patrimoine religieux

(**02 98 27 35 90 ; www.musee-abbaye-landevennec.fr ; tarif plein/réduit 5/4 € ; tlj 10h-18h30 juin-sept, dim-ven 10h-18h avr-mai, dim 10h-17h oct-nov et fév-mars, dim-ven 10h-17h vacances de la Toussaint et vacances d'hiver**). Fondée au Ve siècle par saint Guénolé, un moine breton, elle connut des aménagements successifs et subit à plusieurs reprises destructions et pillages normands et anglais, puis pendant la Ligue lors des guerres de religion. À la Révolution, elle fut vendue comme bien national en 1792 et se dégrada rapidement. Aujourd'hui subsistent des ruines (principalement celles du cloître, du réfectoire et de l'église), bien mises en valeur, et de superbes jardins. Devant le site de l'abbaye, le **musée** (**mêmes horaires que l'abbaye**) retrace l'histoire mouvementée des lieux et le développement du christianisme dans la région. De nombreux objets issus des fouilles y sont exposés. Inaugurée en 1958, la nouvelle abbaye abrite une communauté d'une vingtaine de moines bénédictins.

Morgat

Nichée au fond d'une anse majestueuse, Morgat déploie une superbe grande plage de sable blanc qui se prolonge par un port de plaisance très actif. Le front de mer est animé par une succession de restaurants, de bars et d'hôtels, tandis que de superbes villas de style balnéaire dominent le rivage. Elles rappellent qu'Armand Peugeot, au début du XXe siècle, avait choisi Morgat comme lieu de vacances pour les cadres de son entreprise.

S'ouvrant sur la côte de part et d'autre de l'anse de Morgat, des grottes marines, aux noms aussi évocateurs que "grotte de l'Autel" ou "cheminées du Diable", façonnées dans les falaises par plusieurs milliers d'années d'érosion, méritent le coup d'œil. Les **Vedettes Rosmeur** (**06 85 95 55 49 ; www.grottes-morgat.com ; adulte/enfant 11/8 € ; juin-sept**) organisent des visites des grottes à bord de vedettes équipées de projecteurs (1 heure). Autre approche, plus en harmonie avec l'environnement : une balade à bord de pirogues hawaïennes de 4 places avec **Presqu'île Océan Pirogue** (**06 61 92 64 35 ; www.oceanpirogue.com ; 4 port de Morgat ; avr-oct**) ; on se faufile en silence dans les grottes et les failles, tandis que le guide fournit des explications sur le milieu marin. On peut également se mettre à l'eau et nager dans les grottes. Deux parcours sont possibles : l'un vers l'est, en direction de l'île de l'Aber ; l'autre jusqu'à l'île Vierge. Comptez 22 € par personne (60 € pour une famille) les 2 heures 30 d'excursion.

La société **Crapato Bicyclo** (**06 88 71 72 22 ; www.crapato.com ; plage de Morgat**) loue des vélos à la journée (9 €) ou à la semaine (58 €).

Insolite ! Dans le creux de l'oreille

Des sentiers sonores, il fallait y penser ! La **Maison des minéraux** à Saint-Hernot (ci-dessous) propose deux balades sonores dans le secteur du cap de la Chèvre ; muni d'un baladeur numérique et d'un casque audio (en location, 4 €), on effectue une boucle pédestre balisée d'environ 2 heures, ponctuée de stations d'écoute qui décryptent les milieux traversés sous formes d'anecdotes, de témoignages d'habitants et d'historiens, de récits… Ces documents sonores, appelés "friandises sonores", sont aussi disponibles en téléchargement sur Internet (www.territoires-sonores.net). Une manière originale de découvrir ce fascinant territoire.

Où se loger et se restaurer

GRAND HÔTEL DE LA MER
Hôtel **€€-€€€**
(**02 98 27 02 09 ; 17 rue d'Ys ; www.belambra.fr ; d 59-135 € selon saison ; avr-oct ; P**). Si vous occupez l'une des chambres lumineuses et sobres qui ouvrent sur la mer, vous serez comblé car seuls le ressac et les goélands vous réveilleront le matin dans ce très joli hôtel de style Belle Époque. Courts de tennis. Bar et terrasse avec accès direct à la plage. Bon restaurant accessible aux non-résidents. Parking gratuit.

LE COUP DE TORCHON
Cuisine du monde **€€**
(**02 98 26 27 94 ; 11 rue d'Ys ; plats 12-17 € ; soir mar-dim mi-mars à mi-oct**). Dans ce "restaurant d'ambiance" juste à côté du Grand Hôtel de la mer, vous savourerez une cuisine du monde (calamars à la plancha, ceviche de thon à la tahitienne) dans un cadre tendance ponctué de touches ethniques. Apéro tapas et concerts en saison.

De Morgat au cap de la Chèvre

En quittant Morgat vers le sud, la D255 traverse un paysage de lande piquetée de hameaux composés d'adorables *penn-ty* (maisons de pêcheurs) en pierre : **Saint-Hernot**, **Kerroux** et **Rostudel**. Elle se termine au **cap de la Chèvre**, qu'annonce un imposant sémaphore de la Marine nationale (1971). Avec ses falaises hautes de 80 m exposées à tous les vents, le site, d'une exceptionnelle sauvagerie, incite à la contemplation (venez de préférence au lever ou au coucher du soleil), avec la baie de Douarnenez et la pointe du Raz en toile de fond. Le contraste est saisissant entre la façade est du cap, à l'abri des vents dominants, aux airs méditerranéens, et la côte ouest, battue par les vents et les embruns, très austère, où l'ambiance et la végétation sont résolument nordiques.

À voir et à faire

MAISON DES MINÉRAUX Musée
(**02 98 27 19 73 ; www.maison-des-mineraux.org ; Saint-Hernot ; adulte/enfant 4,80/3 € ; tlj 10h-19h juil-août, lun-ven 10h-12h et 14h-17h, dim 14h-17h hors saison**). À Saint-Hernot, ce petit musée présente les richesses géologiques de la Bretagne. Clou de l'exposition : la collection de minéraux fluorescents, la plus importante d'Europe. Le musée propose également un panel d'activités en été : balades nature, randonnées contées, ateliers découvertes et "balades bidouilles" pour enfants…

POINTE DE SAINT-HERNOT
Balade à pied
Si vous avez envie d'un petit coin de paradis, marchez jusqu'à cette pointe (également appelée **île Vierge**). Depuis la Maison des minéraux, prenez le

SOPHY SWEDEN / FOTOLIA ©

À ne pas manquer Ménez-Hom (Menez C'homm)

Les 330 m d'altitude de ce mont de lande chauve suffisent à découvrir, par temps clair, un panorama saisissant incluant la baie de Douarnenez, la presqu'île de Crozon, la rade de Brest et les monts d'Arrée. De l'aire de stationnement, il faut quelques minutes de marche pour atteindre le "sommet" du Ménez-Hom. C'est un lieu sacré : selon la légende, les druides pratiquaient ici le culte solaire.

Au pied du Ménez-Hom, l'enclos paroissial de la **chapelle Sainte-Marie-du-Ménez-Hom** capte le regard, avec une porte triomphale du XVIIIe siècle qui donne accès à un **calvaire** à trois croix, du XVIe siècle. L'imposant **clocher**, composé de trois rangées de balustrades en encorbellement, a nécessité un siècle de travaux (1668-1778). À l'intérieur, on découvre de belles sablières sculptées et des retables.

Le Ménez-Hom est un haut lieu de la pratique du parapente. La topographie du site est idéale pour l'initiation, avec des pentes douces dénuées d'obstacles. Ce **Club celtic de vol libre** (02 98 81 50 27, 06 80 32 47 34 ; http://celtic-vol-libre.fr ; mai-sept) propose des baptêmes biplaces parapente d'une durée de 10 à 25 minutes (70-100 €) ou une séance découverte d'une demi-journée (120 €), le tout à partir de 14 ans.

INFOS PRATIQUES

La ligne 10 du réseau **Penn-ar-Bed** (Quimper-Camaret) dessert Plomodiern et Saint-Nic Pentrez. Fiche horaire à télécharger sur www.viaoo29.fr.

chemin empierré derrière le parking sur 400 m, puis tournez à gauche. Parcourez 200 m jusqu'au panneau "sentier côtier" et suivez la direction. Arrivé sur le sentier, vous découvrirez un somptueux panorama de cette pointe en forme de crête et la magnifique plage de sable blanc, au pied de falaises escarpées. L'île Vierge est également accessible avec les vedettes Rosmeur (voir p. 168).

PLAGES Surf

De Saint-Hernot, des routes secondaires mènent au hameau de La Palue, d'où un chemin descend jusqu'à la magnifique **plage de La Palue**, interdite à la baignade en raison des courants et des rouleaux, tout comme la **plage de Lostmarc'h**, immédiatement au nord. En revanche, les amateurs de **surf** (voir p. 320) les adorent, car elles "prennent" bien la houle, et les vagues sont puissantes et de qualité.

Pointe de Dinan

À 6 km à l'ouest de Crozon-Morgat, la très belle pointe de Dinan laisse découvrir un large panorama englobant les Tas de Pois (p. 172), la pointe de Pen-Hir (p. 172) et le cap de la Chèvre. À ses pieds, le "château" fait référence à une formation rocheuse précédée d'une arche naturelle qui ressemble à un pont-levis.

Au nord, l'anse de Dinan est bordée par la longue **plage de Goulien**, puis la petite **plage de Kerloc'h**, propices à la baignade et à l'initiation au surf.

Camaret (Kameled)

La page glorieuse des dundees, ces bateaux à voile revenant les cales pleines de langoustes, est aujourd'hui refermée, mais Camaret reste dans la mémoire bretonne comme la capitale de la langouste. Désormais, le splendide cadre naturel qui lui sert d'écrin – un sillon sableux protégeant un port de plaisance, ainsi qu'une grande plage, à une encablure des falaises les plus spectaculaires de la presqu'île – fait l'effet d'un aimant pour les touristes, nombreux en saison.

À voir

CHAPELLE NOTRE-DAME-DE-ROCAMADOUR Patrimoine religieux

Émouvante de simplicité, cette petite chapelle de pierre claire à la façade presque parfaitement triangulaire, édifiée en 1527 sur la digue, rappelle l'importance de la pêche à Camaret jadis. Notre-Dame-de-Roz-Madou, comme elle est également appelée, dont les cloches étaient autrefois utilisées pour ramener les navires à bon port les soirs de brume, est dédiée aux marins camarétois. Vous pourrez y admirer de nombreux ex-voto maritimes.

Une messe du pardon, à la mémoire des marins disparus en mer, y est dite le premier dimanche de septembre.

TOUR VAUBAN Tour de défense

(Tarif plein/réduit 3/2 €, gratuit -12 ans ; tlj 10h-12h et 14h-18h juil-août, mar-dim 14h-17h avr-juin et sept-oct). L'emblème de Camaret, le voici : la célèbre tour Vauban, revêtue d'un crépi à base de brique pilée, qui se détache sur le sillon derrière la chapelle. Cette élégante petite tour de défense, édifice signé Vauban, fut construite à partir de 1689. Elle visait à défendre Brest et ses environs des incursions anglaises, hollandaises et espagnoles. Elle fut utilisée à la fois comme observatoire, garnison et magasin à poudre. Elle sert aujourd'hui de lieu d'exposition et est inscrite au patrimoine mondial de l'Unesco depuis 2008.

MAISON DU PATRIMOINE MARITIME Histoire locale

(15 quai Kléber ; adulte/enfant 3/2 € ; tlj 14h-18h juil-août). À côté de l'office du tourisme, cette Maison du patrimoine maritime propose une exposition permanente consacrée au passé maritime camarétois. Le billet est jumelé avec la tour Vauban.

Où se loger et se restaurer

HÔTEL VAUBAN Hôtel **€€**

(02 98 27 91 36 ; www.hotelvauban-camaret.fr ; 4 quai du Styvel ; d 41-60 € ; tte l'année ; fermé 3 sem en déc ;). De tous les hôtels du front de mer, le Vauban offre le meilleur rapport qualité/prix, avec 16 chambres mignonnes et lumineuses, dont 8 donnant sur la baie, et un joli jardin à l'arrière, avec barbecue. L'espace est compté, mais on se sent à l'aise. Tarifs identiques toute l'année.

HÔTEL-RESTAURANT LE STYVEL
Poissons et crustacés **€€**
(**02 98 27 92 74 ; 2 quai du Styvel ; plats 10-40 €, menus à partir de 13 € ; tte l'année).** Fruits de mer et spécialités de poissons (ragoût de homard, plateau de fruits de mer) sont servis dans une salle aux couleurs ensoleillées, avec vue sur le port de plaisance et la tour Vauban.

CHEZ PHILIPPE Cuisine familiale **€€**
(**02 98 27 90 41 ; 22 quai Gustave-Toudouze ; plats 8-15 €, menus à partir de 11,50 € ; tte l'année).** Voici une adresse pleine de bonne humeur qui sert une cuisine sans manières, idéale pour caler un estomac creux à prix attrayants. La terrasse donne sur le front de mer.

Renseignements

Office du tourisme (**02 98 27 93 60 ; www.camaretsurmer-tourisme.fr ; 15 quai Kléber).** Également service de billetterie (bus et bateau).

Pointes du Grand-Gouin et du Toulinguet

Sans offrir un panorama aussi grandiose que celui de Pen-Hir (voir ci-après), ces deux avancées rocheuses valent la peine que l'on s'y attarde un peu. À la pointe du Toulinguet, un ancien fort de la marine abrite aujourd'hui un sémaphore. Vers le sud, la vue sur la **plage de Pen-Hat** (baignade interdite) est à couper le souffle. Cette plage est un spot pour surfeurs expérimentés.

Pointe de Pen-Hir

Voici la plus impressionnante et la plus sauvage des avancées rocheuses de la presqu'île de Crozon. Du haut de ses falaises déchiquetées fouettées par les vagues, cette pointe semble défier l'océan. Elle se prolonge par les célèbres **Tas de Pois**, une enfilade de trois îlots. À l'écart du parking, une gigantesque croix de Lorraine en béton dédiée aux Bretons de la France libre rappelle l'engagement des Bretons durant la Seconde Guerre mondiale. Vers l'est, le regard se fixe sur la superbe **plage de Veryac'h**, parfaite pour se baigner.

Les hautes falaises et la topographie tourmentée de la pointe composent un extraordinaire terrain d'évolution pour les amateurs d'**escalade**, avec de nombreuses voies adaptées à tous les niveaux. Contacter **Face Ouest** (**02 98 27 44 76, 06 78 35 77 35 ; www.faceouest.fr ; pl. du Général-de-Gaulle, Camaret ; juin à mi-sept).**

Presqu'île de Roscanvel

Presqu'île dans la presqu'île, ce long doigt de terre pointé vers Brest possède de remarquables exemples d'architecture militaire, édifiés au milieu d'un paysage peu urbanisé. Les

Locronan
SYNTO / FOTOLIA ©

côtes de cette péninsule située à l'entrée de la rade de Brest ont toujours joué un rôle stratégique majeur ; d'où la présence de nombreux ouvrages défensifs sur les promontoires. Depuis Camaret, la D355 longe la **plage de Trez Rouz**, puis file plein nord, en corniche, vers la **pointe des Espagnols**. Du haut des falaises de 65 m, on découvre un panorama magnifique de la rade de Brest. Cette pointe, qui doit son nom à l'installation des Espagnols au XVIe siècle, a très tôt servi de poste militaire pour interdire le franchissement du Goulet de Brest par des navires ennemis. Vauban y fit édifier une batterie de canons en 1695. Un fortin fut ajouté en 1749, puis, en 1812, sous Napoléon Ier, une tour. La D355 redescend ensuite plein sud vers le bourg de **Roscanvel**, d'où l'on aperçoit l'île des Morts, l'île Trébéron et l'île Longue (qui abrite la base opérationnelle des sous-marins nucléaires), aujourd'hui sites militaires interdits d'accès, puis rejoint **Le Fret**, joli petit port d'embarquement pour Brest.

Où se restaurer

CRÊPERIE LE PRESBYTÈRE
Crêpes et galettes **€€**
(02 98 27 67 22 ; Le Fret ; crêpes 2-8 € ; tlj mi-juin à mi-sept, jeu soir à dim soir hors saison). Cette crêperie, dans une maison traditionnelle face à la rade de Brest, fait souvent salle comble. Les crêpes et galettes y sont succulentes. Terrasse aux beaux jours.

Renseignements

Office du tourisme de Crozon-Morgat
(02 98 27 07 92 ; www.crozon.com ; bd de Pralognan-La Vanoise). Également un point d'information à Morgat en saison.

LOCRONAN (LOKORN)

Locronan, classé parmi les "plus beaux villages de France", donne le sentiment d'être plusieurs siècles en arrière, à l'époque de l'industrie de la toile à voile, qui contribua à la prospérité du bourg. Au pied d'une colline sacrée, tout autour de la place centrale dominée par l'église, de magnifiques demeures sombres en granit et en pierre de taille rappellent la grande époque des tisserands. Cette cité si photogénique, qui a prêté son cadre aux tournages de plusieurs films, dont *Tess* (1979) de Roman Polanski et *Un long dimanche de fiançailles* (2004) de Jean-Pierre Jeunet, vit à l'heure du tourisme de masse en saison.

À voir et à faire

PLACE PRINCIPALE Place historique
Érigées aux XVIIe et XVIIIe siècles autour d'un puits commun, les quatorze maisons de granit de la place principale, anciennes demeures de notables, constituent l'attraction principale de Locronan ; l'une d'elles (1689) abritait le comptoir de la Compagnie des Indes, une autre (1669) le Bureau royal des toiles.

Les rues qui rayonnent autour de la place, notamment la rue Moal (où vivaient les tisserands), la rue Lann et la rue des Charrettes, sont elles aussi flanquées de belles demeures historiques.

La rue Moal conduit à la **chapelle Notre-Dame-de-Bonne-Nouvelle** (XVe siècle), dotée d'un ensemble de vitraux contemporains d'Alfred Manessier (1911-1993).

En montant la rue Saint-Maurice, on rejoint le **manoir de Kerguénolé** (1907), d'où l'on bénéficie d'un superbe point de vue sur le bourg et la campagne environnante. Le manoir sert aujourd'hui de lieu d'exposition.

La rue du Four mène à la **chapelle Ar Sonj**, reconstruite en 1977, au lieu-dit Plas Ar C'horn, le "sommet" de la montagne de Locronan, qui culmine à 289 m. On balaie du regard le riche bocage du Porzay avec, en toile de fond, la baie de Douarnenez. La sobre chapelle est égayée de vitraux de Jean Bazaine (1904-2001).

ÉGLISE SAINT-RONAN
Gothique flamboyant
Les demeures de la place principale sont dominées par l'église Saint-Ronan, bel exemple de gothique flamboyant aux

allures de cathédrale, construite entre 1420 et 1480 grâce aux dons des ducs de Bretagne. Accolée à l'église, la **chapelle du Pénity** abrite le gisant (statue funéraire) de saint Ronan, soutenu par six anges.

MUSÉE D'ART ET D'HISTOIRE DE LOCRONAN Histoire régionale

(☎02 98 91 70 14 ; pl. de la Mairie ; tarif plein/réduit 2/1 € ; ⌚lun-sam 10h-13h et 14h-18h, dim 14h-18h juil-août, lun-sam 10h-12h et 14h-18h mai-juin, sept et vacances de Pâques, lun et mer 10h-12h et 14h-17h, mar, jeu et ven 10h-12h le reste de l'année). Attenant à l'office du tourisme, ce musée raconte l'épopée de l'industrie de manufacture de la toile de chanvre à Locronan entre le XVIe et le XVIIIe siècle, à travers des objets, des photos et d'anciens métiers à tisser. Des costumes régionaux sont également exposés. À l'étage, le musée regroupe une collection de peintures qui témoignent de l'intense vie artistique dans la région dans la première moitié du XXe siècle.

À quelques kilomètres au sud-ouest de Locronan, le **bois du Nevet**, composé de hêtres et de chênes, est parcouru de sentiers de **randonnée** balisés et de pistes forestières (demandez la brochure à l'office du tourisme).

Où se loger et se restaurer

LE PRIEURÉ Hôtel-restaurant **€€**

(☎02 98 91 70 89 ; www.hotel-le-prieure.com ; 11 rue du Prieuré ; s/d 56-63/66-76 € ; ⌚mi-mars au 11 nov ; vacances de fév ; wifi). Une belle maison de famille à l'entrée du bourg. À l'intérieur, le style des 12 chambres est suranné (fleurs, aspect dorure, meubles foncés), mais la propreté est exemplaire. Le bon plan : les trois autres chambres dans un pavillon à l'écart, plus romantiques. Elles sont louées en priorité aux clients qui restent plusieurs jours.

CRÊPERIE DES TROIS FÉES

Crêpes et galettes **€**

(☎02 98 91 70 23 ; 3 rue des Charrettes ; crêpes 1,80-8,90 € ; ⌚tte l'année). Le cadre est attrayant : une salle haute de plafond, avec mezzanine, cheminée, pierres et poutres. Les crêpes et galettes remportent un fort succès. Il vaut mieux arriver dès midi pour avoir une table.

Renseignements

Office du tourisme (☎02 98 91 70 14 ; www.locronan.org ; pl. de la Mairie). Demandez l'itinéraire *Le Chemin de la toile* et la brochure *Histoires de Locronan*.

Stationnement Le cœur de la cité est interdit aux véhicules en saison estivale. Garez-vous sur les parkings payants, à l'entrée du bourg (3 € : on vous remet un autocollant valable un an).

DOUARNENEZ

L'âme maritime de Douarnenez est restée très vivace. Avec ses trois ports (le port de pêche du Rosmeur, le Port-Rhu, devenu musée à flot, et le port de plaisance de Tréboul) qui s'étendent au fond de sa magnifique baie, Douarnenez regarde vers le large et cultive le souvenir de l'épopée de la pêche à la sardine, qui contribua à sa prospérité. Le tourisme balnéaire et la thalassothérapie font aujourd'hui les beaux jours de la cité, grâce à ses belles plages et à d'excellentes infrastructures. C'est également une base idéale pour découvrir les villages des environs et le cap Sizun.

À voir

Vieille ville

Avec ses venelles qui dévalent entre la rue Jean-Jaurès et le port du Rosmeur, le vieux Douarnenez est l'occasion d'une promenade à pied à la recherche des témoins du passé maritime et sardinier de la ville. L'office du tourisme édite une brochure, *Le Chemin de la sardine*, qui débute au belvédère des Plomarc'h, en surplomb de la baie et du port.

Au cours de ce circuit (environ 2 heures), matérialisé par 17 pupitres, vous découvrirez la **chapelle Sainte-Hélène** et son clocher cylindrique, les restes d'un séchoir à thon, le *bolomig* (une petite statue d'inspiration égyptienne, postée sur une fontaine), d'anciennes conserveries, l'**abri du marin**, où se trouve aujourd'hui la rédaction de la revue bretonne *Chasse-Marée*, l'**église du Sacré-Cœur**, bel édifice néogothique du XIXe siècle, les halles, le Port-Rhu et d'anciennes maisons de pêcheurs du XIXe siècle.

Port du Rosmeur et port de pêche

Flânez le long du front de mer, au niveau du port du Rosmeur, bordé de cafés et de restaurants, jusqu'à l'entrée du port de pêche, où l'on débarque un cinquième de la production mondiale de thon. La criée ne se visite pas.

Ria du Port-Rhu et Port-Musée

PORT-MUSÉE Univers de la mer

(☎02 98 92 65 20 ; www.port-musee.org ; pl. de l'Enfer, Port-Rhu ; combiné port et musée adulte/enfant 5,50/3,50 € mi-fév à mars, adulte/enfant 7,50/4,50 € avr-nov ; tlj 10h-19h juil-août, mar-dim 10h-12h30 et 14h-18h vacances de Noël, vacances de fév, avr-juin et sept-oct). Unique en France, le Port-Musée se compose de deux parties distinctes. Sur le plan d'eau du Port-Rhu, on peut visiter 4 bateaux à flot (un langoustier, une gabarre sablière, une barge et un remorqueur). Côté quai, le musée proprement dit est consacré aux sociétés et aux cultures maritimes en Bretagne et dans le monde. Il rassemble une exceptionnelle collection d'embarcations de tout type, des maquettes et des reconstitutions qui racontent la mer et la pêche au sein d'une ancienne conserverie de poisson du XIXe siècle, ainsi que des expositions temporaires.

RIA DU PORT-RHU Ancien port

Vous découvrirez un ancien port de cabotage qui a été progressivement délaissé à partir des années 1960, au profit de l'actuel port de pêche. Admirez la **chapelle Saint-Michel** (XVIIe siècle), légèrement en retrait.

Les Plomarc'h

Bâti en surplomb du port du Rosmeur, cet ancien hameau composé de jolis *penn-ty* (maisons basses en pierre qu'habitaient autrefois des pêcheurs) possède un charme fou. Outre un sympathique gîte d'étape (voir ci-après), une ferme pédagogique, un jardin botanique et une aire de jeux pour enfants, les Plomarc'h donnent leur nom à un agréable sentier littoral qui conduit en une quinzaine de minutes au **site archéologique de Plomarc'h Pella** (également accessible depuis la route du Ris à Ploaré), puis à la plage du Ris. Ce site gallo-romain était

La mystérieuse ville d'Ys

Selon les sources, c'est dans la baie de Douarnenez, aux abords de l'île de Sein, ou dans la baie des Trépassés, qu'aurait existé la mythique ville d'Ys. La légende rapporte que cette riche cité, bâtie sous le niveau des flots, était protégée des marées par une digue et des portes de bronze. Seul le maître des lieux, le roi Gradlon, en possédait la clé d'or. Malheureusement pour lui et la ville, sa fille Dahud avait la fâcheuse habitude de prendre chaque nuit un nouvel amant qu'elle faisait jeter, le jour suivant, du haut des falaises. Jusqu'au jour où elle fut séduite par le diable déguisé en jeune homme. À sa demande, elle vola la clé d'or, la lui remit, livrant le destin de la ville d'Ys au Malin : ce dernier ouvrit les portes, et les flots engloutirent à jamais la cité. Gradlon et sa fille, sains et saufs, purent s'enfuir, mais le châtiment divin les rattrapa. Dieu obtint du roi qu'il sacrifiât sa fille. Dahud survivrait sous les traits de Marie-Morgane, la sirène qui attire les marins vers leur perte...

utilisé comme lieu de salaison de sardines du Ier au IVe siècle. On découvre des bassins carrés en pierre dans lesquels on fabriquait le garum, un condiment similaire au nuoc-mam vietnamien, que l'on élaborait en faisant macérer des sardines dans de la saumure.

Tréboul

Ce quartier de Douarnenez est en plein essor. C'est un important centre de thalassothérapie doublé d'une station balnéaire très prisée, avec deux superbes plages et des activités nautiques. Le port de plaisance et sa flottille de bateaux ajoutent à l'agrément du quartier. Pour y accéder, on emprunte le pont-viaduc qui enjambe l'estuaire du Port-Rhu.

La **chapelle Saint-Jean** (XVIIIe siècle), bien cachée au milieu des habitations, à deux pas de la plage Saint-Jean, possède quelques belles statues anciennes.

Île Tristan

À 400 m du centre-ville, cet îlot protégé, propriété du Conservatoire du littoral, n'est accessible qu'à marée basse, et uniquement en compagnie d'un guide (adressez-vous à l'office du tourisme). À voir : le fort Napoléon III, le jardin exotique et une bambouseraie.

Activités

Le plan d'eau de la baie de Douarnenez, protégé, est idéal pour l'apprentissage de la voile : vous trouverez de nombreux prestataires. La baie est également dotée de magnifiques sites de plongée mais il n'existe pas de centres professionnels à Douarnenez. Le centre de Morgat en exploite les sites.

Côté baignade, les petites **plages des Dames** et **de Pors Cad**, familiales, valent surtout pour leur point de vue sur l'île Tristan et les installations du port de pêche. De la **plage du Ris**, très étendue à marée basse, à l'est, on bénéficie d'une vue inégalable sur le port du Rosmeur. À Tréboul, posez votre serviette sur la **plage des Sables-Blancs**, pourvue de sable fin. Plus discrète, l'adorable **plage Saint-Jean** s'étend un peu plus à l'est, suivie de la **calanque de Pors Melen**.

Plage de Tréboul, Douarnenez

SYNTO / FOTOLIA ©

Où se loger

LES PLOMARC'H Gîtes municipaux **€**
(02 98 92 75 41 ; www.mairie-douarnenez.fr ; rue des Plomarc'h ; dort 11,75 €, 4 nuits au maximum ; tte l'année). Adorables ! Les deux gîtes (l'un de 6 lits, l'autre de 14, avec sanitaires et cuisine) occupent de ravissantes maisonnettes en pierre, dans l'ancien village de pêcheurs des Plomarc'h. Également un gîte pour handicapés et un gîte familial (à la semaine). Un sentier mène au centre-ville en 5 minutes. Location de draps (5 €).

HÔTEL-RESTAURANT TY MAD
Hôtel de charme **€€-€€€**
(02 98 74 00 53 ; www.hoteltymad.com ; plage Saint-Jean ; d 95-210 € ; mi-mars à mi-nov ;). Un vrai bonheur que cet hôtel de charme installé dans une demeure de caractère face à l'océan. Les chambres sont douillettes (certaines avec vue mer) et bien parées (bois, pierre, lins, enduits à la chaux, parquet centenaire et mobilier design). Coup de cœur pour la 11 et la 19, la "suite perchée". Piscine et sauna.

Où se restaurer

CRÊPERIE LANNIG
Crêpes et galettes **€**
(02 98 92 25 32 ; 17 rue Anatole-France ; crêpes 3-8,50 € ; fermé mer). Une belle surprise ! Cette crêperie, à l'abri d'une modeste demeure en pierre, est la tanière d'un artiste de la crêpe qui travaille ses garnitures à partir de produits de saison. Goûtez l'Océane (lotte cuisinée au cidre, fruits de mer et pommes cuites). Également de superbes salades. Accueil pas toujours souriant. Pas de règlement par CB.

L'INSOLITE Cuisine du terroir **€€**
(02 98 92 00 02 ; www.lafrance-dz.com ; 4 rue Jean-Jaurès ; plats à partir de 17 €, menus à partir de 14,50 € ; fermé dim soir et lun). Ses deux chefs ont officié dans des établissements de prestige. Leur secret ? Enrichir la cuisine du terroir avec des notes exotiques. Carte copieuse, allant des fruits de mer au mignon de porc, et desserts irrésistibles. Au déjeuner, la formule est abordable.

Où prendre un verre

L'époque où Douarnenez était le phare des nuits finistériennes est révolue, sauf pendant les grandes fêtes de l'été et le festival "des Gras", en février. Les principaux lieux de sortie se trouvent le long du port du Rosmeur ou au Port-Rhu.

Achats

BACYROUGE ET TRICOVERT
Objets marins
(02 98 92 42 80 ; 36 rue du Port-Rhu ; lun-sam 9h30-12h et 13h30-19h). Une insolite caverne d'Ali Baba, remplie d'objets de marine en tout genre : accastillage en laiton, lampes, faïences, maquettes, vêtements, jouets à l'ancienne...

PENN SARDIN Produits de la mer
(02 98 92 70 83 ; www.pennsardin.com ; 7 rue Le Breton ; lun-sam 9h30-12h et 14h30-19h juil-août, mer-sam et lun 9h30-12h30 et 14h30-19h hors saison). Le temple de la sardine bretonne, préparée à l'ancienne, avec 150 boîtes différentes.

Renseignements

Office du tourisme du pays de Douarnenez
(02 98 92 13 35 ; www.douarnenez-tourisme.com ; 1 rue du Docteur-Mével). Organise des **visites guidées** de l'île Tristan, du port de pêche et des Plomarc'h. Borne Wi-Fi.

CAP SIZUN

Du cap Sizun, on ne connaît généralement que son impressionnante extrémité, la célébrissime pointe du Raz, qui offre l'un des panoramas les plus grandioses d'Europe.

Par rapport à la presqu'île de Crozon, le cap Sizun a la réputation d'être plus secret, plus austère et plus authentique. La nature s'y donne en spectacle partout : dans la ria du Goyen, qui forme une magnifique entaille bordée d'étendues boisées au cœur de la péninsule ; dans les calanques qui entaillent la côte rocheuse ; sur les plages idylliques ; dans les réserves ornithologiques, les bocages, les étangs, les landes et les dunes sauvages.

Les amoureux du patrimoine ne resteront pas insensibles au charme des chapelles perdues dans la campagne, des moulins restaurés, des sites archéologiques et des chefs-d'œuvre d'architecture religieuse, comme la collégiale de Pont-Croix.

Plouhinec (Ploeneg)

Aux portes du cap Sizun, Plouhinec ne se réduit pas à sa grande avenue fréquentée qui file vers Audierne. Prenez les petites routes qui descendent vers l'océan et vous découvrirez une enfilade de plages magnifiques, adaptées aux joies du farniente et à la pratique des loisirs nautiques.

Plouhinec possède également des sites archéologiques bien mis en valeur, qui continuent à faire l'objet de campagnes actives de fouilles.

À voir

CRIÉE DE POULGOAZEC
Retour de pêche

Les fileyeurs et les ligneurs sont de retour au port vers 16h. À la criée de Poulgoazec, attenante, ne manquez pas d'assister au débarquement des produits de la mer les plus nobles, dont le fameux bar de ligne du raz de Sein.

En juillet et en août, l'office du tourisme de Plouhinec organise des visites de la criée. Vous bénéficierez d'un exposé sur la vie du port et les techniques de pêche, suivi d'une visite de la halle à marée où se tient la vente de la pêche du jour.

PORS POULHAN Promenade

Avec sa flottille de barques multicolores et les falaises rocheuses qui les protègent, ce petit port-abri est fort séduisant. À l'extrémité, la statue en granit représentant une Bigoudène en costume traditionnel marque la frontière entre le pays bigouden et le cap Sizun. Elle est l'œuvre du sculpteur René Quillivic, natif de Plouhinec.

SITES ARCHÉOLOGIQUES Protohistoire

Juste à la sortie de Pors Poulhan, arrêtez-vous à hauteur de l'**allée couverte Menez-Korriged**, bâtie sur un promontoire. Ce beau dolmen du néolithique (3300-2800 av. J.-C.), restauré en 1988 (il avait été dynamité par les Allemands pendant la Seconde Guerre mondiale), se compose de deux rangées de piliers et de deux dalles de couverture. Les objets retrouvés lors des diverses campagnes de fouilles ont confirmé son rôle de sépulture de la fin du néolithique à l'époque gallo-romaine.

En continuant sur la route côtière, 400 m plus loin, on rejoint la **pointe du Souc'h**, où se trouve une nécropole néolithique, composée de 5 dolmens. Ici aussi les archéologues ont retrouvé de nombreux objets attestant le rôle funéraire du site. Au même endroit, la **grotte de Menez Dregan** date du paléolithique inférieur. On peut voir les archéologues au travail lors de visites guidées organisées par l'office du tourisme en saison.

Juste à côté, la maisonnette en pierre tournée vers l'océan est un ancien **corps de garde**, construit en 1747 pour surveiller les mouvements suspects des navires le long de la côte.

Un **sentier d'interprétation** sur le thème de la préhistoire et de l'archéologie relie la pointe du Souc'h au site de Pors Poulhan, soit 700 m, et comprend 7 pupitres.

Activités

La plage de Gwendrez, sur laquelle déferlent de beaux rouleaux (à marée basse), offre des conditions propices à la pratique du **surf**.

Plages

Avec quatre plages disséminées sur 8 km de littoral, Plouhinec est l'une des plus belles stations balnéaires du cap Sizun. Orientées sud-ouest ou ouest, elles raviront les amateurs de bronzette.

La **plage de Gwendrez**, la plus petite des quatre, est encadrée par des falaises escarpées couvertes de landes et de bruyères et précédée de dunes sauvages. Attention ! Les courants de baïne y sont fréquents et les rouleaux sont forts (d'où sa réputation auprès des surfeurs). En juillet-août, elle est surveillée. Hors période de surveillance, elle est interdite à la baignade.

En continuant vers l'ouest, l'immense **plage de Mesperleuc**, aux conditions de baignade optimales, est nettement plus rassurante pour les familles. Elle est surveillée en haute saison.

Au-delà d'une petite pointe rocheuse, on débouche sur la **plage de Kersiny**, moins étendue mais tout aussi avenante (non surveillée), à condition de poser sa serviette du côté est (la partie ouest est goémoneuse).

Du côté de l'embouchure du Goyen, face à Audierne, la **plage de Saint-Julien** n'est pas idéale pour la baignade, car le fond descend assez abruptement, mais elle forme un magnifique avant-poste pour observer le va-et-vient des bateaux.

Randonnée

Pour découvrir le petit patrimoine de Plouhinec (fontaines, lavoirs, fours à goémon, etc.), l'office du tourisme a mis en place 3 **circuits pédestres** en boucle et donne des brochures détaillées (que l'on peut télécharger depuis son site).

Renseignements

Office du tourisme (☎ 02 98 70 74 55 ; www.plouhinec-tourisme.com ; pl. Jean-Moulin)

Audierne (Gwaien)

Principale localité du cap Sizun, Audierne affiche fièrement sa double identité de port de pêche et de station balnéaire.

Tandis que la zone portuaire (pêche et plaisance) se déploie le long de l'estuaire du Goyen, la vieille ville et son pittoresque labyrinthe de ruelles flanquées de maisons d'armateurs s'étagent sur une colline. À l'embouchure de l'estuaire s'étend la grande plage de Trescadec.

Dans l'univers de la pêche française, Audierne (ou plus exactement Plouhinec, car la criée se trouve à Poulgoazec, sur l'autre rive du Goyen) occupe une place particulière : on y pratique une pêche côtière spécialisée dans les poissons nobles et les crustacés, stockés dans des viviers avant d'être expédiés dans le monde entier.

À voir

VIEILLE VILLE Promenade

Découvrez les secrets de la vieille ville en flânant dans les venelles qui descendent vers le port. Derrière l'office du tourisme, à l'angle entre la rue Laënnec et la rue Danton, s'élève une **maison à pans de bois** du XVe siècle. Les rues avoisinantes

Audierne

JEAN-BERNARD CARILLET ©

sont bordées de quelques belles demeures d'armateurs.

Édifiée en granit, l'**église Saint-Raymond** possède l'un des rares clochers de style baroque (1731) du Finistère. Au-dessus du porche ouest, on distingue un joli vaisseau en bas-relief, illustrant l'implication d'armateurs dans sa construction.

Du bout des quais, on peut rejoindre l'extrémité du môle du Raoulic et la plage de Trescadec en suivant le **chemin de halage** qui emprunte la **passerelle des Capucins**, un bel ouvrage en fer réalisé en 1894. Un circuit d'interprétation du patrimoine a été aménagé sur le chemin, avec plusieurs pupitres consacrés à l'histoire de la pêche à Audierne.

MUSÉE MARITIME DU CAP SIZUN
Univers de la mer
(**☎ 02 98 70 27 49 ; rue Lesné ; adulte 3 € ; ⌚ tlj 10h-12h et 14h30-18h30 sauf sam matin juin-sept).** À proximité de l'office du tourisme, ce musée évoque la riche histoire maritime d'Audierne et du cap Sizun.

AQUASHOW Vie sous-marine
(**☎ 02 98 70 03 03 ; www.aquarium.fr ; rue du Goyen ; adulte/enfant 12/8 € ; ⌚ tlj 10h30-18h30 avr-sept, tlj 14h-18h oct-mars**). Dans les aquariums de ce complexe situé à l'entrée d'Audierne, vous verrez plus de 160 espèces marines pêchées en mer d'Iroise. Animé par des biologistes, le "bassin tactile" permet de caresser plusieurs espèces des côtes bretonnes (raies, roussettes, étoiles de mer...). Également démonstrations commentées de fauconnerie à la Cité des oiseaux (à l'extérieur).

CIMETIÈRE DE BATEAUX Site
En passant devant l'anse de Loquéran, à l'entrée d'Audierne, le regard s'arrête sur plusieurs bateaux en bois couchés sur le flanc, qui se décomposent doucement dans l'eau et la vase. C'est ici que les langoustiers terminaient leur carrière.

Activités

Plages

Près de la passerelle des Capucins, la toute petite **plage des Capucins** (plutôt

Baie d'Audierne

THÉOS / FOTOLIA ©

Vaut le détour
Notre-Dame-de-Tronoën

L'un des monuments les plus majestueux du pays bigouden, le **calvaire de Notre-Dame-de-Tronoën**, érigé vers 1450, est isolé dans un paysage sauvage de bocage, avec l'océan en arrière-plan. Rongé par l'air marin, il laisse encore voir distinctement une centaine de silhouettes qui retracent, sur deux niveaux, la vie du Christ, dont la Nativité et la Cène. À côté, la **chapelle Notre-Dame-de-Tronoën**, du XVe siècle, possède une belle rosace gothique, deux porches finement ouvragés et un clocher à trois flèches qui lui a valu le surnom de "cathédrale des dunes". En juillet-août, des animateurs proposent des visites guidées gratuites du site.

une crique) est prisée des familles, car elle est bien abritée et protégée des courants de marée ; malheureusement, elle est vite saturée en été.

Exposée plein sud (du port de plaisance, suivez la route côtière), l'immense **plage de Trescadec**, composée de sable fin, passe pour l'une des plus belles plages de Cornouaille. Elle est surveillée en été.

Où se loger et se restaurer

HÔTEL DE LA PLAGE Hôtel **€€**
(☎ **02 98 70 01 07 ; www.hotel-finistere.com ; 21 bd Manu-Brusq ; d 52-89 € selon saison ; avr-déc ; P Wi-Fi**). La vue panoramique sur la plage de Trescadec et la baie d'Audierne est superbe. Les 22 chambres (dont 14 avec vue mer) sont stylées dans un esprit marin. L'hôtel est au bord de la route, mais les chambres sont insonorisées et la circulation peu dérangeante le soir.

AU ROI GRADLON
Cuisine du terroir **€€**
(☎ **02 98 70 04 51 ; www.auroigradlon.com ; 3 bd Manu-Brusq ; plats 12-22 €, menu midi à 15 €, menus à partir de 25 € ; tlj fév à mi-déc, restaurant fermé le mer)**. Une fois à table, le regard s'échappe vers les baies vitrées, tournées vers la plage de Trescadec et le large, quand il ne plonge pas dans les assiettes, garnies de spécialités de la mer (quelques viandes également) d'une fraîcheur parfaite. Plateau de fruits de mer pour deux à 65 €. Réservation conseillée.

L'IROISE Gastronomique **€€-€€€**
(☎ **02 98 70 15 80 ; www.restaurant-liroise.com ; 8 quai Camille-Pelletan ; menus à partir de 29 € ; fermé dim soir, lun et mar)**. Une bonne pioche que ce restaurant à l'atmosphère feutrée, au décor soigné et dont la cuisine inventive est élégamment présentée. Les grosses langoustines rôties, suivies d'un turbot meunière, et le pain maison sont un régal. Belle terrasse.

Renseignements

Office du tourisme (☎ **02 98 70 12 20 ; www.audierne-tourisme.com ; 8 rue Victor-Hugo)**. Demandez la brochure *Circuit des venelles*. Accès Internet.

L'hôtel-restaurant **Au Roi Gradlon** (ci-contre) loue des **vélos** (demi-journée/journée 12/19 €).

Pont-Croix (Pontekroaz)

Pont-Croix est la "capitale culturelle" du cap Sizun. Découvrez son superbe patrimoine architectural et l'ambiance toute médiévale qui flotte sur la vieille ville. En flânant dans les ruelles pavées, vous verrez la collégiale, l'un des joyaux du Finistère. La proximité immédiate de la vallée boisée du Goyen offre d'intéressantes promenades pour les amoureux de nature.

Vaut le détour
Penmarc'h

À l'extrémité sud-ouest du pays bigouden, la pointe de Penmarc'h, entourée de récifs dangereux et balayée par les vents, a des airs de bout du monde. Penmarc'h comprend plusieurs quartiers distincts : Saint-Guénolé, Kérity, Saint-Pierre et Penmarc'h-bourg. Saint-Guénolé vit toujours à l'heure de la pêche artisanale, tandis que Kérity s'oriente vers la plaisance. À Saint-Pierre, tous les regards convergent vers l'impressionnant **phare d'Eckmühl**, la sentinelle du pays bigouden. La pointe de Penmarc'h n'est pas que chaos rocheux et récifs meurtriers : plusieurs plages de sable fin viennent s'interposer le long du littoral et ajoutent une note ludique à cet environnement âpre.

À voir

MARQUISAT ET MUSÉE DU PATRIMOINE Patrimoine local

(rue de la Prison). Avec sa remarquable porte gothique en arc brisé, cette noble demeure est l'un des plus beaux édifices de la ville. Datant du XVe siècle, elle a été bâtie par les seigneurs de Pont-Croix et a appartenu à la famille de Rosmadec, l'une des plus illustres de Bretagne. Elle abrite aujourd'hui un **musée du Patrimoine** (**02 98 70 40 66 ; 2 € ; tlj 10h30-12h30 et 15h30-18h30 mi-juin à mi-sept, dim et jours fériés 15h-18h hors saison**), consacré à la vie en Bretagne au début du XXe siècle.

PETIT SÉMINAIRE Patrimoine religieux

(www.jardins-du-seminaire.com ; bd du Général-de-Gaulle). L'ancien couvent des Ursulines, fondé par les seigneurs de Rosmadec en 1652, devenu Petit Séminaire en 1822, compta jusqu'à 400 postulants à la prêtrise à la fin du XIXe siècle. Il fut abandonné en 1972. L'enceinte principale est devenue privée, tandis que les anciennes annexes de ce superbe bâtiment en U ont été aménagées en espace culturel et en bibliothèque.

ÉGLISE COLLÉGIALE NOTRE-DAME-DE-ROSCUDON Architecture gothique

(rue Laënnec ; tlj 10h-19h). On ne se lasse pas de contempler cette église, l'un des édifices religieux les plus spectaculaires du sud du Finistère. D'emblée, le regard est happé par le porche sud, surmonté d'un haut gâble, très finement ouvragé ; construit à la fin du XIVe siècle, ce chef-d'œuvre de l'art gothique rayonnant, composé d'un ensemble de rosaces aveugles, est souvent comparé à une dentelle de pierre. Tout aussi impressionnant, le clocher de pierre (vers 1450), qui se termine par une flèche culminant à 67 m de hauteur, a inspiré les flèches de la cathédrale de Quimper. À l'intérieur, admirez l'élégance des arcades et des piliers de la nef. On découvre également un riche mobilier, une statuaire variée, des retables de belle facture, des vitraux du XVe siècle au XXe siècle et une chaire à prêcher ornée de panneaux sculptés évoquant la vie de la Vierge. Notez également la belle tribune d'orgue du XVIe siècle. À l'arrière de la collégiale, le jardin abrite une statue du sculpteur breton René Quillivic, qui fait office de monument aux morts.

Des **visites guidées** ont lieu en juillet et en août, entre 10h30 et 12h30 et entre 14h30 et 18h.

Où se loger et se restaurer

LA GLYCINIÈRE Chambres d'hôtes **€€**

(02 98 70 58 50 ; www.la-glyciniere.com ; rue de la Métairie ; d 65-83 €, avec petit-déj ; table d'hôtes sur réservation 26 € ; tte l'année ; P). Quelle chance ! La Glycinière offre l'agrément d'un jardin avec piscine couverte, en plein centre-ville. Le bâtiment principal comprend

4 chambres, petites mais douillettes ; l'ancienne écurie, à l'arrière, abrite une suite familiale. Toutes possèdent un accès indépendant.

CRÊPERIE L'EPOKÉ

Crêpes et galettes €

(02 98 70 58 39 ; 1 rue des Partisans ; crêpes 3-10 € ; fermé mar soir et mer hors vacances scolaires). Murs en pierre, cheminée, poutres, mobilier en bois, petite terrasse donnant sur la collégiale, l'atmosphère est en osmose avec ce que l'on y mange, à savoir des crêpes traditionnelles bien cuisinées, dont la "Penn sardine" au beurre de sardine et citron. Également salades et omelettes.

Renseignements

Office du tourisme (02 98 70 40 38 ; www.pont-croix.info ; rue Laënnec). Organise des visites guidées sur le thème du patrimoine et des balades ornithologiques et botaniques.

Il est aussi possible de rejoindre Audierne en suivant le chemin de halage, le long du Goyen.

Pointe du Raz

Terminus ! Vous voici arrivé au bout du bout de la France. Imaginez un éperon rocheux aux contours ciselés s'avançant dans des flots blancs d'écume, d'où émerge, comme une ultime protection destinée aux marins, la haute silhouette du phare de la Vierge. Dans ce chaos marin, l'île de Sein, à l'arrière-plan, semble aussi proche qu'inaccessible.

Ce paysage âpre et minéral est fragile. Afin de revégétaliser la lande, la pointe a été classée "grand site national" en 1989. Cette démarche a permis de laisser vierges les derniers 800 m du célèbre éperon. Des infrastructures ont été ajoutées, mais elles sont bien intégrées à l'environnement.

Juste avant le parking, une petite route dévale vers le charmant port-abri de **Bestrée**, qui accueille les pêcheurs locaux. L'accès est en sens interdit ; descendez à pied.

Renseignements

L'accès au parking de la pointe du Raz est payant (3/6 € par moto/voiture, paiement à la

Pointe du Raz

D. R. ©

Vaut le détour
La pointe de la Torche

L'éperon rocheux de la pointe de la Torche marque l'extrémité sud de la baie d'Audierne. S'il est un paradis du surf en Bretagne, c'est sans conteste cette plage du nord de la pointe de Penmarc'h, très bien exposée aux houles du large. Elle accueille régulièrement des compétitions. Un sentier piétonnier en fait le tour. Attention, les vagues de la pointe de la Torche sont dangereuses pour les nageurs. La baignade est interdite en dehors de certaines zones délimitées.

sortie). Après le parking, un hémicycle moderne regroupe boutiques de souvenirs, crêperies et services, ainsi que la **Maison du site** (**02 98 70 67 18 ; www.pointeduraz.com ; tlj 9h30-19h30 juil-août, tlj 10h30-18h avr-juin, sept et vacances scolaires**), dans laquelle vous trouverez tous les renseignements utiles et pourrez vous inscrire à des visites guidées.

Pour parcourir les 800 m entre l'entrée du site et la statue de la Vierge, une **navette** gratuite est à disposition (départ toutes les 10 min en haute saison) pendant les horaires d'ouverture de la Maison du site. Vous pouvez également suivre l'allée pédestre ou le sentier.

Baie des Trépassés

Tapissée d'une longue plage, la baie des Trépassés s'interpose à égale distance des pointes du Raz et du Van, offrant une trêve dans les âpres paysages environnants. La plage, exposée aux houles du large, est un spot tout indiqué pour le surf et le bodyboard.

Où se loger et se restaurer

HÔTEL-RESTAURANT DE LA BAIE DES TRÉPASSÉS Hôtel-restaurant €€
(**02 98 70 61 34 ; www.baiedestrepasses.com ; baie des Trépassés ; d 50-170 € ; mi-fév à mi-nov ;**). Son architecture massive le dessert, mais heureusement pour cet hôtel, sa situation à quelques dizaines de mètres de la plage est un vrai privilège. Réservez une chambre (modernes et confortables) avec vue sur la mer : les autres donnent sur le parking ou l'arrière.

Cléden-Cap-Sizun (Kledenn-ar-C'hab)

Ce gros bourg paisible navigue entre terre et mer, à deux pas de la pointe du Van. Côté mer, le littoral est rythmé par d'impressionnantes falaises et de majestueux promontoires, comme la **pointe de la Jument** et la **pointe de Brézellec**, d'où l'on découvre de beaux points de vue sur l'ensemble de la côte nord du cap. Du parking de la pointe de Brézellec, une petite route très pentue dévale vers la **cale de Brézellec**, cernée de falaises hautes de 70 m, où mouillent des petites embarcations de pêche.

Goulien

À voir et à faire

RÉSERVE DU CAP SIZUN
Observation des oiseaux
(**02 98 70 13 53 ; www.bretagne-vivante.org ; chemin de Kerisit ; entrée permanente**). Dans cet espace naturel protégé d'une quarantaine d'hectares de landes, de falaises et d'îlots, on peut observer diverses espèces d'oiseaux côtiers, dont le cormoran huppé, le goéland marin, le fulmar boréal ou encore le guillemot de Troïl. La meilleure période va d'avril à juillet, lorsque les oiseaux marins se reproduisent sur les falaises. Des visites guidées sont organisées certains jours en été et pendant les vacances scolaires de printemps (appelez pour les dates exactes).

JEAN-BERNARD CARILLET ©

À ne pas manquer L'île de Sein (Enez-Sun)

Vous voici arrivé sur un minuscule bout de terre pelée situé à 9 km de la pointe du Raz, et dont le point culminant ne dépasse pas 6 m. L'île de Sein est postée au bord de l'un des passages maritimes les plus dangereux du monde, cernée de courants imprévisibles et classée zone immergeable. Ses habitants ont toujours dû se battre contre les éléments pour assurer leur survie. Mais, malgré son apparence austère, l'île sait aussi offrir un visage plus rassurant : les façades colorées s'égrènent le long des deux quais, sous la lumière changeante de la mer d'Iroise. Il faut prendre le temps d'explorer tous les recoins de l'île, flâner dans les ruelles étroites du bourg, discuter avec les Sénans, et admirer de somptueux couchers du soleil. Sein est aussi un petit paradis pour l'observation des oiseaux. La période d'observation la plus favorable va de fin août à mi-novembre, lorsque les espèces migratoires y font étape.

L'**hôtel-restaurant d'Ar Men** (☎ 02 98 70 90 77 ; www.hotel-armen.net ; route du Phare ; d 55-70 €, menu 20 € ; 🕘 fév-Toussaint et vacances de Noël ; 📶) occupe une accueillante maison rose à la sortie du bourg, en direction du phare de Goulenez. Les 10 chambres sont claires et fraîches et la mer est omniprésente. Restaurant sur place (la meilleure adresse de l'île pour se régaler de poissons et de crustacés). Réservez en saison.

INFOS PRATIQUES

Contactez l'**office du tourisme d'Audierne** (☎ 02 98 70 12 20), la **mairie de Sein** (☎ 02 98 70 90 35 ; www.mairie-iledesein.com), ou consultez le site www.enezsun.com. La compagnie **Penn ar Bed** (☎ 02 98 70 70 70 ; www.pennarbed.fr ; aller-retour adulte/jeune 12-16 ans/enfant 22,90-29,90/20,70-24/17,60-18,10 €) assure la traversée en bateau (1 heure) depuis la cale de Sainte-Évette, sur la commune d'Esquibien, à 3 km d'Audierne. Service hebdomadaire entre Camaret et Sein de mi-juin à mi-septembre, ainsi qu'entre Sein et Brest. Réservation indispensable. Attention, l'île n'est pas équipée de **DAB**. Vous pourrez utiliser votre carte de crédit dans les hôtels, l'épicerie du bourg et dans certains restaurants. Les **voitures** sont interdites sur l'île et circuler à vélo n'est pas autorisé, excepté pour les résidents. À l'arrivée du bateau, les hôtels, tout comme les loueurs, disposent de petites carrioles pour transférer vos bagages.

Beuzec-Cap-Sizun (Beuzeg-ar-C'hab)

À Beuzec-Cap-Sizun, prenez les routes de traverse et explorez le littoral, hérissé de pointes rocheuses toutes plus grandioses les unes que les autres, entre lesquelles se blottissent de petites criques sablonneuses léchées par une eau turquoise. Signalons la **plage de Pors Péron**, seule plage de sable fin du littoral nord du cap Sizun, sertie dans un écrin de falaises, et la **plage de Lesven** (non indiquée), composée de galets, encadrée de promontoires rocheux. Tout près de la plage de Pors Péron, la **cale de Pors Lanvers** est une escale prisée des plaisanciers en été.

Pour un panorama de la baie de Douarnenez et de la presqu'île de Crozon, la **pointe de Kastel Koz** et la **pointe du Millier** forment d'exceptionnels belvédères, facilement accessibles par des sentiers piétonniers qui traversent la lande.

Renseignements

Office du tourisme (☎ 02 98 70 55 51 ; www.beuzec-cap-sizun.fr ; 64 rue des Bruyères). Au centre du bourg.

Confort-Meilars et ses environs

Dans cette paisible bourgade située entre Douarnenez et Pont-Croix, l'**église Notre-Dame-de-Confort**, fondée en 1528 par les Rosmadec, seigneurs de Pont-Croix, est vraiment superbe. La façade est agrémentée de sculptures de vaisseaux (qui rappellent l'importance des armateurs dans le cap Sizun) et l'intérieur comporte des vitraux du XVIe siècle. Le **calvaire**, monumental, date de la même époque que l'église, mais les statues originelles, brisées à la Révolution, ont été remplacées par des sculptures réalisées par un artisan local à la fin du XIXe siècle.

QUIMPER (KEMPER)

À la confluence de l'Odet et de la Steir – *Kemper* signifie "confluent" en breton –,

Quimper

DOMINIQUE LUZY / FOTOLIA ©

Quimper doit beaucoup à son patrimoine historique et architectural. Il suffit, pour s'en convaincre, de déambuler dans le centre historique, le long de ses rues étroites, et de contempler l'ancien palais de l'évêché et surtout l'élégante cathédrale Saint-Corentin qui a été formidablement restaurée.

Les Quimperois prennent soin de leur ville et s'attachent à mettre en valeur l'empreinte du passé, tout en développant des structures culturelles – le Centre d'art contemporain (Le Quartier) par exemple –, affichant ainsi leur volonté de l'inscrire dans le XXIe siècle. Ce n'est donc pas pour rien que cette paisible cité d'art et d'histoire, qui compte plus de 68 000 habitants, est considérée comme la capitale culturelle du Finistère.

À voir

Il est aisé de découvrir le vieux Quimper à pied. Rive gauche, le long des quais de l'Odet bordés d'hôtels particuliers, vous pourrez voir le théâtre Max Jacob (1904) et la préfecture (1909). Vous découvrirez un panorama général de Quimper depuis le **mont Frugy**, auquel on accède par un sentier débutant derrière l'office du tourisme. En poursuivant vers le sud, vous arriverez au quartier de Locmaria où se trouve le plus ancien monument de la ville, l'**église Notre-Dame-de-Locmaria** (XIIe-XVe siècle, restaurée au XIXe siècle) et son jardin médiéval, attenant.

En traversant l'Odet, vous voici rive droite, du côté de la vieille ville. La **rue Kéréon** fut de tout temps la rue principale de Quimper. En levant les yeux au-dessus des devantures, vous verrez de somptueuses maisons à colombages. Ne manquez pas celle située à l'angle de la rue des Boucheries, qui date du XVIe siècle. Depuis la place au Beurre, en remontant la rue Élie-Fréron, vous trouverez le beau **jardin de la Retraite**, où les palmiers et diverses essences tropicales prouvent qu'en Bretagne, il ne fait pas si froid !

Le **Celtic'train** (**☎ 02 98 97 25 82, 06 80 70 58 89 ; www.celtictrain.com ; tarif plein/réduit 5,50/4 €, gratuit -5 ans ; ⏲ tlj avr-oct)** propose un parcours commenté de la vieille ville à bord d'un petit train. Idéal si vous êtes avec des enfants. Départ près de la cathédrale.

MUSÉE DES BEAUX-ARTS
Patrimoine artistique

(☎ 02 98 95 45 20 ; www.musee-beauxarts.quimper.fr ; 40 pl. Saint-Corentin ; tarif plein/réduit 5/2,50 €, gratuit -12 ans ; ⏲ tlj 10h-19h juil-août, mer-lun 9h30-12h et 14h-18h avr-juin et sept-oct, mer-lun sauf dim matin 9h30-12h et 14h-17h30 le reste de l'année). Il dissimule, derrière sa façade ancienne, un bâtiment remanié en 1993 sous la houlette de l'architecte Jean-Paul Philippon et dont l'agencement intérieur est particulièrement réussi. Les collections permanentes regroupent des œuvres des écoles flamande, hollandaise et italienne (XIVe-XVIIIe siècle) et française (XVIIe-XXe siècle). Au rez-de-chaussée, une place est réservée à la peinture bretonne du XIXe siècle, qui aborde autant les sujets d'inspiration religieuse que ceux de la vie quotidienne comme l'*Adieu !* d'Alfred Guillou (1844-1926), ou les paysages marins. Souvent de grand format, cette collection bretonne est l'une des plus fournies du territoire. En été, vous profiterez de visites commentées, et gratuites, des expositions temporaires (au rez-de-chaussée).

CATHÉDRALE SAINT-CORENTIN
Patrimoine religieux

(pl. Saint-Corentin). Il aura fallu une vingtaine d'années de travaux de restauration, terminés en 2008, pour rendre sa splendeur à cette cathédrale, joyau de la ville et l'un des premiers exemples de l'architecture gothique en Bretagne. L'édifice, qui remplace un précédent sanctuaire roman, a été construit sur une période de temps assez longue, de 1239 à 1494, et complété par l'érection des deux flèches, dues à l'architecte Joseph Bigot, en 1854. Élégante, la façade développe un vocabulaire typique du gothique flamboyant. La campagne de restauration a permis de rendre sa polychromie au décor intérieur, qui reste cependant très sobre. Vous pourrez y admirer de superbes vitraux et des fresques réalisées par Yan' Dargent (1824-1899).

MUSÉE DÉPARTEMENTAL BRETON
Histoire régionale
(**☎02 98 95 21 60 ; www.museedepartementalbreton.fr ; 1 rue du Roi-Gradlon ; tarif plein/réduit 4/2,50 €, gratuit -18 ans et dim après-midi oct-mai ; ⏲tlj 9h-19h juil-août, tlj sauf dim matin et lun 10h-13h et 14h-18h jan-mai et oct-déc, tlj 10h-13h et 14h-18h juin et sept ; wifi**). C'est dans le bâtiment de l'ancien palais des évêques de la ville, érigé à partir du XVIe siècle à côté de la cathédrale, qu'est installé ce musée. Préhistoire et Antiquité, arts du Moyen Âge et de l'époque moderne ouvrent la visite au rez-de-chaussée. Dans la tour des Rohan, qui fait partie du musée, vous découvrirez un magnifique escalier à vis du XVIe siècle. La visite se poursuit au premier étage par une belle collection de costumes d'apparat et de coiffes mis en relation avec des peintures du XXe siècle, du mobilier et des objets usuels datant du XVIIe au début du XXe siècle. Le dernier étage est consacré aux grès et aux faïences de Quimper et aux expositions temporaires.

MUSÉE DE LA FAÏENCE Musée
(**☎02 98 90 12 72 ; www.musee-faience-quimper.com ; 14 rue Jean-Baptiste-Bousquet ; tarif plein/réduit 4,50/2,60 € ; ⏲lun-sam 10h-18h avr-sept ; wifi**). Derrière les faïenceries HB-Henriot, ce musée abrite sur deux niveaux de nombreuses pièces et rappelle l'importance de cet art intimement associé à l'histoire de la ville depuis plus de trois siècles.

Quimper

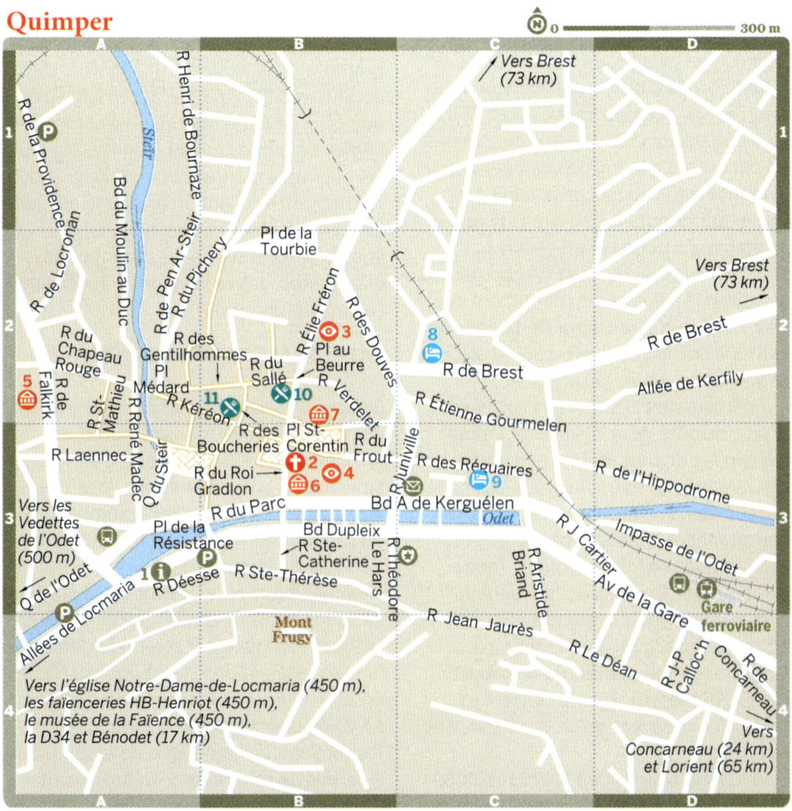

FAÏENCERIES HB-HENRIOT
Production locale
(☎ 02 98 90 09 36 ; www.hb-henriot.com ; rue Haute, Locmaria ; tarif plein/réduit 5/2,50 € ; visites guidées, voir horaires sur le site). Ouvertes en 1690, ces faïenceries sont l'occasion de découvrir, lors de visites guidées d'une heure, chaque étape de la réalisation des pièces peintes à la main qui ont fait la réputation de Quimper depuis qu'un Provençal, Jean-Baptiste Bousquet, y importa l'art de la peinture sur faïence. Un magasin vous permettra de repartir avec un souvenir.

LE QUARTIER – CENTRE D'ART CONTEMPORAIN
Création contemporaine
(☎ 02 98 55 55 77 ; www.le-quartier.net ; 10 esplanade François-Mitterrand ; 1,50 €, entrée libre -26 ans, +65 ans et dim ; mar-sam 10h-12h et 13h-18h, dim 14h-18h, fermé fin oct à mi-nov ;). Face au théâtre de Cornouaille, à l'est de la vieille ville, ce centre d'art organise chaque année quatre expositions de créateurs contemporains. Plasticiens français et étrangers (Rodney Graham, Jacques Villeglé, Robert Gober...) investissent l'espace de 450 m² mis à leur disposition. Les expositions collectives comme les monographies sont souvent de qualité. Un lieu intéressant pour découvrir des œuvres actuelles dans une ville qui se montre le plus souvent sous son aspect historique. Dans l'espace café, accès gratuit au Wi-Fi.

Quimper

Renseignements
1 Office du tourisme ... A3

À voir
2 Cathédrale Saint-Corentin ... B3
3 Jardin de la Retraite ... B2
4 Jardins de l'évêché ... B3
5 Le Quartier – Centre d'Art Contemporain ... A2
6 Musée départemental breton ... B3
7 Musée des Beaux-Arts ... B2

Où se loger
8 Hôtel Gradlon ... C2
9 Hôtel Kregenn Best Western ... C3

Où se restaurer
10 Crêperie An Diskuiz ... B2
11 Le Petit Gaveau–Maison Larnicol ... B2

Où se loger et se restaurer

HÔTEL GRADLON
Hôtel de charme €€-€€€
(☎ 02 98 95 04 39 ; www.hotel-gradlon.fr ; 30 rue de Brest ; d 89-135 € selon période, ste 130-175 € ; fermé mi-déc à mi-jan ;). Que ce soit dans les chambres ou dans les espaces communs (salon-bar avec cheminée, patio pavé et fleuri), le charme d'une déco romantique opère instantanément dans ce trois-étoiles proche de la vieille ville. Chambres agréables dotées de sdb immaculées (Wi-Fi, TV) ; les plus abordables ouvrent sur la rue (double vitrage).

HÔTEL KREGENN BEST WESTERN
Hôtel €€-€€€
(☎ 02 98 95 08 70 ; www.hotel-kregenn.fr ; 13 rue des Réguaires ; d 80-180 € selon confort et période, ste 130-220 € ; P). Sobriété et raffinement dominent dans ce quatre-étoiles situé non loin de la cathédrale Saint-Corentin. Matières nobles et tons chaleureux habillent les chambres (ADSL gratuit) dont certaines arborent des murs de pierre. Le petit patio permet de prendre le soleil quand le temps le permet. Parking payant.

CRÊPERIE AN DISKUIZ
Crêpes et galettes €
(☎ 02 98 95 55 70 ; 12 rue Élie-Fréron ; crêpes à partir de 1,60 € ; tte l'année). La petite terrasse est souvent prise d'assaut car elle est placée dans la rue Élie-Fréron qui descend vers la cathédrale, et que l'on y sert de bonnes crêpes !

LE PETIT GAVEAU – MAISON LARNICOL
Salades et chocolat €€
(☎ 02 98 64 29 86 ; 16 rue des Boucheries ; salades à composer soi-même à partir de 2,90 € et ingrédients à partir de 0,50 €, plats à partir de 9 € ; tlj). On se demande si c'est le fait de pouvoir composer soi-même sa salade avec des ingrédients variés, de déguster un bon plat ou encore un dessert

Vaut le détour
Les îles de Glénan

Bienvenue en Polynésie ! Avec ses eaux limpides dignes des tropiques, ses plages de fin sable blanc, sa faune et sa flore préservées, l'archipel des Glénan revêt des allures de paradis, littéralement pris d'assaut en été. Situées à 20 km au large de Concarneau, sur un haut-fond de sable clair et de maërl (une algue rouge qui se calcifie en se décomposant, prenant alors l'aspect du corail mort), une trentaine d'îles et d'îlots affleurent sur l'horizon, répartis autour d'un lagon couleur émeraude appelé la "Chambre". Ce plan d'eau abrité fait le bonheur des plaisanciers et amateurs de sports nautiques. Le centre nautique des Glénans (la célèbre école de voile a ajouté un "s" au nom du lieu qui l'a vue naître) occupe quatre de ses îles principales : Penfret, Bananec, Cigogne et Drenec. Les autres îles appartiennent au Conservatoire du littoral (le Loc'h, Brunec) ou constituent des réserves ornithologiques (Brilimec, Guéotec et certains îlots). La biodiversité très riche de ses grottes, failles, tunnels et tombants, ainsi que ses forêts de laminaires et ses prairies sous-marines de zostères en font un lieu de plongée recherché.

Il est habité seulement l'été et l'on n'y trouve ni hôtel ni camping : attention donc à ne pas rater la dernière vedette ! À moins de venir avec son propre bateau, on ne peut débarquer que sur Saint-Nicolas, seule île à jouir d'une petite infrastructure portuaire.

Le lagon de l'archipel des Glénan constitue une base idéale d'apprentissage de la navigation en toute sécurité. Adressez-vous au célèbre **Centre nautique des Glénans** (voir aussi p. 324 ; ☎ 02 98 97 14 84, 01 53 92 86 00 ; www.glenans.asso.fr ; pl. Philippe-Viannay, Concarneau ; 🕒 tlj tte l'année, fermé de déc à jan, 9h-12h30 et 14h-18h, sauf l'été 13h30-18h). Dans la grande maison aux volets bleus de l'île Saint-Nicolas (à gauche de la cale), le **CIP** (☎ 02 98 50 57 02, 06 81 20 62 32 ; www.cip-glenans.org ; CIP Glénan BP 525, 29185 Concarneau ; 🕒 avr-nov) organise quant à lui, depuis près de 50 ans, des plongées d'exploration, des stages de biologie sous-marine, des stages épave ou archéo, ainsi que des formations fédérales.

INFOS PRATIQUES

Départs de Beg-Meil, Bénodet, Concarneau, Port-la-Forêt, Loctudy et Quimper avec les **Vedettes de l'Odet** (☎ 02 98 57 00 58 ; www.vedettes-odet.com ; 2 av. de l'Odet, Vieux Port, Bénodet ; 🕒 avr-sept).

chocolaté estampillé Larnicol (excellente biscuiterie-chocolaterie attenante) ou de siroter un verre de vin en écoutant de la musique (soirées musicales 18h30-22h) qui nous plaît le plus.

Renseignements

Office du tourisme (☎ 02 98 53 04 05 ; www.quimper-tourisme.com ; pl. de la Résistance). Sur la rive sud de l'Odet, dans l'axe du pont Max-Jacob. Le "pass' Quimper" (10 €) donne accès à 4 musées au choix.

Stationnement Le centre-ville compte plusieurs parkings et des zones de stationnement, mais le centre historique est en partie piétonnier. Lors du Festival de Cornouaille (voir p. 43), il est très difficile de circuler en ville.

CONCARNEAU (KONK-KERNE)

À la fois port de pêche et ville d'art et d'histoire, Concarneau est en partie encerclée dans ses remparts dentelés. La ville close, l'un des sites les plus visités de Bretagne, côtoie sans complexe le décor plus âpre des infrastructures portuaires et des docks où s'amarrent d'imposants bateaux de pêche. Concarneau offre également une agréable façade balnéaire, avec un bel assortiment de plages, à quelques minutes du centre-ville, idéales pour s'adonner aux sports nautiques ou lézarder. Le long de la corniche s'égrènent les minuscules **plage Rodel**, **plage des Dames** et **plage du Mine** (en fait des criques sablonneuses), puis la **plage de Cornouaille** et enfin la **plage des Sables-Blancs**, la plus étendue et la plus connue. Moins fréquentées, les plages du Cabellou, au sud, invitent également à poser sa serviette, notamment la **plage du Large** et la toute petite **plage des Dunes**, orientées respectivement au sud-ouest et au sud.

Si vous êtes de passage à Concarneau en août, ne manquez pas le **Festival des filets bleus** (avant-dernier week-end d'août ; http://filetsbleus.free.fr), l'une des fêtes traditionnelles les plus célèbres de Bretagne.

À voir et à faire

Ville close

Bâtie sur une île de 350 m sur 100 m, au milieu du port, la ville close est le berceau historique de Concarneau. Les remparts de cet ensemble fortifié ont été construits au XVIe siècle, puis modifiés par Vauban au XVIIe siècle. Un pont de pierre la relie au quai principal, à quelques dizaines de mètres de l'office du tourisme. Cet ouvrage défensif est dominé par le **beffroi** (1906). Doté d'un cadran solaire et coiffé d'une girouette en forme de navire, c'est le symbole de la ville.

Au bout de la rue Vauban, on débouche sur la **place Saint-Guénolé**, au centre de laquelle trône une fontaine en bronze ornée de motifs animaliers. De là, une rue s'échappe vers l'autre porte monumentale de la ville close, la **porte du Passage**, qui donne accès au bac qui permet de rejoindre les quartiers est de Concarneau.

MUSÉE DE LA PÊCHE — Histoire locale

(☎ 02 98 97 10 20 ; www.musee-peche.fr ; 3 rue Vauban ; adulte/enfant 6,50/4 €, gratuit -5 ans ; ⏲ tlj 9h30-20h juil-août, tlj 10h-18h avr-juin et sept, tlj 10h-12h et 14h-18h fév-mars et oct). Dans la rue Vauban, ne manquez pas ce musée dont les multiples maquettes et supports variés illustrent les techniques de pêche, la construction navale, la préparation du poisson et sa congélation. La visite se termine par le tour du chalutier *Hemerica*, amarré au quai du musée.

Port et corniche

Un boulevard longe le littoral et mène à la plage des Sables-Blancs. D'élégantes villas balnéaires, dotées de larges baies vitrées, regardent vers le large.

MARINARIUM — Vie sous-marine

(☎ 02 98 50 81 64 ; www.mnhn.fr, rubrique Implantations ; pl. de la Croix ; adulte/enfant 5/3 € ; ⏲ tlj 10h-19h juil-août, tlj 10h-12h et 14h-18h avr-juin et sept, tlj 14h-18h oct-déc et fév-mars). Face à la baie, le marinarium met en valeur les richesses des océans et la biologie marine (le plancton, la biodiversité). Des aquariums ainsi qu'un bassin de 120 000 litres vous permettront de vous familiariser avec la faune et la flore locales. Des animations sont également proposées, dont un bassin tactile.

VISITE DU PORT — Promenade

Un ancien marin, Simon Allain, à la tête de la société **À l'Assaut des Remparts** (☎ 02 98 50 55 18 ; www.alassautdesremparts.fr), fait découvrir aux visiteurs la filière pêche et l'univers des travailleurs de la mer à travers différents circuits (la criée, les infrastructures portuaires, visite d'un chalutier, les conserveries). Des circuits dans la ville close figurent également au programme. Les visites (à partir de 3 €) durent de 45 minutes à une demi-journée.

Celtic'train (☎ 02 98 97 25 82, 06 80 70 58 89 ; www.celtictrain.com ; tarif plein/réduit 5,50/4 €, gratuit -5 ans ; ⏲ tlj avr-oct) propose un parcours commenté de la ville à bord d'un petit train. Départ face à la ville close.

CHÂTEAU DE KÉRIOLET Édifice néogothique
(02 98 97 36 50 ; www.chateaudekeriolet.com ; adulte/enfant 5,50/3 € ; tlj 10h30-13h, dim-ven 14h-18h juin-sept). À l'entrée de Concarneau (fléché), ce château semble surgir tout droit d'un conte de fées. Cette folie néogothique a été créée à la fin du XIXe siècle à partir d'un manoir du XVe siècle pour une princesse russe.

Où se loger et se restaurer

HÔTEL DES HALLES Centre-ville €€
(02 98 97 11 41 ; www.hoteldeshalles.com ; pl. de l'Hôtel-de-Ville ; s 47-85 €, d 63-85 € ; tte l'année ;). Cet établissement bien situé, près de la ville close (mais en retrait de la route principale) offre des chambres toutes différentes, pimpantes et colorées. Petit-déjeuner à base de produits bio.

HÔTEL KERMOOR Hôtel €€€
(02 98 97 02 96 ; www.hotel-kermor.com ; plage des Sables-Blancs ; d 105-155 € ; tte l'année ;). Cette ancienne villa balnéaire sur la plage des Sables-Blancs arbore un intérieur aménagé sur le modèle d'un paquebot à l'ancienne. Les 11 chambres charmantes et confortables, tournées vers le large, ressemblent à des carrés d'équipage.

CRÊPERIE DU PORT DE PLAISANCE
Crêpes et galettes €
(02 98 60 46 00 ; 16 av. du Docteur-Nicolas ; crêpes 2,10-7,60 € ; tte l'année). Le crêpier réenchante crêpes et galettes avec des garnitures inédites, aux saveurs délicates (langoustines et crème de carottes côté salé, ou framboise, griottes à la liqueur et glace spéculoos côté sucré). Salle agréable, de style bateau, et terrasse.

LA COQUILLE Cuisine de la mer €€
(02 98 97 08 52 ; www.lacoquille-concarneau.com ; 1 quai du Moros ; plats du jour 9,40 €, menus à partir de 14,40 € ; fermé dim soir et lun hors saison). Prenez le bac du Passage, à l'extrémité de la ville close, pour rejoindre ce restaurant réputé. Bon rapport qualité/prix pour les formules au déjeuner. Le soir, place à des mets recherchés (cabillaud rôti et coco de Trévignon, homard au Kari Gosse). Cadre plaisant, avec une belle vue sur la ville close.

Renseignements

Office du tourisme (02 98 97 01 44 ; www.tourismeconcarneau.fr ; quai d'Aiguillon). Avec le service du Patrimoine, organise des visites-découvertes en saison.

PONT-AVEN

"C'est un petit trou pas cher", dit un jour le peintre Jobbe-Duval à Paul Gauguin (1848-1903). Il n'en fallut pas plus pour attirer des artistes aussi talentueux que désargentés en quête d'un lieu où exercer leur art. Au cours de la dernière décennie du XIXe siècle, chevalets et palettes firent bientôt partie intégrante du paysage, au même titre que les moulins. La luminosité bien particulière, les paysages de la ria de l'Aven, les collines boisées, le port, les chapelles et les hameaux alentour nourrirent l'inspiration des peintres pendant une quinzaine d'années.

À voir

MUSÉE MUNICIPAL DES BEAUX-ARTS DE PONT-AVEN Musée d'art
(02 98 06 14 43 ; pl. de l'Hôtel-de-Ville ; adulte 4,50-6 € ; tlj 10h-19h juil-août, tlj 10h30-12h30 et 14h-18h30 avr-juin et sept-oct, tlj 10h-12h30 et 14h-18h fév-mars et nov-déc). Il propose une exposition permanente sur les grands peintres qui forgèrent la réputation de Pont-Aven. Œuvres de Paul Gauguin, Paul Sérusier, Maurice Denis, Henry Moret et Émile Bernard.

BOIS D'AMOUR Promenade
Au nord de la ville et en bordure de l'Aven, ce bois tranquille planté de chênes et de hêtres doit sa notoriété à la rencontre, en septembre 1888, entre Paul Sérusier et Paul Gauguin, que relate Maurice Denis dans l'ouvrage *Du symbolisme au classicisme. Théories* (1912). À l'ouest du bois d'Amour, sur les hauteurs de Pont-Aven, la **chapelle de Trémalo** (XVIe siècle) étonne par son aspect trapu et les pans

Insolite ! Le pays des pierres debout

Névez et Trégunc, non loin de Quimperlé, possèdent une spécificité architecturale unique en France : les *mein zao*, les constructions en pierre debout. Il s'agit de clôtures ou de pans de murs d'habitations composés de dalles de granit rectangulaires, d'environ 2 m de haut. Au XIXe siècle et au début du XXe siècle, de nombreux tailleurs de pierre étaient occupés à l'exploitation du granit dans plusieurs carrières à Trégunc et à Névez. L'agriculture se développant, les tailleurs étaient régulièrement appelés à débarrasser les champs des nombreux chaos rocheux qui encombraient les surfaces cultivables. Les blocs étaient débités en dalles rectangulaires que les habitants récupéraient pour en faire des clôtures, des palissades ou des pans de murs jointoyés, ce qui leur permettait de bâtir des appentis ou des maisons à faible coût. Certaines de ces constructions ont survécu. Elles ne sont pas signalées mais, avec un peu de patience et de curiosité, vous les remarquerez au détour d'une route en sillonnant ces deux localités. Les offices du tourisme de Névez et de Trégunc organisent aussi des balades guidées, incluant plusieurs *mein zao*.

du toit qui descendent presque jusqu'au sol. Son architecture, le cadre bucolique et la belle allée de hêtres qui la précède ont nourri l'inspiration des peintres de l'école de Pont-Aven. À l'intérieur, le crucifix en bois peint a servi de modèle au *Christ jaune* (1889) de Gauguin.

BALADES EN VILLE Promenade
L'office du tourisme a édité une brochure, *Sur les pas de Paul Gauguin à Pont-Aven*, qui détaille trois boucles pédestres de 1 à 2 heures qui vous permettront de découvrir les lieux qui ont inspiré l'illustre peintre.

CALVAIRE DE NIZON
Patrimoine religieux
Faites un détour par le bourg de Nizon, à 2,5 km de Pont-Aven, pour admirer le calvaire du XVIe siècle (à côté de l'église) dont la pietà inspira à Gauguin son *Christ vert* (1889).

QUIMPERLÉ (KEMPERLE)

Dans la "ville aux trois rivières" (l'Ellé et l'Isole, qui s'unissent pour former la Laïta), le regard est en permanence sollicité, tantôt par les prestigieux monuments qui jalonnent la ville basse et la ville haute, tantôt par les rues bordées de demeures à l'élégante architecture. La présence des trois cours d'eau ajoute une note bucolique à cette ville qui mérite qu'on y fasse une longue halte. Notez que la circulation peut être difficile en saison et que les rues sont fort pentues entre ville basse et haute !

À voir

Ville basse

ABBATIALE SAINTE-CROIX
Architecture romane
Dans la ville basse, cette abbatiale, véritable gloire de Quimperlé, a été édifiée à la fin du XIe siècle. Elle constitue l'exemple le plus délicat d'architecture romane en Bretagne.

HALLES Marché couvert
Devant l'abbatiale, ce bâtiment (1887) forme un contraste frappant, avec ses briques polychromes et sa structure en fer forgé. Le marché couvert fonctionne tous les matins du mardi au dimanche.

RUE DOM-MORICE Belles demeures
Débutant derrière les halles, cette rue étroite est bordée d'opulentes

maisons à pans de bois qui lui donnent une allure très moyenâgeuse. La plus impressionnante, la **maison des Archers** (XVIe siècle), à encorbellement, fait office de lieu d'exposition.

RUE BRÉMOND-D'ARS

Belles demeures

Cette rue aligne une impressionnante série d'édifices de styles architecturaux et d'époques très variés (du XVIe au XXe siècle), qui témoignent du riche passé de Quimperlé. Parmi les plus remarquables, l'**ancien bâtiment de la Caisse d'épargne** (1907), aujourd'hui transformé en hôtel, et l'étrange édifice du **Présidial** (1683), avec son bel escalier à balustre. Le Présidial servait d'auditoire de justice à l'emplacement de la cohue (halle).

Le **pont Fleuri**, ou pont Lovignon, enjambe l'Ellé, qui marque la frontière historique entre le Vannetais et la Cornouaille. D'époque médiévale, il a conservé sa forme en dos d'âne.

Ville haute

ÉGLISE NOTRE-DAME-DE-L'ASSOMPTION

Architecture gothique

Repérable de très loin grâce à son imposante tour carrée haute de 35 m, cette église se dresse sur la place Saint-Michel. Les éléments les plus anciens, telle la nef en granit jaune, datent du XIIIe siècle (gothique primitif). D'autres, comme le porche situé côté nord, avec sa remarquable dentelle de pierre, sont datés du XVe siècle (gothique flamboyant). À l'intérieur, on peut admirer des sablières richement sculptées de personnages et d'animaux, les plus anciennes de Bretagne (1430), ainsi que deux statues de la Vierge.

Le **couvent des Ursulines** (aujourd'hui un collège) a été construit entre le XVIIe et le XIXe siècle. Il présente une architecture élégante, que lui confère sa composition très symétrique. La chapelle, qui possède une façade monumentale et une voûte décorée à la feuille d'or, abrite des expositions d'art contemporain d'avril à septembre.

Quimperlé, église Notre-Dame-de-l'Assomption

Où se loger et se restaurer

HÔTEL LE VINTAGE Central €€-€€€
(**02 98 35 09 10 ; www.hotelvintage.com ; 20 rue Brémond-d'Ars ; s 61 €, d 92-123 € ; tte l'année ;**). L'hôtel est installé dans l'ancienne Caisse d'épargne (1907) dont la façade est richement ornementée. L'intérieur hésite entre recherche décorative (fresques dans les chambres, mobilier de créateur) et notes plus ordinaires. TV et Wi-Fi dans les chambres confort.

LE BISTRO DE LA TOUR
Cuisine du terroir €€-€€€
(**02 98 39 29 58 ; 2 rue Dom-Morice ; plats à partir de 19 €, menus à partir de 24 € ; mar-sam sauf sam midi et tlj juil-août**). Prenez place dans ce bistrot élégant de style Art déco pour déguster de succulentes spécialités du terroir ou de la mer, cuisinées dans les règles de l'art. Chaque table, joliment nappée, a droit à une superbe lampe de style Gallé. Excellente carte des vins et service efficace.

Renseignements

Office du tourisme (**02 98 96 04 32 ; www.quimperletourisme.com ; pl. Saint-Michel**). Visites guidées de la ville et randonnées thématiques en été. Audioguide mp3 gratuit à télécharger sur le site Internet.

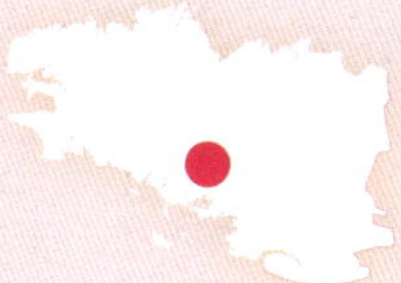

Le Morbihan

La mer et ses percées ont depuis longtemps forgé l'âme du Morbihan. Un territoire de l'entre-deux où l'on ne sait jamais vraiment si l'on est encore sur le continent ou si l'eau devant nous est une rivière ou un bout d'océan. Mille possibilités s'offrent à vous pour explorer les échancrures d'une côte aux secrets bien gardés et, à mesure que l'on pénètre dans ses terres, ses contrées aux essences forestières. Partout, la symphonie qui s'y joue se teinte d'histoire et de merveilles d'architecture locale : Belle-Île et sa citadelle, Vannes et ses remparts, Josselin et son château, Carnac et ses mégalithes empreints de mystères… Des îles aux confins du département et ses canaux en passant par ses presqu'îles, ses rias et sa "petite mer" parsemée d'îlots, farniente, sports nautiques et randonnées s'entrecoupent de délices de la mer et du terroir à déguster, de musées qui vous racontent comment la colonne vertébrale de la région s'est constituée, avec toujours, au cours de vos pérégrinations, la sensation d'avoir un pied sur terre, l'autre prêt à fouler les eaux.

Alignement de Kermario, Carnac
DAN HERRICK/LONELY PLANET IMAGES ©

Côte sauvage de Belle-Île
CARRÉ PIXEL/FOTOLIA ©

Le Morbihan

Les incontournables

1. Carnac (p. 215)
2. Belle-Île-en-Mer (p. 207)
3. Les îles du Golfe (p. 230)
4. Vannes (p. 220)
5. Le port de Saint-Goustan et la ria d'Auray (p. 219)
6. La Côte sauvage, Quiberon (p. 205)

Le Morbihan
Paroles d'expert

Ci-dessus : Carnac. **Ci-contre en haut :** calvaire, tumulus Saint-Michel (Carnac). **Ci-contre en bas :** côte rocheuse de La Trinité-sur-Mer.

Ma sélection

Le Morbihan
par Maryse Deniaud

33 ANS, SECRÉTAIRE DE L'ANTENNE MORBIHANNAISE DE L'ONG SURFRIDER FOUNDATION EUROPE

1 LE SENTIER DOUANIER DU CHENAL DE LA TRINITÉ-SUR-MER

C'est une balade que je fais très souvent, à toutes les saisons, à toutes les heures et par tous les temps. Selon moi, ce chenal est l'un des plus beaux du monde. À chaque fois que je m'y promène, je ne peux m'empêcher de penser à tous les bateaux de course et aux marins mythiques qui y sont passés. J'ai même eu la chance d'y observer une mère dauphin et son petit, quelques jours après mon arrivée à La Trinité, comme un signe de bienvenue ! Je termine ma balade par les marais de Kervillen (de l'autre côté), endroit où j'aime me poser et me ressourcer en admirant le travail du paludier, Damien.

2 AUX GALETTES D'ANTAN, À PLUNERET

Pour retrouver la saveur des galettes de ma grand-mère, en un peu moins beurrées, heureusement ! Et, l'espace d'une soirée, on se replonge dans une ambiance aussi folklorique que chaleureuse (www.auxgalettesdantan.fr).

3 LE CHEMIN DE CADOUDAL, À LOCOAL-MENDON

Cadoudal, chef charismatique des chouans et ses prêtres réfractaires s'y cachaient en toute sécurité. Presqu'île à l'époque des chouans, elle est surnommée "l'île du Bonheur". En automne, les couleurs de l'île sont vraiment belles et apaisantes ; en hiver, on peut y ramasser des châtaignes et du houx. Locoal-Mendon est au bord de la ria d'Étel, près de La Trinité-sur-Mer.

4 LA CHAPELLE DE SAINT-PHILIBERT

J'adore m'y ressourcer. La vue sur tous les chantiers ostréicoles et la petite baie de Saint-Philibert est magnifique. Son intérieur tout en bois lui confère un aspect marin : on a l'impression d'être dans un vieux bateau en bois, c'est très enveloppant. Magique et mystique : je pourrais m'y marier et dire oui pour la vie !

Suggestions d'itinéraires

Ces itinéraires vous plongent au cœur du Morbihan, de ses parfums d'îles et d'océan aux accents balnéaires à une partition historique bien différente, qui invite à s'aventurer dans ses terres.

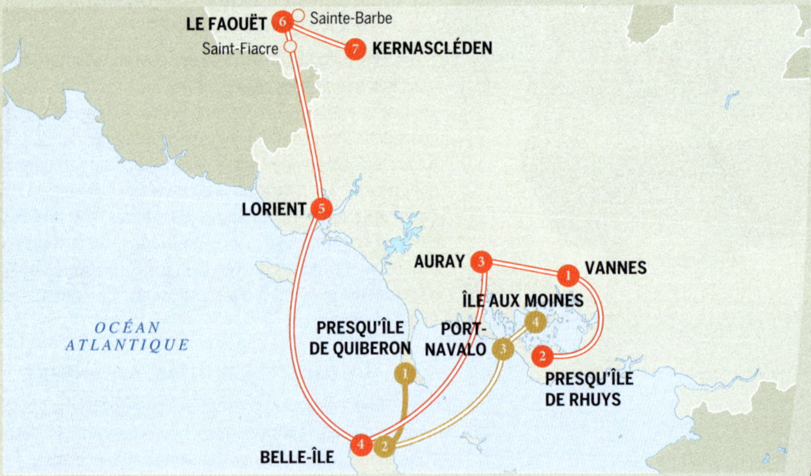

5 JOURS

DU LITTORAL AUX TERRES INTÉRIEURES

Le Morbihan historique

Consacrez une journée à **Vannes (1)**, dont le superbe centre historique est dominé par la cathédrale Saint-Pierre, condensé architectural de toute l'histoire religieuse bretonne. Le deuxième jour, mettez le cap sur la **presqu'île de Rhuys (2)** et visitez le château de Suscinio au matin, avant de reprendre la direction de l'ouest pour découvrir **Auray (3)** et le vieux quartier de Saint-Goustan, son petit port et ses charmantes maisons à colombages du XVIe siècle. Le lendemain, rejoignez **Belle-Île-en-Mer (4)** pour un séjour de deux jours. Vous y verrez l'imposante citadelle Vauban qui se dresse sur un piton rocheux à l'entrée du port du Palais. Ensuite, partez à l'assaut d'une autre citadelle, celle de **Port-Louis (5)**, face à Lorient, témoin orgueilleux du temps où la Compagnie des Indes assurait la prospérité de la région. Terminez votre périple au **Faouët (6)**, pour voir les chapelles Sainte-Barbe et Saint-Fiacre, ainsi que la petite église de **Kernascléden (7)**, qui recèle des fresques exceptionnelles.

6 JOURS

DES ÎLES AUX PRESQU'ÎLES

Le Morbihan insulaire

Passez une journée à explorer la **presqu'île de Quiberon (1)** et attardez-vous en particulier sur la Côte sauvage et les superbes points de vue qu'elle ménage, avant de rejoindre, à Quiberon même, l'embarcadère pour **Belle-Île-en-Mer (2)**. La citadelle Vauban, le joli port de Sauzon et ses maisons colorées, la pointe des Poulains, les dunes de Donnant et les aiguilles de Port-Coton ne sont que quelques-unes des merveilles de l'île et vous n'aurez pas trop de 2 jours pour en goûter tous les charmes. Au matin du troisième jour, rejoignez le petit port pittoresque de **Port-Navalo (3)** situé à l'extrême pointe de la presqu'île de Rhuys et aux portes du golfe du Morbihan (liaison assurée entre avril et octobre). Après avoir flâné dans ses ruelles, embarquez pour un tour des îles, découvrez l'île d'Arz, et Gavrinis, au loin, avant d'accoster pour deux jours de détente sur l'**île aux Moines (4)**, l'escale la plus courue de la "petite mer".

Locmaria, Belle-Île-en-Mer (p. 213)

LA PRESQU'ÎLE DE QUIBERON

Prendre la route de Quiberon, c'est traverser une étonnante flèche de terre sablonneuse d'environ 14 km, escorté à gauche et à droite par la mer et les pins maritimes. À l'ouest, la Côte sauvage, ses falaises et ses dunes balayées par les vents. À l'est, la baie, plus suave, et ses petits ports. En bout de course, Quiberon, à l'urbanisation quelque peu sauvage et concentrant le gros de l'activité touristique de la presqu'île. La beauté magistrale de la Côte sauvage et de la baie prend toute sa mesure hors saison, quand la presqu'île n'est pas assaillie de hordes de touristes et qu'une place de parking ou un coin de plage pour poser sa serviette ne sont pas devenus des denrées rares.

Plage de Port-Blanc, sur la Côte sauvage de Quiberon
DAMIEN BARRAULT ©

À voir

Isthme et fort de Penthièvre

Une fois franchi Plouharnel, vous arrivez sur l'**isthme de Penthièvre**, au nord de la presqu'île. À l'est s'étend la **plage des Sables-Blancs** et, à l'ouest, la **plage de Penthièvre**, repaire des véliplanchistes et des surfeurs. Elles sont très appréciées pour la pratique du char à voile. Bâti au XVIIIe siècle et reconstruit au XIXe sur un modèle Vauban, le **fort de Penthièvre** est désormais occupé par un centre de commando de la marine. On peut accéder seulement au souterrain où furent exécutés 59 résistants durant la Seconde Guerre mondiale. Attention, ça souffle beaucoup !

Portivy

Sympathique et très joli petit port (qui fait partie de la commune de Saint-Pierre-Quiberon), d'où l'on aperçoit la pointe du Percho, et où les vacanciers sont en général moins nombreux. Le spectacle au coucher du soleil est magistral. La **chapelle de Lotivy** (XIXe siècle) mérite

Vaut le détour
La Côte sauvage

En poursuivant à l'ouest la route côtière, depuis Portivy, on longe la Côte sauvage, où les falaises, prises par les vents, font face à la fougue de l'océan. C'est un spectacle permanent, surtout quand la tempête fait rage. Toute baignade est interdite de ce côté de la presqu'île, les courants et les lames de fond étant traîtres et dangereux. Faites attention aussi lorsque vous vous promenez sur le sentier côtier, ne vous écartez pas des endroits aménagés et ne vous approchez pas trop du bord. Les accidents mortels sont fréquents. Si vous êtes motorisé, vous pouvez profiter des aires de stationnement qui émaillent ses 14 km de côtes déchiquetées – ne laissez aucun objet de valeur dans votre voiture. Que cela ne vous empêche pas de flâner du côté de la pointe du Percho, des anses des ports naturels de Port-Bara, de Port-Guibello, de Port-Kerné et du Trou du souffleur. Depuis la terrasse du Vivier (voir ci-dessous), vous pourrez combiner apéritif et coucher du soleil magistral sur la Côte sauvage.

INFOS PRATIQUES

Restaurant Le Vivier (☎ 02 97 50 12 60 ; Côte sauvage ; plats 7-27,50 € ; ⏲ tlj en saison, mar-dim hors saison, fermé déc-jan)

une visite, ne serait-ce que pour admirer sa jolie voûte étoilée et ses vitraux.

Saint-Pierre-Quiberon

En venant de Penthièvre ou de Portivy, la même départementale vous mène, au sud-est, à Saint-Pierre-Quiberon et à ses quelques belles villas de bord de mer. Ici, c'est le royaume des plages tranquilles et bien abritées grâce au **port d'Orange** ; les familles apprécient particulièrement celle de **Kéraude**. La pointe de Beg Rohu accueille l'École nationale de voile, où vous pourrez admirer les fameux *Pen Duick II* et *V*, les bateaux d'Éric Tabarly.

Quiberon

Si vous aimez les embouteillages, les trottoirs et les plages bondés, vous êtes au bon endroit. Hors saison, vous aurez la Grande Plage de Port-Maria pour vous tout seul… L'architecture du bord de mer est assez disparate, entre quelques belles villas et des constructions modernes qui, disons-le simplement, saccagent le paysage. Les rues plus à l'intérieur du bourg, comme la place Hoche, sont bordées de commerces ou de résidences et ne présentent pas d'intérêt particulier.

En revanche, sur la **pointe de Beg er Lann**, à l'ouest de la Grande Plage, le **château Turpault** (privé, ne se visite pas), construit en 1904, se dresse seul au bord de la falaise comme pour parfaire la composition de tous les photographes de passage. Le port de pêche, **Port-Maria**, qui fut jadis un grand port sardinier, et la criée précèdent la gare maritime. En allant vers la **pointe de Beg er Vil**, vers l'est en longeant la mer, on arrive à la **plage du Goviro**, exposée plein sud comme la **Grande Plage**, puis à l'institut de thalassothérapie, à la **pointe de Goulvars** et enfin à la **pointe du Conguel**, le bout du bout de Quiberon. Vous pourrez y apercevoir deux îlots, le Petit Trou et le Grand Trou, et au large le phare de la Teignouse. Deux sentiers en font le tour et, en rebroussant chemin, vous tomberez sur la **plage du Conguel** qui regarde vers l'est.

Port-Haliguen

Depuis Quiberon, en remontant un peu vers le nord, ne manquez pas cet ancien port de pêche, devenu un port de plaisance assez important. C'est ici, comme l'indique une plaque, que le capitaine Dreyfus (1859-1935) débarqua

La presqu'île à Tire-Bouchon

Le train touristique surnommé le **Tire-Bouchon** (☎ 0800 880 562 ; 10 tickets aller simple 20,50 €, pass 99 € ; ⏲ mi-juin à mi-sept) assure des liaisons quotidiennes Auray-Quiberon, en marquant plusieurs arrêts tout au long du trajet (Belz-Ploemel, Plouharnel-Carnac, Les Sables-Blancs, Penthièvre, L'Isthme, Kerhostin, Saint-Pierre-Quiberon), et avec la possibilité d'y embarquer son vélo. Le pass est vendu en gare d'Auray et à l'office du tourisme de Quiberon notamment.

Durant l'été, le **Quib'bus** dessert tout Quiberon (ticket dans le bus, 1 €).

à son retour du bagne de Guyane avant d'aller à Rennes pour son second procès.

Activités

À la baignade s'adjoignent naturellement des activités aussi diverses que char à voile, kitesurf, surf, planche à voile, voile et plongée, et vous n'aurez aucun mal à trouver sur place un prestataire.

À même ses falaises et sa baie, ou à travers les 22 hameaux qui parsèment son territoire, ce sont également 50 km de sentiers de randonnées qui s'offrent aux marcheurs, auxquels s'ajoutent 15 km de circuits à vélo et 4 km de piste cyclable, dite "grand site", à la découverte des villages de pêcheurs (renseignez-vous auprès de l'office du tourisme). Faire du vélo sur la presqu'île peut être en outre une bonne option pour éviter les bouchons, tout en ayant à l'esprit qu'il faudra composer avec les automobilistes. **Cyclomar location** (☎ 02 97 50 26 00 ; pl. Hoche, Quiberon ; www.cyclomar.fr ; ⏲ tte l'année, tlj en saison) loue toute sorte de vélos.

Où se loger et se restaurer

LE VIEUX LOGIS

Chambres d'hôtes €

(☎ 06 86 70 50 81 ; 24 rue des Goélettes, Saint-Julien, Quiberon ; d 45-60 €, table d'hôtes 25 €/pers environ ; ⏲ tte l'année). Cette petite maison bretonne en pierre typique, dotée d'une cheminée et située à 100 m de la plage, jouxte la chapelle Saint-Julien. Très basiques, les deux chambres (2 et 3 lits) avec sdb donnent sur une rue passante, mais le double vitrage fait son effet. Côté déco, Stéphanie, la propriétaire, joue la carte de la récupération, un leitmotiv qui se retrouve jusque dans ses tableaux.

HÔTEL PORT HALIGUEN

Hôtel €€

(☎ 02 97 50 16 52 ; www.hotel-port-haliguen.com ; 10 pl. de Port-Haliguen, Quiberon ; d/tr/fam 59-94/71-97/92-131 € selon ch et saison ; petit-déj 8,50 €, demi-pension 32 €/pers ; ⏲ mi-mars à mi-nov ; wifi P). Cet hôtel deux étoiles racheté en 2010 est une réussite (et un excellent rapport qualité/prix). Avec un emplacement de choix, d'abord, sur le port, et une très belle terrasse panoramique. Dans sa décoration, ensuite, élégante et sans chichis, qui arbore, du hall d'entrée jusqu'aux chambres, des tons rouge-blanc-gris (celles du premier étage possèdent des balcons avec vue sur la mer). Au rez-de-chaussée, le restaurant **Amzer Zo** (☎ 02 97 50 11 59) propose une cuisine de la mer.

L'OCÉAN

Hôtel €

(☎ 02 97 50 07 58 ; 7 quai de l'Océan, Quiberon ; d/lits jum 55-76/63-84 € selon ch et saison, petit-déj 8 € ; ⏲ Pâques-fin sept ; P payant). Adresse très pratique à Quiberon, au cœur de Port-Maria et à deux pas des embarcadères. Sa jolie façade aux volets colorés qui donne sur le port cache cependant un intérieur moins pimpant, à commencer par le hall d'entrée, un peu triste. Les chambres donnent quant à elles dans le papier peint à grosses fleurs et jeté de lit assorti. Mais c'est propre et l'accueil est agréable.

LA CRIÉE – RESTAURANT DE LA "MAISON LUCAS" Produits de la mer **€€**
(**02 97 30 53 09 ; 11 quai de l'Océan ; plats 19-27 €, menus à partir de 18 € ; mar-dim, fermé mi-déc à jan et le dim soir hors saison).** Poisson et fruits de mer ultrafrais, cuisine copieuse et inventive qui ose le sucré-salé (la dorade à l'aigre-douce est une merveille)… autant dire que la réservation est impérative. Le cadre est un peu suranné. Possibilité de visiter l'atelier de fumaison.

Renseignements

Office du tourisme de Saint-Pierre-Quiberon (02 97 30 88 86 ; www.saintpierrequiberon.fr ; 3 rue Curie). Un second **Point info** (02 97 30 98 67) est installé à la gare de Saint-Pierre-Quiberon en juillet-août, et vend des billets pour le Tire-Bouchon.

Office du tourisme de Quiberon (**0825 13 56 00 (0,15 €/min) ; www.quiberon.com ; 14 rue de Verdun)**

BELLE-ÎLE-EN-MER

Belle-Île est multiple et ne se résume pas, si ce n'est peut-être à travers les contrastes qui la façonnent. Contrastes des lumières, si bien saisies par les peintres et les photographes, et d'une côte déchiquetée et tourmentée à laquelle succèdent un littoral plus doux et une campagne mélodieuse, parfois boisée, où paissent vaches et moutons. Contrastes aussi entre une haute saison saturée de touristes et des hivers désertés, plus encore entre une commune-capitale, Le Palais, un port de carte postale, Sauzon, de discrets bourgs, Locmaria et Bangor, et une centaine de petits villages émaillant le territoire. Au temps où régnaient les fées, on disait de Belle-Île qu'elle s'était échappée du golfe du Morbihan en compagnie de ses voisines Houat et Hoëdic. Et cela va sans dire, Belle-Île porte en elle cette magie qui donne envie d'y revenir. La plus grande des îles bretonnes offre une côte sauvage, pour les paysages ras de lande, battus par les vents, et une côte douce, pour les longues plages et les prés piqués de fleurs.

Promenade vers Port-Goulphar, Belle-Île-en-Mer (p. 212)

CAROLE HUON ©

Pass culturel

Le pass culturel s'applique à la muséographie de la pointe des Poulains, à la citadelle Vauban et au Grand Phare. Acheter un billet dans l'un confère, sur simple présentation de celui-ci, des réductions dans les deux suivants.

Le Palais (Porzh-Lae)

Bourdonnant d'activité en été, Le Palais, "capitale" de l'île et port d'embarcation principal pour le continent, conserve une vie tout au long de l'année. Il n'y a pas si longtemps, le port vivait de la pêche à la sardine, des chantiers de construction navale et des corderies. Commerces en tout genre, bars et restaurants se succèdent aujourd'hui au gré des ruelles colorées et des quais animés.

Activités

Un sentier côtier d'une centaine de kilomètres fait le tour de Belle-Île, laquelle compte également près de 80 km d'itinéraires cyclables, eux-mêmes propices aux randonnées à cheval ou, pourquoi pas, à dos d'âne. Procurez-vous les guides, très pratiques, des randonnées pédestres (5 €) et cyclistes (5 €) édités par l'office du tourisme. De début avril à fin septembre, les bus Taol Mor circulent sur l'île (voir p. 214) ; ils pourront faciliter vos pérégrinations. Il existe également un système de transfert de bagages pour les randonneurs, avec suivi des bagages sur toutes les étapes : **Bibags** (☎06 23 39 91 68 ; dom.bordier@hotmail.fr ; 90 € jusqu'à 5 bagages).

Belle-Île est aussi réputée en matière de sports nautiques, notamment pour ses nombreux sites de plongée. Reportez-vous à la rubrique *Plongée* (p. 323) pour plus d'informations sur les sites et les conditions de plongée.

Le surf se pratique quant à lui essentiellement sur la plage de Donnant, spot où vous êtes assuré de trouver des vagues quelle que soit la direction du vent. La plage d'Herlin est également appréciée des surfeurs.

Belle-Île, c'est aussi l'occasion de s'adonner au kayak et à la voile notamment, et pourquoi pas de réaliser une sortie en mer pour une partie de pêche ou une croisière autour de l'île ou jusqu'à ses consœurs : Houat et Hoëdic.

À voir

CITADELLE VAUBAN

Architecture militaire

(**☎02 97 31 84 17 ; www.citadellevauban.com ; adulte/10-16 ans 6,50/3,50 €, visites guidées en juil-août adulte/enfant (10-16 ans) 7/4 € ; 🕐juil-août tlj 9h-19h, avr-juin et sept-oct tlj 9h30-18h, nov-mars tlj 9h30-17h, fermé en jan et le 25 déc**). La citadelle représente un patrimoine historique militaire unique. Sa masse imposante se dresse sur un piton rocheux à l'entrée du port et occupe une superficie d'une dizaine d'hectares. Ses remparts s'étirent sur près de 4 km. Construite sur les vestiges du château des Gondi, elle fut rachetée par Fouquet, puis fortifiée par Vauban à la fin du XVIIe siècle, avant de subir diverses attaques au XVIIIe siècle. Occupée par l'armée allemande pendant la Seconde Guerre mondiale, elle finit par tomber en ruine. Elle a été sauvée de l'abandon en 1960 par un couple de particuliers qui a engagé de gigantesques travaux de rénovation et redonné à l'édifice son éclat d'antan. Depuis 2003, la citadelle appartient au groupe Savary, qui y a ouvert un hôtel de luxe.

Le **musée d'Art et d'Histoire** occupe une partie de la citadelle. Il retrace l'histoire de l'île et présente son patrimoine culturel.

Le magnifique bâtiment de l'**arsenal** abrite au second étage une exposition permanente sur la marine, où sont présentés d'anciens instruments et cartes de navigation, ainsi que de très belles maquettes de bateaux.

Le port du Palais

NOOL/FOTOLIA ©

Où se loger et se restaurer

L'ACADIEN Hôtel €

(**02 97 31 84 86 ; www.hotel-acadien.com ; 36 rue Joseph-Le Brix ; d/tr 39-63/51-75 € selon la saison ; tte l'année ;**). Sans conteste la meilleure affaire de la ville. Ce joli petit hôtel central, installé au-dessus d'un café (ouvert jusqu'à 21h), loue 13 chambres lumineuses et entièrement rénovées dans des couleurs rafraîchissantes, avec sol en joncs de mer ou beau lino imitation parquet. Plusieurs chambres peuvent accueillir jusqu'à 3 personnes. Accueil très chaleureux.

LE PETIT BRAMEL Traditionnel €€

(**02 97 31 21 20 ; rue Bramel ; plats 14-17 € ; mar-dim).** Ce petit établissement est tenu par un jeune homme qui tient à la fraîcheur de ses produits (la carte est modulable, et vous aurez droit à une sympathique présentation des plats, ardoise à l'appui). L'adresse est prisée des habitants, notamment pour son hamburger et son fondant au chocolat, grands classiques de la maison dont la réputation n'est plus à faire sur l'île. Ici, l'ambiance est excellente, décontractée et bon enfant.

AU JARDIN DU PORT
Salon de thé, restaurant €€

(**02 97 31 51 09 ; www.aujardinduport.com ; 6 rue Willaumez ; menu 18-23,50 €, menu enfant 9 € ; mar-dim).** Ce salon de thé-épicerie fine-restaurant attire autant pour les bons produits et les desserts gourmands (la mousse au chocolat est divine) que pour les plats de poissons et les spécialités bretonnes. À déguster en terrasse ou dans la jolie petite salle aux teintes toutes douces.

Sauzon (Saozon)

Si vous le pouvez, choisissez Sauzon comme port de débarquement. Quelle plus belle entrée en matière que ce cadre verdoyant où figurent en perspective un quai, un phare, une place et quelques maisons colorées et serrées les unes contre les autres à flanc de colline ? Abrité des vents, le port accueille des bateaux de pêche et de plaisance. Les mouvements de la marée, qui fait le va-et-vient dans une ria longue de plus d'un kilomètre, et le ballet des pêcheurs de

crevettes ou d'étrilles lors des coefficients plus importants, qui rappelle sa vocation première, procurent un spectacle dont on ne se lasse pas.

À voir

LA POINTE DES POULAINS Promenade
La pointe des Poulains est accessible depuis Sauzon par le sentier des douaniers, qu'il faut emprunter sur 5,3 km, soit environ 1 heure 20 de marche. Sauvage, battue par les vents et dominée par un **phare** haut de 20 m balisant la pointe nord-ouest de l'île depuis 1867, elle délivre un panorama grandiose. Par temps clair, l'île de Groix, Lorient et la baie de Quiberon se dégagent. Ici, l'espace sonore est investi par le chant des mouettes et le fracas des vagues contre les falaises. Habité par un gardien et sa famille jusqu'en 1987, le phare abrite aujourd'hui une exposition sur la faune et la flore locales. En contrebas, une **plage** de sable et de galets aux eaux turquoise offre un cadre idéal de baignade hors saison, quand il y a moins de monde, car elle est aussi le passage obligé jusqu'à l'îlot que forme la pointe des Poulains. Attention, le passage est submersible en cas de grande marée ! Les espaces naturels du site, qui appartient au Conservatoire du littoral, sont libres d'accès.

L'endroit est fortement marqué par la mémoire de Sarah Bernhardt (1844-1923), qui le découvrit en 1894. Elle y fit construire, pour sa famille, la villa des Cinq Parties du monde et, pour ses invités, la villa Lysiane, du nom de sa deuxième petite-fille. Cette dernière, à côté du parking, fait office d'accueil du site et de billetterie pour l'**espace muséographique de Sarah Bernhardt** (villa des Cinq Parties du monde ; 02 97 31 61 29 ; adulte/12-17 ans 4/2 € ; avr-sept tlj 10h30-17h30, oct jeu et sam, Toussaint fermé lun), dédié à la vie et à l'œuvre de l'actrice, et le fort de Sarah Bernhardt, qui donne l'occasion de se plonger dans

À gauche : Belle-Île-en-Mer ; **Ci-dessous :** Le Palais
(À GAUCHE) THIERRY RIO/FOTOLIA © ; (CI-DESSOUS) CAROLE HUON ©

son cadre de vie. Il suffit de suivre le chemin des Poulains pour y parvenir.

RÉSERVE ORNITHOLOGIQUE DE KOH-KASTELL Réserve naturelle

Territoire protégé par le Conservatoire du littoral, cette presqu'île de 17 ha s'étend au sud de la pointe des Poulains. Elle est habitée par une importante colonie de goélands bruns. On peut aussi y observer des mouettes tridactyles, des cormorans huppés, des fulmars boréals et des craves à bec rouge. La végétation, à flanc de falaise, présente par ailleurs un bel intérêt botanique, avec notamment de la bruyère vagabonde. L'accès à la réserve n'est possible que dans le cadre des visites guidées organisées par l'association **Bretagne vivante** (**☎ 02 97 31 63 67 ; www.bretagne-vivante.org ; tarif plein/réduit 5/4 €)** tous les jours de juillet et août, sauf le lundi, à 10h, 14h et 16h. Les visites de 2 heures, passionnantes, partent du **kiosque de l'Apothicairerie** (**☎ 02 97 31 63 67**).

Où se loger et se restaurer

HÔTEL DU PHARE Hôtel €

(☎ 02 97 31 60 36 ; www.hotelduphare-belleile.com ; quai Guerveur ; d/tr 60/80 €, demi-pension 59 €/pers, petit-déj 6,90 € ; avr-sept, vacances de Toussaint et Noël). Il est des adresses immuables et si l'hôtel du Phare en fait incontestablement partie, il semble néanmoins être resté sur ses acquis, qui consistent en l'occurrence en une vue imprenable sur le phare. Les chambres mériteraient d'être rénovées. Le bar est un haut lieu de la vie de Sauzon, et on y croise un joli mélange d'habitants et de gens de passage. Formules demi-pension.

CRÊPERIE LES EMBRUNS Crêperie €

(☎ 02 97 31 64 78 ; quai Guerveur ; galettes et crêpes 2-9,80 € ; tlj Pâques-Toussaint). La meilleure crêperie de l'île fait la part belle aux produits locaux, ou issus de l'agriculture biologique. La farine est bio, cela va sans dire, le caramel au beurre salé est de Belle-Île, et l'orange confite est faite maison. La décoration intérieure est un peu vieillote, mais les tables en extérieur, sur le quai, sont très agréables. En été, place de l'Église, une succursale de crêpes et de galettes à emporter s'ouvre (vous pouvez passer commande en téléphonant).

ROZ AVEL Gastronomique €€€
(**☎ 02 97 31 61 48 ; rue du Lieutenant-Riou ; menu déj 24 €, menus 30/50 €, menu enfant 16 € ; 🕓 tlj sauf mer, mi-mars à fin déc).** Cet incontournable de Belle-Île offre une cuisine d'une qualité sans faille, dans un cadre qui sait rester simple. On y savoure poissons et viandes de l'île comme le carré d'agneau au pleuric et ail en chemise et le bar rôti à la truffe et purée à l'huile de basilic. Jolie terrasse donnant sur l'arrière de l'église et un petit jardin. Il est préférable de réserver.

Bangor

Seule ville de l'intérieur des terres, Bangor affiche en toutes saisons une simplicité et une tranquillité qui contrastent avec le port du Palais, situé seulement à 5 km au nord. Et si son territoire a longtemps été le plus pauvre de Belle-Île, il rassemble sur sa côte sauvage quelques-uns des plus beaux sites insulaires.

À voir et à faire

AIGUILLES DE PORT-COTON ET PORT-GOULPHAR Espace naturel
Site phare de la côte sauvage, les aiguilles de Port-Coton semblent résumer à elles seules le charme abrupt de l'île. Ces rochers aux formes singulières, fouettés par les vents, soumis aux variations de lumières, et où l'écume forme un ballet de flocons, ont été immortalisés par Claude Monet en 1886. Au coucher du soleil, l'endroit promet un spectacle éblouissant. Par le sentier des douaniers, partez en direction de Port-Goulphar, un peu plus au sud, pour prendre toute la mesure de ce paysage. Ouverte sur le grand large, une anse arrondie aux reflets azur se pare d'une harmonie rare. Une jetée se lance dans la mer, un peu plus loin se dessine une plage. Les baigneurs investissent les lieux, à l'instar des bateaux de plaisance et des mouettes qui y trouvent un abri. Le Castel-Clara, l'hôtel quatre étoiles, domine l'endroit qui fut aussi le lieu de débarquage des pierres de granit nécessaire à la construction du Grand Phare.

GRAND PHARE Phare
(tarif plein/-12 ans 2 €/ gratuit ; 🕓 juil-août tlj 11h-13h et 14h-18h, avr-juin et sept mer-dim 11h-13h et

La pointe des Poulains (p. 210)
TERRE DE SIENNE / FOTOLIA ©

14h-18h sauf jeu matin, 1er oct-19 oct mer et sam 13h-17h, 21 oct-6 nov mar-dim 13h-17h). Il est aussi appelé phare de Goulphar ; on y parvient en prenant la direction de Kervilahouen, le "village des peintres", où logea notamment Claude Monet. Achevé en 1835, il est l'un des plus puissants de France par sa portée (32 milles). Il s'élève à 52 m de hauteur et offre, au terme d'une ascension de 247 marches, une vue panoramique sur l'île et le continent.

DUNES DE DONNANT Plage

Les **dunes de Donnant** constituent un site naturel protégé de renom. Situées entre les hameaux de Kerhuel et de Donnant, ces dunes de sable dessinent un immense paysage mouvant. La plage de Donnant, sublime, est l'une des plus célèbres de l'île et a très bonne presse auprès des surfeurs. Sachez toutefois que les courants sont ici très forts. Il vaut mieux se baigner quand la plage est surveillée. Un conseil pour y accéder : passez par Anter ou Bormené, le chemin est plus joli.

Où se loger et se restaurer

LE GRAND LARGE Hôtel €€

(02 97 31 80 92 ; www.hotelgrandlarge.com ; d haute (mi-juil à août)/moyenne et basse saison 109-209/60-199 € selon ch et vue ; fermé déc-fév ;). Bien connu des Bellilois, cet hôtel trois étoiles dominant la Côte sauvage a repris vie grâce aux nouveaux propriétaires qui l'ont rénové tout en préservant le style maison de famille. Les chambres, contemporaines, sont dotées de belles sdb. Elles ont vue sur la mer, sur le grand phare et les landes ou sur le jardin. Piscine surélevée pour une vue imprenable sur le large et à l'abri des regards. Possibilité de demi-pension.

Le premier atout du restaurant de l'hôtel, la **Marie-Galante** (02 97 31 83 44 ; plats 19-32 €, menu déj 19,50/33 €, menus enfant 15/19 € ; tlj sauf lun hors saison) est indéniablement la vue. Le second est la cuisine inventive et tout en finesse d'Olivier Scourzic, au diapason des saveurs locales. L'adresse est également prisée pour ses brunchs du dimanche en juil-août (à partir de 25 €).

CRÊPERIE CHEZ RENÉE Crêperie €

(02 97 31 52 87 ; bourg de Bangor, route de Grand-Village ; galettes et crêpes 2,50-12 € ; tlj avr-sept et vacances scolaires). Vous n'êtes plus à proprement parler chez Renée, mais cette crêperie historique, installée dans une jolie maison orange aux volets verts, reste une valeur sûre. La terrasse, à l'ombre des poiriers et des figuiers, et rehaussée de guirlandes de lumière le soir, est délicieuse. Wi-Fi.

Pointe du Skeul

Située au sud de Locmaria, une commune discrète qui a su garder une belle authenticité et qui s'enorgueillit des plus hautes falaises et des plus grandes plages de l'île, la pointe du Skeul offre un spectaculaire panorama sur la beauté minérale des côtes belliloises. Sur votre droite, vous apercevrez une succession de belles criques. Certaines sont totalement encastrées dans la falaise et invisibles de ce point de vue. Elles sont quatre et communiquent entre elles à marée basse en cas de grande marée. Prenez le chemin des douaniers pour rejoindre ces espaces isolés et de toute beauté.

Renseignements

Cars bleus (02 97 31 56 64 ; www.les-cars-bleus.com ; rue Jules-Simon, Le Palais ; avr-sept) et **Cars verts bellilois** (02 97 31 81 88 ; www.cars-verts.com ; 1 quai de l'Yser, Le Palais ; avr-sept). Circuits commentés de l'île en bus.

Maison de la nature (02 97 31 40 15 ; www.belle-ile-nature.com ; Les Glacis, Le Palais ; lun-ven 10h30-12h30 et 16h30-18h30, sam 10h-12h30 juil-août, mar-sam 10h-12h sept-juin et pendant les vacances scolaires). Elle organise des sorties nature à thème (adulte/12-16 ans 5/3,50 €) et édite des ouvrages qui se révèlent d'excellents partenaires sur place.

Office du tourisme (02 97 31 81 93 ; www.belle-ile.com ; quai Bonnelle, Le Palais). À deux pas du débarcadère du Palais. Propose à la

Si vous aimez... les ports de pêche et de plaisance

Si vous aimez l'ambiance particulière des ports de pêche ou de plaisance comme ceux de Saint-Goustan (p. 219), de Port-Navalo (p. 234) ou encore de Sauzon (p. 209), ne manquez pas les escales suivantes :

1 **LA TRINITÉ-SUR-MER**

Un des plus importants ports de plaisance du littoral atlantique, et port d'attache des navigateurs au long cours.

2 **PORT-ANNA**

À la pointe de la presqu'île de Séné, face à la presqu'île de Conleau, ce charmant petit port est prisé des peintres et des photographes.

3 **LOCMALO (PORT-LOUIS)**

Le charmant petit port de Locmalo est implanté dans le cadre du bourg fortifié de Port-Louis et de sa fameuse citadelle.

4 **LE BONO**

Ce joli petit port près d'Auray, avec un magnifique vieux pont suspendu, est situé au confluent des rivières d'Auray et du Bono.

vente des guides sur les randonnées pédestres et les randonnées cyclistes (5 €).

Comment circuler

BUS D'avril à septembre, quatre lignes de bus desservent les principaux points de l'île (**Taol Mor ; ✆ 02 97 31 81 88 ; www.ccbl.fr, www.cars-verts.com ; billet adulte/4-12 ans 2,50/1,70 €, forfait 2 jours 11/7 €, forfait 7 jours 25/15 €**). Les titres de transport sont vendus dans le bus.

SCOOTER

LMT Car Bike (**✆ 02 97 31 46 46 ; www.lmt-carbike.com ; 1 quai Vauban, Le Palais ; ⏲ tte l'année**)

VÉLO La plupart des loueurs de vélos se trouvent au Palais. Parmi eux, **Reversade** (**✆ 02 97 31 84 19, 06 80 62 62 28 ; www.location-reversade.com ; 14 rue de l'Église**) est un classique. À Locmaria, vous trouverez **Locmaria Cycle** (**✆ 02 97 31 72 90 ; www.location-locmaria.com ; rue des Acadiens**), et à Sauzon **Cycloloisirs** (**✆ 02 97 31 65 25**). La journée de location coûte en moyenne de 9 à 20 €, selon le type de vélo, tandem compris.

VOITURE Situé face au débarcadère du Palais et disposant également d'une antenne à Sauzon en été, **Locatourisle** (**✆ 02 97 31 83 56 ; www.locatourisle.com ; à partir de 49 €/jour hors saison et de 65 € en saison ; ⏲ tlj, tte l'année**) dispose d'un impressionnant parc de voitures (Clio, Twingo, et voitures rigolotes de deux ou quatre places, pour certaines décapotables). **Belle-Île Auto** (**✆ 02 97 31 30 93 ; www.belle-ile-auto.fr ; 12 quai Jacques-Le Blanc et rue du Pont-Orgo, Le Palais ; à partir de 45 €/jour hors saison et de 58 € en saison**), affilié au réseau Avis, propose aussi des voitures rétro comme la Dyane décapotable.

Depuis/vers Belle-Île

BATEAU Pour vous rendre à Belle-Île, c'est le seul moyen. Selon les saisons, vous pouvez partir de Quiberon (seule liaison assurée toute l'année), de Vannes ou de Port-Navalo, ainsi que de La Turballe (p. 276), du Croisic (p. 272) et de Locmariaquer (p. 221), ces derniers ports se prêtant davantage à des excursions à la journée.

Compagnie Océane (**✆ 0820 056 156, depuis l'étranger 332 97 35 02 00 ; www.compagnie-oceane.fr**) assure toute l'année une liaison entre Quiberon et Le Palais. La traversée dure en général 45 minutes, et un aller-retour coûte entre 28,05 et 28,55 € par personne selon la saison, en tarif plein (réservation fortement recommandée). Vous pouvez aussi embarquer un véhicule – la réservation est alors obligatoire. Le transport d'une voiture coûtant assez cher (au minimum 143 € aller-retour), il peut être préférable de laisser votre voiture sur le continent (plusieurs parkings payants et surveillés sont à disposition à Quiberon), et de louer une voiture sur place. En juillet et août, la compagnie relie aussi le port de Sauzon, toujours au départ de Quiberon. L'été également, des navettes rapides sont mises en place, qui ne peuvent accueillir que des passagers. La traversée dure alors une vingtaine de minutes seulement.

Compagnie du Golfe (☎ 02 53 46 56 56 ; www.compagnie-du-golfe.fr). D'avril à octobre, elle embarque pour Le Palais depuis Vannes et Port-Navalo. L'aller-retour plein tarif vous reviendra entre 29 et 31 € selon la période.

Navix (☎ 02 97 46 60 00 ; www.navix.fr). De mi-avril à septembre, cette compagnie maritime dessert Le Palais depuis Vannes, Port-Navalo, Locmariaquer, Le Croisic et La Turballe. Attention, ses navires transportent seulement des passagers, et donc pas de véhicules ni de vélos. L'aller-retour journée plein tarif coûte 28 €.

CARNAC (KARNAG)

Qui n'a jamais entendu parler de Carnac ? Ses milliers de menhirs l'ont rendu célèbre, mais ce petit bourg cossu est également une station balnéaire courue qui multiplie sa population par dix en haute saison. La raison ? Ses nombreuses plages de sable fin, ses infrastructures touristiques appropriées, qui riment malheureusement aussi avec urbanisation outrancière, et son climat presque méditerranéen.

Carnac est une localité tricéphale. La zone balnéaire s'étend d'est en ouest le long des plages, à Carnac-Plage. Le centre-ville, Carnac-Ville, est à environ 1 km au nord et s'ordonne autour de l'église Saint-Cornély. Les sites mégalithiques commencent à la sortie nord du bourg et s'étendent vers l'est. À l'ouest, du côté de l'anse du Pô, Carnac retrouve une physionomie plus traditionnelle, avec de multiples bassins ostréicoles.

À voir

ALIGNEMENTS Site mégalithique

(Maison des mégalithes ; ☎ 02 97 52 29 81 ; accès libre oct-mars, reste de l'année visites-conférences de 1 heure tarif plein/réduit 6/5 €, gratuit -18 ans, pass mégalithes ; 🕒 tlj 10h-17h sept-avr, tlj 9h-18h mai-juin, tlj 9h30-19h30 juil-août ; P ; navette gratuite entre la Maison des mégalithes et le musée de la Préhistoire à Carnac-Ville). Les fameux alignements s'étendent sur 4 km d'ouest en est, au nord de Carnac, et sont répartis sur 40 ha en trois

Les alignements de Carnac

RICHARD VILLALON/FOTOLIA ©

Mégaplan

Le **pass des mégalithes** permet de visiter, outre les alignements de Carnac, trois autres sites mégalithiques (le cairn de Gavrinis, le site des mégalithes de Locmariaquer et le cairn du Petit-Mont à Arzon) et le musée de la Préhistoire de Carnac à un tarif réduit dès le deuxième monument visité. Demandez-le quand vous payez votre droit d'entrée à l'un de ces sites.

groupes : **les alignements du Ménec** et de **Toul-Chigan** (séparés par la D119) ; ceux de **Kermario** (que longe la D196) et du **Manio** ; enfin, les **alignements de Kerlescan** (bordés aussi par la D196). Ces vestiges datent du néolithique (environ 4600 av. J.-C.). Les quelque 4 000 pierres levées de tailles diverses, allant de 6,50 m de haut pour le **Géant du Manio** à quelques décimètres, sont disposées en longues files plus ou moins parallèles et en enceintes. Les alignements du Ménec, très impressionnants, rassemblent 1 050 pierres organisées en 11 files, sur une longueur de 950 m. Quant aux 1 029 menhirs de Kermario, ils sont visibles depuis une passerelle permettant ainsi d'avoir une vue générale du site. L'ensemble le mieux conservé est celui de Kerlescan, qui présente 13 files de menhirs (plus de 500) qui s'achèvent par un cromlech de 39 menhirs. Les interprétations les plus courantes voient dans la structure de l'ensemble une dimension sacrée. Ils sont enclos d'un grillage pour éviter le piétinement de la flore et les graffitis ; vous pourrez les apprécier seul (de septembre à mars) ou en visite guidée. Peu après l'alignement de Kermario, au bout de la route à droite, ne manquez pas le **cairn de Kercado**, un dolmen à couloir enseveli sous une butte de terre.

MUSÉE DE LA PRÉHISTOIRE Musée

(☎ 02 97 52 22 04 ; www.museedecarnac.com ; 10 pl. de la Chapelle, Carnac-Ville ; tarif plein/réduit 5/2,50 € ; ⏲ tlj 10h-18h juil-août, mer-lun 10h-12h30 et 14h-18h avr-juin et sept, tlj 10h-12h30 et 14h-18h vacances scolaires, mer-lun 10h-12h30 et 14h-17h oct-mars). Un fabuleux petit musée qui regroupe, sur deux niveaux d'exposition et suivant un parcours chronologique allant du paléolithique (environ 250 000 à 10 000 av. J.-C.) à la période gallo-romaine, des objets (6 000 environ) trouvés lors des campagnes de fouilles, des maquettes et des cartes. Expositions temporaires également.

ÉGLISE SAINT-CORNÉLY Église

Dans le centre-ville, sur le fronton du portail de cette église de style Renaissance édifiée du XVIIe au XVIIIe siècle, vous verrez la statue polychrome de saint Cornély (qui serait le pape Corneille, 251-253), saint patron des bêtes à cornes, entouré de deux bœufs sculptés sur des panneaux de bois peints. Le porche massif à colonnes, surmonté d'un très imposant baldaquin sculpté, est assez étonnant. L'intérieur l'est tout autant : voûtes à lambris peints, avec effets trompe-l'œil, grand orgue du XVIIIe siècle, autels chargés d'or, de vitraux, de ferronnerie ouvragée complètent ce riche ensemble décoratif très bien conservé.

Où se loger

PLUME AU VENT Chambres d'hôtes **€€**

(☎ 06 16 98 34 79 ; www.plume-au-vent.com ; 4 venelle Notre-Dame ; d haute/basse saison 90/80 €, petit-déj inclus ; ⏲ tte l'année). Une très belle adresse dans une venelle au calme et en plein centre, également dotée d'une magnifique salle à manger et d'un jardin de curé très arboré. Côté déco, parquet et poutres apparentes où le blanc domine, avec quelques échappées pastel pour les meubles rétro, et une douche en béton ciré pour la touche moderne.

LE DIANA Hôtel-restaurant **€€€**
(**02 97 52 05 38 ; www.lediana.com ; 21 bd de la Plage ; d 142-260 € selon ch et saison ; mi-avr à début oct ;**). Face à l'océan, ce quatre-étoiles offre toutes les prestations requises pour un hôtel de cette catégorie, si ce n'est des chambres aux couleurs et aux motifs pas des plus heureux. Elles sont néanmoins cosy, lumineuses et donnent sur la mer ou sur le minigolf. La piscine est chauffée. Le restaurant propose une cuisine axée sur les produits de la mer.

Où se restaurer

LE CORNELY Brasserie **€€**
(**02 97 52 76 24 ; 40 bd de Légenèse ; plats à partir de 11 € ; tlj 11h-1h en saison, fermé lun-mar le reste de l'année).** Restaurant-bar aux allures de paillotte avec sa grande terrasse ensoleillée donnant, légèrement en retrait, sur la très belle plage de sable blanc de Légenèse. Cet emplacement exceptionnel lui vaut d'être prisé des locaux, d'autant que les estivants de passage poussent rarement jusqu'à lui. Esprit plutôt lounge à l'intérieur, avec pierres apparentes.

LA CALYPSO Grillades **€€€**
(**02 97 52 06 14 ; www.calypso-carnac.com ; 158 rue du Pô, direction parc à huîtres du Pô ; entrées 10-20 €, plats à partir de 23 €, desserts 7,50-13,50 € ; mar-dim en saison, fermé dim soir et lun hors saison, fermé déc-jan).** Situé face aux parcs à huîtres de l'anse du Pô, ce restaurant au patron sympathique est spécialisé dans le poisson grillé, avec quelques viandes également, et des fruits de mer en entrée.

Où prendre un verre et sortir

LE MORA MORA Bar
(**02 97 52 75 45 ; 27 av. Port-en-Drô ; tte l'année 18h-2h, fermé en sem hors vacances scolaires).** Parole de voileux : ici, ça envoie du lourd ! Toujours un DJ, des concerts réguliers et quelques constantes : un bar bondé, du volume, du rhum qui coule à flots, et une ambiance déchaînée.

Plage de Carnac

JEAN-BERNARD CARILLET/LONELY PLANET IMAGES ©

LE WHISKY CLUB Club-bar de nuit
(02 97 52 10 52 36 ; 8 av. des Druides ; tte l'année, le week-end et tous les soirs pendant les vacances scolaires). Pour les gros fêtards peu adeptes de la classique discothèque (ni de l'ambiance juvénile des Chandelles). Repaire de locaux en toute saison. L'ambiance est excellente, dans un décor type lounge sur 2 étages.

Renseignements

Offices du tourisme Carnac-Plage (02 97 52 13 52 ; www.ot-carnac.fr ; 74 av. des Druides ; tte l'année) ; **Carnac-Ville** (pl. de l'Église ; avr-sept et vacances scolaires)

Comment circuler

BUS Durant les mois de juillet et août, un service de navette gratuite, **Carnavette**, circule toutes les 15 minutes (de 10h30 à 12h30 et de 13h30 à 20h30) entre les alignements du Ménec, la place de la Chapelle de Carnac-Ville (Mairie-Musée) et la Grande Plage.

VÉLO Pour louer un vélo, adressez-vous à **Besrest Christian** (02 97 52 88 92 ; 2 bis av. des Salines, Carnac-Ville) ou **Cyclo Tours** (02 97 52 06 51 ; 89 av. des Druides, Carnac-Plage).

AURAY (AN ALRE)

Située au fond d'une ria profonde, entre la presqu'île de Quiberon et Vannes, Auray se déploie sur les berges du Loc'h. Ancienne ville ducale, référencée "ville d'art et d'histoire", elle se partage entre la ville haute, très commerçante et animée, qui s'organise autour de la place de la République, et, en contrebas, le vieux quartier de Saint-Goustan, avec son petit port et ses charmantes maisons à colombages du XVIe siècle. Auray est aussi réputée pour son grand marché qui se tient chaque lundi autour des places Notre-Dame et de la République.

À voir

Centre-ville

En flânant dans les petites rues animées et bordées de superbes maisons à colombages du centre de la ville haute, vous découvrirez quelques trésors. À partir de la place de la République (dont les halles abritent un marché couvert du lundi au samedi de 6h30 à 13h), dominée par l'élégant hôtel de ville (de la fin du XVIIIe siècle) et quelques belles vieilles demeures (XVIe-XVIIe siècles), vous pouvez rejoindre la **rue J.-M.-Barré**, très commerçante depuis le XVIIe siècle, époque à laquelle on y trouvait des auberges (aux n°1, 3 et 5). La légende veut que ce soit dans l'une d'elles qu'ait eu lieu l'une des arrestations de Marion du Faouët.

Auray

Vaut le détour
Lorient

Deuxième port de pêche de France ouvert sur l'Atlantique, où débarquent tous les jours des amoureux de la mer, Lorient est une ville de caractère mais qui, presque totalement amputée de son patrimoine architectural durant la Seconde Guerre mondiale et reconstruite sur des ruines, a dû se réinventer. L'excellent **Festival interceltique** (voir p. 44), qui réunit des milliers de visiteurs tous les ans pendant 10 jours au début du mois d'août, est l'un des grands rendez-vous de la ville et participe de cette dynamique, tout comme l'immanquable **Cité de la voile Éric-Tabarly** (☎ 02 97 65 56 56 ; www.citevoile-tabarly.com ; base des sous-marins de Keroman ; adulte/enfant 11,50/8,40 €, gratuit -5 ans, forfait famille 37,50 €, visite et embarquement immédiat adulte/enfant à partir de 6 ans 25,50/20,40 €, forfait famille 81,50 € ; ⏲ tlj 10h-20h juil-août, tlj 10h-18h vacances scolaires, mar-dim 10h-18h le reste de l'année, fermé en jan ; P wifi) qui livre tout ce que vous avez toujours voulu savoir sur la voile !

En poursuivant la rue Barré jusqu'au bout, vous atteindrez la très jolie **chapelle Sainte-Hélène** (XVe siècle), puis, en prenant la rue du Dr-Bourdeloy, l'**église Saint-Gildas**. Édifiée en 1623, elle présente une architecture d'inspiration Renaissance. À l'intérieur, un superbe buffet d'orgue en bois sculpté, datant du XVIIIe siècle, et un retable en marbre méritent la visite. La **chapelle de la Congrégation** (1672), qui abrite aujourd'hui l'office du tourisme, se situe dans la **rue du Lait**. Dans la rue du Jeu-de-Paume se dresse un bâtiment (1788) qui était une prison, en service jusqu'en 1897.

COLLÉGIALE DU SAINT-ESPRIT — Architecture

(☎ 02 97 24 09 75, 02 97 24 01 23 ; pl. du Four-Mollet ; entrée libre ; ⏲ lun-sam 10h30-12h30 et 15h-18h30, dim 15h-18h30). Cet édifice impressionnant des XIIIe et XIVe siècles, le plus ancien d'Auray, partiellement restauré depuis les années 1990, a été classé monument historique en 1982. Sa construction a été initiée par l'ordre hospitalier du Saint-Esprit, qui se consacrait à aider et à soigner les miséreux. La superbe charpente et les arcades en ogive donnent à l'ensemble architectural une certaine élégance. À la Révolution, la collégiale devint une caserne militaire, ce qu'elle resta jusqu'au début du XXe siècle. Désormais, on y organise des expositions d'art contemporain.

Quartier Saint-Goustan

Depuis la ville haute, on y accède en descendant la très belle **rue du Château**, pavée (oubliez les talons aiguille !), et bordée de quelques maisons à pan de bois et de jolies demeures en calcaire. Avant de franchir le vieux pont, en contrebas, montez l'impasse du Belvédère, pour une vision d'ensemble du quartier.

Le pont passé, la très photogénique **place Saint-Sauveur** se dévoile, et vous verrez, parmi les restaurants et les cafés, de nombreuses maisons à colombages, dont certaines datent du XVe siècle. Autrefois grand port de pêche et de commerce, Saint-Goustan est aujourd'hui un lieu touristique très fréquenté, mais également un port de plaisance. En vous promenant dans les ruelles au petit air médiéval qui abrite de nombreux ateliers d'artistes, notamment la rue du Petit-Port, la rue Saint-René et la rue Saint-Sauveur, vous constaterez le soin apporté à la restauration des maisons anciennes. En haut du quartier, ne manquez pas de jeter un coup d'œil à l'**église Saint-Sauveur**. Construite au XVe siècle, elle a été souvent remaniée jusqu'au XIXe siècle. Elle arbore un superbe porche du

XVIe siècle et un portail au décor datant du XVe siècle.

Circuits organisés

L'ÉTOILE DU GOLFE Sorties en mer
(**06 20 00 58 87, 06 64 90 02 18 ; www.etoiledugolfe.fr ; port de Saint-Goustan ; avr-nov).** Un petit navire en bois qui assure quotidiennement la navette entre les ports de Saint-Goustan et du Bono en 30 minutes (aller simple adulte/-12 ans/-4 ans 7/4/1 €, aller et retour avec visite du port d'escale adulte/-12 ans/-4 ans 12/6/2 €). Organise également au départ d'Auray ou du Bono des croisières avec escale jusqu'à l'entrée du golfe (adulte/-12 ans/-4 ans 20/13/6 €) et des croisières fluviales de 1 heure 30 sur la rivière d'Auray (adulte/-12 ans/-4 ans 16/8/4 €).

NAVIX Sorties en mer
(**0825 132 120, 0,15 €/min ; www.navix.fr).** Organise des tours du golfe avec ou sans escales (adulte/4-14 ans/-4 ans 20-27/13-17 €, gratuit -4 ans). Les départs se font depuis le port de Saint-Goustan. Consultez le site pour les jours et les horaires.

Où se loger et se restaurer

HÔTEL LE MARIN Hôtel €€
(**02 97 24 14 58 ; www.hotel-lemarin.com ; 1 pl. du Rolland, Saint-Goustan-Auray ; d/tr/f 65-75/90-95/90-115 € selon confort et saison, petit-déj 8,50 € ; tte l'année fermé janv ;**). Cette petite merveille d'hôtel a un superbe emplacement dans le quartier de Saint-Goustan ; tranquille et coquet, il est doté d'un bar et d'une agréable terrasse orientée plein sud. Les chambres déclinent une sobre et jolie déco à thème marin. Impeccables et confortables, certaines d'entre elles donnent sur la rivière d'Auray. Accueil sympathique. Confitures maison au petit-déjeuner. Très bon rapport qualité/prix.

CRÊPERIE SAINT-MICHEL Crêperie €
(**02 97 24 06 28 ; 33 rue du Belzic ; galettes et crêpes 1,90-8,50 €, menu déj 9,80 € ; tlj sauf dim en saison, fermé mar et mer soir et dim hors saison).** Une très bonne crêperie aux compositions tout en finesse en plein cœur d'Auray, idéale pour une pause déjeuner ou goûter avant de reprendre son parcours en ville. Intérieur très agréable avec coin Playmobil pour les enfants, et quelques tables sur la rue pour les beaux jours. Accueil et service sympathiques.

TERRE MER Gastronomique €€€
(**02 97 56 63 60 ; 16 rue du Jeu-de-Paume ; menu déj 17-21 €, menus 29/49 €, menu enfant 17 € ; mar-dim fermé sam midi).** Récompensé d'un Bib Gourmand en 2011, Terre Mer est une excellente table alliant finesse et inventivité à prix très raisonnable. Pour couronner le tout : un service exceptionnel, un très beau cadre mariant murs de pierre et poutres apparentes à une touche contemporaine pour un résultat tout en fraîcheur, et une très belle terrasse sur l'arrière. L'ensemble est très raffiné. Réservation indispensable.

Renseignements

Office du tourisme (**02 97 24 09 75 ; www.auray-tourisme.com ; 20 rue du Lait).** Situé dans un très bel édifice (la chapelle de la Congrégation, du XVIIe siècle), il organise des **visites guidées** de la ville et édite une brochure de découverte très complète.

VANNES (GWENED)

Le chef-lieu du Morbihan est un joyau que l'on vient admirer du monde entier, pour son patrimoine historique préservé, mais également pour sa position privilégiée entre la presqu'île de Quiberon et celle de Rhuys. Certes touristiques, la vieille ville et son port savent livrer leur intimité à qui prend le temps d'arpenter ruelles, remparts et placettes médiévales, et revêtent des allures de station balnéaire dès la belle saison. On ne sait plus qui, de la terre ou de la mer, du passé ou du

CLAUDE NISSENS/FOTOLIA ©

À ne pas manquer Locmariaquer

À la limite ouest du golfe du Morbihan, logée à l'extrémité d'une langue de terre, Locmariaquer est une petite station balnéaire aux plages sauvages agréables et un centre ostréicole toujours actif. La Grande Plage, orientée au sud, naît à l'ouest de la pointe de Kerpenhir. En face, vous pouvez voir à l'horizon la silhouette de Port-Navalo à l'extrémité de la presqu'île de Rhuys.

Locmariaquer possède des sites mégalithiques exceptionnels que vous trouverez à l'entrée du bourg. Trois ensembles symbolisent à eux seuls la beauté mystérieuse de l'art mégalithique. La **Table des Marchands** (3900 av. J.-C.), un dolmen à couloir, est l'un des plus spectaculaires. De forme grossièrement ovale, il mesure de 25 à 30 m de diamètre. Le couloir, long de plus de 20 m, mène à une chambre funéraire. Sur les parois intérieures, des motifs gravés représentent des haches et des bovidés. Le **Grand Menhir brisé** (4500 av. J.-C.) est couché près de la Table des Marchands, brisé en quatre morceaux. S'il tenait encore debout, il dépasserait 20 m de haut et serait le plus grand menhir de Bretagne. À l'origine, il faisait partie d'un alignement de 19 menhirs. Quant au **tumulus d'Er Grah**, il s'agit d'un monument funéraire long de 140 m renfermant un caveau. Visites guidées possibles.

INFOS PRATIQUES

☎ 02 97 57 37 59 ; www.locmariaquer.monuments-nationaux.fr ; route de Kerlogonan ; tarif plein/réduit 5/3,50 €, gratuit -26 ans ressortissants de l'UE ; ⏲ tlj 10h-18h mai-juin, tlj 10h-19h juil-août, tlj 10h-12h30 et 14h-17h15 sept-avr ; accessible aux personnes à mobilité réduite.

Vaut le détour
La ria d'Étel

Entre Lorient, à l'ouest, et la presqu'île de Quiberon au sud-est, la ria d'Étel entaille profondément la côte morbihannaise. Cette petite mer intérieure offre des paysages d'îlots, de dunes et de côtes ciselées changeant au gré des marées. Lieu de prédilection d'une faune et d'une flore à l'abri des débordements touristiques, la ria est également un important pôle ostréicole. À son embouchure, la fameuse **barre d'Étel**, dont se méfient tous les marins, est un banc de sable qui se déplace selon les vents et les courants. À l'est, le cordon dunaire et d'immenses plages, propices à la baignade et aux activités nautiques, s'allongent du côté d'**Erdeven**. **Saint-Cado** et son adorable chapelle romane se situent sur un îlot plus au nord. Aux alentours, les **mégalithes** rivalisent avec ceux de Carnac et sont l'occasion d'une belle randonnée à travers les âges. Ne manquez pas le **géant de Crucuno** (sur la D781 entre Erdeven et Plouharnel), le plus gros dolmen recensé dans le monde à ce jour.

Pour traverser la rivière d'Étel, un **passeur** (aller 1,40 €, aller-retour 2,60 €, demi-tarif enfants de 4 à 10 ans, gratuit pour les vélos ; tlj 9h-13h et 15h-19h juin-sept) fait la navette entre le port d'Étel et celui de Magouër-en-Plouhinec, de l'autre côté de la Ria. Le mardi, jour de marché à Étel, la traversée se fait de 9h à 14h et de 16h à 19h.

présent, rend hommage à l'autre, et c'est tant mieux, car le visiteur y trouvera de quoi satisfaire toutes ses envies.

À voir

Vieille ville

Vannes fait partie des "villes d'art et d'histoire" et c'est à pied qu'il faut la découvrir : comptez deux heures de balade pour apprécier pleinement ce plongeon à travers les siècles, et l'impeccable préservation du quartier.

PORT ET CENTRE-VILLE Promenade

La grande place Gambetta, construite en hémicycle (1835) avec ses nombreuses terrasses, couronne le port et l'entrée sud de la vieille ville ; elle est marquée par la porte Saint-Vincent – surplombée par la statue du patron de la ville, saint Vincent Ferrier – qui donne sur la rue du même nom, bordée d'immeubles datant du XVIIe siècle. En la remontant, vous trouverez sur votre gauche la place du Poids-Public avec des maisons du XVIIe siècle et l'hôtel de Francheville. De la place des Lices, où se déroulaient joutes et tournois des ducs de Bretagne, vous pouvez rejoindre la porte Calmont, édifiée au XIVe siècle et défendue par une tour jadis agrémentée d'un pont-levis, ainsi que la rue de la Poterne (XVIIe siècle) qui permet d'accéder aux jardins à la française des Remparts, dominés par l'ancien château de l'Hermine du duc Jean IV.

REMPARTS Architecture militaire

Remarquable appareil défensif très bien conservé, les remparts suivent en grande partie la courbe du ruisseau de la Marle, bordé par les splendides **lavoirs du XIXe siècle** où les lavandières battaient le linge. Au pied du bastion de la Garenne, dernier élément ajouté à l'enceinte médiévale, deux tours sont visibles : la Poudrière (XVIe siècle) et la **tour du Connétable** (XIVe-XVe siècle), dans laquelle il est possible d'entrer lors d'une visite guidée. Près de la tour Joliette, la muraille comprend des fragments de construction romaine, et mène jusqu'à la porte Prison (voir p. 225). Au-delà des jardins, passé la rue Francis-Decker, la promenade de la Garenne permet de faire une pause dans la verdure et d'admirer la ville dans sa quasi-totalité.

PLACE VALENCIA ET SES ENVIRONS

Patrimoine architectural

Sur cette place portant le nom de la ville natale de saint Vincent Ferrier, on peut admirer sa maison, et on trouve les figures sculptées en granit polychrome de "Vannes et sa femme" qui furent longtemps les symboles de la ville. De là, vous pouvez prendre la rue des Halles, dont les maisons médiévales semblent accentuer l'étroitesse (notez l'hôtel de Roscanvec édifié aux XVIIe et XVIIIe siècles) ; elle donne dans la rue Saint-Salomon, dont les n^os^10 et 13 présentent des animaux ornant les piliers et les façades des demeures moyenâgeuses. Vers l'est, la place Henri-IV est bordée de maisons en encorbellement du XVIe siècle très bien réhabilitées. Vers l'ouest, la rue Closmadeuc permet d'atteindre la rue Thiers, un axe important de la ville, qui débouche au nord sur l'hôtel de ville, un bâtiment néo-Renaissance de 1886 ressemblant à son homologue parisien et pour lequel la statue du connétable de Richemont a été initialement réalisée. Tout près, notez la chapelle Saint-Yves et sa facade blanche. En prenant la rue Thiers vers le sud, on débouche sur la place de la République. Si vous empruntez la rue du Pot-d'Étain, vous découvrirez l'hôtel de Limur, un magnifique hôtel particulier du XVIIe siècle dans le jardin duquel se déroule le festival de jazz en juillet.

LA COHUE – MUSÉE DES BEAUX-ARTS

Art moderne et contemporain

(☎ 02 97 01 63 00 ; www.mairie-vannes.fr ; 10-15 pl. Saint-Pierre ; billet combiné musée des Beaux-Arts et château Gaillard ; tlj 10h-18h juin-sept 6,10 €, tarif réduit 4,10 €, gratuit -18 ans ; tlj 13h30-18h oct-mai 4,30 €, tarif réduit 2,70 €, gratuit -18 ans et dim). Un musée renommé – il collabore avec le Centre Pompidou et la Bibliothèque nationale de France – dans les anciennes halles de Vannes, face à la cathédrale. Le lieu vaut le détour, ne serait-ce que pour son architecture du XIIIe siècle tout en voûtes, arcades et piliers de pierre, qui accueillit le parlement de Bretagne exilé à Vannes entre 1675 et 1690. Le rez-de-chaussée était dédié aux étals du marché (la cohue en breton), tandis qu'à l'étage siégeait la cour de justice du duc de Bretagne. Les salles sont magnifiques,

Saint-Cado, dans la ria d'Étel

CARRÉ PIXEL/FOTOLIA ©

Vannes

0 100 m
Vers Auray (18 km), Carnac (34 km) et Lorient (56 km).
Vers la gare ferroviaire, la gare routière (700 m) et la Villa Kerasy (500m).
Av Victor Hugo
R de la Boucherie
R Joseph Le Brix
Place Joseph Le Brix
R du Mené
Porte saint-Jean
Chapelle Saint-Yves
Place Maurice Marchais
R Émile Burgault
R Billault
R Brizeux
R de la Fontaine
R St-Patern
R St Nicolas
Vers Du Coq à l'Âne (50 m)
Porte Prison
R des Chanoines
R du Pot d'Étain
R Closmadeuc
R St Salomon
Place Henri-IV
Place Saint-Pierre
R St-Guenhael
R de la Bienfaisance
R des Vierges
Préfecture
Tour Joliette
Jardins de la Préfecture
Jardins des Remparts
R Thiers
R des Halles
R des Orfèvres
Tour Poudrière
R Francis Decker
Place Valencia
Place Lucien Laroche
R Pierre Rogue
R Noë
Place de la République
Poste
R Le Helfec
Place des Lices
R du Remparts
Tour du Connétable
Les Halles
R Porte Poterne
Place du Poids Public
Porte Poterne
Château de l'Hermine
Halle aux poissons
R St-Vincent Ferrier
R Alexandre Le Pontois
Marle
Pl de la Garenne
R de l'Unité
Porte Saint-Vincent
Porte Calmont
Place Gambetta
Quia Éric Tabarly
Kiosque culturel
Port de plaisance
R Ferdinand Le Dressay
Vers la gare maritime (2 km), la presqu'île de Conleau (3 km), l'Aquarium de Vannes et le Jardin aux papillons (2 km), et la promenade de la Rabine.

Vannes

Renseignements
1 Les lavoirs-Service du patrimoine........ C4
2 Office du Tourisme A7

À voir
3 Cathédrale Saint-Pierre B3
4 Château Gaillard B4
5 Église Saint-Patern D2
6 La Cohue B3
7 Petit train touristique A6

Où se loger
8 Hotel Le Bretagne.................................. C2

Où se restaurer
9 Restaurant de Roscanvec...................... B3
10 Terroirs.. D1

Où prendre un verre
11 Les Valseuses C5

spacieuses, mettant parfaitement en scène une belle collection permanente de peintures et d'estampes, modernes et contemporaines. Le point d'orgue en est *La Crucifixion* d'Eugène Delacroix. Nombreuses expositions temporaires et visites guidées.

CHÂTEAU GAILLARD – MUSÉE D'HISTOIRE ET D'ARCHÉOLOGIE

Du néolithique au médiéval

(☎ 02 97 01 63 00 ; www.mairie-vannes.fr ; 2 rue Noé ; tarifs voir musée des Beaux-Arts ; mi-mai à fin mai tlj 13h30-18h, juin-sept tlj 10h-18h, groupes sur réservation hors saison). Une riche collection archéologique et médiévale vous attend dans cet hôtel particulier en pierre de taille du XVe siècle qui fut le siège du parlement de Bretagne de 1456 à 1532. Boiseries décorées, plafonds Louis XIV, cheminées seigneuriales, lumières chatoyantes et petit jardin posent le décor. Les murs, bleus ou rouges, mettent en valeur les trésors du néolithique ou des églises moyenâgeuses. Visites guidées en été.

CATHÉDRALE SAINT-PIERRE

Architecture religieuse

(pl. Saint-Pierre). Le cœur médiéval de la ville se déploie autour de la massive cathédrale, véritable condensé architectural de toute l'histoire religieuse bretonne. Avec ses 110 m de long, elle est la plus grande de Bretagne. Construite au début du XIe siècle, elle fut achevée au XVe siècle et restaurée au XIXe siècle. Du XIIIe siècle, il reste la tour romane de la façade ; une flèche lui a été adjointe à l'époque romantique. La nef est du XVe siècle (gothique flamboyant), la chapelle ronde est de style Renaissance, le chœur de 1774. On portera aussi attention au buffet d'orgues et au trésor. Dans la salle capitulaire du déambulatoire ont été rassemblées des pièces d'orfèvrerie liturgiques anciennes, notamment un rarissime coffre de mariage du XIIe siècle. En sortant par le portail nord, de style flamboyant, orné de niches abritant les douze apôtres, on pourra emprunter la rue des Chanoines pour se rendre vers l'imposante porte Prison.

PORTE PRISON ET QUARTIER SAINT-PATERN

Quartier historique

Cette porte fortifiée, anciennement appelée porte Patern et alors flanquée de deux tours, prit son nom actuel au XVIIIe siècle car elle servait effectivement de prison sous la Révolution. Elle fut amputée de l'une de ses tours à la fin du XIXe siècle. Une fois franchi la porte – totalement rénovée en 2011 –, vous voilà dans le sympathique quartier Saint-Patern, qui se situe sur l'emplacement de l'ancienne Darioritum : c'est le plus ancien quartier de Vannes. Autrefois lieu de débauche, occupé par les tanneurs et les artisans au Moyen Âge, il lui reste aujourd'hui un caractère "canaille", puisque c'est là que se concentrent la plupart des bars en vogue. On y trouve de belles maisons à pans de bois, et surtout l'**église Saint-Patern** (1727) qui porte le nom du premier évêque de Vannes et contient des retables des XVIIe et XVIIIe siècles. Elle est l'une des étapes du pèlerinage Tro Breiz – un tour de Bretagne apparu au Moyen Âge en l'honneur des sept saints fondateurs de la Bretagne. La préfecture (1865), tout

au bout de la rue Francis-Decker, montre sur son fronton Nominoë, souverain de Bretagne, et Alain Barbetorte, duc de Bretagne ; elle est dotée d'un joli parc à l'anglaise. En face, on peut voir la belle façade hétéroclite de l'immeuble "Petits-Fers" construit à la fin du XIXe siècle, qui abritait une quincaillerie.

La Rabine

Une sympathique promenade boisée de 4 km au départ du port, le long de la rivière de Vannes, vous emmène jusqu'à la **presqu'île de Conleau**, aux portes du golfe du Morbihan. Rattaché à la côte par un gué à la fin du XIXe siècle, ce lieu de villégiature où l'on venait "prendre les bains" a même eu son casino. La pointe possède un bassin d'eau de mer ouvert, une plage de sable, et propose une vue imprenable sur **Port-Anna** et ses sinagots. Les maisons bourgeoises, les pins et le spectacle des barques de pêche amarrées près des voiliers rendent l'endroit attrayant. Les Vannetais s'y ruent le week-end. C'est de sa cale qu'on embarque pour l'île d'Arz. En chemin, vous croiserez d'anciennes maisons de marchands à pans de bois, le couvent des carmes, devenu le conservatoire de musique, la gare maritime, le chantier Multiplast, ainsi que l'**aquarium** et le **Jardin aux papillons**. Attention, le parking de 150 places à l'entrée de Conleau est payant du 1er avril au 30 septembre.

Où se loger

HÔTEL LE BRETAGNE Bien placé €
(☎ 02 97 47 20 21 ; www.hotel-lebretagne-vannes.com ; 36 rue du Méné ; ch 44-58 € selon saison, petit-déj 7 € ; tte l'année ; wifi). Ce petit hôtel propre, bien situé dans une rue commerçante (la porte Prison est à 100 m), propose 12 chambres à la déco certes un peu vieillotte mais chaleureuse, dont certaines avec vue sur les remparts. Le triple vitrage assure un calme rare en centre-ville, et l'accueil est très sympathique.

À gauche : remparts de la vieille ville de Vannes
Ci-dessous : cathédrale Saint-Pierre vue de la place Henri-IV, à Vannes
(À GAUCHE) DIANA MAYFIELD/LONELY PLANET IMAGES © ; (CI-DESSOUS) BETHUNE CARMICHAEL/LONELY PLANET IMAGES ©

LA VILLA KERASY
Hôtel de luxe **€€€**
(**☎ 02 97 68 36 83 ; www.villakerasy.com ; 20 av. Favrel-et-Lincy ; ch 99-239 €, ste 240-388 € ; ⏲ fermé mi-nov à mi-déc et jan ; wifi**). Un goût de Compagnie des Indes imprègne ces murs raffinés où la décoration invite au voyage sous toutes ses formes. Montants de lits anciens (excellente literie), bois exotiques, et objets chinés aux antipodes. La clientèle de cet hôtel de charme jouit d'un spa, de soins ayurvédiques, d'un salon de thé, d'un jardin japonais, d'un room-service indien et de toute l'attention du personnel. Luxe, calme et volupté dans les 15 chambres à thème dont certaines ont un jardin privé, et une suite ; on oublie vite qu'on est près de la gare. Spa privatif sur réservation, et salon de thé ouverts aux non-résidents.

Où se restaurer

DU COQ À L'ÂNE Bistrot à vins **€€**
(**☎ 02 97 42 56 74 ; 17 pl. du Général-de-Gaulle ; plats 5-9 €, formules midi 12-15 € ; ⏲ lun-ven**). Johan, ancien sommelier et grand voyageur, a passé son enfance entre la Tunisie, le Maroc et la Bretagne : normal donc de trouver à sa table une belle carte des vins, les produits phares du marché, des saveurs métissées et une gentillesse inoxydable. Au zinc convivial ou en terrasse, savourez tajine de poisson ou de viande, poulet vindaloo, pétoncles farcis, tartes fines, rillettes de sardine, huîtres, ainsi que de délicieux fromages et viandes.

TERROIRS Belle cuisine **€€**
(**☎ 02 97 47 57 52 ; www.terroirs-restaurant.com ; 22 rue de la Fontaine ; plats 6,50-19 €, menus 12,50-34 € ; ⏲ fermé sam midi, dim et lun**). Quatre menus : du jour (16,50 €),

Vaut le détour
Le Faouët et ses environs

Dès le début du XIXe siècle, Le Faouët a séduit les peintres, attirés par son ambiance rurale comme par son patrimoine. Les impressionnantes **halles**, bâties en 1542 au centre du village, ont toujours été un important lieu de négoce, surtout lors des grandes foires aux bestiaux. Restaurées à maintes reprises, elles font la fierté du Faouët. Un marché s'y tient les 1er et 3e mercredis du mois.

En périphérie, ne manquez pas les magnifiques exemples d'art local que sont la **chapelle Sainte-Barbe** (entrée libre ; jeu-mar 9h30-12h30 et 14h-18h30 juil-août, jeu-mar 10h-12h et 14h-17h30 sauf lun matin avr-juin et sept-oct, sam-lun 14h-16h30 le reste de l'année), bâtie à flanc de ravin en surplomb de la rivière Ellé, et la **chapelle Saint-Fiacre** (entrée libre ; tlj 9h30-12h30 et 14h-19h juil-août, tlj 10h-12h et 14h-18h avr-juin et sept-oct, sam-dim 14h-18h, lun 13h30-16h15 le reste de l'année), célèbre pour son magnifique jubé séparant le chœur de la nef. Depuis Le Faouët, on accède à la première en empruntant la D769 sur 3 km en direction de Gourin ; si vous voulez y aller à pied (1,7 km), prenez la rue des Halles, puis le chemin du Nabelour et la route de Sainte-Barbe. La seconde se situe à environ 2,5 km au sud du village (direction de Quimperlé).

À 15 km à l'est du Faouët, au centre du petit village de Kernascléden vous trouverez l'un des joyaux de l'art gothique flamboyant breton. La petite **église de Kernascléden** (entrée libre), édifiée durant la seconde moitié du XVe siècle avec l'appui des Rohan, recèle de splendides fresques d'époque qui valent à elles seules le détour.

terroirs bretons (21,50 €), autour des vins (28 €) et promenade – chaque mois une nouvelle destination (34 €). Une cuisine délicate, où les plats traditionnels se révèlent grâce à un assaisonnement exotique. À la carte, un vin est suggéré pour chaque plat. Le cadre est intimiste et l'accueil délicieux. Au n°18 de la même rue, le "18 sur vin" (06 68 27 20 20 ; mar-ven 9h30-12h et 15h-19h, sam 9h30-13h et 15h-19h) vend les vins du restaurant, ainsi que des terrines et chutney maison.

RESTAURANT DE ROSCANVEC
Gastronomique €€€
(02 97 47 15 96 ; 17 rue des Halles ; formules midi 25-30 €, menus 46-66 € ; du mar soir au dim midi). Dans une vieille demeure du centre historique, Thierry Seychelles propose une cuisine puissante et subtile, à prix abordable le midi : foie gras de canard avec sablé de sarrasin et compotée de rhubarbe-fraise, homard en crème glacée et lait d'amande ou au miel et vinaigrette de mangue, poitrine de pigeon, chocolat blanc et citron vert en bavarois avec feuilletine au wasabi et sorbet yuzu... Le service est rapide et très aimable.

Où prendre un verre

LE VIN À L'HEURE Bar à vins
(02 97 54 22 24 ; http://20alheure.online.fr ; 4 pl. Bir-Hakeim ; 12h-14h et 18h-1h, fermé dim et lun midi). Belle sélection de vins, accompagnés d'assiettes de charcuteries ou de fromages corses. Le cadre, avec ses tables soutenues par des tonneaux de vin, ses chaises de bistrot, son beau comptoir en zinc et ses grands tableaux d'ardoise, donne envie de s'y attarder pour dîner d'une salade landaise ou d'une pièce du boucher.

LES VALSEUSES Bar-concerts
(09 81 26 86 15 ; www.lesvalseuses.org ; 10 rue Porte-Poterne ; tlj juin-sept 11h-2h, 17h-2h et fermé mar hors saison). Tout près des remparts, une ambiance très conviviale vous attend dans cette maison en pierre, agrémentée d'une agréable

terrasse. Laurent et Fabien y organisent des concerts (jazz, rock, bossa...) et proposent des "tapas à la bretonne", des plateaux apéro ou du terroir (8-10 €), des rillettes de saumon maison...

Renseignements

Vannes bénéficie du label "Ville Internet" : de nombreux points d'accès Wi-Fi sont disponibles en ville.

Kiosque culturel (quai Éric-Tabarly, esplanade du port ; mar-dim 14h-18h ; entrée libre). Sur la rive droite du port, ce bel espace accueille des expositions de toutes sortes, souvent liées aux événements culturels organisés par la ville.

Les lavoirs – Service du patrimoine (02 97 01 64 00 ; patrimoine@mairie-vannes.fr ; Les Lavoirs, 15 rue Porte-Poterne ; visites adulte/12-25 ans 5/3,50 €, gratuit -12 ans sauf visites spécifiques pour les 4-12 ans à 3,50 €). Des visites **guidées et thématiques** (1 heure 30) de la vieille ville ou des fortifications – individuelle, adulte, famille et jeune public – sont organisées toute l'année. Un **Pass Patrimoine**, valable 2 ans, propose 10 visites pour 40,60 €. Le Service du patrimoine anime aussi un **Point Info Culturel** situé face à la cathédrale Saint-Pierre.

Office du tourisme (02 97 54 57 22 ; www.tourisme-vannes.com ; quai Éric-Tabarly, esplanade du port)

Comment circuler

BATEAU

Navix (0825 132 100 ; www.navix.fr ; gare maritime, parc du Golfe). Déjeuners ou dîners croisière sur le golfe (adulte/enfant 49,90/28 €), tour du golfe (A/R adulte/enfant 13/8 €), croisière aller-retour à l'île aux Moines et à l'île d'Arz (avec escale sur les 2 îles) adulte/enfant 27/17 €. Également des liaisons pour Belle-Île-en-Mer (A/R adulte/enfant 28/18 €, gratuit -4 ans), Houat ou Hoëdic (A/R adulte/enfant 28,50/18,50 €, gratuit -4 ans).

Compagnie du Golfe – Les bateaux de l'île d'Arz (02 97 01 22 80 ; www.compagnie-du-golfe.fr ; embarcadère de Conleau ou gare maritime juil-sept). Plusieurs liaisons quotidiennes vers l'île d'Arz et Belle-Île-en-Mer (voir les chapitres relatifs à ces deux îles p. 232 et p. 214).

VÉLO

Vélo'cea (02 97 01 22 33 ; www.velocea.fr ; 4 premières heures gratuites, puis 1 € l'heure supp). Un service de 174 vélos confortables

Les vieux lavoirs le long de la Marle (p. 222)

JOHN ELK III/LONELY PLANET IMAGES ©

et robustes en libre-service dans 25 stations réparties à travers la ville. Abonnement obligatoire : une journée 1 €, une semaine 5 €... Attention, ces cycles ne sont pas adaptés aux sentiers côtiers mais destinés à une utilisation citadine.

ÎLES DU GOLFE

Île aux Moines (Enizenac'h)

C'est la star du golfe ! D'une superficie de 310 ha, l'île aux Moines est la plus grande et la plus peuplée de la "petite mer". On la compare souvent à un vaste jardin en forme de croix : camélias, eucalyptus, mimosas, hortensias parsèment le paysage. Très boisée, elle affiche des jardins exubérants de cyprès, palmiers, orangers, citronniers, figuiers et même quelques oliviers. Vous l'aurez compris, l'île aux Moines est dépaysante et invite à une douce flânerie, à seulement 5 minutes en bateau du continent. Devenue une commune en 1792, l'île prospère grâce à l'élevage, à la pêche et au cabotage. Au XIXe siècle, les Îlois arment une importante flotte de commerce. Les hommes s'embarquent pour la pêche au thon jusque dans le golfe de Gascogne. Les derniers bateaux et leurs capitaines disparaissent dans les années 1950. Les 600 Îlois ont réussi à préserver l'identité de leur terre malgré les milliers de visiteurs qui débarquent chaque jour en été (la population se multiplie alors par 10). Ils vivent aujourd'hui du tourisme, de l'ostréiculture et de la pêche, vendue au marché du bourg, les mercredis et vendredis matin.

À voir

BOURG DE LOCMIQUEL

Bourg historique

Depuis le port, la rue Neuve puis la petite rue des Escaliers grimpent jusqu'au bourg, carrefour des routes qui mènent aux 4 pointes de l'île. On y voit de belles maisons de granit ornées de linteaux et de frontons sculptés (ce sont celles des armateurs ou des capitaines au long cours des XVIIe et XVIIIe siècles) et des maisons basses blanchies à la chaux (celles des pêcheurs). Couvertes de chaume ou d'ardoise, certaines sont ceintes de hauts murs. Errez dans les ruelles et les venelles où mille détails rappellent la vocation maritime de l'île. On repère l'imposante **église Saint-Michel**, du XIXe siècle, grâce à sa tour carrée blanche. Elle recèle un buste de saint Vincent Ferrier (patron de Vannes) datant du XVe siècle, des ex-voto et, dans le chœur, des boiseries provenant de Sainte-Anne-d'Auray. De l'esplanade, on a une belle vue sur le golfe. En contrebas, vous parviendrez à la jolie plage de Port-Miquel.

Île aux Moines

KIKABU/FOTOLIA ©

CROMLECH DE KERGONAN

Site mégalithique

Au centre de l'île, juste avant le bar Aloa, vous trouverez le cromlech (alignement circulaire de menhirs) de Kergonan, au diamètre impressionnant ; avec ses 90 m, il est l'un des plus grands d'Europe. Ses 24 blocs qui se dressent vers le ciel seraient liés au double cromlech de l'îlot d'Er Lannic. Dans une ancienne ferme juste à côté se tient une **exposition (gratuit ; 10h-12h et 15h-18h, fermé jeu)** dédiée au patrimoine archéologique, historique et naturel de l'île. Un peu plus loin, vous croiserez le calvaire du hameau de Kerno, d'anciennes fermes (l'île eut jusqu'à 30 laboureurs) et un petit dolmen. À l'ouest, la plage du Goret, avec sa digue de pierre encore utilisée par divers bateaux, est idéale si vous êtes avec des enfants. À la sortie du hameau de Kerno, un sentier part vers l'est pour rejoindre un très agréable chemin côtier qui fait le tour de la pointe sud de l'île.

Activités

La randonnée est le meilleur moyen de découvrir toutes les richesses naturelles, archéologiques et architecturales de l'île, dont on peut faire le tour en une journée, par un sentier côtier de 17 km, interdit aux vélos. Il permet de rejoindre la pointe sud, et couvre également une partie de la pointe nord. Trois circuits (jaune 5 km jusqu'au Trec'h, rouge 6 km jusqu'à Brouhel, bleu 10 km jusqu'à Penhap) vous emmènent à chaque pointe. Pour retourner au bourg de n'importe quel point de l'île, il suffit de suivre les flèches vertes.

Une carte est disponible à la mairie ou à l'office du tourisme. Le **Conservatoire du littoral (06 79 34 77 00 ; adulte/enfant 3/1 €)** organise des randonnées de 2 heures en juillet-août à Penhap tous les mercredis matin.

Renseignements

Office du tourisme (02 97 26 32 45 ; www.ileauxmoines.fr ; le port)

Vous trouverez au bourg un bureau de poste, un supermarché, des commerces, une pharmacie, et un distributeur de billets rue de la Mairie.

Comment circuler

MINIBUS

Visite guidée en minibus (06 88 17 24 23 ; tarif 13 €, 5-10 ans 10 € ; Guy Allioux, le port). Découvrez l'île aux Moines en une heure à bord d'un minibus ; le circuit est commenté. Départ du port tlj à 11h15, 14h, 15h15, 16h30 en saison.

VÉLO

Vous trouverez des loueurs de vélos au port, juste en arrivant. Tandem, carriole pour enfants, siège et casque pour bébé sont aussi proposés à la location.

P'tit Louis (02 97 26 35 21 ; www.locationdevelosptitlouis.com ; le port ; 3,30 €/h, 10 €/j, tandem 17,40 €/demi-journée ; 9h-18h30 en saison, fermé oct-jan). Notre loueur préféré, toujours disponible et souriant !

Depuis/vers l'île aux Moines

BATEAU

Izenah croisières (02 97 26 31 45, 02 97 57 23 24 ; www.izenah-croisieres.com ; quai Port-Blanc ; aller-retour adulte/enfant 4,20/2,20 €, -4 ans gratuit, vélo 3,50 € ; tte l'année). Ses navettes partent toutes les 30 min pour l'île aux Moines au départ de Baden (traversée 5 min), juil-août 7h-22h, sept-juin 7h-19h30. Propose également plusieurs formules, comme une croisière commentée dans le golfe le matin, puis une escale sur l'île aux Moines – uniquement d'avril à septembre (adulte/enfant 20/10 €).

Navix (0825 132 100, 0,15 €/min ; www.navix.fr ; adulte/enfant 15/10 €, -4 ans 4 € ; avr-sept). Assure aussi en saison des liaisons pour l'île au départ de Vannes, de Port-Navalo, de Locmariaquer, du Bono, d'Auray et de La Trinité-sur-Mer (seulement de mi-juillet à fin août pour ces deux derniers ports). La traversée dure 45 min au départ de Vannes.

La Compagnie du Golfe (02 97 01 22 80 ; www.compagnie-du-golfe.fr ; gare maritime, Parc du Golfe à Vannes ; aller-retour adulte/enfant 22/14 €, -4 ans gratuit ; Vannes tlj avr-sept départ 10h retour 16h45 ou 19h30, Port-Navalo tlj

avr-sept départ 14h retour 18h et juil-août départ 9h45 retour 16h30 ou 18h). Au départ de Vannes et de Port-Navalo, croisières commentées sur le golfe avec escale à l'île aux Moines.

Golfe Croisières (**02 97 57 15 27 ; www.golfecroisieres.com ; quai de Penn-Lannic ; adulte/enfant 20/10 €, -4 ans 4 € ; tlj juil-août, tlj sauf sam avr-mai-juin-sept ; départ 10h35 retour 17h20**). Au départ de Larmor-Baden, cette compagnie propose des tours du golfe avec escale sur l'île aux Moines.

Le Passeur des îles (**02 97 49 42 53 ; www.passeurdesiles.com ; Kerners ; aller-retour adulte/enfant 13/7 €, -4 ans 3 €, vélo 5 € ; juin-sept lun, jeu et dim départ 10h30 retour 17h ; tlj juil à mi-sept**). Cette compagnie dessert l'île aux Moines depuis Port-Navalo (Kerners).

Île d'Arz (Enez Arh)

Avec l'île aux Moines, l'île d'Arz (*enez arh* signifie "île de l'ours" en breton) est l'autre joyau du golfe, mais elle affiche une identité très différente de sa voisine. Pudique et paisible, elle a gardé son côté sauvage et ne se donne pas d'emblée. Ses marais, prés, plages et criques sont le royaume des oiseaux. Quasiment aucune voiture ne vous dérangera dans vos rêveries bucoliques ! Si vous en avez la possibilité, essayez de venir hors saison, vous goûterez ainsi pleinement à la quiétude des lieux, et les îliens vous salueront d'un sourire.

Le **sentier côtier** de 18 km qui fait le tour de l'île constitue une superbe promenade. La carte que vous fournira la mairie montre trois itinéraires : un circuit bleu (9 km, 2 heures 30) qui longe la côte ouest puis la partie sud-est, un circuit vert (7,5 km, 2 heures) qui longe la côte est, et un circuit rouge (5km, 1 heure 30) qui traverse l'île du nord au sud. Vous trouverez par ailleurs des loueurs de vélos sur l'embarcadère de Béluré.

Renseignements

Il n'y a pas de distributeurs automatiques de billets sur l'île, pensez-y avant d'embarquer ! Dans le bourg, une **supérette** (**02 97 44 32 36 ; mar-sam 9h-12h15 et 16h-19h, dim 9h-12h15, fermé jeu après-midi**) fait office de boulangerie-presse.

Comment circuler

Transport Iledarais (**02 97 44 30 82 ; rue des Oiseaux**). Un taxi collectif assure à chaque arrivée d'un passeur le transport jusqu'au bourg (2 € l'aller). Une remorque attelée permet de transporter les objets volumineux. Les taxis partent du bourg un quart d'heure avant le départ du bateau.

Depuis/vers l'île d'Arz

BATEAU

Les Bateaux de l'île d'Arz – Compagnie du Golfe (**02 97 01 22 80 ; www.compagnie-du-golfe.fr ; aller-retour adulte/enfant 8,10/4,45 €, gratuit pour les -4 ans**). Service de navettes pour l'île d'Arz au départ de Barrarac'h, à Séné, toute l'année, de Conleau en jan-fév-mars et oct-nov, de la gare maritime de Vannes d'avr à sept. Quand la billetterie de l'embarcadère est fermée, les tickets s'achètent directement à bord. On peut emporter son vélo (5,60 € A/R). Croisières commentées au départ de Vannes et de Port-Navalo (avr à oct) avec escale sur l'île d'Arz (adulte/enfant 22/14 €).

Navix-Compagnie des îles (**0825 132 100 ; www.navix.fr ; gare maritime et pl. des Lices à Vannes ; aller-retour adulte/enfant/-4 ans 7/4/2 €**). Assure des escales sur l'île du 13 juillet au 13 septembre, au départ de la gare maritime de Vannes. En juillet et août, croisières commentées dans le golfe avec une escale sur l'île d'Arz (adulte/enfant 22/14 € juil-août ; 21/13 € hors saison). Également départs de Port-Navalo et de Locmariaquer.

Izenah Croisières (**02 97 26 31 45 ; www.izenah-croisieres.com ; Port-Blanc, Baden ; aller-retour adulte/-12 ans 10/8 €**). Propose des liaisons directes au départ de Port-Blanc tlj sauf le samedi, ainsi que des croisières commentées sur le golfe avec escale sur l'île d'Arz, tlj d'avr à sept (A/R adulte/-12 ans 21/10 €, gratuit -4 ans et demi).

Le Passeur des îles (**02 97 49 42 53 ; www.passeurdesiles.com ; Port-Navalo ; aller-retour adulte/enfant 16/9 €, -4 ans 4 €, vélo 5 € ; juin et sept mer et jeu départ Locmariaquer 9h30 Port-Navalo 9h45 retour 17h ; juil-août lun-mar-jeu-dim**

MARIE DUFAY ©

À ne pas manquer Le cairn de Gavrinis (Gavriniz)

Le monument mégalithique de l'île de Gavrinis, au sud de Larmor-Baden, est un dolmen sous cairn (c'est-à-dire recouvert de pierres sèches) construit 3 500 ans avant J.-C. et sans doute destiné au culte des morts. À cette époque, l'île était encore rattachée au continent, la mer étant plus basse. D'un diamètre de 50 m, haut de 6 m, il est célèbre pour ses splendides gravures représentant haches, arcs et flèches, chevrons, crosses ou serpents qui ornent la petite chambre funéraire et la galerie qui y mène. Bien qu'elles soient étudiées depuis un siècle et demi, leur signification reste mystérieuse. On est saisi devant la beauté esthétique de cette œuvre d'art universelle, qui a inspiré entre autres le peintre William Turner ou le sculpteur Henri Moore. La technique, le style et la qualité de construction de ce cairn, considéré comme l'un des joyaux du néolithique, n'ont pas d'équivalent.

Outre ce trésor, cette petite île sauvage de 15 ha offre aux visiteurs un panorama unique du golfe du Morbihan. On observe sans difficulté hérons, aigrettes et goélands, ainsi que le ballet des barges ostréicoles.

INFOS PRATIQUES

Des trajets en bateau avec visite du cairn sont organisés au départ de la cale de Pen-Lannic sur la commune de Larmor-Baden (**traversée 15 min, de 9h30 à 17h ; adulte/étudiant/8-17 ans 12/10/5 €, gratuit -8 ans**). Si l'on accède à l'île par ses propres moyens, les tarifs de visite sont alors un peu plus bas (réservation la veille obligatoire). Le Passeur des îles (**02 97 49 42 53, 06 22 01 67 72 ; www.passeurdesiles.com ; embarcadère de Port-Navalo ; tarif A/R + visite adulte/enfant 8-17 ans/-8 ans 18/13 €/gratuit ; tlj juil-août sauf le week-end départ 11h45 retour 14h, mar et ven en sept départ 9h45 retour 11h30**) propose aussi des liaisons en juil-août-sept depuis Port-Navalo.

mêmes horaires). Cette compagnie dessert l'île d'Arz depuis Locmariaquer et Port-Navalo.

PRESQU'ÎLE DE RHUYS

Le pire et le meilleur du golfe du Morbihan semblent s'être concentrés dans la presqu'île de Rhuys. Située à environ 25 km au sud de Vannes, elle se déploie d'est en ouest entre le golfe, au nord, et l'océan Atlantique, au sud. Sur cette virgule de terre, les paysages sauvages et modelés par la mer côtoient une urbanisation parfois outrancière. Falaises, plages et marais préservés ménagent néanmoins des espaces de toute beauté et vous découvrirez, fièrement posté à la pointe ouest de la presqu'île, Port-Navalo, petit port où l'on aime à observer le passage des bateaux avec, pour arrière-plan, la pointe de Kerpenhir, de l'autre côté du golfe. Non loin, Arzon et le port du Crouesty se partagent les faveurs des touristes qui viennent pour les plages et les infrastructures modernes du port. Avant de parvenir jusque-là, vous verrez, au centre de la presqu'île, Sarzeau, qui tire avantage de sa position géographique, car elle s'étend des eaux du golfe au nord à celles de l'océan au sud. Elle présente le visage d'une petite ville plutôt résidentielle et balnéaire, qui compte sur sa commune le château de Suscinio, l'une des merveilles du patrimoine breton. Au sud, Saint-Gildas-de-Rhuys, dont l'église abbatiale impose sa superbe présence depuis le XIe siècle, s'enorgueillit de quelques belles plages.

À voir

Sarzeau (Sarzhav)

CHÂTEAU DE SUSCINIO Château

(☎ 02 97 41 91 91 ; www.suscinio.info ; tarif avec audioguide plein/réduit/8-17 ans 7/6/2 €, gratuit -8 ans, forfait famille 15 €, visites guidées et ateliers pour enfants 2-5 € ; ⌚ tlj 10h-19h avr-sept, tlj 10h-12h et 14h-18h fév-mars et oct, tlj 10h-12h et 14h-17h nov-jan). Résidence des ducs de Bretagne du XIIIe au XVe siècle, le château est situé à environ 4 km au sud-est de Sarzeau, près de l'océan. Après 30 ans de travaux, il a retrouvé son allure de forteresse, avec ses tours, ses remparts, son chemin de ronde et son pont-levis qui enjambe les douves. À l'origine un manoir de chasse, il est transformé en forteresse au XVe siècle et est délaissé quand François II de Bretagne (1435-1488) part s'installer à Nantes, où naît sa fille Anne de Bretagne (1477-1514). S'ensuit une longue période de déclin, avant que le château ne soit finalement classé monument historique en 1840. La visite met en lumière l'austère beauté de cette demeure de la fin du Moyen Âge, notamment dans la salle des banquets ou les appartements de la duchesse. En été, des spectacles son et lumière en plein air s'y déroulent, retraçant l'histoire du château et de la Bretagne.

POINTE DE PENVINS Point de vue

En poursuivant jusqu'à cette pointe, au sud-est de Sarzeau, vous trouverez une petite chapelle qui fait face à l'horizon et un joli point de vue sur de grandes étendues de sable blanc appréciées des kitesurfeurs. Continuez vers l'ouest, toujours en longeant l'océan, et vous arriverez au Roaliguen et au port Saint-Jacques et la plage de Kerfontaine.

Arzon (Arzhon-Rewiz), Port-Navalo et le port du Crouesty

CAIRN DU PETIT-MONT

Site mégalithique

(☎ 06 03 95 90 78 ; www.patrimoine-morbihan.info ; au sud du Crouesty ; tarif plein/étudiant/8-17 ans 6/5/3 €, gratuit -8 ans ; ⌚ tlj 11h-18h30 juil-août, jeu-mar 14h30-18h30 avr-juin et sept). Implanté sur un promontoire qui marque la côte méridionale de la presqu'île de Rhuys, ce cairn magnifiquement mis en valeur a été construit vers 4600 av. J.-C. On peut y voir deux chambres funéraires au décor pariétal (haches, écussons, crosses, signes cunéiformes) assez abondant. La troisième chambre funéraire a été détruite durant la Seconde

Guerre mondiale pour laisser place à un blockhaus qui sert désormais de lieu d'exposition.

On peut y accéder via un chemin côtier qui passe par la **chapelle du Croisty** (XIXe siècle), à l'entrée du port. La légende veut qu'au VIe siècle on ait retrouvé la dépouille intacte de saint Gildas dans une barque échouée non loin de là. Entrée libre, tous les jours en été, de 17h à 19h.

MOULIN DE PEN CASTEL
Art contemporain

(**02 97 53 88 06 ; rue de Keravello, Arzon ; entrée libre ; mer-sam 10h-12h et 15h-19h, dim 15h-19h juil-août, mer-ven 14h-18h, sam 10h-12h et 14h-18h le reste de l'année).** Il est l'un des plus beaux moulins à marée de la région, par sa facture architecturale peu classique : remarquez les éléments du décor (sur les lucarnes, les cheminées, etc.). Installé entre l'étang de Pen Castel et les eaux du golfe, il date du XIIe siècle, et accueille aujourd'hui des expositions d'art contemporain.

TOMBE DU PETIT MOUSSE
Promenade

Depuis le phare de Port-Navalo, un sentier côtier s'engage vers le sud, vous menant à la plage, puis à cette fameuse sépulture : celle d'un noyé, retrouvé en 1859 et demeuré anonyme. Les habitants de la presqu'île continuent de fleurir sa dernière demeure.

Saint-Gildas-de-Rhuys

ÉGLISE ABBATIALE DE SAINT-GILDAS-DE-RHUYS Architecture religieuse

(**02 97 45 10 79 ; visite guidée sur réservation ; juin-sept).** La fondation du monastère par saint Gildas, en 530, fit la prospérité du village. Après sa destruction lors des invasions normandes, l'église fut rebâtie au XIe siècle, comme en témoignent encore le transept et le chœur qui datent de cette époque et sont de beaux exemples d'architecture romane. Le célèbre philosophe et théologien Pierre Abélard (1079-1142) en fut l'abbé de 1125 à 1132. Il y aurait rédigé ses lettres à Héloïse, *Histoire de mes malheurs*. L'intérieur de l'église présente des chapiteaux sculptés aux décors géométriques et renferme un trésor comprenant des objets d'orfèvrerie en or, en argent, parfois sertis de pierres précieuses, ainsi qu'un bras reliquaire du XIVe siècle.

MUSÉE DES ARTS, MÉTIERS ET COMMERCES Musée

(**02 97 53 68 25 ; www.musee-arts-metiers.com ; Largueven, au bord de la D780 ; adulte/enfant 5,50/3 € ; tlj sauf dim après-midi 10h-12h et 14h-19h juil-août, mar-dim 14h-19h le reste de l'année, fermé en jan sauf pour les groupes).** En entrant, on est tout de suite plongé dans l'atmosphère d'une école du début du XXe siècle : pupitres, encriers, porte-plumes et buvards... Trente boutiques et ateliers parfaitement reconstitués font l'objet de

Insolite ! La butte de César au pays d'Obélix

Le **tumulus de Tumiac**, ou butte de César, est situé sur le bord de la route qui mène à Arzon, et mesure 56 m de diamètre et 18 m de haut. Il doit son surnom à une légende qui voudrait que Jules César y ait suivi le déroulement d'une bataille navale contre les Vénètes (Celtes). Une fois au sommet de la butte, on jouit d'une magnifique vue sur le golfe et ses îles, ainsi que sur la baie de Quiberon et les îles du large au sud et à l'ouest. Le tumulus comportait une chambre funéraire aux parois gravées, ainsi que de nombreux objets mégalithiques (colliers de jaspe, haches, poteries) qui sont exposés aux musées de Vannes (voir p. 223) et de Carnac (voir p. 216).

Si vous aimez... les îles

Si vous aimez l'esprit insulaire et les criques cachées, vous devriez apprécier ces îles :

1 **HOUAT ET HOËDIC**

Vous serez tenté de poser votre tente sur Houat, avec sa lande rase fouettée par le vent, et ses belles plages et criques. Hoëdic est un petit cailloux qui se visite à vélo, à la journée le plus souvent. On peut en faire le tour par le sentier côtier. Des départs en bateau pour les deux îles ont lieu surtout de Quiberon, Belle-Île, Vannes, Port-Navalo et Locmariaquer.

2 **GROIX**

Deuxième plus grande île de Bretagne (8 km sur 3), elle fut longtemps un important port thonier, avant de se tourner peu à peu vers le tourisme. Elle possède des plages sublimes. Les départs en bateau ont surtout lieu depuis Lorient.

visites, nostalgiques pour les plus âgés, surprenantes pour les plus jeunes. Arts et traditions populaires (meubles, dentelles et costumes), qui font également l'objet de cours ou de démonstration, complètent le tableau.

Activités

Le **sentier côtier** est uniquement réservé aux piétons. Le TopoGuide®, très complet, *Balades et randonnées*, en vente (6 €) dans les offices du tourisme de la presqu'île, qui détaille les 16 circuits balisés, vous sera très utile. Également téléchargeable sur le site Internet de la Maison du tourisme ou directement auprès des offices du tourisme de la presqu'île, le plan des randonnées cyclistes.

Les **plages** sont plutôt situées sur la rive sud de la presqu'île. À Sarzeau, les plages de Saint-Jacques, du Roaliguen, de Landrézac et de Penvins sont surveillées en juillet-août, ce qui n'est pas le cas de celles de Suscinio et de Kerfontaine. En revanche, certaines disposent de fauteuils Hippocampes à l'attention des personnes à mobilité réduite (renseignements auprès des postes de secours des plages surveillées). Du côté d'Arzon, les plages du Fogeo, de Kerjouanno et de Kerver (surveillées tout l'été) feront amplement l'affaire pour lézarder et faire trempette. La plage de Port-Navalo et celle, minuscule, de Port-Sable, sont très fréquentées en saison. La commune de Saint-Gildas-de-Rhuys, qui occupe la partie la plus au sud de la presqu'île, est également bordée de très jolies plages.

Vous trouverez de nombreux prestataires sur la presqu'île pour tous types d'**activités nautiques**.

Circuits organisés

NAVIX/COMPAGNIE DES ÎLES Croisières

(**02 90 92 05 20 ; www.navix.fr ; avr-sept, horaires et jours de traversée : consultez le site**). Organise, au départ de Port-Navalo, un tour du golfe, avec escales sur l'île aux Moines et sur l'île d'Arz (adulte/enfant 27/17 €, gratuit -4 ans), des remontées de l'Auray (adulte/enfant 22-27/14-17 €, gratuit -4 ans), ainsi que des liaisons et/ou des sorties vers Belle-Île, Houat et Hoëdic.

LE BETELGEUSE Sorties en mer

(**06 62 38 39 87 ; www.la-betelgeuse.com ; port du Crouesty ; avr-oct**). Ce vieux gréement embarque des passagers pour des balades vers le golfe du Morbihan, la rivière d'Auray, l'île de Houat ou l'île d'Hoëdic (demi-journée/journée adulte 34/46 €, enfant -12 ans 24/36 €). Organise aussi des sorties "coucher du soleil-apéro" (adulte/enfant -12 ans 22/15 €).

Où se loger

HÔTEL LE CROUESTY Trois étoiles **€€**
(☎ 02 97 53 87 91, 02 97 53 88 50 ; www.hotellecrouesty.com ; rue Croisty, port du Crouesty, face au port de plaisance ; d 69-185 € selon ch et saison ; ⏲ mi-fév à mi-nov ; Wi-Fi P). Des chambres claires, lumineuses, très spacieuses pour les plus chères, et de petites touches de couleur savamment dosées. Ce n'est pas le meilleur emplacement pour qui souhaite le calme, mais l'adresse est très centrale. Grande terrasse et chaises longues côté jardin.

HÔTEL GLANN AR MOR Hôtel **€**
(☎ 02 97 53 88 30 ; www.glannarmor.fr ; 27 rue des Fontaines, Port-Navalo ; s/d 59-78 €, 62-80 € selon saison ; Wi-Fi @ P). Une petite odeur de renfermé vous accueille à l'arrivée, mais une fois le sas d'entrée passé, c'est à un petit hôtel familial et sympathique que vous accédez. Très bien placé, dans une rue tranquille de Port-Navalo, il a des chambres fonctionnelles, à la déco sobre.

MIRAMAR CROUESTY – RESORT THALASSO & SPA Hôtel **€€€**
(☎ 02 97 53 49 13, 02 97 53 49 00 ; www.miramarcrouesty.com ; rue du Petit-Mont, port du Crouesty ; d 200-334 € selon ch et saison, petit-déj 20 € ; menu 42-75 €, menu enfant 15 € ; ❄ piscine P). Le bâtiment, qui a la forme d'un grand paquebot, comprend une piscine panoramique d'eau de mer chauffée et un spa. Il propose des cures classiques, jeunes mamans, minceur, jambes légères, etc. Les 116 chambres, spacieuses, donnent sur l'océan ou le lac et possèdent toutes une terrasse privative et une décoration similaire d'inspiration marine. Hammam, salle de fitness, etc. Restaurant (sur réservation) et bar accessibles également aux non-résidents.

Où se restaurer et prendre un verre

CRÊPERIE LA SORCIÈRE Crêperie **€**
(☎ 02 97 53 87 25 ; 59 rue des Fontaines, Port-Navalo ; crêpes et galettes 2,60-10,80 € ; ⏲ mar-dim, fermé nov-janv). La meilleure crêperie

Plage convexe de l'île de Groix (p. 236)

SEB HOVAGUIMIAN/FOTOLIA ©

de la presqu'île arbore une carte assez simple (seulement quelques spécialités) avec des galettes et des crêpes belles et bien garnies. Le cadre en vieilles pierres est très chaleureux, même si c'est assez bruyant. Quelques salades composées également. Adresse très prisée, pensez à réserver.

LE P'TIT ZÉPH

Poissons, bar à huîtres **€€**

(**02 97 49 40 34 ; 1 rue du Phare, Port-Navalo ; plats 22 €, menu 28 €, menu enfant 12 € ; mer-dim, fév-Toussaint et vacances scolaires).** La qualité et l'inventivité des plats (à la carte ou à l'ardoise) justifient des prix un peu élevés. Lors de notre venue, nous nous sommes régalés de saint-jacques poêlées aux pâtes fraîches, concassé de tomates et écume de crevette et de figues rôties au miel glace pistache. Cadre minuscule et sympathique, salle type poissonnerie sur l'avant, tout de bois sur l'arrière.

LE GRAND LARGUE

Gastronomique **€€€**

(**02 97 53 71 58 ; www.grandlargue.fr ; 1 rue du Phare, Port-Navalo ; plats 25-39 €, menus 38-89 € ; mer-dim, mi-fév à déc).** Un restaurant gastronomique immanquable sur le port, qui jouit d'une solide réputation dans le secteur pour la grande qualité de ses plats, bien sûr, mais également pour la jolie vue qu'il ménage. L'ambiance et la clientèle sont toutefois un peu pincées.

LE MARCELLIN LANDRIEUL

Bar-pub-discothèque

(**02 97 53 67 38 ; 20 quai des Cabestans, port du Crouesty ; tlj 22h30-5h en saison, le week-end hors saison).** Plus bar de nuit que discothèque, le Marcellin, idéalement placé sur le port et face à la capitainerie, est l'endroit où faire la fête passé 1h du matin. DJ programmés tous les soirs. Excellente ambiance. Réservé aux plus de 20 ans.

Renseignements

Maison du tourisme de la presqu'île de Rhuys (**02 97 26 45 26 ; www.rhuys.com ; Saint-Colombier, intersection des routes de Nantes et de Vannes (D780), avant Sarzeau).** Fournit un plan utile pour se repérer sur la presqu'île, parsemée de multiples hameaux.

Office du tourisme de Sarzeau (**02 97 41 82 37 ; www.tourisme-sarzeau.com ; rue M.-J.-Coudrin).** Organise des sorties ornithologiques et culturelles notamment.

Office du tourisme Arzon-Port-Navalo-Port du Crouesty (**02 97 53 69 69 ; www.crouesty.fr ; maison du port, au rond-point du Crouesty)** Plan des circuits aménagés pour les vélos sur toute la presqu'île de Rhuys et carte indiquant les chemins côtiers. Borne d'accès Internet.

Point infos tourisme de Saint-Gildas-de-Rhuys (**02 97 45 31 45 ; rue Saint-Goustan)**

Comment circuler

BATEAU

On peut facilement rejoindre Locmariaquer, de l'autre côté du goulot, en empruntant **le Passeur CML Latitude 56** (**06 43 67 47 26 ; http://cml-golfe-du-morbihan.com ; embarcadère de Port-Navalo ; juil-août)** ou **le Passeur des îles** (**02 97 49 42 53, 06 22 01 67 72 ; www.passeurdesiles.com).** Le bateau effectue la liaison tous les jours en saison (aller-retour adulte/4-12 ans/-4 ans 6/5 €/gratuit, vélo 5 €), et de manière régulière en septembre. D'autres trajets sont organisés au départ de Port-Navalo, notamment vers l'île aux Moines et l'île de Gavrinis.

VÉLO

Pour louer un vélo sur la presqu'île, adressez-vous à **Abbis Location** (**02 97 53 64 64, 06 82 59 48 15 ; www.abbis-location.fr ; 7 allée des Ducs-de-Bretagne, Sarzeau ; tlj 9h30-18h30 en saison et vacances scolaires, sur réservation hors saison).** Comptez 12 €/jour pour les adultes et 8 €/jour pour les enfants. Autre agence au port du Crouesty.

DAVID TOMLINSON/LONELY PLANET IMAGES ©

À ne pas manquer Le château de Josselin

Niché dans la vallée de l'Oust, ce château de conte de fées, posté au bord de la rivière, a donné son nom à la pittoresque petite ville médiévale qui l'abrite. C'est au XIe siècle que voit ici le jour une forteresse, détruite au XIIe siècle et reconstruite à la même époque. Le château est démantelé en 1488 à la suite des affrontements qui opposent les Rohan aux ducs de Bretagne. Il est restauré fin XVe-début XVIe (la façade intérieure date de cette période). Richelieu ordonne un second démantèlement pour cause de ralliement des Rohan au protestantisme. Abandonné, le château est de nouveau restauré au XIXe siècle. Vue de la rivière, la façade extérieure de style médiéval, avec ses 3 tours circulaires hautes de 60 m, est assez dépouillée. La façade intérieure, à l'inverse, se caractérise par des dentelles de granit sculptées dans un style gothique flamboyant. Observez, entre les fenêtres, le tympan ajouré. Il arbore les signes distinctifs de la famille de Rohan – leur devise, "A plus" qui signifie "sans plus", à savoir sans supérieur, et les losanges tirés de leurs armoiries –, ainsi que des hermines, symboles de la Bretagne, et une fleur de lys. L'intérieur du château, encore habité, a été restauré dans le style néogothique.

D'avril à septembre, il est possible d'accéder au clocher de la **Basilique Notre-Dame-du-Roncier** (pl. Notre-Dame), un bel édifice de style gothique flamboyant. On y jouit d'une vue panoramique sur la rivière et la façade Renaissance du château.

INFOS PRATIQUES

(☎ 02 97 22 36 45 ; pl. de la Congrégation ; www.chateaudejosselin.fr ; visites guidées uniquement, château seul adulte/7-14 ans 7,60/5 €, billet combiné avec musée des Poupées 12,50/8,40 € ; 🕐 avr à mi-juil et sept tlj 14h-18h, mi-juil à août tlj 11h-18h, oct sam-dim 14h-17h, vacances scolaires 14h-17h, fermé nov-mars).

La Loire-Atlantique

La Loire-Atlantique porte en elle le nom d'un fleuve et d'un océan, qui ont souvent présidé au destin des villes et modelé les paysages. De Nantes à Guérande en passant par Saint-Nazaire et les mythiques stations balnéaires de la Côte d'Amour, elle rappelle le Moyen Âge, la Renaissance, la Belle Époque et les grandes heures du commerce maritime autant que la Seconde Guerre mondiale. Sauvage, un brin artificielle lorsqu'elle est façonnée par l'homme, elle raconte une autre légende dans ses salines, ses forêts et ses canaux. La baie de La Baule, longue plage de sable fin ininterrompue de 9 km, en est le porte-drapeau, avec une surprenante marqueterie d'atmosphères, d'habitats et de paysages, qui s'ouvrent sur la Côte sauvage.

Casiers de pêche dans le port du Croisic
CHRISTIAN MUSAT / FOTOLIA ©

Marais salants de Guérande

A.DREAN / FOTOLIA ©

La Loire-Atlantique

Les incontournables

1. Nantes (p. 248)
2. La baie de La Baule (p. 266)
3. Le parc de Brière (p. 280)
4. Le Croisic (p. 272)
5. Les marais salants de Guérande (p. 277)

La Loire-Atlantique
Paroles d'expert

Ci-dessus : la tour LU. **Ci-contre en haut :** l'Erdre à Nantes. **Ci-contre en bas :** la tour Lu et le Lieu Unique.

Ma sélection

Nantes par Jean-Marie Texier

31 ANS, NOCTAMBULE

1 TRENTEMOULT

Un ancien village de pêcheurs à seulement 5 minutes du centre de Nantes en voiture, idéal pour un rapide bol d'air. Au cœur du quartier, face à la Loire, le restaurant La Civelle est l'occasion de déguster de jolis petits plats en terrasse, au bord de l'eau, dans une ambiance conviviale. On peut s'y rendre en bateau-bus.

2 MILLÉSIME 68

Mon QG à Nantes. Semi-gastro à l'entrée du quartier Bouffay (9, rue de la Bléterie), le cœur médiéval de la ville, ce petit restaurant aux murs de pierres (où les gens, en laissant des pièces, pensent exaucer leurs vœux) est tenu par un patron et un chef à la gouaille inimitable ! Les plats sont plus succulents les uns que les autres, et le moelleux de foie gras est à se damner !

3 LE REMORQUEUR

Un bar de nuit dans un ancien remorqueur, amarré au bord du canal Saint-Félix (quai Malakoff), avec 3 étages : une cale groovy aux DJ inspirés par le funk et le hip-hop, dont le bar ne désemplit pas ; un rez-de-chaussée accessible pour la modique somme de 1 €, où les rencontres se font faciles ; le bar du premier étage, tenu par le légendaire Michel à la bonne humeur communicative, pour les chansons chantées en chœur.

4 DÉLIRIUM CAFÉ

Une trentaine de bières à la pression, autant en bouteilles, une carte de cocktails bien garnie, une première salle pour les fumeurs où les verres clinquent sur des tonneaux géants… Et des concerts réguliers pour relever le tout ! (19 allée Baco)

5 LE LIEU UNIQUE

À la fois librairie, galerie d'art, bar de nuit et restaurant, le Lieu unique (p. 249) est le royaume de l'éclectisme, le charme de l'ancienne usine des Petits Beurres LU de notre enfance en plus.

Suggestions d'itinéraires

Historique, culturelle, parfois façonnée par l'homme, sauvage en ses confins, la Loire-Atlantique permet de concilier les aspirations des contemplatifs autant que des sportifs, des adeptes du farniente et des noctambules autant que des amateurs d'art, d'histoire et d'architecture.

7 JOURS

DE NANTES AU CROISIC

La Loire-Atlantique historique par le train

Cet itinéraire suit la mythique ligne de chemin de fer qui, au XIXe siècle, désenclava la façade atlantique. Consacrez vos deux premiers jours à **Nantes (1)**, où l'histoire et la créativité vous guettent à chaque coin de rue, du château des ducs de Bretagne à l'avant-gardiste île de Nantes. Gagnez ensuite **Saint-Nazaire (2)** et revivez, l'espace d'une journée, les grandes heures des paquebots transatlantiques. Faites un détour par la célèbre plage de Monsieur Hulot, à Saint-Marc. La ligne de chemin de fer vous mènera, le quatrième jour, à **Pornichet (3)**, dont le chemin côtier en direction de Sainte-Marguerite vous permettra de découvrir de beaux exemples de villas Belle Époque. Les deux jours suivants, cap sur **La Baule (4)**, la mythique station balnéaire, pour voir d'autres villas et profiter des joies de la plage. Terminez votre voyage au **Croisic (5)**, point d'orgue de la Côte sauvage et port de pêche traditionnel, dont les maisons d'armateurs témoignent du riche passé maritime.

5 JOURS

DE LA BAULE AU PARC NATUREL RÉGIONAL DE BRIÈRE

Entre terre et mer

Passez à **La Baule (1)** une journée de détente sur le célèbre croissant de sable blond de sa baie. Le lendemain, rejoignez **Batz-sur-Mer (2)**, localité tournée vers les loisirs balnéaires et l'exploitation ancestrale du sel. Visitez son musée des Marais salants avant d'emprunter la D774 qui, en direction de Guérande, traverse les **marais salants (3)**. La vision des salines sous le soleil déclinant a quelque chose de féerique. Consacrez votre troisième jour à **Guérande (4)** la médiévale, pour découvrir ses remparts et remonter les siècles au fil de ses ruelles. Le quatrième jour, cap sur le **parc régional de Brière (5)**, paradis naturel à la lisière de l'océan, tissé de canaux, de marais et de roselières. Vous pourrez lui consacrer deux jours, ou filer jusqu'à la **forêt du Gâvre (6)**, autre lieu de promenade très agréable baigné de silence.

Brière (p. 280)

Découvrir la Loire-Atlantique

NANTES (NAONED)

Ville bourgeoise, ville ouvrière, on ne sait ce qui domine à Nantes aujourd'hui. Plutôt un entre-deux, où la culture populaire et la conscience de l'environnement occupent une large place. Nantes ne se repose pas sur son patrimoine ancien et ne se laisse pas dominer par la nostalgie de sa gloire économique passée. Si elle en préserve les grands témoins – la réhabilitation des infrastructures portuaires de l'île de Nantes le montre bien –, c'est en regardant l'avenir en face, et en s'y faisant une jolie place. Gagnée par la joie de vivre, elle accorde une grande importance à l'art, aux fêtes et à la poésie urbaine, dont le meilleur représentant reste encore la troupe du Royal de Luxe.

Le château des ducs de Bretagne

D. R. ©

À voir

Autour de la cathédrale et du château

CATHÉDRALE SAINT-PIERRE-ET-SAINT-PAUL

Édifice gothique

(☎ 0892 464 044 ; pl. Saint-Pierre ; Duchesse-Anne ; entrée libre, visite guidée avec les cryptes tarif plein/réduit 7/4 € ; lun-sam 9h-19h, dim 10h-19h). Ce bel édifice date du XVᵉ siècle. Après avoir admiré sa façade (décor sculpté des portails en tuffeau, une pierre tendre et blanche des bords de Loire), ne vous privez pas d'une visite de l'intérieur pour prendre toute la mesure de sa nef majestueuse (elle monte jusqu'à 37 m de hauteur), des vitraux et des sculptures Renaissance. Le tombeau de François II est un chef-d'œuvre : les statues d'angle comme les gisants du duc et de son épouse Marguerite de Foix ont été sculptés par Michel Colombe et Jean Perréal. Les grandes orgues de la cathédrale sont du XVIIᵉ siècle. Les **cryptes** **(entrée côté cour Saint-Pierre, à l'extérieur de la cathédrale ; entrée libre ; basse saison sam-dim 15h-18h, Pâques-15 juil sam 10h-12h30 et 15h-18h, dim 15h-18h, 16 juil-août mar-ven 15h-18h, sam 10h-12h30, 15h-18h, dim 15h-18h, fermé jours fériés)**

éclairent la visite en retraçant l'histoire de la cathédrale et en exposant des objets du culte.

CHÂTEAU DES DUCS DE BRETAGNE

Palais Renaissance

(1 pl. Marc-Elder ; Duchesse-Anne ; entrée libre cour, douves et remparts ; visite guidée possible ; tlj sauf jours fériés 9h-19h ;). S'il évoque, de l'extérieur, une forteresse médiévale de granit avec son pont-levis, ses remparts crénelés et ses sept tours, ce château fait assurément songer à un palais de la Renaissance lorsque l'on pénètre dans la cour. Récemment restauré (et de belle manière), le palais en tuffeau coiffé d'ardoises fut construit par le duc François II au XVe siècle sur le site d'un ancien château dont il reste une tour, celle du vieux donjon (XIVe siècle) ; son embellissement fut poursuivi par Anne de Bretagne et des modifications dans l'enceinte du château eurent lieu jusqu'au XVIIIe siècle, d'où une disparité évidente des styles. Parmi les éléments les plus notables : les décors sculptés des fenêtres du Grand Logis, la façade du Grand Gouvernement et la tour de la Couronne d'Or coiffée de deux flèches. Le bâtiment dit du Harnachement accueille des expositions temporaires. Le chemin de ronde sur les remparts est entièrement accessible, tout comme les pelouses des douves.

MUSÉE D'HISTOIRE DE NANTES

Dans le château

(0811 46 46 44 ; musée ou exposition tarif plein/réduit 5/3 €, audioguide 3 € ; tlj sauf mar 10h-18h sept-7 juin, tlj sauf lun 10h-18h 8-30 juin et à partir du 1er sept, tlj 9h30-19h juil-août). Ce musée récent, installé dans le palais ducal, est vraiment une réussite, pour la beauté des objets présentés, la scénographie attrayante, l'accessibilité aux enfants et la clarté des textes explicatifs. Le parcours est à la fois thématique et chronologique. Une visite à ne pas manquer.

MUSÉE DES BEAUX-ARTS

Peintures et sculptures

(02 51 17 45 00 ; www.museedesbeauxarts.nantes.fr ; 10 rue Georges-Clemenceau ; Duchesse-Anne ; musée fermé pour travaux jusqu'en 2015). Sa collection va du XIIIe au XXIe siècle et comprend des pièces exceptionnelles : *Le Songe de saint Joseph* de Georges de La Tour, *Portrait de Madame de Senonnes* de Dominique Ingres, *Nu jaune* de Sonia Delaunay ou *Sister Piece of When I am Pregnant* d'Anish Kapoor, au rez-de-chaussée. Durant la fermeture du musée, la **chapelle de l'Oratoire** **(www.museedesbeauxarts.nantes.fr ; pl. de l'Oratoire ; 2/1 € tarif plein/réduit, entrée libre 1er dim du mois sauf juil-août et jeu après 18h ; tlj sauf mar 10h-18h, jeu jusqu'à 20h, fermée jours fériés)**, toute proche, accueille les expositions. Le musée est à quelques rues du château en traversant la place du Maréchal-Foch – une esplanade dont la particularité est d'accueillir une **statue de Louis XVI**, chose rarissime en France.

JARDIN DES PLANTES

Arbres remarquables et serres

(02 40 41 65 09 ; bd de Stalingrad ou pl. Sophie-Trébuchet ; Gare-SNCF). Envie de voir à quoi ressemble un rosier à tige ailée, un parterre de cistes ou un tulipier de Virginie ? Mettez le cap vers ce parc magnifique, créé sous Louis XIV. Situé à deux pas du musée des Beaux-Arts, face à la gare, il abrite aujourd'hui plus de 11 000 espèces végétales. Les **serres** **(mer 15h15, jeu 12h30, ven 15h, sam 15h, 16h, 17h, dim 10h, 11h, 15h, 16h, 17h)** se visitent avec un guide (plantes tropicales, cactus et succulentes, plantes méditerranéennes). Aux beaux jours, une "plage verte" avec transats à disposition (jeux de ballon possibles) permet de faire une pause en pleine ville.

LE LIEU UNIQUE

Centre d'arts

(02 40 12 14 34 ; www.lelieuunique.com ; quai Ferdinand-Favre ; Gare-SNCF/Duchesse-Anne ; lun 11h-24h, mar-sam 11h-3h, dim 15h-20h). Le site de l'ancienne biscuiterie LU, au bord du canal Saint-Félix, a été transformé en scène nationale et centre d'art polyvalent, ouvert en 2000 et dirigé par Jean Blaise, créateur de l'ancien festival nantais les Allumés et d'Estuaire (ci-260) – il a aussi conçu la manifestation artistique

Nantes

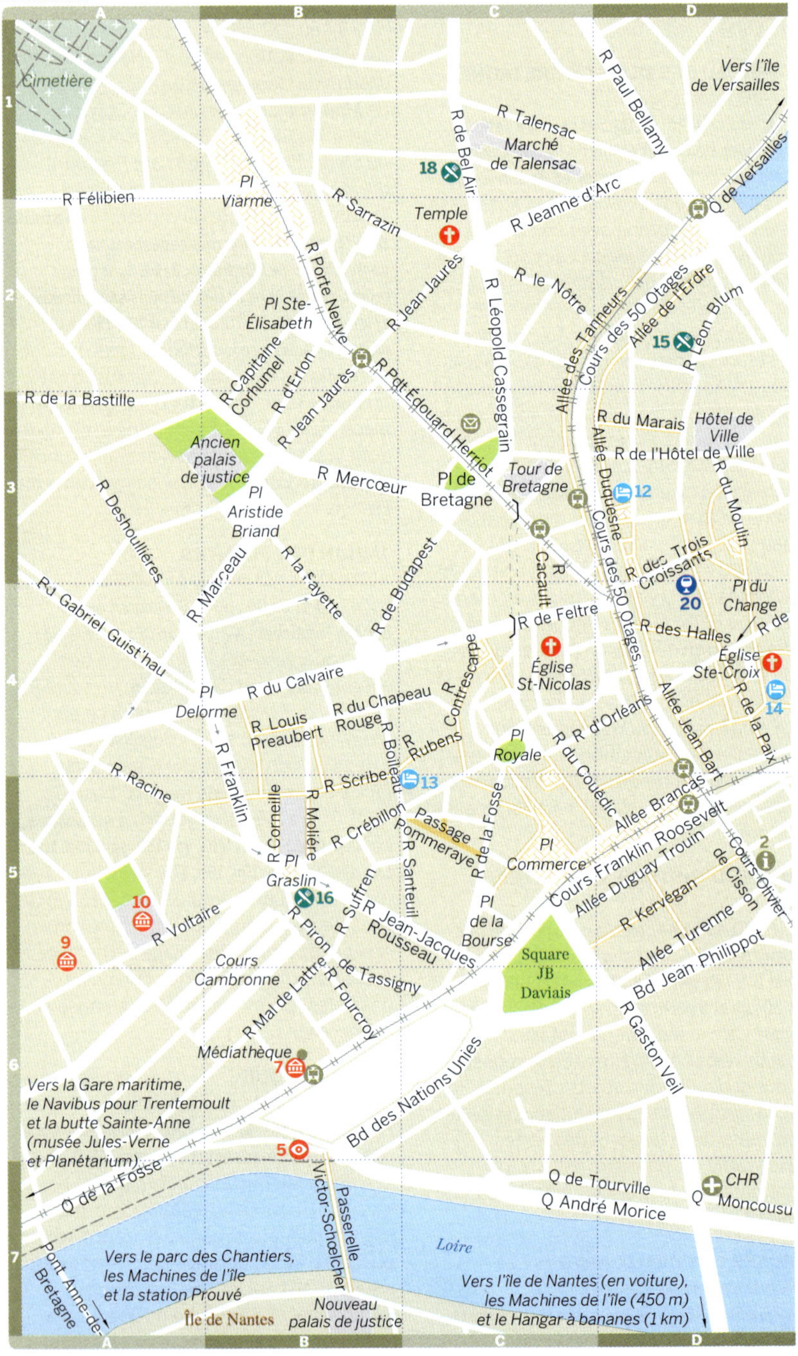
Cimetière
R Félibien
Pl Viarme
R Sarrazin
Temple
R de Bel Air
R Talensac
Marché de Talensac
R Paul Bellamy
Vers l'île de Versailles
Q de Versailles
R Jeanne d'Arc
R Porte Neuve
R Jean Jaurès
R Léopold Cassegrain
R le Nôtre
Allée des Tanneurs
Cours des 50 Otages
Allée de l'Erdre
R Léon Blum
Pl Ste-Élisabeth
R Capitaine Corhumel
R d'Erlon
R Pdt Édouard Herriot
R de la Bastille
Ancien palais de justice
R Mercœur
Pl de Bretagne
Tour de Bretagne
R du Marais
Hôtel de Ville
R de l'Hôtel de Ville
Allée Duquesne
R du Moulin
Pl Aristide Briand
R Deshoullières
R Marceau
R la Fayette
R de Budapest
R Cacault
R des Trois Croissants
Pl du Change
Bd Gabriel Guist'hau
R de Feltre
R des Halles
Église Ste-Croix
Église St-Nicolas
R de la Paix
Pl Delorme
R du Calvaire
R Contrescarpe
R Louis Preaubert
R du Chapeau Rouge
R Boileau
R Rubens
Pl Royale
R d'Orléans
R du Couëdic
Allée Jean Bart
R Racine
R Franklin
R Corneille
R Molière
R Scribe
R Crébillon
Passage Pommeraye
R de la Fosse
Allée Brancas
Cours Franklin Roosevelt
Allée Duguay Trouin
Cours Olivier de Cisson
Pl Graslin
R Santeuil
Pl Commerce
R Kervégan
R Voltaire
R Suffren
R Jean-Jacques Rousseau
Pl de la Bourse
Square JB Daviais
Allée Turenne
Bd Jean Philippot
Cours Cambronne
R Piron
R de Tassigny
R Mal de Lattre
R Fourcroy
R Gaston Veil
Médiathèque
Vers la Gare maritime, le Navibus pour Trentemoult et la butte Sainte-Anne (musée Jules-Verne et Planétarium)
Bd des Nations Unies
Q de la Fosse
Passerelle Victor-Schœlcher
Q de Tourville
Q André Morice
CHR
Q Moncousu
Loire
Pont Anne-de-Bretagne
Vers le parc des Chantiers, les Machines de l'île et la station Prouvé
Île de Nantes
Nouveau palais de justice
Vers l'île de Nantes (en voiture), les Machines de l'île (450 m) et le Hangar à bananes (1 km)

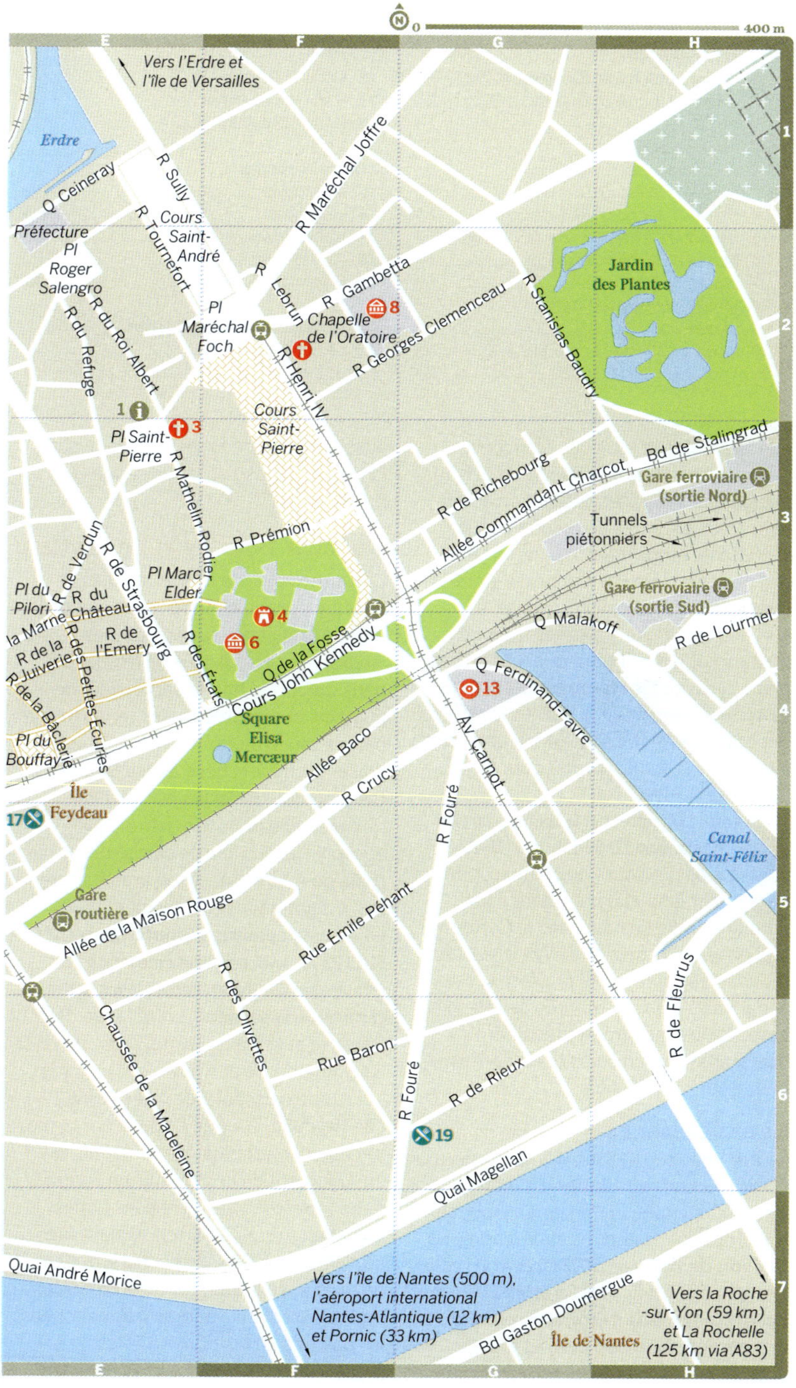

0
400 m
E
F
G
H
1
2
3
4
5
6
7
Vers l'Erdre et l'île de Versailles
Erdre
Q Ceineray
Préfecture
Pl Roger Salengro
R Sully
R Tournefort
Cours Saint-André
R Maréchal Joffre
R Lebrun
R Gambetta
8
Chapelle de l'Oratoire
Pl Maréchal Foch
R Georges Clemenceau
R Stanislas Baudry
Jardin des Plantes
R du Refuge
R du Roi Albert
R Henri IV
1
Pl Saint-Pierre
3
Cours Saint-Pierre
R Mathelin Rodier
R de Richebourg
Allée Commandant Charcot
Bd de Stalingrad
Gare ferroviaire (sortie Nord)
Tunnels piétonniers
R Prémion
Gare ferroviaire (sortie Sud)
R de Verdun
R de Strasbourg
Pl Marc Elder
Pl du Pilori
R du Château
la Marne
R de l'Emery
R de la Juiverie
R des Petites Écuries
R de la Bâclerie
Pl du Bouffay
4
6
R des États
Q de la Fosse
Cours John Kennedy
Q Malakoff
R de Lourmel
Q Ferdinand-Favre
13
Square Elisa Mercœur
Allée Baco
Av Carnot
R Crucy
R Fouré
Île Feydeau
17
Canal Saint-Félix
Gare routière
Allée de la Maison Rouge
Rue Émile Péhant
R de Fleurus
R des Olivettes
Chaussée de la Madeleine
Rue Baron
R de Rieux
R Fouré
19
Quai Magellan
Quai André Morice
Vers l'île de Nantes (500 m), l'aéroport international Nantes-Atlantique (12 km) et Pornic (33 km)
Bd Gaston Doumergue
Île de Nantes
Vers la Roche -sur-Yon (59 km) et La Rochelle (125 km via A83)

Nantes

Renseignements

1	Office du tourisme Cathédrale	E2
2	Office du tourisme Feydeau	D5

À voir et à faire

3	Cathédrale Saint-Pierre-et-Saint-Paul	E3
4	Château des ducs de Bretagne	F4
5	Mémorial à l'abolition de l'esclavage	B7
6	Musée d'Histoire de Nantes	F4
7	Musée de l'Imprimerie	B6
8	Musée des Beaux-Arts	F2
9	Musée Dobrée	A5
10	Muséum d'histoire naturelle	A5
11	Tour LU et Lieu unique	G4

Où se loger

12	Hôtel La Pérouse	D3
13	Hôtel Pommeraye	C5
14	Hôtel Saint-Daniel	D4

Où se restaurer

15	À l'Ardoise	D2
16	La Cigale	B5
17	La Poissonnerie	E5
18	Les Bouteilles	C1
19	Maison Baron-Lefèvre	G6

Où prendre un verre et sortir

20	Le Cercle rouge	D4
	Le Lieu Unique	(voir 13)

pluridisciplinaire les Nuits blanches. L'espace exposition, consacré à l'art, au design ou à l'architecture, est en accès libre. Pour aller au Lieu unique depuis le château, empruntez le pont en face de l'arrêt de tramway Duchesse-Anne ; depuis la gare ferroviaire, prenez la sortie Gare-Sud et traversez le canal. Restaurant, café et boutique/librairie sur place, ainsi que le **Hammam Zeïn** (**http://nantes.zeinorientalspa.fr/**), qui étonne par sa décoration orientalisante dans un espace industriel. Voir aussi p. 262 pour la vie nocturne du lieu.

La **tour LU** (**entrée par la boutique du Lieu unique ; mar-sam 12h30-19h, dim 15h-19h**), qui fait face aux tours du château, permet de grimper jusqu'au belvédère pour admirer la ville de haut avec le Gyrorama et d'observer le soir venu *Nymphéa*, une œuvre d'Estuaire 2009 projetée sur le canal Saint-Félix. La montée de l'escalier, assez facile, est agrémentée d'un diaporama et d'un court documentaire, intéressant, sur l'usine.

ÎLE DE VERSAILLES Jardin japonais

(**quai de Versailles ; Saint-Mihiel**). Bordée par l'Erdre au nord du centre-ville, cette île est joliment occupée par un jardin japonais, avec rocailles, bambous et cascades. La **maison de l'Erdre** (**02 40 29 41 11 ; lun, mer-ven 11h30-17h45, sam-dim et fêtes 10h-12h et 15h-17h45 de mi-jan à mi-nov, horaires décalés de 15 min le reste de l'année**) permet d'en savoir plus sur l'écosystème de la rivière. Il est aussi possible de faire une balade sur l'Erdre en bateau et/ou en canoë (voir p. 259).

Quartier Bouffay et île Feydeau

Cœur médiéval de la ville, le quartier Bouffay s'articule autour de la place homonyme et des rues piétonnes environnantes, bordées de maisons à pans de bois, d'hôtels particuliers de guingois et de nombreuses terrasses de bars et de restaurants. Ne manquez pas d'aller admirer la belle **église Sainte-Croix** (**lun-sam 9h-19h, dim 10h-19h**), remarquable pour son beffroi, qui accueille la plus lourde cloche de la ville (plus de 4 tonnes), et son architecture mêlant gothique flamboyant et baroque. Le nouveau **passage Sainte-Croix** (**02 51 83 23 75 ; www.passagesaintecroix.fr ; mar-sam 12h-18h30 ; accès gratuit, activités et conférences payantes**), entre la rue de la Bâclerie et la place Sainte-Croix, traverse l'ancien prieuré et s'ouvre sur un jardin.

Lieu de naissance de Jules Verne, l'**île Feydeau**, coupée en deux par la rue Kervégan, n'est plus une île depuis le comblement de la Loire durant l'entre-deux-guerres. C'est ici que les riches armateurs du XVIIIe siècle avaient fait édifier leurs hôtels particuliers, dont on peut encore admirer aujourd'hui les façades blanches, parfois très penchées, les balcons en ferronnerie et les beaux mascarons (visages sculptés dans les

Vaut le détour
Forêt du Gâvre

C'est la plus grande forêt domaniale de Loire-Atlantique. Elle s'étend sur près de 4 500 ha et offre un refuge au cerf, le plus grand mammifère de la forêt, au sanglier, au chevreuil (*gavr* en celte signifie chèvre ou chevreuil), mais aussi à des chauves-souris et à de nombreuses espèces de papillons. Exploitée en partie pour la production de bois, elle est couverte de chênes – certains très anciens – de hêtres, de merisiers, et aussi de pins. Elle a autrefois appartenu aux ducs de Bretagne, et ce dès le XIIIe siècle. On lui doit la création du village du Gâvre, où les habitants vivaient du travail du bois (sabotier, charbonnier, bûcheron, cerclier...). Avec son mélange de feuillus, de résineux, de landes, et ses sentiers aménagés, la forêt du Gâvre est un lieu de promenade très agréable.

Musée Benoist – Maison de la forêt (02 40 51 25 14 ; http://maisondelaforet44.free.fr ; 2 route de Conquereuil, Le Gâvre ; musée adulte/6-17 ans 4/2 €, sorties nature 5/3 € ; avr-nov sam-dim et jours fériés, tlj lors des vacances scolaires 14h30-18h30). Cette belle maison du XVIIe siècle abrite un espace pédagogique consacré à la forêt et à son écosystème, et une partie davantage orientée sur les traditions populaires. Sous les combles, les vieux métiers du bois sont bien évoqués. Visites ludiques pour les enfants. La maison propose un riche programme de sorties nature (Nuit de la chouette, Qui vit dans cette mare ? Traces des animaux, Brame du cerf, Marches nocturnes...) – réservation indispensable. Des découvertes de la forêt sont aussi programmées le jeudi à 14h30. Située au nord-ouest du bourg du Gâvre, après La Maillardais, la jolie **chapelle Magdelaine** mérite le détour. Fondée au XIIe siècle, à la même époque que les maladreries (lieux d'accueil des lépreux) de Saint-Lazare dont Marie-Madeleine était la sainte patronne, elle abrite une crédence d'origine, ainsi qu'une statue polychrome du XVe siècle représentant la Vierge de Notre-Dame-de-Grâce.

INFOS PRATIQUES

La forêt se situe entre la vallée de l'Erdre, à l'est, et celle de la Vilaine, à l'ouest. Que vous veniez de Blain, du Gâvre, de Guémené-Penfao ou de Plessé, les différentes routes convergent vers le **carrefour central de la Belle-Étoile**, où vous pourrez trouver à vous garer. Un **kiosque** donnant les principales informations utiles se trouve sur le carrefour central.

linteaux ou sur la clé de voûte), aux expressions amusées ou inquiétantes.

Quartier Graslin et quai de la Fosse

La même architecture se retrouve sur le **quai de la Fosse**. De là, on gagne aisément à pied le superbe **cours Cambronne**, qui évoque la cour du Palais-Royal parisien et dont la promenade centrale est agrémentée d'arbres et de rosiers blancs. Il débouche à quelques mètres de la **place Graslin** et de son théâtre néoclassique. Remontez la rue Racine pour découvrir un bel d'exemple d'architecture Art déco au n°14, l'immeuble de la Compagnie générale d'accidents, conçu par l'architecte Henri Vié en 1932. La **rue Crébillon**, qui relie le quartier Graslin à la place Royale, est jalonnée de commerces chics. Faites un détour en chemin par le **passage Pommeraye**, classé monument historique. Ce passage couvert sur trois niveaux, construit en 1843, est coiffé d'une verrière et s'organise autour d'un large escalier aux marches usées,

Le passage Pommeraye

D. R. ©

qui dessert des galeries accueillant de nombreuses boutiques.

MÉMORIAL À L'ABOLITION DE L'ESCLAVAGE Parcours commémoratif

(quai de la Fosse ; Médiathèque). Ce mémorial hautement symbolique, conçu en 2012 par l'artiste Krzysztof Wodiczko et l'architecte Julian Bonder, rappelle que Nantes a tiré sa richesse de la traite négrière. Ce parcours piétonnier s'étend au niveau de la Loire, entre le pont Anne-de-Bretagne et la passerelle Victor-Schœlcher, face au nouveau palais de justice, là où accostaient les navires négriers à leur retour des Antilles. Sur le quai, 2 000 plaques sont insérées dans le sol et portent les noms de 1 710 expéditions négrières parties de Nantes, ou rappellent les escales africaines puis caribéennes des navires nantais ; des textes évoquent la lutte contre l'esclavage. Chaque année en mai, Nantes commémore l'abolition de l'esclavage.

MUSÉE DE L'IMPRIMERIE Art typographique

(02 40 73 26 55 ; www.musee-imprimerie.com ; 24 quai de la Fosse ; 6/3,50 € adulte/scolaire-étudiant ; lun-sam 10h-12h et 14h-17h30, dim 14h-17h30, juil-août lun-ven seulement, visite guidée tlj 14h30). Vous aimez l'odeur de l'encre et regrettez déjà l'époque du "plomb" et la puissance des presses à bras ? Posez votre ebook et courez visiter ce musée accolé à la médiathèque Jacques-Demy, et ses nombreuses collections – poinçons et matrices, lettrines et bois gravés, presses et autres machines manuelles ou mécaniques. Ponctuée de maniements et d'essais (impression et taille douce notamment), la visite très vivante est menée par des ouvriers typographes qui connaissent leur métier sur le bout des doigts et vous en parlent avec passion. Il est aussi possible de suivre des ateliers d'art graphique (lithographie, taille douce, enluminure, reliure...) pour adultes et enfants.

MUSÉUM D'HISTOIRE NATURELLE Sciences de la Terre et du vivant

(02 40 41 55 00 ; www.museum.nantes.fr ; 12 rue Voltaire, entrée square Louis-Bureau ; Médiathèque ; tarif plein/réduit 3,50/2 €, sept-juin gratuit le 1er dim du mois ; tlj sauf mar 10h-18h, fermé jours fériés). Aménagé dans un remarquable bâtiment du XIXe siècle, il héberge des collections permanentes récemment rénovées – la collection de bois, la galerie des sciences de la Terre (minéraux), la galerie de zoologie et le vivarium –, ainsi que des expositions temporaires en partie liées à l'actualité scientifique.

MUSÉE DOBRÉE Fermé pour travaux
(☎ 02 40 71 03 50 ; 18 rue Voltaire ; 🚌 Médiathèque ; 🕒 fermé pour travaux jusqu'en 2015). Ce musée porte le nom d'une personnalité nantaise, Thomas Dobrée, armateur et collectionneur passionné, mort en 1895. Il a fait construire ce "palais de brique", qui semble s'inspirer de l'architecture médiévale anglo-saxonne, pour abriter une collection hétéroclite de manuscrits et d'œuvres d'art, ainsi qu'une relique d'Anne de Bretagne : son cœur. L'édifice, devenu musée départemental, accueille aussi un **musée d'Archéologie** qui possède de très belles pièces.

PARC DE PROCÉ Parc à l'anglaise
(accès rue des Dervallières ou bd des Anglais). Ce superbe parc à l'anglaise, où coule la Chézine, possède de vastes pelouses, des massifs d'hortensias et de dahlias, des arbres vénérables (rangée de séquoias et de cèdres), un étang et une mare, un kiosque et un petit manoir, ainsi qu'une "plage verte" à la belle saison. Bon spot, au charme un peu rétro, légèrement éloigné du centre historique, pour une promenade ou du farniente.

Île de Nantes

L'île de Nantes, vaste territoire enserré par deux bras de la Loire, est l'un des grands projets d'urbanisme nantais du XXIe siècle. Les chantiers se succèdent et l'île est désormais placée sous le signe de l'architecture contemporaine et de la création.

Les amateurs d'architecture contemporaine iront d'abord admirer le nouveau **palais de justice** (quai François-Mitterrand), conçu en 2000 par Jean Nouvel, l'immeuble Coupechoux surnommé "Manny" (derrière le palais de justice), l'œuvre de Van Lieshout *L'Absence* (sur le parvis de l'École nationale supérieure d'architecture de Nantes, face à la Loire), qui abrite un café, l'immeuble l'Île Rouge (rue La-Noue-Bras-de-Fer) et la Fabrique, l'un des

Royal de Luxe

Cette compagnie de théâtre de rue, créée en 1979 par Jean-Luc Courcoult, s'est fixée à Nantes à l'automne 1989, lorsque la municipalité a alloué à la troupe un immense entrepôt. Depuis lors, le Royal de Luxe a beaucoup voyagé (tournées en Europe, en Amérique latine et en Afrique de l'Ouest), mais il fait régulièrement vivre de sacrées expériences aux Nantais. Depuis son *Géant tombé du ciel* (présenté au Havre en 1993, en tournée en 1994), il les a invités à entrer dans un univers parallèle, incarné essentiellement par le Géant, le Petit Géant (un enfant noir de 6 m de haut né en 1998) et la Petite Géante (nièce du Géant, apparue pour la première fois en 2005 avec le spectacle *La Visite du sultan des Indes sur son éléphant à voyager dans le temps*). En faisant déambuler ses personnages articulés et son merveilleux bestiaire (girafe, éléphant, lamproie, etc.) dans les rues de Nantes et d'ailleurs, c'est à une réflexion originale sur l'espace urbain et sur l'interpellation du public par les artistes que travaille la troupe. Des saltimbanques qui ont la poésie chevillée au corps. À chaque sortie, l'émotion, mêlée d'étonnement, est au rendez-vous.

Pour en savoir plus sur ces prodigieuses machines, consultez le site www.royal-de-luxe.com et allez voir les Machines de l'île (p. 256).

derniers-nés sur le parc des Chantiers, dans les Nefs.

PARC DES CHANTIERS

Esplanade et jeux

(**Chantiers-Navals, accès par le pont Anne-de-Bretagne).** Le parc englobe le site des anciens chantiers navals. Classées monuments historiques, deux grues imposantes – la jaune, symbole de la construction navale, et la grise, évocation de l'activité portuaire d'autrefois – rappellent aujourd'hui le travail accompli ici, tout comme les cales de lancement des bateaux. Le parc comprend plusieurs jardins (avec jeux pour enfants et espaces de détente), ainsi qu'une esplanade parfaite pour faire du roller, et une passerelle pour longer la Loire au niveau de l'eau. On y trouve les vestiges du pont transbordeur, détruit en 1958, qui reste inscrit dans la mémoire des Nantais. Deux entrepôts, les Nefs, ont été dévolus aux Machines de l'île, l'un pour accueillir la galerie des Machines, l'autre pour l'atelier de construction.

MACHINES DE L'ÎLE

Animaux mécaniques

(**0810 12 12 25 ; www.lesmachines-nantes.fr ; Les Chantiers, bd Léon-Bureau ; Chantiers-Navals ; galerie des Machines, voyage en éléphant ou Carroussel des mondes marins tarif plein/réduit 8/6,50 € ; tlj en saison, voir le site Internet pour les horaires précis).** Les Nefs, les anciens ateliers de chaudronnerie des chantiers navals, qui accueillent les Machines de l'île drainent une foule de visiteurs, avides de découvrir de près le fabuleux bestiaire, conçu par François Delarozière et Pierre Oréfice et fabriqué par une imposante équipe d'ouvriers et d'ingénieurs – des animaux articulés, en bois et en fonte, qui sont aussi la marque du Royal de Luxe (voir l'encadré p. 255). Le clou de la visite : une balade sur le dos de l'éléphant qui barrit et arrose la chaussée d'un jet de sa trompe (45 minutes jusqu'au Carrousel des mondes marins, au bord de la Loire). La galerie des Machines expose l'avancée des travaux pour la création des jardins suspendus et de l'"arbre aux

À gauche : la grue Titan, sur l'Île de Nantes ; **Ci-dessous :** l'éléphant articulé des Machines de l'Île

(À GAUCHE) THOMAS PAJOT / FOTOLIA © ; (CI-DESSOUS) D. R. ©

hérons", dont une branche prototype est accessible au-dessus du café-librairie. C'est désormais un héron géant qui s'apprête à s'envoler avec 4 passagers. Le Carroussel des mondes marins, un manège haut de 25 m sur trois niveaux inauguré en juillet 2012, convie à un voyage sous-marin, à la manière de Jules Verne, avec engins d'exploration et créatures réelles ou imaginaires qu'il est possible de manoeuvrer.

Les animaux articulés du **manège d'Andréa (www.lesmanegesdandrea.com ; 2 €/tour, 10 €/6 tours)**, sur l'esplanade, participent du même imaginaire. Et pour cause, ils ont été réalisés par les artisans des Machines. Hippocampe, autruche, licorne ou poisson-globe complètent le bestiaire fabuleux du Carrousel.

HANGAR À BANANES
Expos et lieux de sortie

(quai des Antilles). Le long du quai des Antilles, une promenade mène à un ancien entrepôt où se succèdent lieux d'exposition, bars, restaurants et cafés-concerts. Le long du fleuve, une œuvre de Daniel Buren et de Patrick Bouchain, créée à l'occasion d'Estuaire 2007, *Les Anneaux*, souligne la perspective de l'estuaire de la Loire. À voir la nuit, lorsque les anneaux sont illuminés en rouge, bleu et vert.

Gare maritime, butte Sainte-Anne et Trentemoult

MAILLÉ-BREZÉ Musée naval

(☎ 09 79 18 33 51 ; www.maillebreze.com ; quai de la Fosse ; 🚋 Gare-Maritime ; visite complète 7/4 € ; 🕓 tte l'année, voir le site ou téléphoner pour les horaires des visites qui changent chaque mois). Hommage aux chantiers navals, cet escorteur d'escadre, à quai depuis 1988, a été transformé en musée naval. Visites guidées (1 heure pour la visite de bord, 30 minutes supplémentaires avec la salle des machines).

Si vous aimez... les paysages fluviaux

Si vous aimez les paysages fluviaux et les promenades le long des chemins de halage, ne manquez pas :

1 **SUCÉ-SUR-ERDRE**
Petit port fluvial plein de charme, à 20 km de Nantes.

2 **ESTUAIRE DE LA LOIRE**
À la fois voie navigable, milieu naturel, espace industrialo-portuaire et artistique. Croisières au départ de Nantes et de Saint-Nazaire.

3 **BLAIN**
Ville-étape du canal de Nantes à Brest, dotée d'un très beau château d'époque médiévale. Visites de mars à octobre.

4 **VALLÉE DU DON**
Une végétation dense et un paysage escarpé, à découvrir en canoë-kayak. Départ de Marsac-sur-Don, jusqu'à Guémené-Penfao.

BELEM Voilier
(www.fondationbelem.com ; quai de la Fosse ; Chantiers-Navals). Nantes est aussi l'un des ports d'attache du *Belem*, le célèbre et magnifique trois-mâts mis à l'eau pour la première fois en 1896. Ce navire-école, classé monument historique, a inauguré son nouveau ponton en 2009. Vous pouvez suivre son programme de navigation et le visiter quand il rentre au port !

BUTTE SAINTE-ANNE Vue sur la Loire
Depuis la petite esplanade Bruneau où se dressent les statues de Nemo et de Jules Verne enfant observant son personnage, s'étend le plus beau **point de vue** sur la ville : le regard embrasse le fleuve, l'île de Nantes et, au-delà, la commune de Rezé, avec Trentemoult (voir ci-contre) et la maison radieuse de Le Corbusier (voir l'encadré ci-contre), sur l'autre rive de la Loire.

MUSÉE JULES-VERNE Musée
(02 40 69 72 52 ; www.nantes.fr/julesverne/acc_2.htm ; 3 rue de l'Hermitage ; Gare-Maritime ; tarif plein/réduit 3/1,50 € ; 10h-12h et 14h-18h, fermé mar, dim matin et jours fériés, 10h-18h juil-août, sauf mar et jours fériés). Ce musée retrace la vie de l'auteur de *Vingt Mille Lieues sous les mers*, né à Nantes en 1828, et souligne son influence et son génie de précurseur. La scénographie, peu interactive, risque d'ennuyer les plus jeunes, mais la collection ravira en revanche les adultes désireux de renouer avec l'imaginaire de leur enfance.

PLANÉTARIUM Musée
(02 40 73 99 23 ; 8 rue des Acadiens ; Gare-Maritime ; tarif plein/réduit 5/2,50 € ; séances lun-ven 10h30, 14h15 et 15h45, dim 15h et 16h30). Proche du musée Jules-Verne, ce lieu est parfait pour plonger la tête dans les étoiles durant une heure (à partir de 5 ans). Bon à savoir : chaque mercredi et dimanche, la séance de 16h30, intitulée la Petite Planète, est particulièrement adaptée aux plus petits (à partir de 4 ans, 40 minutes).

TRENTEMOULT Village de charme
(Navibus depuis la gare maritime). Face à la butte Sainte-Anne, sur l'autre rive de la Loire et dans la commune de Rezé, cet ancien village de pêcheurs est l'occasion d'une agréable balade aux beaux jours : traversez la Loire grâce à la navette fluviale depuis la gare maritime (avec un ticket de bus), musardez dans les rues aux maisons basses et pittoresques, puis attablez-vous pour un repas de poisson ou de fruits de mer. À l'heure du déjeuner ou le soir aux beaux jours, Trentemoult se donne des airs de guinguette en bord de Loire. Notez aussi le marché bio du samedi matin, à quelques minutes à pied du débarcadère.

Activités

L'Erdre se jette dans la Loire à Nantes, au niveau du canal Saint-Félix, près de la tour LU. Au XXe siècle, d'importants travaux ont modifié son cours dans le centre-ville (elle a ainsi été comblée pour donner naissance au cours des Cinquante-Otages).

Les berges de l'Erdre se prêtent à des **promenades à pied ou à vélo** charmantes pour qui veut sortir un peu du centre historique. Rendez-vous près de l'île de Versailles (p. 252) pour démarrer le parcours – un chemin de halage et des sentiers suivent la rive gauche sur 6 km jusqu'au **parc de la Chantrerie** (route de Gachet ; Beaujoire et 72, 76). Ce vaste parc qui longe l'Erdre sur 900 m se situe au nord-est de Nantes, assez loin du centre. Autre atout : sa **ferme d'éveil** (mai-juin et sept-15 oct dim uniquement 10h-12h30 et 14h30-18h ; gratuit) est l'occasion d'une agréable sortie avec des enfants, qui pourront découvrir le potager et les animaux (lapins, chèvres, ânes...). Renseignez-vous aussi auprès de la maison de l'Erdre (voir p. 252).

Il est aussi possible de faire des sorties en bateau, du canoë ou d'effectuer de courtes croisières, en général au départ de l'île de Versailles (**Ruban Vert** 02 51 81 04 24 ; www.rubanvert.fr ; île de Versailles ; Saint-Mihiel ; avr et oct sam-dim 10h-19h, mer 14h-19h et vacances scolaires lun-ven 14h-19h, mai-juin et sept lun-ven 14h-19h, sam-dim et jours fériés 10h-19h, juil-août tlj 10h-19h), ou de visiter l'ancien port de Nantes, sur la Loire.

Où se loger

HÔTEL SAINT-DANIEL Hôtel €

(02 40 47 41 25 ; www.hotel-saintdaniel.com ; 4 rue du Bouffay ; Bouffay ; d 45-60 €, tr/qua 68/75 €, petit-déj 5,50 € ;). Un hôtel à l'emplacement enviable pour un coût très accessible. Les chambres ne sont pas exceptionnelles, mais correctement équipées (WC, douche, TV et Wi-Fi) et certaines surplombent le jardin de la belle église Sainte-Croix.

HÔTEL POMMERAYE Hôtel €€

(02 40 48 78 79 ; www.hotel-pommeraye.com ; 2 rue Boileau ; Médiathèque ; ch 59-169 €, petit-déj 10,15 € ; P). Un deux-étoiles original, dans un immeuble ancien refait à neuf, situé à un jet de pierre du passage Pommeraye. Habillées de taupe, orange, parme ou gris, les chambres avec sdb immaculée sont spacieuses et protégées

Maison radieuse de Le Corbusier

L'architecte Le Corbusier (Charles Édouard Jeanneret, dit Le Corbusier, 1887-1965) a construit l'une de ses "cités radieuses" à Rezé, une commune voisine de Nantes. Emblématique d'une certaine conception de l'habitat collectif, la **Maison radieuse** (02 40 84 43 84 ; www.maisonradieuse.org ; bd Le Corbusier, Rezé ; Espace-Diderot, 74, 37, 31 ou 38 ; visites individuelles mer 16h et sam matin 9h30 et 11h, sur rendez-vous ; 3,50 €) est inscrite aux Monuments historiques depuis 2001. On peut en visiter un appartement témoin. Né dans le contexte de l'après-guerre, lorsque l'habitat social manquait à Nantes, ce vaste ensemble (il culmine à 52 m) accueille ses premiers habitants en 1955. La construction de béton montée sur pilotis et sillonnée par 6 rues intérieures comprend près de 300 appartements en duplex, aménagés afin de rendre la vie quotidienne plus aisée : cuisine ouverte, larges baies vitrées, doubles vitrages, loggias, etc. Des espaces communs – l'école maternelle sur le toit-terrasse, les aires de jeux ou les jardins familiaux dans le parc – devaient contribuer à la vie collective.

Œuvres d'art Estuaire

Voici les œuvres pérennes des trois éditions (2007, 2009 et 2012) du festival d'art contemporain Estuaire qui a eu lieu entre Nantes et Saint-Nazaire. Disséminées à Nantes, le long de l'estuaire et à Saint-Nazaire, elles sont presque toutes en accès libre.

- *Nymphéa*, d'Ange Leccia, installation vidéo dans les eaux du canal Saint-Félix (le soir), Nantes
- Les Anneaux de Daniel Buren et Patrick Bouchain, devant le Hangar à bananes, île de Nantes (illuminés le soir)
- *L'Absence*, par l'atelier Van Lieshout (www.absence-nantes.fr/), île de Nantes
- "Manny", ou l'immeuble Coupechoux, couvert de 3 000 lames d'aluminium perforées, derrière le palais de justice, île de Nantes
- *Péage sauvage*, Observatorium, Petite Amazonie, quartier Malakoff, Nantes
- *L'île flottante* de Fabrice Hyber, canal Saint-Félix, Nantes
- *Lunar Tree*, de Mrzyk & Moriceau, square Maurice-Schwob (butte Sainte-Anne), Nantes
- *Changing Room* de Leandro Erlich et *Portail 0°-90°, portail 8°-98°* de François Morellet, exposées dans l'hôtel de région, île de Nantes
- *De temps en temps*, par François Morellet, sur le bâtiment Harmonie Atlantique, près du pont Anne-de-Bretagne, Nantes
- *Le Pendule*, de Roman Signer, Rezé (Navibus depuis la gare maritime de Nantes)
- *The Settlers* (*Les Colons*), de Sarah Sze, Bouguenais-Port-Lavigne
- *La maison dans la Loire*, de Jean-Luc Courcoult, Couëron
- *Did I Miss Something*, de Jeppe Hein, et les chambres d'artistes du château du Pé, Saint-Jean-de-Boiseau
- *Serpentine rouge*, de Jimmie Durham, Indre. Œuvre à découvrir depuis l'embarcadère du bac à Basse-Indre
- *Misconceivable*, d'Erwin Wurm, près du canal maritime, Le Pellerin
- *L'Observatoire*, de Tadashi Kawamata, une tour en bois accessible par des dalles en bois depuis Lavau-sur-Loire (renseignez-vous si l'accès est possible lors des grandes marées).
- La Villa-Cheminée, de Tatsu Nishi, à Bouée et près de Cordemais
- Le Jardin étoilé, de Kinya Maruyama, à Paimbœuf
- Le jardin du Tiers Paysage, de Gilles Clément, sur le toit de la base sous-marine, Saint-Nazaire
- *Suite de triangles*, de Felice Varini. Cette œuvre qui s'étend sur 2 km est à voir depuis la terrasse panoramique de l'écluse fortifiée, à Saint-Nazaire

du bruit extérieur. Autres bons points : son engagement vert (label Clef verte) et les choix faits pour un petit-déjeuner local et responsable. L'hôtel accueille régulièrement des artistes en résidence et a donné carte blanche en 2012 à

4 artistes pour créer leur décor : il s'agit des chambres 308, 309, 207 et 208. Tarifs variables selon l'époque de l'année et l'actualité du calendrier nantais.

HÔTEL LA PÉROUSE
Architecture design **€€€**
(**02 40 89 75 00 ; www.hotel-laperouse.fr ; 3 allée Duquesne, cours des Cinquante-Otages ; Place-du-Cirque ; 89-195 € selon ch et période ; petit-déj 9-14 € ; P**). Un immeuble à l'architecture résolument contemporaine (dû aux frères Barto en 1993), qui frappe par son allure de vaisseau blanc à l'équilibre précaire – un clin d'œil aux hôtels particuliers nantais de guingois du XVIIIe siècle. L'intérieur aux volumes sobres et épurés est équipé de mobilier design signé Barto+Barto, Le Corbusier ou Rietveld. L'hôtel a reçu le label Clef verte pour son engagement environnemental.

Où se restaurer

À L'ARDOISE Cuisine de saison **€€**
(**02 40 47 54 51 ; 11 rue Léon-Blum ; 50-Otages ; menus déj 11-14 €, soir 21-24 €, plat 8/15,50 € midi/soir ; mar-ven déj, mer-sam soir**). Une bonne petite table, d'esprit juvénile ! La carte suit les saisons et change très souvent. Le menu du jour est d'un bon rapport qualité/prix, et celui du soir plus travaillé. Joli cadre, avec pierres apparentes, et quelques tables dehors aux beaux jours. Accueil charmant. Mieux vaut réserver.

LES BOUTEILLES Bar à vins **€€**
(**02 40 08 27 65 ; 11 rue de Bel-Air ; Viarme-Talensac ; plat du jour 10 €, repas 25 €, vin au verre à partir de 3 € ; mar-ven midi, mar-sam soir**). Pour les amateurs de cuisine fraîche et savoureuse, à accompagner de vins qui ont une histoire. Ce bar à vins/bistrot, tenu par des jeunes gens qui présentent leurs produits avec talent, a changé d'adresse pour se rapprocher du marché de Talensac.

MAISON BARON-LEFÈVRE
Bistronomie **€€**
(**02 40 89 20 20 ; 33 rue de Rieux ; Aimé-Delrue ; menus 15-25 €, carte 45 € ; mar-sam**). Une table gourmande près de la Cité des congrès, dans un ancien entrepôt réhabilité façon loft. Une ouverture ménagée sur les fourneaux permet de voir officier le chef Jean-Charles Baron. Il privilégie les produits de saison et régionaux – les légumes poussent dans son propre potager de Sainte-Luce-sur-Loire – et dessine des assiettes généreuses. Service attentionné et souriant.

LA CIGALE Brasserie classée **€€**
(**02 51 84 94 94 ; www.lacigale.com ; 4 pl. Graslin ; Médiathèque ; petit-déj complet 11 €, menus midi 14,90-25 €, soir 17,50-26,50 € ; tlj 7h30-0h30**). Une institution du quartier Graslin, classée monument historique pour son décor Art nouveau. Le service brasserie est correct, tout comme les fruits de mer, mais il vaut mieux privilégier le moment du petit-déjeuner ou celui du goûter pour admirer les faïences vernissées en toute quiétude.

LA POISSONNERIE
Poisson et fruits de mer **€€€**
(**02 40 47 79 50 ; 4 rue Léon-Maître ; Bouffay ; menus 27,50-47 €, formule déj 15 € ; fermé sam midi, dim et lun midi**). Sur l'île Feydeau. Une excellente adresse pour des plats de poisson : piccata de joues de lotte et crème d'ail doux, sauté de supions avec barigoule d'artichauts et jus safrané, huîtres chaudes en coquille, homard au cidre brut, bar en croûte de sel de Guérande et, bien sûr, les classiques plateaux de fruits de mer.

Où prendre un verre et sortir

La culture bar est très présente à Nantes. Les adresses suivantes ne sont qu'une sélection (voir aussi *Où sortir*). Vous trouverez de belles concentrations de bars et cafés autour de la place Bouffay et dans le Hangar à bananes, sur l'île de Nantes.

LE CERCLE ROUGE Bar

(☎02 40 20 16 50 ; 27 rue des Carmes ; muscadet 2,20 € ; ⏲lun-sam 8h-24h). Un bon lieu de rendez-vous ! Grande terrasse sur la rue piétonne et belle salle où l'ameublement et la déco évoquent les années 1950-1970, comme un hommage au film noir de Melville. Des patrons très sympas et une clientèle de tous les âges, plutôt trentenaire et assez *arty* le soir. On peut y boire des bières artisanales locales du Bouffay, titrant 5° et 7°.

LE LIEU UNIQUE

Café-concerts et spectacles

(☎02 40 12 14 34 ; www.lelieuunique.com ; quai Ferdinand-Favre ; Gare-SNCF/Duchesse-Anne ; 2 rue de la Biscuiterie ; bière 2 €, ti-punch 5 € ; ⏲lun 11h-20h, mar-jeu 11h-2h, ven-sam 11h-3h, dim 15h-20h). Le Lieu unique (voir aussi p. 249) draine toujours un public nombreux à chaque concert ou spectacle. Transats et tables dehors aux beaux jours, le long du canal Saint-Félix.

LE FLORIDE Boîte de nuit rock-électro

(☎02 40 47 66 80 ; île de Nantes, 3 rue Saint-Dominique ; 8 € ; ⏲mer-dim 23h-5h). Concerts et boîte de nuit... depuis plus de 25 ans. Une institution ! Le Floride s'abrite derrière un porche rouge, pas très loin du Hangar à bananes, à la pointe ouest de l'île de Nantes. Apprécié des 25-40 ans selon les soirs. Évitez la foule du samedi soir.

Renseignements

Nantes tourisme (☎0892 464 044, 0,34 €/min ; www.nantes-tourisme.com). Accueil Château (9 rue des États ; Duchesse-Anne) ; Accueil Feydeau (3 cours Olivier-de-Clisson ; Commerce). Le personnel peut réserver des visites guidées (tarif plein/réduit 7/4 €, gratuit -12 ans ou 9/6 €, 2 € -12 ans, selon les thèmes) ou vous fournir un **pass touristique** (24/48/72 heures tarif plein 25/35/45 €, réduction 10% sur site Internet, 4-17 ans et étudiant 17/24/31 €). Ce forfait permet un accès libre aux transports en commun ainsi qu'aux sites et monuments ; il comprend une visite commentée de la ville, ainsi que diverses réductions.

Station Prouvé/Accueil Nantes Tourisme (Prairie-au-Duc, île de Nantes ; Chantiers-Navals ou 58). Information culturelle, en particulier sur Estuaire, dans une ancienne station-service "itinérante", dessinée par

Estuaire de la Loire, et village de Trentemoult

SÉBASTIEN KRZYZANOWSKI ©

Vaut le détour
Saint-Nazaire (Sant-Nazer)

Saint-Nazaire fait partie de ces villes où l'Histoire a laissé des traces profondes. Détruite par les bombardements alliés pendant la Seconde Guerre mondiale, elle s'est reconstruite en tournant le dos à ses blessures. Son histoire est bien entendu liée à celle de la construction navale. **La base sous-marine** (visite guidée juil-août adulte/enfant 7/3,50 €), édifiée par les Allemands entre 1940 et 1942 pour réparer et ravitailler deux flottilles de U-Boote engagés dans la bataille de l'Atlantique, a durablement modifié le visage de la ville. Après des années d'abandon, l'imposante masse de béton – qui comprend 14 alvéoles sur une longueur totale de près de 300 m – est devenue un lieu culturel et de loisirs, à la faveur d'une politique de reconquête urbaine. Inauguré en 2000, **Escal'Atlantic** (0810 888 444 pour la visite ; adulte/4-17 ans 12,50/8 € ; visites conférences possibles dim 16h ; tte l'année sauf jan, fermeture certains jours nov-mars ; ouverture de la nouvelle scénographie été 2013 après fermeture du site) est devenu le fleuron touristique de Saint-Nazaire. Avec ce géant des mers, reconstitué presque grandeur nature dans deux alvéoles de la base sous-marine, c'est tout l'univers des grands paquebots de légende qui revit. **L'Espadon** (0810 888 444 ; av. de la Forme-Écluse, Ville-Port ; adulte/4-18 ans 8/6 € ; tte l'année, fermé certains jours nov-mars) est, quant à lui, un vrai sous-marin que l'on visite avec un audioguide, et dont les ambiances sonores restituent de façon réaliste les conditions de vie – très exigües ! – à bord.

Saint-Nazaire, c'est aussi la ville aux 20 plages. La plus réputée est la **plage de Monsieur Hulot**, à **Saint-Marc-sur-Mer**, baptisée ainsi pour avoir été choisie par Jacques Tati comme décor de son film *Les Vacances de monsieur Hulot*. Une statue en bronze d'Emmanuel Debarre rend d'ailleurs hommage à cet éternel héros lunaire du cinéma. L'hôtel de la plage existe toujours, mais il a changé sa décoration.

INFOS PRATIQUES

L'**Office du tourisme** (02 40 22 40 65 ; www.saint-nazaire-tourisme.com ; 3 bd de la Légion-d'Honneur) est installé dans la base sous-marine, au niveau du repère 9A face à l'esplanade Ruban bleu.

l'architecte Jean Prouvé dans les années 1960. Chaque soir à la tombée de la nuit, projection sur les parois de la station de films courts signés Gaëtan Chataigner et inspirés des œuvres d'Estuaire (voir p. 260) éditions 2007 et 2009.

Comment circuler

TRANSPORTS EN COMMUN Le centre-ville est assez ramassé et l'on rejoint facilement les principaux sites à pied. Vous utiliserez sans doute plus aisément le tramway que le bus. Les transports en commun sont gérés par la **Tan** (02 40 44 44 44 ; www.tan.fr). Le ticket classique (1,50 €, 13,30 € les 10) est valable 1 heure ; un ticket 24h (4,40 €) permet de se déplacer sur tout le réseau TAN et TER (formule famille 4 personnes : 7,10 €).

En centre-ville, l'**Espace transport Commerce** (2 allée Brancas ; Commerce) est ouvert du lundi au samedi de 7h30 à 19h30. Vente de tickets, plans et horaires.

Le **tramway** circule le soir jusqu'à 0h30 en semaine, 2h30 le samedi. Dans la nuit du jeudi au vendredi et du samedi au dimanche, le service Luciole prend le relais et dessert les lieux de sortie jusqu'à 7h15.

Deux lignes de **Navibus** (ticket ordinaire ; tte l'année sauf 1er mai) sont en service : vous pouvez traverser la Loire et rejoindre Trentemoult au départ de la gare maritime (ttes les 10 min en semaine, 20 min le week-end) et un passeur vous fait franchir l'Erdre entre Port Boyer et Petit Port Facultés.

TAXI Pour une course en taxi, appelez Allo Taxi Nantes Atlantique (**02 40 69 22 22 ; www.allo-taxis.com**). Les taxis sont rares le soir et la nuit ; prévoyez un transport alternatif.

VÉLO Nantes est équipée d'un réseau de vélos en libre service, **Bicloo** (**01 30 79 33 44 ; www.bicloo.nantesmetropole.fr**), accessible tous les jours de 4h à 1h (remise des vélos 24h/24). Louer un deux-roues avec une carte bancaire se fait auprès d'une borne des stations d'accueil et d'abonnement. Il existe des abonnements courts (1/7 jours pour 1/5 €).

Détours de Loire (**02 40 48 75 37 ; www.locationdevelos.com ; gare routière Baco, allée Maison-Rouge ; mai-sept**) loue des vélos à l'heure, à la journée, à la semaine ou au mois.

LA BAULE (AR BAOL)

S'imagine-t-on qu'en 1879, lors de l'inauguration de la ligne ferroviaire Saint-Nazaire-Le Croisic, La Baule n'était encore qu'un lieu-dit presque désert, composé de dunes instables et inondables ? La Baule, la bon chic bon genre, étonne à plusieurs titres. Si son front de mer a plus que souffert d'une urbanisation massive, la ville conserve, au milieu des pins, de belles maisons bourgeoises du début du XXe siècle. Et si l'empire Lucien Barrière a jeté ici son dévolu, une belle hôtellerie milieu de gamme permet de bénéficier des attraits de l'une des plus prestigieuses stations balnéaires de la façade atlantique. Car La Baule, c'est d'abord une longue plage de sable blond qui s'étend le long de la baie et est considérée par beaucoup comme l'une des plus belles d'Europe. Rien d'étonnant à ce qu'elle soit le paradis du farniente et des sports nautiques.

Orientation

Le **centre-ville** s'ordonne autour de la place du marché, de l'avenue du Général-de-Gaulle, axe commerçant et perpendiculaire au front de mer, et de l'avenue De-Lattre-de-Tassigny. L'office du tourisme se situe près du croisement de ces deux avenues. À l'ouest, le très résidentiel et chic **quartier Benoît** semble dominé par l'empire Lucien Barrière,

Villa bauloise

JEAN-BERNARD CARILLET/LONELY PLANET IMAGES ©

Les villas de Pornichet

Les perles de l'**architecture balnéaire** fin XIXe-début XXe siècle sont plutôt à chercher du côté de **Sainte-Marguerite**, que l'on rejoint en empruntant le chemin côtier qui part de la pointe du Bé en direction de Saint-Nazaire (il faut compter 12 km si vous poussez jusque-là). Vous découvrirez au passage le paysage dunaire de Bonne Source et la pointe de Congrigoux. La plage de **Sainte-Marguerite** est un quartier plutôt huppé et un site plein de charme. De cette jolie crique sablonneuse, la vue porte sur des îlots au large, notamment la Pierre percée, une réserve protégée pour les oiseaux marins.

Dans le centre de Pornichet, l'**hôtel de ville** constitue un bon témoignage des constructions de l'époque. Quant à la **gare**, édifiée en 1878, elle ressemble beaucoup à celles du Croisic et du Pouliguen (le chemin de fer est arrivé la même année). Le quartier alentour abrite de belles maisons anciennes.

Si cette thématique vous intéresse, vous pouvez vous procurer auprès de l'**office du tourisme** (☎ 02 40 61 33 33 ; www.pornichet.fr ; 3 bd de la République) un guide intitulé "Rêves de villas" (5 €).

avec son casino et ses luxueux hôtels. Le quartier de **La Baule-les-Pins** se situe plus à l'est. L'avenue Louis-Lajarrige, bordée de nombreux commerces, en est l'axe principal. La **forêt communale d'Escoublac** s'étend au nord-est. Le quartier du **Guézy**, enfin, borde le haut de Pornichet. Le **Remblai** est le nom de la promenade qui court sur le front de mer.

À voir et à faire

Prenez la peine de vous éloigner du front de mer pour apprécier le **patrimoine architectural** de cette station pionnière dans le domaine du tourisme balnéaire. Des villas aux influences variées se fondent dans la forêt maritime, rivalisant de charme et de fantaisie architecturale. Ces superbes demeures, de styles flamand et anglo-normand du début du XXe siècle, Art nouveau, basque ou d'influence mauresque, s'ouvrent sur l'océan ou sur de luxuriants jardins plantés de tamaris roses, d'acacias ou de palmiers. L'office du tourisme vend un guide sur des balades architecturales à La Baule (5 €).

Plage et activités nautiques

Impressionnante, somptueuse, la longue **plage de La Baule** s'étire à n'en plus finir. Reste l'épineuse question : où poser sa serviette ? Si le lieu de résidence détermine souvent le choix, c'est généralement le club de plage et/ou l'école de voile qui l'emporte. Pour plus de tranquillité cependant, évitez les abords du centre-ville, et préférez la plage Benoît (au-delà du casino et des hôtels Lucien Barrière) et celle de La Baule-les-Pins, aux alentours de l'avenue Louis-Lajarrige.

Plusieurs **clubs de plage** saisonniers ponctuent la baie. La plupart accueillent les enfants dès l'âge de 2-3 ans. Certains sont doublés d'une école de voile et donnent aussi des cours de natation. La liste complète est disponible à l'office du tourisme, mais nous avons notamment eu de bons échos du club des Courlis (plage Benoît), de celui des Dauphins (face à l'av. de la Roche-aux-Mouettes) ou de celui des Léopards (créé par la famille Pajot, face à l'av. Lajarrige), tous très fiables.

En six endroits, en général près des postes de secours, l'accès à la plage est facilité pour les personnes à mobilité

Vaut le détour

Randonnée

Pour les amateurs de marche, sachez que trois sentiers pédestres sont balisés sur la commune, pour des circuits de 2 heures 30 en moyenne. L'office du tourisme distribue un petit dépliant gratuit les détaillant. En juillet-août, l'association **Rando Côte d'Amour** (**☎ 06 72 14 36 38 ; www.randocotedamour.fr**), dépendant de la FFRP, organise chaque mardi des randonnées accompagnées de 3 heures environ (participation demandée) ; le reste de l'année, elles ont lieu chaque mardi et samedi.

La **forêt d'Escoublac** représente un agréable lieu de promenade.

Thalassothérapie

La Baule compte deux centres de thalassothérapie : **Relais Thalasso La Baule** (**☎ 02 40 11 33 11 ; www.labaule.relaisthalasso.com ; 28 bd de l'Océan**), côté La Baule-les-Pins, et **Thalgo La Baule** (**☎ 02 40 11 99 99 ; www.lucienbarriere.com ; av. Marie-Louise**). Outre les cures, ils proposent des soins à la carte. Le premier, propriété du groupe Phélippeau, devrait bientôt migrer vers le nouveau complexe du château des Tourelles, devant la plage de Bonne-Source, à Pornichet.

réduite – procurez-vous la carte indiquant ces emplacements à l'office du tourisme.

Où se loger

L'ASTROLABE Hôtel **€**

(**☎ 02 40 60 21 75 ; 106 av. de-Lattre-de-Tassigny ; d basse/haute saison 45-59/55-69 € tr 59-76/69-86 € ; ⏲ tte l'année ; wifi**). Les propriétaires du café des Sports, un bar-PMU proche du quartier Benoît, louent au-dessus 15 chambres simples et d'une propreté irréprochable. L'une d'elles est accessible aux personnes handicapées (57 €). Un appartement avec deux chambres et un bel espace cuisine est aussi proposé à la semaine (450 € hors saison, 530 € en juillet et 640 € en août).

VILLA CAP D'AIL Hôtel de charme **€€**

(**☎ 02 40 60 29 30 ; www.villacapdail.com ; 145 av. de-Lattre-de-Tassigny ; s 65-95€, d 70-105 € selon confort et saison, ste junior ou f 120-160 €, petit-déj 10 € ; ⏲ tte l'année ; @ wifi**). Le salon et la terrasse pour le petit-déjeuner sont une invitation à la quiétude. Entourée d'un jardin, cette belle maison bourgeoise de 1927 – l'un des plus anciens hôtels de La Baule – possède des chambres douillettes et contemporaines entièrement rénovées (les plus coûteuses possèdent balcon et/ou balnéo), si bien que l'établissement a récemment obtenu son classement trois étoiles. Location de vélos possible.

CASTEL MARIE-LOUISE
Grand luxe **€€€**

(**☎ 02 40 11 48 38 ; www.castel-marie-louise.com ; 1 av. Andrieu ; ch 179-734 € selon confort et saison, petit-déj à partir de 20 € ; ⏲ fermé jan**). Ce Relais & Châteaux occupe un manoir Belle Époque, que fit édifier François André, le fondateur du groupe Barrière.

Où se restaurer

LE SEASON'S Les pieds dans l'eau **€€**

(**☎ 02 40 60 71 68 ; www.seasons-labaule.com ; plage Benoît, face à l'av. du Jardin-Public ; menus 23/25 €, plats 15-32 € ; ⏲ fermé mar-mer sauf juil-août, fermé nov**). L'un des must en bord de plage. Cuisine raffinée et service de qualité. Au déjeuner, en saison, grandes salades et assiettes brunch entrent dans la partie.

LE BILLOT Cuisine du marché **€€**
(**02 40 60 00 00 ; 17 av. Pétrels ; plats 15-30 € ; fermé dim et mer soir, lun tte la journée**). Les nouveaux propriétaires, un jeune couple, détournent le Billot de sa prédilection première (la viande) pour diversifier la carte. On s'y régale désormais d'une cuisine du marché talentueuse (foie gras maison délicieux à 10,90 €, cabillaud aux petits légumes ou ris de veau sauce bretonne et riz noir). Produits frais et tour de main élégant pour cette table à l'emplacement idéal : devant les halles centrales.

LA VÉRANDA Gastronomie **€€€**
(**02 40 60 57 77 ; www.restaurant-laveranda.com ; 27 bd de l'Océan ; menus midi sem 22-28 €, soir et week-end 40-85 €, plats 19-38 € ; fermé dim soir, lun et mar midi, et de mi-déc à début fév**). Pour un repas à visée gastronomique, faites escale sous cette véranda, tenue par Isabelle et Olivier Androuin, et qui rencontre un beau succès d'estime. Si le cadre n'est pas très réussi, la carte offre de belles propositions, où l'on retrouve poissons et viandes (comme ces filets de pigeons de Mesquer laqués au chocolat). Beau choix de desserts. Le chef n'hésitera pas à vous en faire découvrir d'autres.

Où sortir

Le quartier du **casino** (**www.casino-labaule.com ; 24 esplanade Lucien-Barrière**) et l'avenue du Général-de-Gaulle rassemblent la plupart des bars de nuit.

VILLA LA GRANGE Boîte de nuit
(**02 51 75 01 91 ; www.la-grange.com ; chemin de la Nantaise ; juil-août tlj 23h-6h, Pâques-sept sam et veille de jours fériés ; 15 €**). Sur la route de Guérande, c'est une adresse courue par la jeunesse dorée depuis... 1964. Deux salles à l'ambiance différente et jardins en plein air façon bord de mer.

Achats

Le **marché** est un grand moment d'animation de la ville, même si les travaux de construction de nouvelles halles, entre l'hiver 2011 et l'été 2013, l'ont perturbé. Quelques boutiques gourmandes ont aussi pignon sur rue.

CHRISTOPHE ROUSSEL Chocolaterie
(**02 40 60 65 04 ; www.roussel-chocolatier.com ; 6 allée des Camélias ; fermé lun**). Les macarons ont fait la réputation de ce chocolatier-pâtissier, qui s'illustre aussi

Insolite ! Les niniches de Manuel

En 1937, Manuel Ortiz, venu de Santander, en Espagne, s'installe au Pouliguen pour vendre des glaces. Dix ans plus tard, il imagine une nouvelle confiserie. Il a l'idée de travailler le sucre pour qu'il soit tendre et de l'enrouler sur un bâtonnet en hêtre, le tout enveloppé d'un papier transparent. Son erreur a été de ne pas déposer le nom... Niniche est en fait un nom générique qui désigne dans la confiserie un vieux bonbon. Le magasin de La Baule, sur le Remblai, date des années 1950. Aujourd'hui, on y fabrique toujours à la main, et de façon artisanale, les niniches, déclinées en 20 parfums naturels. Monique Ortiz est à la tête de la confiserie, où elle travaille désormais avec ses filles. Et la relève est prête, puisque son petit-fils apprend le métier et que ses petites-filles aident pendant les vacances scolaires.

C'est un rituel depuis des générations que d'aller dans cette belle confiserie à l'ancienne déguster crèmes glacées, guimauves, gaufres au beurre frais et aux œufs fermiers (avec chantilly maison s'il vous plaît)... et les fameuses niniches.

Vaut le détour

Le Pouliguen (Ar Poulgwenn)

Le Pouliguen ferme en beauté l'immense croissant de sable blond formé par la baie de La Baule. Cet ancien port de pêche s'est orienté avec succès vers le tourisme et la navigation de plaisance tout en conservant une atmosphère typique, assez éloignée des fastes de La Baule. La promenade longeant l'étier qui alimente les marais salants est particulièrement agréable. Le Pouliguen fait également la transition entre la zone balnéaire et les plages, à l'est, et les landes et le chaos rocheux de la Côte sauvage, vers l'ouest, en direction de Batz-sur-Mer et du Croisic.

La **promenade du port** est un classique du Pouliguen. Des baraques vendant souvenirs et confiseries y étaient déjà installées au début du siècle dernier. Des jeux pour les enfants font aussi partie du paysage, qui prend parfois des airs de fête foraine.

La vieille ville s'ordonne autour de la place du marché. L'**église Saint-Nicolas** date de la fin du XIXe siècle, comme la majorité de ses vitraux. La statuaire comprend une statue en bois doré de la Vierge de 1629. À l'ouest de la ville, au niveau de l'anse Toullain, se situe l'un des plus anciens monuments du Pouliguen, la **chapelle de Penchâteau** (passage Sainte-Anne), dite chapelle Sainte-Anne. Édifiée au XVe siècle, elle possède une belle charpente et une rosace de style gothique flamboyant, et contient des statues anciennes. Elle est en réalité dédiée à saint Julien-l'Hospitalier. La croix, devant, est plus récente. Elle proviendrait de l'ancienne église paroissiale.

Contrairement à Pornichet et à La Baule, Le Pouliguen présente un littoral tourmenté et la grève laisse apparaître à marée basse une succession de grottes. La **grotte des Korrigans**, la plus célèbre et la plus accessible (par un escalier), se situe juste avant la baie du Scall. On entre d'un côté et on sort de l'autre – une escapade qui plaît beaucoup aux enfants. Un **sentier côtier** part de la pointe de Penchâteau, et se poursuit jusqu'à Batz-sur-Mer (baie du Scall), voire jusqu'au Croisic le long d'un chemin d'une dizaine de kilomètres ; il se double d'une piste cyclable à double voie jusqu'à Batz-sur-Mer. Pour récupérer ce sentier côtier à pied depuis le centre, il faut attendre la marée basse et parcourir la distance (1 km tout au plus) qui sépare l'anse de Toullain de la pointe en question. C'est l'occasion de passer en contrebas de jolies villas.

INFOS PRATIQUES

Office du tourisme (☎ 02 40 42 31 05 ; www.tourisme-lepouliguen.fr ; port Sterwitz)

dans d'autres domaines sucrés, tels que la Coque bauloise, un praliné au sarrasin, ou le Bon Baiser de La Baule en forme de lèvres. Belle boutique.

MAISON LA GOULUE
Chocolaterie-biscuiterie
(☎ 09 81 21 58 92 ; 196 av. de-Lattre-de-Tassigny). Près du marché, une boutique chic où l'on vient surtout acheter des mini kouign-amann (2,95 € les 100 g), à différents parfums.

Renseignements

Office du tourisme (☎ 02 40 24 34 44 ; www.labaule.fr ; 8 pl. de la Victoire). Différentes visites guidées thématiques, en juillet-août, à pied ou à vélo (6 €, gratuit -12 ans).

Comment circuler

VÉLO Une piste cyclable longe le front de mer depuis Pornichet jusqu'au casino. Elle se poursuit vers Le Pouliguen à l'intérieur des terres, avec deux itinéraires au choix. L'ancienne voie ferrée reliant La Baule à Guérande a en outre été transformée en itinéraire Vélocéan (voir le site www.ohlaloireatlantique.com, rubrique Randonnées, ou l'office du tourisme) qui se poursuit jusqu'à Piriac-sur-Mer.

Location de cycles Michel Chaillou (**☎ 02 40 60 07 06 ; www.chailloulocation.com ; 3 pl. de la Victoire ; demi-journée adulte/enfant 8,50-10/7,50-8 € selon modèle ; ⌚ tlj 10h-12h15 et 14h-19h avr-oct, fermé dim-lun nov-mars**).

Rent La Baule/ADA (**☎ 02 40 11 17 00 ; av. Georges-Clemenceau**). Tout près de la gare de La Baule-Escoublac.

PETIT TRAIN TOURISTIQUE (**☎ 02 40 60 78 88 ; www.trains-touristiques.fr ; 2 à 3 € selon le trajet, 4,50 € une heure sans descendre**). Il circule entre La Baule et Pornichet et marque 10 arrêts. En juillet-août, un train fait aussi la navette entre La Baule et Le Pouliguen.

CÔTE SAUVAGE

Batz-sur-Mer (Bourc'h-Baz)

Entre marais salants et océan, Batz-sur-Mer cultive le double visage d'une localité tournée vers les loisirs balnéaires aussi bien que l'exploitation ancestrale du sel, dont elle revendique fièrement l'activité. Elle amorce aussi la Côte sauvage, qui court vers Le Croisic.

Le Pouliguen
LOTHARINGIA / FOTOLIA ©

À voir

ÉGLISE SAINT-GUÉNOLÉ Patrimoine

Ce bel édifice en granit date de la fin du XVe siècle. Récemment rénovée, sa **tour (1,80/0,80 € adulte/enfant ; ⌚ avr-juin et sept tlj 9h30-12h30 et 14h-18h30, juil-août jusqu'à 13h sinon mêmes horaires)** culmine à 70 m au-dessus de la mer. De Pâques à fin septembre, vous pouvez monter au sommet pour profiter d'un panorama unique embrassant toute la presqu'île et, bien entendu, les salines.

Toute proche, la **chapelle du Mûrier**, en ruine, fut élevée au XVe siècle après une épidémie de peste. En 1820, un ouragan l'endommagea fortement. Malgré son absence de toiture, elle reste impressionnante.

MUSÉE DES MARAIS SALANTS Écomusée

(**☎ 02 40 23 82 79 ; 29 bis rue Pasteur ; adulte/étudiant et 13-18 ans/6-12 ans 4/3/2 € ; ⌚ voir l'office du tourisme**). Sa visite se révèle fort instructive pour comprendre la méthode

de production du sel et le particularisme du paysage des marais salants. Sa collection évoque la vie des paludiers au XIXe siècle, avec la reconstitution d'intérieurs traditionnels, et l'approche est tout à la fois historique, technique et humaine.

Pour un **tour en calèche dans les marais salants** avec un paludier, contactez Olivier et Krystel Mouilleron (☎ 06 72 95 39 97 ; 10/5 € adulte/enfant 3-12 ans) – voir aussi p. 277.

LE GRAND BLOCKHAUS
Musée et lieu historique
(☎ 02 40 23 88 29 ; www.grand-blockhaus.com ; 12 route du Dervin ; adulte/5-12 ans 7/5,50 € ; ⏲ vacances scolaires de fév et avr-nov tlj 10h-19h, fermé déc, jan et mars). Difficile de passer à côté de cet imposant blockhaus sur le bord de la route côtière entre Le Pouliguen et Batz. Ancien poste de commandement du mur de l'Atlantique, il renferme un musée consacré à la poche de Saint-Nazaire, et plus généralement à la Seconde Guerre mondiale. Des vitrines exposent des objets apportés par des témoins de l'époque. Une échelle permet de monter aux différents postes d'observation. Le plus élevé donne une impressionnante vue à 360° des environs.

MOULIN DE LA FALAISE Patrimoine
(☎ 02 40 23 72 46 ; adulte/10-12 ans 2,50/1,60 € ; ⏲ lun-sam après-midi 15 juin-15 sept, sam après-midi hors saison et vacances scolaires sauf Noël). Également sur la route du Croisic, ce moulin est ouvert au public lorsque ses toiles sont déployées. Édifié au XVIe siècle sur le coteau de Guérande, il est démonté et remonté à Batz en 1925. Rénové en 1992, il illustre le procédé ancestral de transformation du grain en farine.

Activités

Pour découvrir les marais salants aux portes de Batz-sur-Mer.

Pour les plages, Batz soutient la comparaison avec ses consœurs de la

À gauche : Côte sauvage ; **Ci-dessous :** paludier dans les marais salants de Guérande
(À GAUCHE) PACKSHOT / FOTOLIA © ; (CI-DESSOUS) A. DREAN / FOTOLIA ©

Côte d'Amour. À l'ouest, bordant Le Croisic, la **plage Valentin** est la plus grande et accueille l'**école de voile Valentin** (02 40 23 85 28 ; www.ecoledevoilevalentin.fr ; plage Valentin ; cours 47-56 €/h selon l'habitacle, stage 5 séances 150-184 € ; printemps-automne, tlj vacances scolaires et sam-dim). À l'est s'étend la **plage de la Govelle**, lieu de pratique réputé jusqu'à Pornichet et La Baule pour les sports de glisse, en particulier le surf. Une troisième petite plage, protégée par une digue, se situe davantage à proximité du bourg, celle de **Saint-Michel**.

Entre Batz et Le Croisic, la côte livre un autre aspect. Le littoral est festonné de falaises et de **criques** taraudées par l'érosion, ce qui lui a valu l'appellation méritée de Côte sauvage. De la pointe de Penchâteau (Le Pouliguen) au Croisic via Batz, un **sentier douanier** doublé d'une **piste cyclable** suit en grande partie la route côtière et permet de s'imprégner de la magie de ce paysage wagnérien.

Où se loger et se restaurer

LE LICHEN DE LA MER Vue sur mer **€€€**
(02 40 23 91 92 ; www.le-lichen.com ; 4 route de la Govelle ; ch sans vue mer 80/70 € saison/hors saison, ch vue mer 130/90 €, ch vue mer avec terrasse 170-130 € ; tte l'année ; P @). Ce trois-étoiles construit en 1960 est admirablement situé sur la baie du Manéric, entre la plage de la Govelle et les rochers de la Côte sauvage. Les 17 chambres, pour certaines avec vue pleine mer et/ou en rez-de-jardin, arborent une déco différente selon leur période de rénovation. Grand salon avec billard et cheminée. Les petits-déjeuners se prennent face à l'océan.

CRÊPERIE DU DERWIN Institution **€**
(allée du Dervin ; galettes 1,80-7 €, moules 12 €, fruits de mer 9-18 €, plateau de fruits de mer

45 € ; avr-fin oct, fermé mar durant vacances scolaires, fermé mar-jeu hors vacances scolaires). Trois générations que l'on vient dans cette maison posée à flanc de falaise se régaler face à l'océan de galettes, de crêpes et de fruits de mer (les moules sont hors pair) ! Pas de téléphone, donc pas de réservation, si bien qu'il faut souvent faire montre de patience avant de s'attabler. Et pas de paiement par carte bleue non plus... À l'est de Batz, sur la route côtière menant au Pouliguen.

Achats

AUX GOURMANDISES DU MARAIS
Produits locaux
(02 40 23 81 30 ; www.auxgourmandisesdumarais.fr ; 9 rue Olivier-Guichard ; avr-sept tlj 9h30-19h, oct-mars tlj 10h-12h30 et 14h30-19h30). Cinq paludiers, producteurs-récoltants de sel, se sont associés pour vendre leur production (fleur de sel, gros sel, sel fin aromatisé...), mais aussi des produits locaux, dont ceux de la biscuiterie Saint-Guénolé, dans cet espace situé sur la route de Guérande. En saison, visites gratuites des salines sur inscription.

Renseignements

Office du tourisme (02 40 23 92 36 ; www.ot-batzsurmer.fr ; 25 rue de la Plage). L'été, il organise des balades contées de la commune (gratuit).

Le Croisic (Ar Groazig)

Bâti sur une péninsule s'avançant sur 5 km dans la mer, Le Croisic voit se livrer un interminable bras de fer entre terre et océan, de laquelle le second sort victorieux. Mais la terre tire sa révérence avec panache. La côte entre Batz-sur-Mer et Le Croisic, justement appelée Côte sauvage, dévorée par les assauts de la mer, n'en finit pas d'étirer grottes, criques et falaises. Le Croisic laisse ainsi voir un triple visage : le cachet d'un port de pêche typiquement breton, les joies des activités nautiques et l'attrait d'une architecture diversifiée – maisons anciennes à pans de bois, petites demeures de pêcheurs ou hôtels particuliers des armateurs.

À voir et à faire

CENTRE-VILLE
Patrimoine architectural
Le centre-ville du Croisic atteste son riche passé maritime aux XVIe et XVIIe siècles, quand le commerce du sel et la pêche à la morue à Terre-Neuve faisaient les beaux jours du port et enrichissaient de nombreux armateurs. La Grande-Rue, les rues Saint-Christophe, du Pilori et Saint-Yves, et la place Dinan vous dévoileront les plus belles déclinaisons de cette architecture.

PORT DE PÊCHE Patrimoine
Chalutiers au mouillage, retours de pêche, empilements de casiers sur les quais : le port de pêche, au cœur de la ville, constitue à lui seul un spectacle permanent, même s'il connaît des jours difficiles. La **criée**, qui assure la vente du produit des pêches aux mareyeurs (357 tonnes débarquées au premier trimestre 2011), a un avenir incertain et pourrait être rattachée à celle de La Turballe si l'équilibre financier n'est pas atteint. La flotte croisicaise se compose aujourd'hui d'une trentaine de bateaux, ramenant langoustines, coquilles Saint-Jacques, crevettes, tourteaux, soles, bars, etc. La criée (en général aux petites heures du matin) est interdite au public.

CONCHYLICULTURE
Visite d'exploitation
La presqu'île du Croisic faisant rempart contre la houle et le vent, on y pratique également la conchyliculture, l'ostréiculture et la mytiliculture. Le traict du Croisic – on devrait dire les traicts, car il en existe en fait un grand et un petit, séparés des marais salants par une digue – permet à la mer de pénétrer à l'intérieur entre le port et la pointe de Pen-Bron, sur la commune de La Turballe. De juin à septembre, des **visites**

d'entreprises conchylicoles et du traict (6 €, gratuit -12 ans) sont organisées par l'office du tourisme.

TOUR DE LA PRESQU'ÎLE Promenade

Pour profiter de la diversité des paysages du Croisic, un tour de la presqu'île s'impose. Un dépliant de l'office du tourisme détaille un parcours de 7 km, à faire à pied ou à vélo, qui part du Mont-Lénigo pour faire une boucle jusqu'au port de plaisance. Trois autres circuits sont proposés.

OCÉARIUM DU CROISIC

Musée océanographique

(✆ 02 40 23 02 44 ; www.ocearium-croisic.fr ; adulte/3-12 ans 12/9 €, tarifs préférentiels si vous prenez vos billets à l'office du tourisme ; ⏲ fermé jan, vacances avr tlj 10h-18h, juil-août tlj 10h-19h, sept-oct et fév-mars, nov-déc tlj 10h-12h et 14h-18h pendant vacances scolaires, 14h-18h sinon). L'océarium ravira petits et grands. Plusieurs espaces sont dédiés à différents environnements (lagon, île de Vancouver, Cyclades...), mais les émotions des plus petits seront au top près du bassin tactile (on peut y toucher des étoiles de mer, des bernard-l'hermite ou des crabes), dans le tunnel transparent (il conduit au cœur d'un vaste aquarium dans lequel évoluent raies, petits requins, tortues...), auprès d'une colonie de manchots (repas 11h, 15h et 17h) ou du bassin des requins d'Australie et, bien sûr, dans l'espace lagon, pour découvrir les poissons-clowns.

PLAGES Farniente

Les deux principales **plages** du Croisic sont celles de **Saint-Goustan**, la plus longue – située au nord-ouest de la presqu'île, au bout du port – et celle de **Port-Lin**, plus petite et plus enserrée, familiale par excellence – orientée au sud et située au sud-est. Cette dernière accueille en été un **club de plage** (✆ 06 37 48 42 31, 06 61 99 73 08 ; http://club-mickey-le-croisic.blogspot.com ; ⏲ juil-août) avec école de natation et jeux pour les enfants (à partir de 3 ans). Le littoral ne s'y prêtant pas vraiment, Le Croisic ne compte pas d'école de voile. La plus proche est celle de Batz-sur-Mer (voir p. 271).

Le Croisic

LOTHARINGIA / FOTOLIA ©

Où se loger et se restaurer

L'ESTACADE Hôtel deux étoiles **€€**
(☎ 02 40 23 03 77 ; www.lestacade.net ; 4 quai du Lénigo ; ch 68-85 € selon la saison ; ⌚ tte l'année ; wifi). Bien placé en centre-ville, cet hôtel donne sur le port. Refaites à neuf, ses 13 chambres lumineuses (dont 2 avec vue sur la mer) arborent de pimpants rideaux orange et anis, et des sdb cabines. Demi-pension possible.

LE BISTROT DE LA POISSONNERIE Fruits de mer **€**
(☎ 02 40 60 55 71 ; 8 quai de la Petite-Chambre ; assiettes apéro 8 €, autres assiettes 7,50-18 € ; ⌚ tlj, restauration midi lun-ven, midi et soir sam-dim). Pour qui veut prendre un verre, en journée ou le soir, et se régaler de langoustines, d'huîtres du Croisic ou d'un crabe (à décortiquer), c'est l'adresse parfaite ! L'assiette du pêcheur (1/2 crabe, 3 huîtres, bigorneaux, palourdes et langoustines) est copieuse et ultrafraîche. Cette ancienne poissonnerie est devenue un bar atypique (cocktails et vins au verre), avec des viviers dans la salle, une agréable terrasse sur le quai, des prix sages, un accueil naturel et charmant. Bref, le bonheur au Croisic ! Fruits de mer et coquillages aussi à emporter.

LE FORT DE L'OCÉAN Table étoilée **€€€**
(☎ 02 40 15 77 77 ; www.hotelfortocean.com ; Côte sauvage, Le Croisic ; menu du marché sam midi 34 €, menus de saison et de dégustation 60 et 85 € ; ⌚ sept-juil mer-dim le soir et sam-dim midi, juil-août mar-dim le soir et sam-dim midi, fermé jan et de mi-nov à mi-déc). Sur la côte, ce fort transformé en Relais & Châteaux (9 chambres à partir de 150 € la nuit) accueille l'une des tables les plus originales de la presqu'île. Le chef Guillaume Brisard n'a pas son pareil pour dresser une ode au homard et n'hésite pas à marier le foie gras aux bigorneaux en l'accompagnant d'une gelée aux algues ! Cadre exceptionnel et voyage gustatif assuré.

Renseignements

Office du tourisme (☎ 02 40 23 00 70 ; www.tourisme-lecroisic.fr ; 6 rue du Pilori). Il programme des **visites** (6 €, gratuit -12 ans) commentées par un historien d'art autour de thèmes variés (patrimoine, conchyliculture, environnement, salines, etc.). Également des sorties à vélo et des promenades d'une heure autour d'un lieu ou d'un monument.

PRESQU'ÎLE DE GUÉRANDE

Guérande (Gwenrann)

Certains, tentés par l'hyperbole, l'appellent la "Carcassonne de l'Atlantique". Le centre historique de Guérande est en effet entouré de magnifiques remparts médiévaux. Mais la ville, postée à la limite nord des marais salants, doit sa notoriété au sel. Exploité dans les environs depuis les Celtes, il constitue un label porteur pour cette ville, par ailleurs pleine de charme et de caractère. Au cœur de sa presqu'île, Guérande préside bien à la destinée de ce "pays blanc", celui des paludiers et des marais salants.

À voir et à faire

VILLE MÉDIÉVALE Patrimoine
C'est d'abord le patrimoine architectural de cette ville fortifiée qui ravira les visiteurs, à commencer par les **remparts**, dont les parties les plus anciennes remontent à 1343. Le **chemin de ronde** (voir le *Musée du Pays de Guérande*, p. ci-contre) permet de découvrir les fortifications, tours et portes, dont la monumentale **porte Saint-Michel**, reconnaissable à ses deux tours, qui servit de résidence au gouverneur de Guérande après le rattachement de la Bretagne à la France en 1532. Au nord, la porte Vannetaise et, à l'ouest, la porte Bizienne, sont moins impressionnantes.

Intra-muros, flânez dans les ruelles, riches en boutiques d'artisans. La rue Saint-Michel, la place Saint-Aubin, la rue du Pilori, la rue Bizienne et les venelles avoisinantes vous feront remonter plusieurs siècles en arrière. L'ensemble est dominé par la **collégiale Saint-Aubin** (**tlj 9h-18h**), dont les origines datent du VIe siècle. Elle a, bien entendu, subi de multiples remaniements au cours de son histoire. Il est possible d'accéder à ses **balcons** (**visite guidée, voir l'office du tourisme ; accès interdit aux -10 ans**), d'où l'on jouit d'une belle vue sur la presqu'île et les marais salants.

MUSÉE DU PAYS DE GUÉRANDE
Musée d'art populaire

(**02 28 55 05 05 ; tarif plein/étudiant/6-18 ans 4/3/2 € ; avr-sept tlj sauf lun matin 10h-12h30 et 14h30-19h, oct tlj sauf lun matin 10h-12h et 14h-18h**). Installé dans la porte Saint-Michel, le musée présente du mobilier rural local, de la faïence du Croisic, le trésor de la collégiale et une collection de costumes de pays. Mais, surtout, il permet d'emprunter une partie du chemin de ronde, le long des remparts.

MUSÉE DE LA POUPÉE ET DU JOUET ANCIEN
Musée

(**02 40 15 69 13 ; 23 rue de Saillé ; adulte/6-10 ans 4/2,50 € ; avr à début oct tlj 10h30-13h et 14h30-19h, vacances scolaires hiver tlj 14h-18h**). Installée dans une demeure ancienne, intra-muros, ce musée se révèle intéressant surtout si vous êtes accompagné d'enfants. Les poupées sont exposées dans des vitrines, où les modes de vie et les scènes de leur époque (1810-1950) ont été recréées.

CHÂTEAU DE CAREIL
Manoir breton

(**02 40 60 22 99 ; www.careil.com ; route de La Baule à Guérande ; visite classique adulte/5-12 ans 6/5 € ; visite classique juin-août tlj 11h et 14h-18h, se renseigner pour les autres visites**). Au village de Careil, à environ 4 km au sud-est de Guérande, ce château a une histoire mouvementée (il fut au XIVe siècle un site défensif, au XVIe un lieu-refuge pour les protestants, au début du XXe une auberge frivole...), illustrée lors d'une visite classique, ou bien sous forme de jeu (pour les 6-8 ans et 9-12 ans) avec personnages en costumes d'époque, ou encore lors d'une visite aux chandelles.

Où se loger et se restaurer

HÔTEL ROC MARIA
Hôtel-crêperie €€

(**02 40 24 90 51 ; www.hotel-creperie-rocmaria.com ; 1 rue du Vieux-Marché-aux-Grains ; ch 55/64 € basse/haute saison, ch avec lits jumeaux 53/63 €, petit-déj 6,90 € ; fermé 3 sem après 11 nov et 15-30 jan ;**). Seul hôtel à l'intérieur de la cité médiévale, dans une belle maison ancienne, le Roc Maria séduira les amateurs de vieilles pierres. Il compte 10 chambres au cachet indéniable, avec meubles anciens et sdb refaites. Le parquet craque sous la moquette. Les chambres sous le toit, et en particulier la n°10, ont un petit côté romantique.

HÔTEL DE LA CITÉ
Grand confort €€€

(**02 40 22 02 20 ; www.hotel-guerande.com ; 2 pl. Dolgellau ; s/d 69-189/85-195 € selon la saison, petit-déj 12 € ; tte l'année ; @ P**). Avant lui, il n'y avait pas de trois-étoiles à Guérande. C'est chose faite depuis 2009, et plutôt bien faite : les 60 chambres à la déco contemporaine offrent tout le confort voulu et la plupart donnent sur la piscine. Des services haut de gamme sont assurés (salle de fitness en accès libre, bar, location de vélos, etc.), mais vous êtes loin du centre (à 1,5 km au sud-est de la ville médiévale).

LA TÊTE DE L'ART
Bistronomie guérandaise €

(**02 40 88 53 40 ; manoir de la Porte-Calon ; plat du jour midi 10,50 €, plats 15-17 € ; mi-juin à mi-sept lun-sam midi et soir, hors saison lun-sam midi et jeu-sam soir**). À l'entrée de Guérande, voici une adresse jeune (2010) et très séduisante. Plats, déco et esprit, tout respire ici la modernité, avec une aisance indéniable dans l'art d'accommoder les plats, beaucoup de finesse et des prix sages. À l'ardoise lors de notre venue : un tartare de daurade au fenouil et moutarde aux épices, des canellonis de homard et sa crème de crustacés, un filet de bœuf poêlé et son gratiné de pleurotes au gorgonzola. Côté dessert, de belles compositions, comme les délicieuses fraises façon Sarah Bernhardt. Panier de jeux et coloriages pour les enfants. Le nom l'affiche : l'art contemporain est à l'honneur (expos régulières à l'étage).

Renseignements

Office du tourisme (02 40 24 96 71 ; www.ot-guerande.fr ; 1 pl. du Marché-au-Bois). **Visites découverte** de la ville programmées d'avril à octobre (6 visites/sem 15h, adulte/enfant 6-8,50/3-3,50 €) et plus fréquemment en juillet-août (2/jour). S'y ajoutent des visites-spectacles et des visites à thème hors saison.

La Turballe (An Turball)

Une vocation maritime, résolument tournée vers la pêche : à La Turballe, le retour au port d'un bateau enveloppé d'une myriade de goélands, et rempli de poissons, est toujours un grand moment. Voilà ce qui la distingue sensiblement de ses consœurs balnéaires de la presqu'île guérandaise, même si ses 11 km de littoral offrent aussi de belles plages de sable fin très appréciées des familles, et une pointe naturelle protégée, celle de Pen-Bron, long massif dunaire planté, en retrait du littoral, d'une forêt de pins.

Deux circuits de **randonnée** sont balisés, dont l'itinéraire est distribué gratuitement par l'office du tourisme : l'un offre un panorama des marais salants (9 km) et l'autre permet de randonner à l'ombre des chênes (10 km). Pour des balades guidées, renseignez-vous auprès de l'association **Au gré des vents** (02 40 11 71 31).

À voir

PORT DE PÊCHE ET CRIÉE

Patrimoine vivant

Il constitue un spectacle à part entière et peut se visiter par l'intermédiaire de la Maison de la pêche (ci-contre). La flottille colorée se compose d'environ 80 navires, pour près de 300 marins en activité. Remarquez sur le terre-plein Garlahy l'imposant chariot élévateur, pouvant prendre en charge jusqu'à 260 tonnes, qui effectue remontées et mises à l'eau des bateaux. Tôt le matin, la **criée** (lun-ven 6h) du centre de marée entre en effervescence : le poisson débarqué est mis aux enchères, puis immédiatement expédié vers les clients de l'Hexagone ou de toute l'Europe. Une galerie est réservée aux visiteurs. L'été, sur les quais, si vous êtes matinal, vous pourrez acheter du poisson aux enfants de pêcheurs.

MAISON DE LA PÊCHE

Écomusée

(02 40 11 71 31 ; adulte/enfant 2/1 € ; juil-août tlj 10h-12h30 et 15h-18h, juin, sept et vacances scolaires lun-ven 10h-12h30 et 14h30-18h, sam-dim 15h-18h). Géré par l'association “Au gré des vents” et situé au-dessus du centre de marée, ce musée permet de découvrir l'histoire de cette activité locale. En saison, la maison propose différents **ateliers et visites** : visite du sardinier *Au Gré du Vent*, visite du port en assistant à la criée, cours de matelotage pour une initiation aux nœuds marins, atelier du P'tit Mousse consacré à la réalisation d'une maquette – contactez le musée pour les horaires précis et les tarifs. Côté terre, la maison de la Pêche propose aussi la visite guidée du **moulin de Kerbroué** (lieu-dit Les Quatre Routes, sur la route de Saint-Molf), un moulin à vent du XVIe siècle.

POINTE DE PEN-BRON

Site naturel

Les attraits de La Turballe ne se limitent pas à son port. Au sud de la commune, face au Croisic, se trouve en effet l'étonnante pointe de Pen-Bron, composée de bois de pins et de dunes. Ce site naturel protégé, fréquenté par de nombreuses espèces d'oiseaux, ferme le traict du Croisic, grand bassin d'eau de mer qui alimente les marais salants. En saison, l'accès en voiture est interdit à partir d'un certain point (sauf pour les patients du centre marin et les clients de l'hôtel trois étoiles). En revanche, une piste cyclable et un sentier piéton permettent de la parcourir. L'office du

JEAN-BERNARD CARILLET/LONELY PLANET IMAGES ©

À ne pas manquer Les marais salants de Guérande

Au cœur d'un triangle formé par Guérande, La Baule et Le Croisic s'étendent les **marais salants** les plus septentrionaux d'Europe. Ils composent un univers magique, sur près de 2 000 ha, qui prend la forme d'une immense marqueterie de damiers liquides se confondant avec l'horizon. Depuis plus de 1 500 ans, des hommes, les "paludiers", ont aménagé le milieu naturel pour en faire un marais saumâtre destiné à la récolte du sel. Le spectacle des paludiers au travail, dans la lueur du soleil déclinant, est un sujet d'inspiration inépuisable pour les peintres et les photographes.

Les paludiers produisent un sel haut de gamme. L'appellation "sel de Guérande" (gros sel et fleur de sel) a acquis une incontestable notoriété auprès des restaurateurs. Les salines forment en outre un site naturel et protégé, et un biotope privilégié pour de multiples espèces, notamment les oiseaux, et les plantes, comme la salicorne.

Terre de sel (02 40 62 08 80 ; www.terredesel.fr ; route des Marais-Salants, Pradel ; visite adulte/enfant/forfait famille à partir de 7/4/19 € ; juil-août tlj 9h30-19h30, printemps et automne tlj 10h-18h, hiver tlj 10h-13h et 14h-17h30) est un grand espace ouvert par la coopérative de producteurs Les salines de Guérande. Il a une vocation commerciale – la vente de nombreux produits –, mais également pédagogique avec un espace d'exposition et surtout les visites de salines. Les sorties classiques sont celles de 1 heure 30. Hors juillet-août, des sorties à thème de 3 heures (oiseaux des marais salants et randonnée au cœur des marais par exemple, à partir de 11/8/33 €) sont programmées. Réservation indispensable.

Vous pouvez aussi opter pour une visite directement avec un producteur : **Philippe Constant** (02 40 15 64 28, 06 72 01 83 78 ; www.lemulondepenbron.com ; route de Pen-Bron, Guérande ; adulte/-18 ans 5/3 €, gratuit enfant -10 ans ; juil-août lun-sam visites à 11h, le reste de l'année sur rdv) fait visiter sa saline sur le site de Pen-Bron.

Pour une découverte des marais en calèche, adressez-vous à **Olivier et Krystel Mouilleron** (voir p. 270), basés à Batz-sur-Mer, ou à l'**Attelage breton en marais salants** (06 26 45 25 58 ; adulte/enfant 10/7 € ; Pâques à fin sept), à La Turballe.

INFOS PRATIQUES

L'accès aux salines est interdit, excepté si vous optez pour une visite accompagnée. En revanche, vous pouvez suivre la route de Guérande (ou D774) qui traverse les marais salants, de Batz-sur-Mer à Guérande, via Saillé, en voiture ou à vélo.

tourisme propose une visite guidée de ce cordon dunaire.

BELVÉDÈRE DE L'ÉGLISE DE TRESCALAN Point de vue

(☎ 02 40 11 88 00 ; 1 €, gratuit -10 ans ; ⏲ juil-août tlj 14h30-17h30). Pour une vue sur la presqu'île et un paysage allant de l'embouchure de la Loire à celle de la Vilaine, prenez de la hauteur en grimpant les 110 marches qui permettent d'accéder à ce belvédère, haut de 33 m.

Où se loger et se restaurer

VILLA BON VENT Chambres d'hôtes €€

(☎ 06 12 99 69 98 ; http://villabonvent.free.fr ; 10 quai Saint-Pierre ; ch d/s avec petit-déj 81-71/75-65 € haute/basse saison ; ⏲ tte l'année ; wifi). Cette belle maison de granit sur le port, qui abrite aussi la terrasse de la Sardine (ci-contre), cache un univers personnalisé où les toiles d'Anne Sanders, la maîtresse des lieux, ornent les murs au même titre que les photos de famille et les livres innombrables. Trois jolies chambres avec parquet et vue sur le port vous attendent. La première bénéficie d'une douche, avec toilettes sur le palier. Les deux autres chambres, chacune avec sa propre tonalité (bleu d'un côté, gris et rouge de l'autre), possèdent leur propre sdb.

LA SARDINE Café terrasse €

(☎ 06 12 99 69 98 ; 10 quai Saint-Pierre ; formules 11/15€, tapas 5,50 € avec verre de vin ; ⏲ juil-août tlj 10h-14h30 et 17h-22h30, fermé mer hors saison, fermé de mi-oct à Pâques). Emplacement superbe sur le port pour ce bar à tapas, au rez-de-chaussée de la villa Bon Vent. Du petit-déjeuner à l'apéro, cette terrasse à l'esprit alternatif vit au rythme de la météo (elle est fermée les jours de mauvais temps) et l'on y déguste sur des tables colorées un repas qui, selon l'appétit, sera plutôt "baleine" ou "sardine".

LE TERMINUS Gastronomie €€€

(☎ 02 40 23 30 29 ; 18 quai Saint-Paul ; http://laturballe.free.fr/restaurant-terminus ; menu déj 18 €, sinon 20-58 €, sinon 19,50-58 € ; ⏲ tlj vacances scolaires, fermé mar, mer et dim soir hors saison ; accès handicapé rue Nicolas-Appert). Face au port, dans une belle salle confortable, le restaurant de Xavier Chevalier joue une partition haut de gamme, centrée sur les poissons et les fruits de mer tout en se permettant des incursions sur la terre ferme. Lors de notre passage, le bar sauvage à l'unilatérale au parfum de cacao, accompagnée d'une polenta aux algues, côtoyait un carré d'agneau rôti aux deux infusions et thym frais.

La Turballe

LAURELY / FOTOLIA ©

Renseignements

Office du tourisme (☎ 02 40 23 39 87 ; www.laturballe.info ou www.tourisme-laturballe.fr ; pl. Charles-de-Gaulle)

Piriac-sur-Mer (Penc'herieg)

Cette coquette station balnéaire sait prendre le visiteur dans ses filets. À l'extrémité ouest de la presqu'île guérandaise, elle offre un littoral de 9 km qui distille un charme puissant. Si l'on vient d'une station plus ostentatoire comme La Baule, on appréciera d'autant plus l'allure paisible de Piriac, restée à échelle humaine, qui avait su aussi séduire Alphonse Daudet, Honoré de Balzac, Gustave Flaubert et Émile Zola.

À voir et à faire

VIEILLE VILLE Promenade

Rien ne vaut une petite balade dans le bourg, dont on fera rapidement le tour. De belles demeures en granit des XVIIe et XVIIIe siècles témoignent du passé prospère de Piriac, à l'époque où elle menait des campagnes de pêche vers Terre-Neuve. Aujourd'hui, la plaisance a pris le pas sur la pêche. Les maisons de pêcheurs qui s'élèvent dans le centre et le long de la mer, joliment entretenues et fleuries, font leur effet et vous vous laisserez volontiers envahir par l'atmosphère harmonieuse des ruelles piriacaises. Dans sa brochure, l'office du tourisme détaille un circuit pédestre.

MAISON DU PATRIMOINE Écomusée

(☎ 02 40 15 59 71 ; www.patrimoinepiriac.fr ; 3 pl. Henri-Vignioboul ; 2 €, gratuit -12 ans ; 🕒 juil-août tlj 15h-19h, plus jeu-ven 10h-12h et jeu 21h-23h, avr-juin et sept sam-dim et jours fériés 15h-18h). Une visite à la Maison du patrimoine vous permettra de découvrir certains aspects de l'histoire locale, comme la pêche à la sardine, les costumes et coiffes ou la présence protestante en presqu'île guérandaise. Des expositions temporaires sont organisées chaque année.

CÔTE SAUVAGE Promenade

La côte alterne criques, plages, roches et falaises ocre rongées par l'érosion, dont une bonne partie présente un profil rugueux et déchiré, plein de recoins et de criques. Empruntez le **sentier des douaniers** pour découvrir les nuances de ce paysage étonnant. À la **pointe du Castelli**, au sud du port de plaisance, vous bénéficierez d'un spectacle de toute beauté, qui invite toutefois à la prudence en raison des falaises. Pour la découvrir à pied, une boucle de randonnée de 12 km, soit environ 2 heures 45 de marche, est balisée depuis la plage Saint-Michel et le port de Lérat. Elle suit le sentier des douaniers, et traverse ensuite la campagne.

PLAGES Baignade et farniente

Côté plage, celle de **Saint-Michel** est la plus centrale et accueille en saison un club de plage pour les enfants. Au nord, la **plage Pors er Ster**, très courue, offre un point de vue sur l'**île Dumet**, la seule île maritime de Loire-Atlantique. Par sa position stratégique à l'embouchure de la Vilaine, elle fut le témoin de batailles navales importantes. Au sud, le littoral se montre plus rocheux. La **plage de Lérat** est agréable (mais non surveillée).

Où se loger et se restaurer

HÔTEL DE LA PLAGE Face à la mer €

(☎ 02 40 23 50 05 ; www.hoteldelaplage-piriac.com ; 2 pl. du Lehn ; d 52-73/45-66 € haute/basse saison, petit-déj 9 € ; 🕒 tte l'année ; 📶). En bordure de la plage Saint-Michel, cet hôtel à la façade blanche et rouge propose 15 chambres coquettes (y compris des familiales, accueillant jusqu'à 4 personnes), dont la décoration a été pensée par les charmants propriétaires à partir de photographies d'une artiste de la région. Avec le placard recelant des jouets d'enfants, la terrasse et le bar, on a l'impression d'une vaste maison familiale. L'été, une petite brasserie permet de se restaurer midi et soir. L'hiver, le restaurant est ouvert aux clients le week-end.

BODEGA BAY Fusion €€
(02 40 23 62 24 ; 17 rue Kéroman ; plats 10-23 € ; avr-oct ; wifi). Changement d'ambiance dans cet établissement à la décoration moderne, d'inspiration mi-orientale, mi-caribéenne. Le cadre est à l'image de la cuisine, conjuguant un exotisme certain et une gamme de saveurs sucrées-salées, avec tapas, grillades et quelques plats végétariens.

Où prendre un verre

TRANSAT CAFÉ Façon lounge
(02 40 23 62 10 ; 7 rue de Kéroman). Ce café est très convivial avec sa cheminée et ses fauteuils club. Une institution pour prendre un verre.

Renseignements

Office du tourisme (02 40 23 51 42 ; www.piriac.net ; 7 rue des Cap-Horniers). En juillet-août, organise des visites accompagnées (les jeudis à 10h30, réservation obligatoire), ainsi que des balades à thème.

PARC NATUREL RÉGIONAL DE BRIÈRE

Voici un paradis naturel à la lisière de l'océan. Deuxième marais de France après la Camargue, il s'étend sur 20 000 ha. À mille lieues du tohu-bohu des plages de la côte, la Brière est un site naturel tissé de canaux, de marais et de roselières enveloppés d'un silence rassérénant (plus volontiers hors saison, malgré tout). Cette mosaïque unique et attachante est un espace privilégié pour l'avifaune et la flore. Elle évolue au fil des saisons, présentant tantôt un visage herbeux et coloré, tantôt celui d'une explosion de la nature avec iris et nénuphars en pagaille, tantôt celui de tourbières noires et de pâturages disparaissant sous les eaux. L'habitat présente aussi un caractère exceptionnel. Sous l'égide du parc naturel, les chaumières, typiques de l'architecture briéronne, ont été superbement restaurées.

Brière

CÉCILE HAUPAS / FOTOLIA ©

À voir et à faire

Promenades dans le marais

La meilleure solution pour découvrir les marais de Brière consiste à faire une **promenade en barque**. Divers prestataires proposent des balades guidées en chaland manœuvré à la perche. Les deux principaux ports de départ sont ceux de Bréca et de l'île de Fédrun. Les balades durent de 45 minutes à une heure, et il faut compter en moyenne 8 € par adulte, et 4 € pour les enfants de 3 à 12 ans. En haute saison, essayez d'éviter le port de Bréca, qui vous fera un effet très touristique avec les nombreux prestataires présents sur le site – en particulier le jeudi, jour du marché paysan. Préférez des ports comme La Chaussée Neuve, Les Fossés Blancs ou Rozé, plus intimistes. Venir au printemps permet d'admirer les prés couverts d'iris en fleur.

Vous obtiendrez auprès de l'office du tourisme une liste de prestations ayant reçu la marque qualité du parc naturel régional. Certains associent cette promenade en barque à une **balade en calèche**. Pour cette double formule, comptez autour de 14 € pour les adultes, et 6 € pour les enfants.

Le cadre bucolique et intime de la Brière se prête à merveille à la **randonnée pédestre**. Un GR® fait le tour de la Brière. Comptez 3 jours pour le parcourir en entier. Des sentiers de petite randonnée sont aussi balisés sur le territoire du parc. Attention, la plupart ne sont pas accessibles l'hiver, et réellement praticables seulement à partir de la mi-juin. L'office du tourisme vous renseignera sur ces différents sentiers. Il organise aussi des randonnées accompagnées sur la faune et la flore des marais. Un livret promenade (3 €), qui ne se limite pas à la Brière, et une carte IGN (8 €) sont disponibles à la Maison du parc.

Les **promenades à vélo** sont également une belle option pour découvrir le parc. Quelque 210 km d'itinéraires sont balisés. Des cartes sont disponibles gratuitement à l'office du tourisme. Pour louer un vélo (comptez 8/12 € pour 4 heures/journée), adressez-vous à la **Maison du tourisme à Kerhinet** (ci-contre), au **café-restaurant de la Place** (**☎ 02 40 91 46 52, 06 47 89 51 00 ; Saint-Lyphard**) ou **Au gré du vent** (**☎ 02 99 90 56 91, 06 20 67 49 92 ; www.augreduvent.fr ; port de plaisance, Camoël**), qui peut le livrer sur votre lieu d'hébergement.

Musées et réserves du parc

VILLAGE-MUSÉE DE KERHINET

Écomusée et patrimoine rural

(**☎ 02 40 66 85 01 ; accès libre ; ⏲ avr-juin et mi-sept à fin sept tlj 14h30-18h30, juil à mi-sept tlj 10h30-13h et 14h30-18h30**). Entre Saint-Lyphard et Guérande, ne manquez pas ce village préservé. Vous y découvrirez ce qui fait la particularité de l'habitat de Brière : la chaumière (la région rassemble 60% des chaumières de France). À l'initiative du parc, les maisons en ruine ont peu à peu été restaurées depuis 1973. Autour d'une voie centrale, 18 chaumières – dont 2 seulement sont encore réellement habitées – abritent pour l'une un hôtel-restaurant, pour l'autre la maison du tourisme (voir p. 283) et une boutique d'artisanat, pour une autre encore un intérieur typique du XVIIIe siècle. Un sentier d'interprétation explique l'histoire du village et de l'architecture traditionnelle briéronne. Tous les jeudis en été se tient un marché aux produits du terroir où il est possible de se restaurer (voir p. 282) – à ne pas manquer ! L'ensemble fait un brin touristique, mais la restauration de ces chaumières est superbe et à certaines saisons, elles semblent tout droit sorties d'un conte pour enfants.

MAISON DE LA MARIÉE

Musée d'histoire populaire

(**☎ 02 40 66 85 01 ; île de Fédrun ; adulte/-12 ans 4/2,50 € ; ⏲ avr-juin et mi-sept à fin sept tlj 14h30-18h30, juil à mi-sept tlj 10h30-13h et 14h30-18h30**). La Maison de la mariée, installée au n°130 de l'île de Fédrun, retrace l'histoire de l'usine de Saint-Joachim où les femmes de la région confectionnaient jusqu'à la Seconde

Guerre mondiale des couronnes de mariée et des globes de mariage.

CHAUMIÈRE BRIÉRONNE

Patrimoine rural

(île de Fédrun ; mêmes horaires que la Maison de la mariée ; accès libre). Cette autre chaumière de Fédrun, au n°180, est un espace d'exposition dédié aux femmes de Brière.

RÉSERVE PIERRE CONSTANT

Réserve ornithologique

(02 40 66 85 01 ; visite libre adulte/-12 ans 4/2,50 €, visite guidée 6,50/4 € ; juil-août mar-dim 9h-13h et 14h30-18h30, se renseigner hors saison). Au port de Rozé, à Saint-Malo-de-Guersac, cette réserve est dédiée aux oiseaux du marais, dont on découvre les spécificités le long d'un sentier. La visite est adaptée aux enfants, puisqu'un livret leur est remis pour résoudre une énigme en se mettant dans la peau d'un elfe des marais ou d'un naturaliste. Les aventuriers partent aussi équipés d'un audioguide et d'une lunette binoculaire, Sherlock Holmes en serait jaloux. Les visites guidées ont lieu les lundis à 11h et 14h en juillet-août.

Où se loger et se restaurer

MARCHÉ DES PRODUCTEURS FERMIERS DE KERHINET

Produits du terroir €

(village de Kerhinet ; juil-août jeu 9h-18h). Chaque jeudi en saison, ce village classé s'anime encore plus que d'habitude. Les visiteurs sont nombreux à venir faire leur marché ou à s'attabler autour d'une assiette de fromages fermiers avec un verre de vin, d'huîtres chaudes au beurre de salicorne, d'une galette accompagnée de cidre ou d'une volaille rôtie. Les producteurs présents viennent tous de la région : paludiers, fabricants de fromages bio, volaillers, exploitants de la ferme marine de Pen-Bé, éleveurs d'escargots du Croisic, récoltants de miel, vignerons, etc.

LES CHAUMIÈRES DU LAC

Hôtel-restaurant €€

(02 40 91 32 32 ; www.leschaumieresdulac.com ; Auberge des Typhas, rue du Vignonnet, Saint-Lyphard ; ch 68-118/78-118 €, petit-déj 10 € ; fermé fin déc à mi-jan ; P). Les

Chaumière briéronne

CÉCILE HAUPAS / FOTOLIA ©

Vaut le détour
La plage de Pont-Mahé

Au-delà de Mesquer-Quimiac, la portion de côte dépendant de la petite commune d'Assérac a été classée Natura 2000. C'est de fait un littoral préservé, et plutôt secret, avec plusieurs sites remarquables : marais salants du Mès, pointe de Pen-Bé et baie de Pont-Mahé. Pour des informations touristiques, contactez le **Point Info d'Assérac** (**02 40 01 76 16 ; pl. Olivier-Guichard).**

Les **marais salants du Mès**, 350 ha entre Mesquer, Saint-Molf et Assérac, complètent les salines de la presqu'île guérandaise. Ils sont alimentés par le **traict de Pen-Bé**. Ce bras de mer, bordé par six plages, se prête tout particulièrement à l'ostréiculture et est aussi un haut lieu pour la pêche à pied.

Plus au nord, la **baie de Pont-Mahé** est aussi classée Natura 2000, notamment pour son cordon dunaire. Très proche des côtes morbihannaises (on aperçoit les falaises dorées de Pénestin), cette longue plage de sable, parfaite pour les familles car l'eau n'y est pas très profonde, est un paradis de calme et de nature. C'est aussi un spot de glisse (surf et kitesurf).

Sur place, entre le sable et la pinède, **Les Pieds dans l'eau** (**02 51 10 21 20 ; plage de Pont-Mahé ; moules marinières-frites 9,90 €, 7 €/6 huîtres ; Pâques à mi-juin sam-dim, mi-juin à sept tlj)** est une adresse bien agréable : on y mange simplement mais le cadre est exceptionnel – surtout le soir quand la plage est déserte. À la carte : poissons, coquillages et autres fruits de mer.

chaumières ne sont pas d'époque et le lac se cache dans les environs... mais cet hôtel propose 20 chambres de qualité, réparties dans 3 bâtiments. Les rénovées affichent un esprit zen, tandis que celles qui ne le sont pas encore sont davantage décorées dans un style colonial, avec lit à baldaquin. Possibilité de demi-pension, avec repas à l'Auberge des Typhas, son restaurant.

LA MARE AUX OISEAUX
Gastronomie et hôtel-spa **€€€**
(**02 40 88 53 01 ; www.mareauxoiseaux.fr ; 162 île de Fédrun, Saint-Joachim ; ch 145-160 € selon confort, ste 265-290 €, petit-déj 18 €, supp demi-pension 55 € ; menu enfant 20 €, autres menus 45-87 €, plats 35 € ; tte l'année ;**). Voici un ravissant hôtel-restaurant, le plus beau sans doute de toute la Brière. Installé sur l'île Fédrun, il compte 10 chambres, dont 3 – les plus originales – sont aménagées sur pilotis, ainsi qu'un spa et un espace bien-être. On les atteint en traversant un petit jardin où une grue couronnée est volontiers taquine. Toutes différentes, elles bénéficient en revanche d'un confort à l'unisson. La cuisine d'Éric Guérin offre une belle partition gastronomique autour des produits du terroir (poulet noir, pastèque grillée au poivre du Sichuan, boulgour à l'abricot et jus tajine).

Renseignements

Maison du tourisme de Brière (**02 40 66 85 01 ; www.parc-naturel-briere.fr ; Maison du parc, village de Kerhinet, Saint-Lyphard).** Visites libres et **guidées (tlj en saison 11h et 15h, 4 €/adulte)** et sentier d'interprétation (accessible aux handicapés). Location de vélos.

Maison d'accueil de Rozé (port de Rozé, Saint-Malo de Guersac). Informations touristiques et location de vélos.

TRON VARIA RUMENGOL

Bretagne

En savoir plus

Un pardon dans le Morbihan

La Bretagne aujourd'hui

Dans une société mondialisée, la Bretagne, petit bout de terre excentré, semble bien loin des grandes métropoles européennes. Et pourtant, avec l'une des diasporas les plus importantes de Français à l'étranger (5 à 6 millions de Bretons expatriés), un "made in Breizh" qui n'en finit pas de s'exporter, et un renouveau celtique au fort capital sympathie, la région rayonne bien au-delà de ses frontières.

Fréquentation des principaux festivals bretons (en nombre de festivaliers)

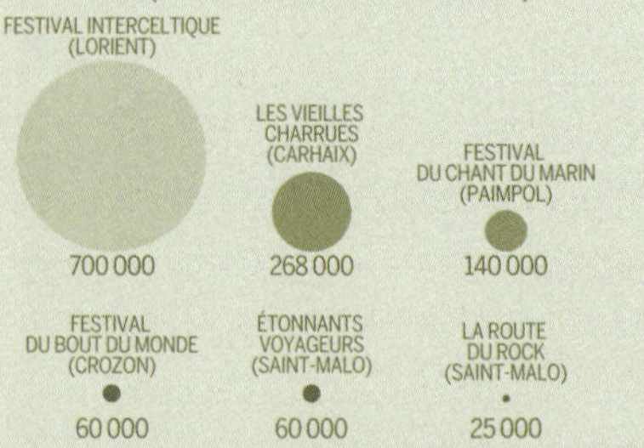

Les principales criées bretonnes (en milliers de tonnes débarquées)

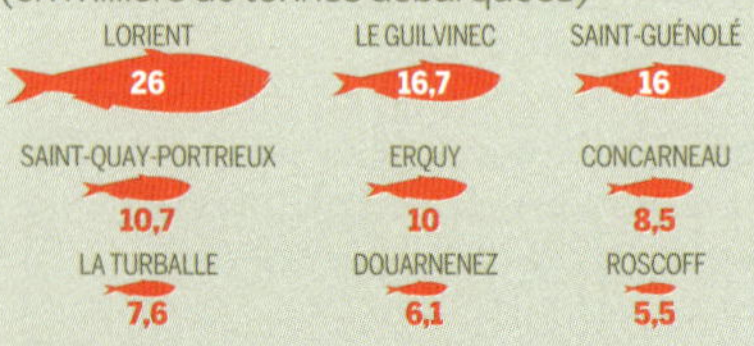

Île de Groix

Urbanisation et croissance démographique

Rurale et maritime, la Bretagne, avec ses 27 208 km² de superficie, l'est indéniablement. Son réseau urbain se révèle néanmoins particulièrement dense. En dehors des 8 bassins d'agglomération de plus de 30 000 habitants (autour de Rennes, Saint-Malo, Saint-Brieuc, Lannion, Brest, Quimper, Lorient et Vannes), auxquels il faut ajouter Nantes et Saint-Nazaire en Loire-Atlantique, de nombreuses villes petites et moyennes ponctuent la région, notamment le long du littoral. Ces dernières années, un phénomène d'étalement s'est opéré, floutant de plus en plus la frontière entre espace urbain et rural. Riche de plus de 3 millions d'habitants (5,1% de la population nationale), la Bretagne connaît également une forte croissance démographique, supérieure à la moyenne nationale, stimulée par les nouveaux arrivants. De terre d'émigration, elle s'est transformée en terre d'accueil, de plus de 30 ans et de retraités pour l'essentiel,

SEB HOVAGUIMIAN/FOTOLIA ©

attirés par son littoral, ses performances économiques et son dynamisme culturel.

Agriculture et pêche, piliers de l'économie

Première région agricole française et européenne et première région française pour la pêche, la région concentre plus de 16% des emplois français de l'industrie agroalimentaire et 34% des emplois des entreprises de transformation des produits de la pêche. Côté pêche, plus d'un tiers des marins français sont bretons et la région assure 50% de la production ostréicole nationale. Du côté de l'agriculture, le modèle productiviste breton, soutenu à partir des années 1960 par la PAC (politique agricole commune), a longtemps fait figure d'exemple.

Récemment, la concurrence des pays émergeants, le coût des carburants et des investissements, les quotas imposés à la pêche et la réforme de la PAC ont fragilisé ces deux piliers. Les agriculteurs ont subi une baisse importante de leurs revenus, quand les pêcheurs ont, en l'espace de deux décennies, enregistré une diminution de près de la moitié de leurs effectifs. La pollution est un autre facteur important de remise en question de ces deux activités : pour l'agriculture parce que son modèle intensif est une menace contre l'environnement, pour la pêche car elle est victime des dégradations environnementales (voir p. 328).

Une économie industrielle et tertiaire performante

Outre l'industrie agroalimentaire et l'industrie du poisson, la Bretagne a su se doter de nombreux pôles d'excellence, au nombre desquels l'automobile et l'électronique, ainsi que la construction navale, essentiellement concentrée à Brest et à Saint-Nazaire. Forte d'une longue tradition universitaire, la Bretagne est très bien placée dans les domaines de la recherche, de l'enseignement et des nouvelles technologies. Depuis l'installation du Centre national d'études des télécommunications en 1960 dans les Côtes-d'Armor, le département concentre près de la moitié des activités de recherche en télécommunication de la France – le Minitel, Numéris ou encore la TV Haute Définition sont nés en Bretagne. Un réseau dense de sous-traitants a essaimé autour de ces grands pôles pour, en définitive, placer la Bretagne au nombre des rares régions françaises à toujours créer des emplois dans l'industrie. Le secteur tertiaire est pour sa part en pleine expansion, conséquence directe de l'arrivée de nombreux retraités et du développement touristique (9 millions de touristes en 2008). Au final, ce sont 3 Bretons sur 4 qui travaillent dans le tertiaire.

Histoire

Monument mégalithique des Pierres-Plates, Locmariaquer (Morbih

CAROLE HU

La Bretagne s'est sentie distincte de l'ensemble français tout au long de son histoire : des racines celtes, une duchesse devenue deux fois reine de France pour sauver l'indépendance de sa région, un traité d'Union avec la France accepté du bout des lèvres et rarement respecté, une révolution aux répercussions différentes en Bretagne qu'ailleurs, un peuple de marins qui fit voile sur toutes les mers du globe...

L'âge des mégalithes

On sait peu de choses des premiers habitants de l'Armorique, dont la présence est attestée dès le paléolithique. Les traces les plus anciennes sont les menhirs et les dolmens disséminés dans l'actuelle Bretagne, dont les plus célèbres sont ceux de Carnac (p. 215). La signification de ces édifices de pierre fait l'objet d'incessantes querelles d'experts. Érigés au néolithique, entre 6000 et 2000 av. J.-C., ils auraient eu

6000-2000 av. J.-C.

Érection de menhirs et de dolmens par les premiers habitants de la péninsule.

une signification religieuse, voire astrologique, et de prestige.

Le néolithique correspond à une période au cours de laquelle l'homme commence à se sédentariser et à développer des méthodes d'élevage et de mise en culture. L'édification de mégalithes correspond à un "marquage de territoire" par des hommes qui s'enracinent dans un espace donné.

Les meilleurs... sites mégalithiques

1 Carnac, p. 215

2 Barnenez, p. 141

3 Locmariaquer, p. 221

4 Gavrinis, p. 233

Au temps de l'Armorique

L'arrivée des Celtes, à partir du VIe siècle av. J.-C., constitue le premier grand événement fondateur de la culture bretonne. Originaire du sud de l'Allemagne, ce peuple conquérant baptise la péninsule Armorique – d'Armor, le "pays de la mer".

Les Celtes semblent avoir pénétré progressivement en Armorique et s'y être intégrés sans heurts avec les populations locales. Parfois décrits comme "les plus raffinés des barbares", ce sont d'habiles techniciens, notamment dans le travail du bois, du fer et de la céramique.

Les Vénètes, groupe celte le plus puissant, notamment sur mer, seront le frein principal à la conquête romaine, commencée vers 125 av. J.-C. L'avancée des légions de César en Gaule marque cependant un point décisif en Armorique, lorsque la flotte vénète est vaincue au large du golfe du Morbihan, en 56 av. J.-C. La défaite annonce le début de quatre siècles de *pax romana* en Bretagne.

Administration, urbanisation, construction de voies complétant le réseau celte préexistant... Rome réalise en Armorique ce qu'elle a fait ailleurs. Il semble cependant que l'Armorique ait réussi à préserver une certaine part de son originalité à cette époque. À plus forte raison à partir de la fin du IIIe siècle, lorsque les problèmes internes des empires romains contribuent à lâcher la bride à la Bretagne.

Intervient alors la deuxième grande vague d'immigration vers la péninsule. Du IVe au VIIe siècle, de nombreux Brittons – nom donné alors aux habitants de l'actuelle Grande-Bretagne, les Celtes de la Britannia romaine – s'implantent en Armorique. Ce mouvement de population trouve vraisemblablement son origine tant dans les problèmes internes que connaît la Britannia, menacée par les Scots d'Irlande, que dans la volonté des Romains de favoriser le peuplement de l'Armorique. Cette époque est aussi celle de l'évangélisation de la Bretagne.

Au VIIIe siècle, le peuple breton, désormais formé, commence à écrire une autre page de son histoire : celle de ses rapports avec l'ensemble français.

VIe siècle av. J.-C.
Immigration celte.

56 av. J.-C.
La victoire romaine sur les Celtes inaugure quatre siècles de *pax romana*.

IVe-VIe siècles
Vagues d'immigration successives depuis l'actuelle Grande-Bretagne.

Les meilleurs… sites médiévaux

1 Dinan, p. 98

2 Vannes, p. 220

3 Le Mont-Saint-Michel, p. 88

La création du royaume de Bretagne

La Bretagne intéresse les rois francs dès le VIIe siècle. Les deux camps alternent victoires et défaites. En 799, Charlemagne soumet la région, mais, en 845, les chefs bretons conduits par Nominoë, battent l'armée franque de Charles II le Chauve. Ce dernier doit signer un traité garantissant la paix entre le royaume franc et une Bretagne en position de force. Par le traité d'Angers en 851, Charles II le Chauve accorde les insignes de la royauté à Erispoë, fils de Nominoë, et lui cède les comtés de Rennes et de Nantes. Les Bretons, dès lors, sont maîtres en Bretagne. Mais, minés par les luttes intestines, ils doivent également faire face aux Normands, qui multiplient raids et pillages en Armorique. La progression des Normands est arrêtée à Dol, en 936, par Alain Barbetorte, qui devient duc de Bretagne l'année suivante.

Ducs en leur royaume

Le terme de duc révèle à lui seul le lien ambigu qui lie la France à la Bretagne. S'ils agissent en souverains, les ducs de Bretagne restent en effet désignés sous un terme qui offre l'avantage de faire peu d'ombre à la couronne de France.

Malgré les tentatives diplomatiques françaises d'alliance, la Bretagne féodale est en place, avec ses paysans, sa noblesse et son clergé déjà puissant.

La guerre de la Succession de Bretagne (1341-1365) éclate lorsque le duc Jean III meurt sans enfant. Deux prétendants s'affrontent : Jean de Montfort, son demi-frère, allié aux Anglais, et Charles de Blois, son neveu par alliance, époux de Jeanne de Penthièvre, plus proche de la couronne de France et soutenu par Bertrand Du Guesclin. La France et le duché de Bretagne entrent en guerre contre l'Angleterre : sièges et attaques sanglantes, comme celle de Quimper, se succèdent, ponctués par des épisodes "héroïques", tel le combat des Trente en 1351, opposant 30 guerriers de chaque camp en un combat fratricide, et par les exploits du chevalier Du Guesclin. En 1365, le traité de Guérande scelle la victoire du clan Montfort et reconnaît Jean de Montfort comme duc sous le nom de Jean IV – il régnera de 1365 à 1399.

Une nouvelle crise survient en 1373, lorsque les liens du duc avec les Anglais lui valent des inimitiés qui le poussent à se réfugier outre-Manche. En 1378, le roi Charles VI en profite pour lui confisquer des terres, soulevant la réaction des Bretons qui rappellent alors leur duc. En 1381, le second traité de Guérande rétablit Jean IV sur le trône ducal, tandis que les partisans des Montfort et des Penthièvre, cette fois unis contre le roi de France, mettent fin à leur ancienne rivalité.

845
Victoire du chef breton Nominoë sur les Francs, qui veulent mettre la main sur la péninsule.

936-937
Alain Barbetorte met fin à l'avancée des Normands et devient duc de Bretagne.

1341-1365
Guerre de la Succession de Bretagne. Opposant deux prétendants au duché, elle entraîne la France et l'Angleterre dans une guerre sur le sol breton.

Mais où s'arrête la Bretagne ?

Cette question lancinante est souvent évoquée face à un découpage administratif tout de sécheresse. En fait, la question des limites de la Bretagne (géographiques, culturelles, historiques, administratives...) est vite tranchée par les Bretons eux-mêmes : certes, il y a moins d'écoles Diwan à Nantes qu'à Rennes, mais la cité ligérienne, avec son château des ducs, est incontestablement une capitale historique bretonne, malgré son classement (artificiel pour beaucoup) au XXe siècle dans la Région des Pays de la Loire.

Petit rappel : en 1790, 5 départements sont créés en Bretagne dans les limites géographiques définies par l'acte d'union de 1532 – la Côte-du-Nord (aujourd'hui Côtes-d'Armor), le Finistère, l'Ille-et-Vilaine, le Morbihan et la Loire-Inférieure (désormais Loire-Atlantique). Ce découpage sera modifié en 1941 par le gouvernement de Vichy, qui sépare la Loire-Inférieure de la Bretagne, un choix entériné en 1955, puis à nouveau en 1972, lors des constitutions des "régions de programme".

Malgré cette crise, on peut dire qu'entre 1365 et 1488, période de la suprématie du clan Montfort, l'autorité du duché de Bretagne ne cesse de se raffermir. Les ducs ne rendent plus qu'un hommage théorique au roi de France. Nantes est alors la capitale du duché : le duc François II, qui règne de 1458 à 1488, décide d'y faire édifier son château à partir de 1466.

Dans la même période, la Bretagne s'affirme aussi sur mer. Les navires bretons approvisionnent notamment l'Angleterre en sel et en vin.

Anne de Bretagne : le cœur et la raison

La Guerre folle des grands seigneurs contre la monarchie, alors que le roi Charles VIII est mineur, va précipiter le sort de la province. La France envoie ses troupes en Bretagne en 1487 et occupe plusieurs villes, dont Nantes. La mort du duc François II annonce la fin du rêve d'une Bretagne indépendante. Les clauses stipulent en effet que l'unique héritière du duché, Anne, ne peut se marier sans l'accord du roi de France. Pour sauver le duché, la duchesse veut convoler, en 1490, avec Maximilien d'Autriche afin d'obtenir la protection du puissant Empire germanique. Sa tentative échoue et elle se résout à épouser Charles VIII en 1491.

Le destin d'Anne de Bretagne est décidément hors pair : elle sera deux fois reine de France. Après la mort (sans descendance) de Charles VIII, elle épouse Louis XII, son successeur, en 1499. Ce second mariage est régi par un contrat qui garantit encore la souveraineté d'Anne de Bretagne sur le duché ; cette union n'engage pas le destin des

1365

Traité de Guérande reconnaissant la victoire du clan Montfort. Jean IV, duc de Bretagne jusqu'en 1399.

XIVe-XVe siècles

Âge d'or du duché de Bretagne.

COUR INTÉRIEURE DU CHÂTEAU DES DUCS DE BRETAGNE À NANTES. D.R. ©

Les meilleurs… musées d'histoire

1 Musée d'Histoire de Nantes, p. 249

2 Musée de la Préhistoire, Carnac p. 216

3 Musée de Bretagne, Rennes, p. 60

États. Il en va autrement à la mort de la duchesse, en 1514.

Sa fille Claude, héritière du duché, épouse François d'Angoulême qui devient roi de France, l'année suivante, sous le nom de François Ier.

Une union troublée

Le 18 septembre 1532, le traité d'Union entre la couronne de France et le duché de Bretagne précise les droits et les privilèges conservés par le duché : les Bretons ne seront soumis qu'aux impôts décidés par les États de Bretagne et jugés par des tribunaux bretons ; seuls des Bretons peuvent, par ailleurs, accéder aux charges ecclésiastiques. La Bretagne, en clair, a droit à la différence, même si elle est dorénavant dirigée par un gouverneur, représentant du roi. En 1554, le parlement de Bretagne, garant historique des libertés bretonnes, est créé. Son siège, d'abord fixé à Nantes, est transféré à Rennes, plus proche de Paris, en 1561.

Les dernières années du XVIe siècle sont troublées par les guerres de Religion. Majoritairement catholique, la Bretagne s'oppose à la venue sur le trône d'un roi protestant, le futur Henri IV. L'édit de Nantes, signé en 1598, garantit la liberté de culte des protestants et met fin au conflit.

Le règne de Louis XIV crée de nouvelles tensions en Bretagne, notamment autour de la question des impôts. En 1675, deux révoltes contre le papier timbré (un impôt indirect obligeant à rédiger certains actes sur un papier payant) sont durement réprimées : la première urbaine, à Rennes ; la seconde, connue sous le nom de révolte des Bonnets rouges, dans les campagnes, avec des revendications plus larges.

Nouveau coup de tonnerre en 1718 : protestant contre des impôts de plus en plus écrasants, des nobles bretons signent, sous le nom de Frères bretons, un pacte réclamant l'application du traité de 1532. Quatre d'entre eux sont décapités à Nantes. L'épisode reste dans l'histoire sous le nom de conspiration de Pontcallec.

Pendant ce temps, sur mer…

Longtemps, la pêche côtière ne constitue qu'une activité secondaire pour les cultivateurs, leur fournissant un revenu d'appoint. La découverte, par des navigateurs, de la richesse des côtes de Terre-Neuve change ce schéma à partir du XVIe siècle. Véritable révolution économique pour certaines régions bretonnes, la pêche à la morue apparaît rapidement comme le nouvel eldorado. Cette aventure est rapidement suivie par l'essor du commerce des toiles, qui marque les premiers pas d'une industrie bretonne.

1487-1488
Guerre folle ; le duc François II est tué à la bataille de Saint-Aubin-du-Cormier.

1488-1514
Anne, duchesse de Bretagne. Elle épouse successivement deux rois de France, tout en continuant à régner sur la Bretagne.

1514
Claude de France, fille de la duchesse Anne et du roi Louis XII, hérite du duché et en transmet peu à peu l'administration au roi François Ier, son époux.

La Compagnie des Indes, créée en 1664 par Colbert, peut, pour sa part, être considérée comme l'un des tremplins vers la navigation commerciale au long cours. Sous ses couleurs, des équipages malouins et lorientais font voile vers Moka et la route du café, vers les étoffes des comptoirs indiens et les épices de l'Orient. Tandis que les navires de la Compagnie se dirigent vers l'est par le cap de Bonne-Espérance, d'autres gros porteurs, armés par de riches négociants, font voile vers l'ouest et le continent américain. Chargés de toiles à l'aller et d'argent au retour, ils ne tardent pas à s'enhardir et à franchir le cap Horn pour gagner Valparaíso ou Concepción, au terme d'un voyage dépassant souvent 250 jours de mer.

Les XVIIe et XVIIIe siècles marquent aussi l'époque de la course. Cette forme de piraterie s'effectue avec la bénédiction de la monarchie. Les corsaires vont livrer une guerre commerciale d'usure aux nations ennemies de la France et piller les cales des navires marchands. Nantais aux abords des Antilles, Malouins dans l'océan Indien, les corsaires ont leurs grandes figures : Duguay-Trouin et Surcouf, tous deux originaires de Saint-Malo.

Nantes, en 1716, a reçu le monopole des navires en provenance des Antilles, ce qui lui vaut le triste titre de premier port négrier de France. La traite des Noirs est l'ignoble corollaire de l'industrie de la canne à sucre, ce nouvel or en provenance des Antilles

Enclos paroissial de Pleyben

JEAN-BERNARD CARILLET ©

1532
Traité d'Union entre la France et la Bretagne.

1675
Révoltes populaires et paysannes du papier timbré et des Bonnets rouges.

XVIIe-XVIIIe siècles
Le commerce maritime breton atteint son apogée.

Jacques Cartier, découvreur malouin

C'est un Malouin, Jacques Cartier, qui, en 1534, alors qu'il navigue pour le compte de François Ier, découvre l'embouchure du Saint-Laurent, au Canada. De France, il parvient à Terre-Neuve, puis, de là, explore les îles de la Madeleine et celle d'Anticosti. Il prend possession de Gaspé (actuel Québec) au nom du roi de France, sans aller plus loin à l'intérieur des terres. Lors de sa deuxième expédition, en 1535, il remonte le fleuve jusqu'au Hochelaga (site de Montréal). Cartier effectue une troisième expédition, en 1540, dont le but avoué est l'exploitation et la colonisation des terres découvertes. De retour au pays deux ans plus tard, il commence une vie de bon bourgeois avant de s'éteindre en 1557.

qui fait fureur dans les salons parisiens. Pour ceux qui la pratiquent, la traite est un commerce et les esclaves une marchandise comme une autre. Chargés de fusils, de poudre, de toiles ou d'alcool, les lourds navires négriers font route vers le Sénégal, l'Angola, le Mozambique ou le Dahomey (actuel Bénin), où ils chargent 3 ou 4 captifs au mètre carré dans un entrepont construit sur place, haut de 1,50 m. Des centaines de milliers d'Africains sont ainsi embarqués fers aux mains et aux pieds pour un bon mois de mer vers les plantations antillaises, où plus de 10% d'entre eux n'arriveront pas.

La Bretagne dans la Révolution et les chouans

La Révolution, en général bien accueillie dans les villes bretonnes, devient vite synonyme de perte des particularismes. Les états de Bretagne sont en effet abolis en novembre 1789. En 1790, par ailleurs, la province est découpée en 5 départements (voir l'encadré p. 291).

À ces bouleversements s'ajoute la question religieuse : la Bretagne est très attachée à son actif et puissant clergé. Or, la majorité des prêtres bretons, soutenus par la population, refusent la nouvelle place que veut leur imposer la constitution civile du clergé. La question militaire, enfin, met le feu aux poudres : au nom du traité de 1532 qui stipule qu'ils ne peuvent être obligés à combattre hors de Bretagne, les Bretons refusent de participer aux guerres de la Convention contre les monarchies coalisées d'Europe, en 1793. Ce contexte particulier mènera à la sanglante révolte des chouans qui, de 1793 à 1799, fera plusieurs dizaines de milliers de victimes. La chouannerie bretonne, à la différence des soulèvements vendéens, est le fait de bandes agissant dans le périmètre de leur commune. La motivation initiale des chouans semble donc être la défense de leurs intérêts propres plutôt que celle du système monarchique en lui-même. La conjuration de La Rouerie, dont l'objectif avoué est de revenir à la

1716
Nantes a le monopole du commerce triangulaire et devient le premier port négrier de France.

1789-1790
La Bretagne perd les institutions de l'Ancien Régime qui garantissaient le respect des clauses du traité d'Union, et est divisée en 5 départements.

1793-1799
Révolte de la chouannerie.

monarchie et de restituer ses droits à la Bretagne, témoigne elle aussi de la situation particulière de la Bretagne au moment de la Révolution. Les insurgés bretons payèrent leur opposition à la Convention par une lourde répression. Outre l'exécution des chefs chouans, une politique de relative tolérance religieuse et d'exemptions militaires contribua à ramener le calme dans les communes rebelles.

"Défense de cracher et de parler breton…"

L'un des effets de cette attitude jugée contre-révolutionnaire sera de creuser un fossé entre la Bretagne et la France républicaine. Au début du XIXe siècle, cette région est sans doute un peu plus pauvre et plus enclavée que les autres provinces françaises.

Sur mer, la pêche remplace peu à peu le transport commercial, brutalement freiné par la fin des activités de la Compagnie des Indes, l'arrêt de la traite, la concurrence du chemin de fer et les difficultés de l'industrie des toiles.

Au XIXe siècle, la Bretagne connaît une natalité galopante doublée d'une forte émigration. Plus de 500 000 personnes quittent la région entre 1871 et 1911. L'émigration bretonne se concentre majoritairement sur la région parisienne. La plupart de ces Bretons émigrés n'ont aucune qualification professionnelle et les femmes sont le plus souvent servantes ou bonnes.

Politiquement, la tendance conservatrice, entretenue par un clergé toujours puissant, se heurte à l'anticléricalisme de l'époque. Elle est également réfractaire à une république assimilatrice. La question de la langue fait figure de symbole : il est défendu, dans les écoles, "de cracher et de parler breton" – le breton est officiellement interdit dans les écoles en 1902.

D'une guerre à l'autre…

La Bretagne paie un très lourd tribut à la Première Guerre mondiale – on estime que 120 000 Bretons sont morts dans les tranchées –, un conflit qui a aussi pour effet de stimuler l'économie régionale.

L'entre-deux-guerres voit s'épanouir un mouvement autonomiste. Rappelons que le régionalisme breton est ancien : en 1898 a été fondée l'Union régionaliste bretonne (URB), où s'illustre Anatole Le Braz, suivie, en 1911, par le plus controversé Parti

Les meilleurs… châteaux

1 Châteaux des ducs de Bretagne, Nantes, p. 249

2 Château de Brest, p. 154

3 Château de Vitré, p. 68

4 Château de Fougères, p. 66

début du XIXe siècle
Difficultés économiques et déclin du commerce maritime. Les débuts de l'industrialisation ouvrent la porte de la Bretagne au mouvement ouvrier.

fin du XIXe siècle
Avec l'arrivée du chemin de fer, la folie des bains de mer gagne le littoral breton : en 1879, la station balnéaire de La Baule est lancée.

1871-1911
Vague d'émigration des Bretons, vers Paris notamment.

Les meilleurs... ouvrages maritimes défensifs

1 Citadelle Vauban, Belle-Île-en-Mer, p. 208

2 Fort-la-Latte, Fréhel, p. 100

3 Ville close, Concarneau, p. 191

4 Château du Taureau, Carantec, p. 137

national breton (PNB). En 1919, 800 Bretons signent une pétition demandant le renouvellement du traité d'Union de 1532. En 1923, le drapeau breton – le *gwenn ha du*, symbole de l'identité armoricaine – est créé par Morvan Marchal. La contestation se durcit au cours de la décennie suivante (attentats contre le monument symbolisant l'union de la France et de la Bretagne à Rennes et contre le train amenant à Nantes le président du Conseil Édouard Herriot, en 1932).

L'économie, dans le même temps, pâtit de la crise des années 1930. La fermeture de chantiers navals, le chômage, les difficultés des conserveries et de la pêche depuis l'arrivée de la vapeur renforcent le syndicalisme.

Durant la Seconde Guerre mondiale, la région est occupée par l'armée allemande dès juin 1940 et lourdement bombardée tout au long du conflit. En raison de son importance stratégique, le littoral est une zone interdite, soumise au laissez-passer. La main-d'œuvre est réquisitionnée pour accomplir de grands travaux défensifs, comme la construction du mur de l'Atlantique dans le Morbihan notamment.

Les bombardements, terribles, visent les arsenaux, la côte et les villes : allemands sur Rennes en juin 1940, anglais sur Brest, Lorient et Saint-Nazaire en 1940-1941, anglo-américains sur Lorient et, dans une moindre mesure, Nantes en 1942-1943... De mai 1944 à mai 1945, le littoral est pilonné quotidiennement. Les poches de Saint-Nazaire et de Lorient ne sont libérées qu'en mai 1945, alors que Rennes voit arriver les chars américains le 4 août 1944.

Entre résistance et collaboration, la Bretagne agit comme le reste du pays. Dès juin 1940, les navires quittent les ports quand ils le peuvent, et des Bretons rejoignent très tôt Londres, à l'exemple des pêcheurs de l'île de Sein. Les grandes villes connaissent des actions héroïques isolées, en général sévèrement réprimées – comme l'exécution de 48 otages à Nantes, en octobre 1941, après l'assassinat d'un lieutenant-colonel allemand par 3 militants communistes. Les réseaux se mettent essentiellement en place en 1943. Le maquis de Saint-Marcel, dans le centre du Morbihan, est resté dans toutes les mémoires. Certains milieux séparatistes, en revanche, comme le Parti national breton (1931-1944), s'afficheront ouvertement collaborationnistes, mais ils sont coupés de la population et de faible audience.

1898
Création de l'Union régionaliste bretonne, première manifestation de l'autonomisme breton.

1902
Le breton est interdit dans les écoles.

1940-1945
La Bretagne est lourdement bombardée. Plusieurs villes sont complètement détruites. C'est une région sinistrée à la Libération.

Le “quart de la France”

Le 18 juin 1940, le gardien du phare de l’île de Sein assiste au départ de la flotte de la rade de Brest, dont plusieurs bateaux prennent la direction d'Ouessant – la rumeur dit qu’ils rejoignent l’Angleterre où continue le combat. Le même jour, la population, réunie autour de l’un des rares postes de TSF de l’île, capte l’appel du général de Gaulle demandant aux Français qui le peuvent de rejoindre les Forces françaises libres. La décision est bientôt prise : les hommes prendront la mer et rallieront ce général encore inconnu. Ainsi, en 2 départs, les 24 et 26 juin, tous les hommes âgés de 14 à 50 ans – ils seront 124 sur le millier d’habitants que compte alors l’île – s’embarquent sur les bateaux de la flottille de pêche, à destination de l’Angleterre. Quelques jours plus tard, de Gaulle, passant en revue ses troupes et interrogeant ses soldats sur leur provenance, aura alors cette phrase devenue historique : “Mais l’île de Sein, c’est donc le quart de la France !” Après la guerre, de Gaulle tint sa promesse de venir rendre visite à ses compagnons d’armes, fidèles de la première heure. Il débarqua le 30 août 1946 et fut ovationné par la population tout entière. Suprême honneur fait aux Sénans, il remit la croix de la Libération à l’île.

La Bretagne après la guerre

Au lendemain du second conflit mondial, le réseau routier et les voies ferrées s’améliorent, l’industrie et l’agriculture se modernisent. Toutefois, cette évolution ne masque pas les réelles difficultés économiques de la Bretagne, qui doit faire face à la concurrence d’autres régions françaises.

Le régionalisme reste bien vivant, comme en témoignent les premières actions du Front de libération de la Bretagne, en 1965. La colère atteindra son apogée au cours des années 1970 avec la marée noire de l’*Amoco Cadiz* (1978) et le projet de construction d’une centrale nucléaire à Plogoff, à la pointe du Raz. Ces événements cristallisent le mécontentement breton et soulèvent une opposition de plusieurs dizaines de milliers de personnes.

Prenant sa revanche sur des décennies d’assimilation culturelle républicaine, la culture bretonne et celtique est en plein renouveau. La création, à partir de 1977, d’écoles de breton, sous l’impulsion de l’association Diwan, l’émergence de festivals de musique bretonne et l’essor d’initiatives de valorisation du patrimoine maritime illustrent cette tendance.

1978-1980
La marée noire de l’*Amoco Cadiz* et le projet de centrale nucléaire de Plogoff (pointe du Raz) cristallisent le mécontentement.

décembre 1999
Le pétrolier *Erika*, qui a fait naufrage, laisse échapper 10 000 tonnes de fioul lourd au large et le long des côtes du sud de la Bretagne.

2007-2008
Les manifestations des marins-pêcheurs se multiplient, notamment pour réclamer un plan d’aide face à la hausse des prix du carburant.

Culture et patrimoine

Figures du calvaire de Saint-Thégonnec (Finistère, p. 161)

RÉGIS COUTURIER

Au XIXe siècle, on redécouvre le patrimoine culturel breton. Avec la mise en valeur des Antiquités nationales, sous l'impulsion de Prosper Mérimée (1803-1870), alors inspecteur général des monuments historiques, et l'influence de l'art romantique, les artistes se cherchent des racines ailleurs que dans l'Antiquité. La Bretagne, empreinte de mystère avec ses légendes et sa ferveur religieuse, alliées à une architecture gothique remise au goût du jour, ses étranges sites mégalithiques et ses sublimes paysages littoraux, est propice aux aspirations des créateurs. Ce phénomène marque tant la littérature que la peinture ou l'architecture.

ARCHITECTURE

Les mégalithes

La Bretagne abrite l'un des plus importants ensembles mégalithiques du monde. Ce sont des constructions de taille importante réalisées à partir de blocs de pierre brute simplement assemblés et dotés d'une fonction symbolique. Ils ont été érigés au néolithique, entre 6000 et 2000 av. J.-C., sans doute par des agriculteurs sédentaires.

Les menhirs ("pierre longue" en breton) sont de gros blocs de pierre fichés dans le sol, dressés vers le ciel, oblongs ou en forme de dalle, parfois décorés. Le plus grand menhir de Bretagne actuellement debout, le menhir de Kerloas dans le Finistère, mesure 9,50 m de haut ; le Grand Menhir de Locmariaquer (p. 221), aujourd'hui brisé, devait mesurer 20 m. Les plus imposants pèsent 350 tonnes.

Quant à leur signification, quelques hypothèses sont avancées par les spécialistes : culte de la fécondité lié à leur symbolique phallique, représentation d'une divinité, lieu de cérémonie ou délimitation territoriale. Certains estiment qu'ils obéissaient à une fonction cosmique, liée au culte du soleil, ou qu'ils définissaient un système de calendrier. Quand ils sont groupés, ils forment des alignements ou de plus rares cromlechs ("courbe de pierres", autrement dit des cercles ou des demi-cercles). On trouve également des menhirs couronnés d'une croix ou gravés de symboles chrétiens : il s'agit de sites païens "récupérés" par le christianisme.

Les dolmens ("table de pierre" en breton) sont des sépultures collectives constituées d'une dalle de pierre horizontale posée sur des blocs verticaux. Ils sont soit simples (chambre sans couloir, une seule table), soit à couloir (un couloir de longueur variable relie l'entrée à la chambre funéraire) ou en V. Certains étaient agrémentés de motifs décoratifs particulièrement élaborés (crosses, haches, serpents ou idoles), comme à Gavrinis (p. 233). Ils étaient également dotés d'un mobilier funéraire (haches, outils, bijoux), aujourd'hui entreposé dans les musées de la région. L'allée couverte, un type de sépulture apparu plus tard, se compose d'une chambre funéraire aussi allongée que le couloir.

Les dolmens étaient en principe enfouis dans un tumulus, une sépulture funéraire ensevelie, qui se présente sous la forme d'une butte de terre. Certains dépassent 100 m de long. Souvent implanté sur un promontoire, structuré comme un tumulus, le cairn est constitué d'un agencement de pierres sèches, comportant parfois des gradins ; ses parois et ses chambres sont en général richement ornementées.

Architecture religieuse

L'art roman

La Bretagne n'est pas une terre de référence pour l'architecture romane, mais offre néanmoins de beaux édifices exposant les éléments les plus caractéristiques de l'art roman. Parmi les constructions de grande ampleur, on distinguera la tour carrée de Saint-Sauveur de Redon, l'abbatiale Saint-Gildas-de-Rhuys (p. 235), l'église Saint-Tudy de Loctudy, la tour d'Hastings à Tréguier (p. 114), les ruines de l'abbaye de Landévennec et les vestiges du cloître de celle de Daoulas (p. 155).

Le gothique et les dentelles de pierre

Avec l'arrivée du gothique, les églises se transforment. Remplaçant le plein cintre, la croisée d'ogives offre plus de résistance et permet aux édifices de s'élancer en hauteur. Sous influences normande et anglaise, le premier gothique breton donne naissance à la cathédrale de Dol (p. 87) ou à la nef de celle de Saint-Pol-de-Léon (p. 140). Les façades sont sobres, mais l'édifice est prolongé de tours-clochers surmontées de flèches qui accentuent l'effet de verticalité. Le pesant granit breton se découvre une légèreté insoupçonnée, comme en témoigne la tour de la chapelle Notre-Dame-du-Kreisker à Saint-Pol (p. 140). À l'intérieur, la diversité des chapiteaux romans est abandonnée au profit d'une homogénéité apportée par des chapiteaux semblables et simplifiés. Les piliers sont doublés de colonnettes et grimpent vers la voûte. On ajoute aux nefs des niveaux supérieurs appelés triforiums, d'abord aveugles puis ouverts sur l'extérieur. Les piliers supportant la force, les murs se libèrent. Les vitraux invitent peu à peu la lumière, et les rosaces déploient leur magnificence.

Les XVe et XVIe siècles constituent un âge d'or pour la Bretagne : les paroisses s'enrichissent et rivalisent pour afficher leur foi. Le gothique se fait flamboyant (les formes décoratives, ondoyantes, rappellent des flammes). Les édifices, notamment les

Les meilleurs...
enclos paroissiaux

1 Pleyben, p. 161

2 Sizun, p. 160

3 Plougastel-Daoukas, p. 155

4 Guimiliau, p. 160

5 Saint-Thégonnec, p. 160

porches, se parent d'un riche décor, véritable dentelle de pierre. La statuaire se déploie grâce au recours au kersanton, pierre plus facile à travailler que le granit.

D'autres éléments participent à la richesse des églises bretonnes, y compris les plus modestes. Leur intérieur accueille des boiseries sculptées et peintes, des fresques saisissantes (comme à Kernascléden). La Bretagne compte de splendides jubés, à la fois tribunes et cloisons entre la nef et le chœur, qu'ils soient en bois polychrome ou en pierre.

Les enclos paroissiaux

Ils témoignent de la foi bretonne en ces temps de prospérité qui courent jusqu'au XVIIe siècle. Il s'agit d'un ensemble architectural regroupant une église, un calvaire, un ossuaire, un cimetière, un mur d'enceinte et une porte triomphale. C'est un espace clos et sacré, qui remplit un rôle symbolique de rencontre entre le monde des vivants et celui des morts.

Un muret de pierre matérialise la séparation entre l'espace profane et l'espace sacré, et empêche les animaux de fouler le placître (lieu de rassemblement). La porte qui permet de franchir cette clôture se fait arc de triomphe, marquant l'entrée dans le royaume des morts. Vu la superficie réduite du cimetière, les reliques des morts étaient régulièrement exhumées pour faire place aux nouveaux défunts. On prit l'habitude de placer les ossements dans une chapelle close, l'ossuaire, de construction indépendante, et richement décorée.

Mais la pièce maîtresse de l'enclos est le calvaire. Réalisé en kersanton, le calvaire met en scène la passion du Christ et les épisodes de sa vie sous forme de statuettes saisissantes de réalisme, posées sur un socle et surmontées d'une crucifixion. Celui de Plougastel-Daoulas (p. 155) ne compte pas moins de 180 personnages. Un vrai petit théâtre de marionnettes !

L'église complète le dispositif. La hauteur du clocher, et sa composition élaborée, comme la richesse ornementale du porche traduisent l'audace déployée pour impressionner les fidèles... et les paroisses voisines. Leurs intérieurs sont généralement somptueux et le mobilier liturgique particulièrement soigné.

On y reconnaîtra des influences Renaissance, classique, baroque, qui témoignent du rôle de carrefour culturel que pouvait jouer la Bretagne d'alors. La plupart des enclos se trouvent dans le Finistère, les plus significatifs étant ceux de Guimiliau (p. 160), de Saint-Thégonnec (p. 160) et de Sizun (p. 160).

L'architecture rurale et les meubles bretons

Les maisons traditionnelles de Bretagne varient selon les régions. La partie orientale de la Bretagne privilégie les longères réalisées en grès ou en schiste ; l'Ouest offre des habitations réalisées en granit, plus ramassées, moins exposées au vent. La pierre est la plupart du temps apparente, mais en bord de mer les murs sont enduits à la chaux, ne laissant nus que le tour des fenêtres et les pierres d'angle. Au XIXe siècle, l'ardoise volera la vedette aux toits de chaume, que l'on peut encore admirer dans certains hameaux soigneusement entretenus. Les maisons sont plutôt basses, le toit assez pentu. Les plus riches se font bâtir un étage souvent accessible par un escalier extérieur, comme en témoigne la maison Cornec de Saint-Rivoal, avec son avancée caractéristique de nombreuses maisons finistériennes. Portes et fenêtres sont petites et créées en façade, pas dans les pignons, placés côté au vent.

À l'intérieur, une grande pièce commune rectangulaire, au sol en terre battue : on y cuisine dans la grande cheminée implantée dans l'un des pignons, et l'on y dort dans les fameux lits clos, alignés avec les armoires contre l'un des murs. Dans une pièce commune, ces lits offrent un peu d'intimité et gardent la chaleur. Ce meuble est clos par de simples rideaux ou par des panneaux coulissants, qui peuvent être moulurés et ornés de clous de cuivre. La partie haute est ajourée au moyen de fuseaux pour laisser passer un peu d'air. Devant se trouve un banc faisant office de marchepied pour grimper dans le lit (parfois à étages), mais aussi de coffre et de siège. À côté, l'armoire, massive, est à la fois meuble de rangement et de parade, signe de la richesse accumulée.

Les meilleures...
villas balnéaires

1 Dinard, p. 81

2 La Baule, p. 264

3 Pléneuf-Val-André, p. 103

Les villas balnéaires

L'émergence du tourisme et la mode des bains de mer lancée par les Britanniques vont modifier la physionomie de certains villages côtiers entre la fin du XIXe siècle et le début du XXe siècle. La plage passe du labeur aux plaisirs, et quelques petits ports de pêche se muent en stations balnéaires mondaines. Une aristocratie fortunée, séduite par la beauté des côtes bretonnes, se fait construire de somptueuses

Les petits châteaux de ces "Messieurs de Saint-Malo"

Aux XVIIe et XVIIIe siècles, armateurs et corsaires malouins, tels Duguay-Trouin ou Surcouf, amassent des fortunes considérables grâce à la guerre de course et au commerce dans les mers australes. On les surnomme alors les "Messieurs de Saint-Malo". Souhaitant affirmer leur rang social et pouvoir aussi se reposer, ils se font bâtir des demeures dans l'arrière-pays malouin et sur les bords de la Rance, à distance raisonnable de la cité où ils ont leurs affaires et de la mer, mais jamais tournées vers elle.

Les propriétés s'étendent sur plusieurs hectares, souvent ceintes de hauts murs. Ces maisons de campagne traitées comme de petits châteaux sont appelées malouinières, en référence à la provenance de leurs propriétaires. Elles sont bâties de toute pièce ou édifiées sur la base d'anciens manoirs remis au goût du jour. Leur plan est simple, ramassé, quadrangulaire. La façade est classique, très régulière, d'une sobriété austère, influencée par l'architecture militaire. Les murs enduits s'animent à peine, autour des fenêtres et aux angles, de pierres apparentes en granit de Chausey.

Les propriétés s'agrémentent d'un jardin à la française. Depuis les salons, il offre sa perspective au regard ; de l'extérieur, il met en valeur le logis. Il se prolonge parfois par un parc boisé.

L'austérité de la façade disparaît à l'intérieur, souvent somptueux : murs lambrissés, marbre de Carrare, porcelaine des Indes, ameublement raffiné, ici des chambres tendues de cuir de Cordoue, là des boiseries en chêne de Norvège.

résidences. Les influences sont pour le moins éclectiques : cottage anglais avec bow-windows, maison coloniale, petit château médiéval, pavillon Louis XIII, chalet montagnard, villa italienne, villa Art déco, voire demeure néobretonne. Pas d'unité architecturale, juste une extravagante liberté, osant le mélange des styles. Vous pourrez les admirer à La Baule (p. 264) et à Dinard (p. 81), où un musée relate même le développement de la station.

Les meilleurs...
châteaux forts

1 Fort-la-Latte, p. 100

2 Fougères, p. 66

3 Vitré, p. 68

4 Josselin, p. 239

PEINTURE

L'école de Pont-Aven et les impressionnistes

C'est bien entendu Pont-Aven (p. 192), petite localité du Finistère Sud, qui vient immédiatement à l'esprit lorsque l'on évoque la présence des peintres en Bretagne. Au XIXe siècle, cette région, à l'écart du développement industriel et qui reste repliée sur ses traditions, a attiré nombre d'artistes en quête d'authenticité, parmi lesquels des impressionnistes. Venus se confronter à de nouveaux paysages, à la lumière et à ses effets changeants, ainsi qu'à l'infinité des couleurs de la Bretagne, ils s'installèrent au Faouët, à Locronan, à Douarnenez ou à Concarneau. Ainsi, Jean-Baptiste Camille Corot (1796-1875), peint *L'Entrée de la chapelle Sainte Suzanne à Mur de Bretagne* (vers 1850, musée du Louvre, Paris), Eugène Boudin (1824-1898), *Le Port de Camaret* (1872, musée d'Orsay, Paris), et Claude Monet (1840-1926), lors d'un séjour à Belle-Île en 1886, *Les Rochers de Belle-Île* (musée d'Orsay, Paris). Quand Paul Gauguin (1848-1903) vient s'installer à Pont-Aven pour la seconde fois, en 1888, il y retrouve Émile Bernard (1868-1941) avec qui il avait commencé à expérimenter de nouvelles façons

Les manoirs bretons, témoins de la prospérité d'une époque

Le visiteur est souvent surpris de la quantité de manoirs qu'il croise en terres bretonnes. Nombre d'entre eux ont été bâtis entre le XIVe et le XVIIe siècle, témoins de la prospérité économique de cette époque. Ces maisons sont la résidence de nobles la plupart du temps, mais aussi de quelques bourgeois : tisserands, marchands. Elles peuvent également être au cœur de domaines agricoles de riches paysans. On dote ces solides bâtisses résidentielles d'éléments défensifs (murs d'enceinte, échauguettes...) : il s'agit d'en imposer, tout en protégeant ses biens.

Le domaine comporte en général une chapelle et d'autres constructions qui assoient le statut des propriétaires tout en lui procurant des revenus : un vivier, un moulin, une pêcherie, un four, etc. Dernier élément constitutif : le colombier. Pouvoir en construire un à pied (isolé) était le privilège du seigneur ayant droit de haute justice, le nombre de boulins (nichoirs à pigeons) étant proportionnel à l'étendue de son fief ; les autres étaient souvent intégrés au corps de bâtiment, la partie supérieure des murs recevant les boulins.

d'aborder leur art, le synthétisme : une simplification générale qui vise à montrer l'essentiel, que ce soit dans les tons, peints sans modelés, comme dans la composition. De cette période naîtront des œuvres fortes et symboliques, comme les *Paysannes bretonnes* (1894, Paris, musée d'Orsay) de Gauguin, *Le Gaulage des pommes* (1890, musée des Beaux-Arts de Nantes) de Bernard. Des œuvres de ce dernier sont visibles au musée des Beaux-Arts de Brest, notamment *Portrait de l'artiste* (1890) et *Bord de mer en Bretagne* (1891). D'autres créateurs des nouveaux mouvements picturaux de l'époque (nabis, fauves, expressionnistes) comme Maurice Denis (1870-1943) dont on peut admirer le tableau *Régates à Perros-Guirec* (1892) au musée des Beaux-Arts de Quimper, ou encore Paul Sérusier (1864-1927) dont les œuvres *Solitude* (1891, musée des Beaux-Arts de Rennes) et *Les Blés verts au Pouldu* (1890, musée des Beaux-Arts de Brest) prolongent la relation privilégiée des peintres avec la Bretagne. Au XXe siècle, les artistes continuent, mais dans une moindre mesure, à venir en Bretagne pour travailler, comme Marcel Gromaire à Carnac, Matisse, Hélion, et Vasarely à Belle-Île.

Si une visite au musée d'Orsay à Paris, par exemple, permet d'admirer des peintures bretonnes de Gauguin, il est également possible de voir des œuvres de réputation internationale dans les différents musées de la région décrits au fil de ce guide.

Les meilleures... cathédrales

1 Tréguier, p. 114

2 Saint-Pol de-Léon, p. 140

3 Dol-de-Bretagne, p. 87

Des peintres bretons traversés par les courants

Les mouvements comme l'impressionnisme, le fauvisme et les nabis firent bien entendu des émules parmi les artistes bretons, comme Maxime Maufra (1861-1918) dont le superbe *Pont-Aven, ciel rouge* (1892, musée des Beaux-Arts de Rennes) constitue un bel exemple. Il ne faut pas oublier Max Jacob (1876-1944), peintre et poète quimpérois, dont une partie de la production est conservée au musée des Beaux-Arts de Quimper. Citons d'autres grands noms du monde de l'art du XXe siècle, Bretons d'origine : Pierre Tal-Coat (1905-1985), l'une des figures de la Galerie Maeght et de la non-figuration, Raymond Hains (1926-2005), acteur du nouveau réalisme dont les affiches lacérées ont fait la renommée, et Jacques Villeglé, né en 1926 à Quimper, autre plasticien du nouveau réalisme de stature internationale.

Actuellement, c'est l'affichiste Alain Le Quernec (né en 1944 au Faouët) qui représente presque à lui seul le dynamisme de l'art en Bretagne. Sa production engagée, dont vous avez certainement vu au moins une réalisation, comme l'affiche d'*Amnesty International* (1978), s'attaque à divers fronts notamment la politique et les luttes sociales (affiches contre la marée noire, pour Solidarnosc, etc.).

Galeries et musées de qualité sont nombreux en Bretagne et s'attachent, de plus en plus, à mettre en valeur les artistes des siècles passés comme ceux du nouveau millénaire. À vous de les découvrir !

LA BRETAGNE, TERRE D'ÉCRIVAINS

Chateaubriand et les grandes voix du XIXe siècle

L'écrivain romantique François-René de Chateaubriand (1768-1848) est incontestablement le plus illustre talent de la littérature bretonne (encadré p. 304). Dans *Mémoires d'outre-tombe*, l'auteur évoque longuement son enfance passée au château de Combourg. Félicité de Lamennais (1782-1854), originaire de Saint-Malo,

Chateaubriand, Combourg et le romantisme

"C'est dans les bois de Combourg que je suis devenu ce que je suis", confie l'auteur des *Mémoires d'outre-tombe*, né en 1768 à Saint-Malo. Son père, grand armateur enrichi dans la traite des Noirs, acquit le château de Combourg en 1761. C'est dans cette austère demeure féodale que la vocation littéraire de François-René, forgée par les paysages et les atmosphères dont il s'imprègne, s'affirme. De ces premiers émois, transfigurés sous une prose lyrique, naîtra, des années plus tard, un mouvement littéraire et un style d'écriture : le romantisme. Personnage complexe, brillant et visionnaire, à la fois en prise directe avec les brusques mutations de son époque et à l'écoute des tourments de son imaginaire, Chateaubriand trouva les mots justes pour redéfinir le lien passionnel et l'alchimie mystérieuse qui unissent l'homme et la nature, et les sentiments souvent exaltés qui en découlent. Combourg joua le rôle d'une toile de fond pour son imaginaire, d'un catalyseur fécond de ses élans romantiques. L'écrivain s'éteignit en juin 1848 et fut enterré à Saint-Malo.

entré dans les ordres, s'est fait connaître par ses thèses prônant la subordination du pouvoir temporel au pouvoir spirituel, développées notamment dans *De la religion considérée dans ses rapports avec l'ordre politique et social*. Son idéal humanitaire en fait un précurseur du catholicisme social et de la sociale démocratie. Le philosophe Ernest Renan (1823-1892), né à Tréguier, s'est également intéressé de près à la religion, notamment dans ses rapports avec la science. *La Vie de Jésus* (1863), son œuvre majeure, cherche à concilier christianisme et rationalité, ce qui scandalisa l'Église catholique mais eut un retentissement considérable en Europe. Son intérêt pour sa Bretagne natale a également été constant jusqu'à ses *Souvenirs d'enfance et de jeunesse* (1883). Le symboliste Auguste Villiers de l'Isle-Adam (1838-1889), originaire de Saint-Brieuc, s'est lui signalé par ses contes fantastiques comme *L'Ève future* ou *Contes cruels*. Victor Segalen (1878-1919), médecin de la marine, écrivain-ethnologue et grand voyageur, est né à Brest, mais l'essentiel de son œuvre porte sur l'Orient et la Polynésie. L'auteur des *Immémoriaux* et de *Stèles* est mort, assez mystérieusement, dans la forêt d'Huelgoat, alors qu'il se promenait.

Chantres du pays Breizh

Pays tour à tour pittoresque ou démystifié, misérable ou idéalisé, perdu ou appelé à un renouveau, la Bretagne a engendré une pléiade d'auteurs dont l'œuvre reste indissociable de ce terroir. Le Rennais Paul Féval (1817-1887), mieux connu pour ses romans de cape et d'épée (*Le Bossu*), a choisi la Bretagne comme cadre à plusieurs de ses romans (*Le Loup blanc*, *La Fée des grèves*).

La figure qui se détache est celle de Pierre-Jakez Hélias (1914-1995). Ce Quimpérois a ému de très nombreux lecteurs, en 1975, avec son livre de souvenirs, *Le Cheval d'orgueil*, considéré comme un document ethnologique de première importance sur la vie des paysans bigoudens au début du siècle. Dans ce même courant de l'enracinement terrien se situe Charles Le Quintrec (1926-2008), dont les poèmes (*Les Temps obscurs*, *La Source et le secret*...) et les romans (notamment *Les Enfants de Kerfontaine*) exaltent la foi chrétienne, le folklore, la nature et son Morbihan natal. Plus récemment, Jean Rohou, professeur de littérature à Rennes, a connu un formidable succès de librairie avec *Fils de ploucs*, qui relativise beaucoup de clichés sur la Bretagne et prend une distance ironique par rapport à sa fameuse celtitude.

Parmi les écrivains majeurs du XXe siècle, citons l'auteur prolétarien Louis Guilloux (1899-1980), dont la plupart des livres se situent à Saint-Brieuc, sa ville natale. *Sang noir* (1935), le destin tragique d'un professeur de philosophie, est considéré comme son chef-d'œuvre.

Les visiteurs inspirés

La Bretagne n'a pas inspiré que les écrivains nés sur son sol. Balzac (*Les Chouans* en 1829, *Béatrix* en 1839), Mérimée (ses *Notes d'un voyage dans l'ouest de la France*, en 1836, relatent sa découverte des mégalithes), Flaubert (*Par les champs et par les grèves*, récit d'un voyage à pied en 1847 en compagnie de Maxime Du Camp), Saint-Pol Roux (ce Provençal est devenu le poète de Camaret, où il s'installe à la fin du XIXe siècle), Apollinaire (dans *Le Guetteur mélancolique*, recueil posthume de 1952), Simenon (dans *Le Chien jaune*, paru en 1931, le jeune commissaire Maigret enquête à Concarneau, ville dont l'auteur donne un autre portrait dans *Les Demoiselles de Concarneau*, 1935) et Julien Gracq (ce prosateur éblouissant, qui fut professeur d'histoire-géographie à Quimper et à Nantes, évoque notamment la Bretagne dans *Lettrines*), entre autres, ont livré de belles pages sur la région.

Les poètes

Depuis les bardes mythiques de l'ancienne Armorique, les paysages bretons ont toujours fait bon ménage avec la lyre d'Orphée. Chez les romantiques, on citera Auguste Brizeux (1803-1858), originaire de Lorient, qui a notamment laissé une grande épopée rustique, *Les Bretons*, inspirée de sa région natale. On distinguera Tristan Corbière (1845-1875), de Morlaix, révélé par Verlaine, qui rendit hommage aussi bien à la Bretagne et aux marins qu'à l'Italie du Sud, d'une voix toujours désespérée et ironique à la fois (*Amour jaunes*, *Gens de mer*...). Théodore Botrel (1868-1925), chansonnier né à Dinan, est l'auteur de la célèbre chanson *La Paimpolaise* (1895). Le folkloriste Anatole Le Braz (1859-1926) fut aussi un poète primé plusieurs fois par l'Académie française. Il a su restituer avec force et sincérité la poésie des récits bretons, notamment dans *La Légende de la mort chez les Bretons armoricains*. Max Jacob (1876-1944), né à Quimper, est proche d'Apollinaire et de Picasso (Max Jacob est également peintre). Son recueil iconoclaste et avant-gardiste *Le Cornet à dés*, paru en 1917, aura une grande influence sur les surréalistes. René-Guy Cadou (1920-1951), de la région nantaise, a su trouver dans les paysages de la Brière la métaphore de son amour pour sa femme (*Hélène ou le Règne végétal*, 1952). Dans ce panorama, Armand Robin (1912-1961) occupe une place à part. Fils de paysans pauvres de Plouguernével, devenu traducteur polyglotte, cet auteur rare et méconnu a notamment laissé deux ouvrages majeurs, *Ma vie sans moi* (1940) et *Le Temps qu'il fait* (1942), une épopée lyrique dans les paysages de son enfance. Plus récemment, Léonard Xavier Grall (1930-1981) fit entendre mieux qu'un autre la voix des marins et partagea les revendications des autonomistes bretons. C'est ce qui l'opposa à Pierre Jakez Hélias, qu'il percevait comme un "colonisé". Son *Cheval couché* (1977) est une réaction virulente contre le dolorisme du *Cheval d'orgueil*. Citons enfin Paol Keineg, également dramaturge, né en 1944 à Quimerc'h, qui est peut-être à la cause bretonne ce qu'un Aimé Césaire fut à la négritude. *Le Poème du pays qui a faim*, paru en 1967, fit de lui le chef de file de la jeune littérature bretonne. Des positions qui le firent exclure de l'Éducation nationale...

Récits de mer

Ouverte sur le monde par tous ses ports, la Bretagne a inspiré de nombreux romans maritimes. S'il n'est pas breton, le plus célèbre peintre de la mer reste sans doute Pierre Loti (1850-1923) ; la vie des marins et la Bretagne lui ont inspiré parmi ses plus beaux textes, comme *Mon frères Yves* (1883) et *Pêcheurs d'Islande* (1897). On songe aussi, bien sûr, aux nombreuses productions d'Henri Queffélec (1910-1992) comme *Frères de la brume*, *Un recteur de l'île de Sein*... Dans le genre, *Armen*, paru en 1967, est le récit poignant d'un gardien de phare, Jean-Pierre Abraham. On peut aussi rattacher à cette veine *Le Nabab* (1982), de la Morbihannaise Irène Frain (née en 1950), récit d'un petit mousse breton devenu nabab en Inde au XVIIIe siècle. Enfin, dans cette littérature foisonnante, on distinguera le prolifique Michel Le Bris, né à Plougasnou en 1944, un auteur fasciné par Stevenson et dont plusieurs ouvrages sont nourris d'histoires de marins et de pirates (*Les Flibustiers de la Sonore* ou *D'or, de rêve et de sang*). Il est aussi à l'origine du mouvement des "écrivains voyageurs" et créateur du festival Étonnants Voyageurs de Saint-Malo.

Le polar armoricain

Le roman policier connaît une étonnante vitalité en pays de Bretagne. Parmi les grands maîtres du genre se distingue Hervé Jaouen, né en 1946 à Quimper, et qui se partage aujourd'hui entre Finistère et Irlande. Il est l'auteur de polars déjantés comme *La Mariée rouge* (1979), qui se passe en pays bigouden, et d'une kyrielle de titres fleurant bon sa Bretagne : *Pleure pas sur ton biniou*, *Au-dessous du calvaire*... Chez Jean-François Coatmeur (né en 1925), les intrigues policières sont un prétexte pour dépeindre une société malade et fouiller les âmes torturées de ses personnages. Il a donné une vingtaine de romans dont *Les Sirènes de minuit*, *La Nuit rouge* et *Des feux sous la cendre*. Citons encore Gérard Alle, journaliste, romancier et spécialiste de la Bretagne rurale, auquel on doit des titres comme *Il faut buter les patates (2001)*. Il dirige depuis 2008 "Les Enquêtes de Léo Tanguy", une collection de romans policiers se déroulant exclusivement en Bretagne.

LA BRETAGNE EST POP

En dehors du seul cadre de la musique celtique (voir p. 310), elle-même très variée et métissée, la Bretagne a vu éclore de nombreux talents en tout genre. S'il est un chanteur à la bretonnité fermement chevillée au corps, c'est bien Christophe Miossec. Ce Brestois né en 1964 a même fini par en incarner le caractère à la fois rugueux et mélancolique... Il émerge dans les années 1990, au milieu de la nouvelle vague de la chanson française. Son album *Finistériens* a été réalisé avec un autre Brestois fameux, Yann Tiersen. De formation classique et multi-instrumentiste, celui-ci s'est orienté vers le rock et atteindra la notoriété avec son album *Le Phare* (1998), aux litanies envoûtantes, et surtout la BO du film *Amélie Poulain*.

Dominique A, autre figure-phare de la nouvelle scène française, a percé à Nantes dès les années 1980. C'est un chanteur-compositeur exigeant et prolifique, aux orchestrations minimalistes et à la voix sublime, dont les textes poétiques sont marqués au coin d'un romantisme sombre. Quant à Étienne Daho, il est issu de la vague rock qui submerge Rennes, autre ville-campus, au début des années 1980. Daho le dandy en incarnera la face pop, tandis que Marquis de Sade, groupe de *new wave* mené par Philippe Pascal, en sera le côté sombre. L'émergence de ce qui est désormais appelé le rock rennais doit beaucoup à la création, par une bande d'étudiants sous influences anglo-saxonnes, des TransMusicales, en 1979, un petit festival régional devenu national et désormais franchement européen.

Morlaix, quant à elle, a une vraie affinité avec les musiques électroniques, notamment grâce au festival Panoramas, de même que Brest qui, avec le festival Astropolis, a organisé les premières soirées techno de Bretagne.

Le renouveau celtique

Gwenn-ha-du

DJIGGIBODGI.COM/FOTOLIA ©

Longtemps considérée avec dédain, la culture bretonne connaît, à partir de la seconde moitié du XIXe siècle, un regain d'intérêt – ou plutôt une révélation – et la "bretonnité" devient peu à peu une fierté.

Ce phénomène s'inscrit dans le mouvement plus vaste, et plus ancien, de redécouverte et de revendication de l'héritage celte, en Irlande, en Écosse, au pays de Galles et même aux États-Unis. La grande vague de transformation qui gagna la Bretagne au sortir de la Seconde Guerre mondiale sonna le réveil de ce patriotisme breton, entraînant une véritable effervescence culturelle. Cette affirmation identitaire, soutenue certes par des groupes régionalistes, autonomistes, très minoritaires, ne rime pas avec un quelconque passéisme. Toutes ses manifestations affichent d'ailleurs une vitalité et un caractère festif très communicatifs.

UNE LANGUE RETROUVÉE MAIS EN RECUL

La langue bretonne *(ar brezhoneg)* est un constituant essentiel de l'identité bretonne. Paradoxalement, sa pratique est en net recul et le breton n'est presque plus utilisé. La relative résistance du breton dans les campagnes s'est effondrée dans les années 1950-1960 avec l'ouverture de l'agriculture et l'abandon de la transmission familiale de la langue. Pourtant, le breton est aujourd'hui perçu positivement. Mais chez les jeunes générations, son apprentissage résulte d'une démarche volontariste. Il s'accomplit au sein d'associations et d'organismes culturels, voire dans le système scolaire, comme dans les écoles Diwan ("germe"), où le cursus se déroule en breton. L'option "breton" existe au bac. La demande est importante, mais son enseignement demeure très marginal (2% du public scolaire).

Le mouvement en faveur du breton se traduit dans la vie publique (signalisation routière bilingue, publicité, institutions culturelles...), les médias, le théâtre et, bien entendu, par la musique et le chant, plus marginalement par la littérature (voir p. ci-contre).

Breton et gallo

Rattaché à la famille des langues celtiques, qui se subdivisent en langues gaéliques (irlandais, écossais, manxois sur l'île de Man) et brittoniques (breton, gallois et cornique de Cornouailles, parlé jusqu'au XVIIIe siècle), le breton est aujourd'hui la seule langue celtique parlée sur le continent. Cependant, il n'a jamais été la langue de toute la Bretagne.

Lorsque les Brittons, chassés de Bretagne (l'actuelle Grande-Bretagne), s'établirent en Armorique (la Bretagne d'aujourd'hui) entre le Ve et le VIIe siècle, ils apportèrent leur langue, qui concurrença le gaulois. Dans sa phase d'expansion maximale, au IXe siècle, le breton était parlé à l'ouest d'une ligne Mont-Saint-Michel/Saint-Nazaire. À l'est de cette ligne, c'est le gallo qui avait cours. Il s'agit d'une langue romane dérivée de la langue d'oïl, proche des parlers d'Anjou et du Maine. Également traité avec mépris, il s'est progressivement effacé et a été presque complètement absorbé par le français.

Avec le rattachement à la France (1532), le breton a progressivement reculé devant l'influence du français. Aujourd'hui, on considère que la partition linguistique est délimitée par l'axe Vannes-Plouha (au nord-ouest de Saint-Brieuc). Il existe des variantes dialectales, que l'on classe en deux groupes : le KLT (cornouaillais, léonard, trégorrois) et le vannetais. La partition gallo/breton recouvre la distinction haute Bretagne et basse Bretagne.

Drapeau

Vous verrez le *gwenn-ha-du* flotter partout en Bretagne. Signifiant "blanc et noir", c'est le drapeau breton, dessiné en 1923 par Morvan Marchal, architecte et autonomiste breton. Il comporte 9 bandes horizontales : 4 blanches pour les pays bretonnants (Léon, Cornouaille, Vannetais et Trégor), 5 noires pour les pays gallos (nantais, rennais, briochin, malouin et dolois). Les mouchetures d'hermine rappellent l'ancien duché de Bretagne.

L'ÉMERGENCE D'UNE LITTÉRATURE

Matière de Bretagne et collecteurs du XIXe siècle

Si le breton a été écrit avant le français – le premier texte attesté, le manuscrit de Leyde, fragment d'un traité de médecine, date sans doute de la fin du VIIIe siècle –, les plus anciennes traces d'une littérature en langue bretonne relèvent d'une tradition orale. De ce patrimoine perdu demeure une réputation européenne à travers les diverses adaptations de la "matière de Bretagne" : la légende du roi Arthur, les romans de la Table ronde, la quête du Graal (voir l'encadré page ci-contre) ou encore le mythe de Tristan et Iseut. La Bretagne au Moyen Âge désigne le monde celtique dans son ensemble et cette "matière" est commune à l'Armorique et à la Grande-Bretagne. Elle est la consignation d'une littérature colportée par des conteurs ou des jongleurs. C'est sur le territoire français qu'elle a été en grande partie composée, notamment par Chrétien de Troyes (v. 1135-v. 1183) ou par Marie de France (1154-1189). Mais c'est le moine gallois Geoffroy de Monmouth (v. 1100-1155) qui popularisa, avant 1150, des personnages comme le roi Arthur et Merlin l'Enchanteur.

C'est encore par la tradition orale que le breton accède au rang de langue littéraire. À la fin du XVIIIe siècle, l'Europe est gagnée par la déferlante romantique et se passionne pour la poésie et les récits populaires. En France, la Bretagne et son légendaire celte sont bientôt l'objet d'un véritable engouement. Cette celtomanie va entraîner, à partir de 1815-1820, une entreprise de collecte du patrimoine oral de la part d'écrivains et de folkloristes, qui vont vulgariser cette littérature, la faire connaître à un plus large public et mettre en valeur l'histoire de la Bretagne.

L'événement fondateur, qui consacrera l'originalité et l'ancienneté de la tradition poétique de langue bretonne, fut la parution, en 1839, du *Barzaz Breiz*, d'Hersart de La Villemarqué (1815-1895). Ce jeune aristocrate breton y présente par ordre chronologique des légendes, des contes et des chants collectés pendant plusieurs années en basse Bretagne et en fait une sorte de fresque historique de la Bretagne. Et pour la première fois, un ouvrage breton obtient une audience internationale.

Les meilleurs... rendez-vous de la musique celtique

1 Festival interceltique de Lorient, p. 312

2 Festival de Cornouaille, Quimper, p. 43

4 Festival du chant de marins et des musiques des mers du monde, Paimpol

5 Saint-Patrick, le 17 mars. Saint Patrick, évangélisateur de l'Irlande, est célébré dans tous les pays de tradition celtique.

Une littérature bretonnante

Le réveil celtisant se concrétise par l'apparition d'une littérature en breton, souvent revendicatrice et rejetant le romantisme. Le Brestois Roparz Hemon (1900-1978) sera le chantre du destin national de la culture bretonne. Plusieurs revues (*Gwalarn, Al Liamm*) se succèdent et relaient cette littérature. On peut citer le conteur Pierre-Jakez Hélias (voir aussi p. XXX), dont le fameux *Cheval d'orgueil* a été d'abord rédigé en breton (*Marc'h al lorc'h*), et la poétesse trégorroise Anjela Duval (1905-1981). Bien qu'il ait très peu écrit en breton, le "barde" libertaire et nationaliste Glenmor (1931-1996) fut un poète à part entière et une figure de proue de la "colère bretonne" des années 1970. Parmi les auteurs vivants, on peut mentionner le Cournouaillais Koulizh Kedez (né en 1947), berger, poète et traducteur en breton, ou Bernez Tangi, né en 1949 à Carantec, poète, chanteur et peintre.

DE LA MUSIQUE TRADITIONNELLE À LA WORLD MUSIC

Portée par la vague du celtisme, la musique est le secteur culturel qui manifeste la plus grande vitalité en Bretagne, où l'on compterait aujourd'hui plus de dix mille musiciens traditionnels.

Bagadoù et sonneurs

L'ensemble instrumental de base est le bagad, orchestre inspiré du *pipeband* écossais ou irlandais. Il se compose de cornemuses (binious), de bombardes et de batteries. La harpe celtique, la vielle, le violon, la clarinette et l'accordéon diatonique complètent éventuellement l'ensemble. Il existe environ 80 formations musicales de ce type en Bretagne.

Bien avant l'apparition des *bagadoù*, la musique bretonne s'organise autour du couple de "sonneurs" (les joueurs de biniou et de bombarde), qui traditionnellement animaient fêtes et mariages.

Danses et festoù-noz

La musique traditionnelle est en Bretagne inséparable de la danse, ou plutôt des danses, puisque la région en dénombrerait plus de 400 ! Gavotte, *plinn*, *fisel*, *en-dro*, *hanter-dro*, ridée..., chaque "pays" a sa danse, qui se décline en de très nombreuses variantes. Elles forment la pierre angulaire des *festoù-noz* ("fêtes de nuit"), sortes de bals populaires qui rythment l'été. Traditionnellement, ces bals ponctuaient les travaux agricoles, signaient la fin d'une importante tâche collective ou célébraient les mariages et les fêtes païennes ou religieuses. Ils se déroulaient le plus souvent de jour *(fest-deiz)* et en extérieur. Néanmoins, pour certaines dates, comme les feux de la Saint-Jean, ancienne fête celtique, ces fêtes se déroulaient la nuit et c'est surtout sous cette forme-là qu'elles abondent aujourd'hui. Avec le renouveau celtique, elles connaissent en effet un très fort engouement, aussi bien auprès des Bretons que des touristes.

La vague folk et la nouvelle scène

Alan Stivell (né Alain Cochevelou en 1944) a joué un rôle décisif dans ce mouvement souvent politisé et revendicateur à l'origine. D'abord en réintroduisant la harpe celtique, qui avait sombré dans l'oubli, puis en modernisant profondément la musique bretonne, dans laquelle il a introduit guitare, basse et synthé.

Dans les années 1980, le chanteur Denez Prigent séduit d'abord le public rock en chantant a cappella avec un magnifique sens du tragique, puis s'essaie à des mélanges techno, avant de revenir aux concerts à voix nue.

Une génération formée à coups de concours de chants et de *festoù-noz* fait son apparition dix ans plus tard. Cette troisième vague d'artistes nés dans les années 1970 est plus décomplexée et beaucoup moins politisée. Le groupe Ar Re Yaouank ("Nous sommes les jeunes") en est le porte-drapeau. Storvan, Skolvan ou Carré Manchot font danser des Bretons de toutes générations. Ces musiciens tentent toutes sortes d'expériences et métissent le répertoire traditionnel avec de multiples influences.

Nom de code : Arthur

La légende arthurienne est sans doute le mythe celte le plus populaire de Bretagne. Pourtant, la plupart des aventures qu'il rapporte se déroulent en Grande-Bretagne, même si l'on a tenté, dès le XIe siècle, de le localiser en Armorique, essentiellement dans la forêt de Paimpont (Brocéliande) et même si certains épisodes, notamment ceux concernant Lancelot, se situent sur le continent.

Le roi Arthur a peut-être existé, à la fin du Ve siècle ou au début du VIe siècle, dans le sud de l'Écosse. Chef militaire des Brittons (Celtes), il aurait organisé la défense de la Grande-Bretagne face aux envahisseurs saxons et serait mort dans ce combat. Selon la légende, Arthur est le fils d'Uter Pendragon et de la reine Ygerne, et a été instruit par l'enchanteur Merlin. Seul capable d'arracher l'épée d'Excalibur, il devient roi, exemplaire, de Bretagne. Par souci d'égalité, il réunit ses plus valeureux chevaliers autour d'une table ronde. Un siège cependant reste vide, car il est réservé au chevalier au cœur pur qui trouvera le Saint-Graal. Sur le conseil de Merlin, Arthur lance en effet ses chevaliers à la recherche de cette coupe sacrée, dans laquelle le Christ a bu lors de la Cène et qui aurait recueilli son sang.

Cette quête a donné naissance à d'inépuisables récits d'aventures mêlées de merveilleux, où s'illustrèrent notamment Perceval le Gallois, Gauvain et Lancelot du Lac. La geste de Lancelot est surtout connue grâce à Chrétien de Troyes. Ce héros, élevé par la fée Viviane, est l'archétype du chevalier courtois, au service indéfectible de sa dame, la belle Guenièvre, femme du roi. Cet amour adultère causera sa perte, ainsi que la chute du monde arthurien, et l'empêchera de trouver le Saint-Graal. Seul son fils, Galaad le Pur, aura ce privilège.

La forêt de Brocéliande garde en particulier le souvenir de Merlin et de ses amours avec Viviane. Alors que l'Enchanteur y effectue une retraite, il rencontre Viviane, la Dame du Lac, et succombe à ses charmes. Viviane lui soutire tous ses secrets et, devenue fée, l'enferme dans un cercle magique fait d'air (au Val sans Retour). Merlin accepte cette captivité amoureuse. Selon la légende, il y serait toujours enfermé...

Dan Ar Braz, l'ancien guitariste d'Alan Stivell, obtient en 1993 un Disque d'or pour son ambitieux *Héritage des Celtes,* où il réunit soixante-dix musiciens bretons (dont Yann-Fañch Kemener, Gilles Servat et les sonneurs du Bagad de Quimper), mais aussi écossais ou gallois. Parallèlement, le développement de festivals musicaux, tel le Festival interceltique de Lorient (p. 312), a achevé de donner ses lettres de noblesse à cette musique.

PARDONS ET JEUX BRETONS

Pardons et troménies

Bien que de nombreux pardons – fêtes patronales – soient tombés en désuétude, l'engouement pour les traditions en a remis plusieurs à l'honneur, au point que certains deviennent parfois plus folkloriques que véritablement religieux. Lors de ces manifestations originales de la dévotion populaire, les fidèles célèbrent le saint patron de l'église ou de la chapelle locale. Parmi les plus courus (de mai à octobre), ne manquez pas ceux de Sainte-Anne-d'Auray, de Sainte-Anne-la-Palud, le pardon

Un zeste de "celtatitude" !

Chaque année, le **Festival interceltique de Lorient** (FIL ; ✆ 02 97 21 24 29, billetterie 02 97 64 03 20 ; www.festival-interceltique.com ; 11 espace Nayel) réunit des milliers de chanteurs, de danseurs, de musiciens, de plasticiens de Bretagne, d'Irlande, d'Écosse, du pays de Galles, de Cornouailles, de Galice, des Asturies, de l'île de Man, etc., pendant dix jours au début du mois d'août. Le monde celte fait la fête ainsi depuis quarante ans, avec un succès croissant. Non, il n'y a pas que des bombardes, des chapeaux ronds et des kilts ! Jazz, rock, électro, œuvres symphoniques, chants traditionnels, entre autres, occupent différents sites, comme le port de pêche ou l'hôtel Gabriel. Des milliers de personnes sont au rendez-vous à chaque édition pour entendre et voir les Bagadoù, la grande parade des nations celtes et pour écouter, entre autres participants, Mìsia, Carlos Nuñez, Luz Casal, Goran Bregovic ou le bagad de Lann-Bihoué. Un bistrot littéraire ou encore un marché interceltique de produits artisanaux complètent le tout. Si après ça vous ne vous sentez pas l'âme un tout petit peu celte...

de saint Yves à Tréguier (voir p. 43), celui de Notre-Dame-du-Folgoët (voir p. 147) ou encore la Grande Troménie de Locronan (voir p. 43). Le Tro Breiz est également un pèlerinage très ancien qui retrouve aujourd'hui une nouvelle vogue.

Les jeux bretons

Nombre d'entre eux se pratiquaient jadis lors des pardons. Ils sont l'objet d'une ferveur retrouvée. Le plus connu est un jeu de force, le *gouren*, la lutte traditionnelle bretonne. Il est même enseigné à l'école de la République, gage de sa popularité. Quant à la *soule*, ancêtre du rugby (l'invention de ce dernier ne serait peut-être pas anglaise...), il fut interdit dès le XIXe siècle car jugé trop violent. Les deux équipes qui s'affrontaient devaient attraper, à peu près à n'importe quel prix, une balle et la rapporter dans leur camp. Parmi les autres jeux figurent les quilles, les boules ou les palets, qui font plus appel à l'adresse qu'aux muscles. On les voit réapparaître les jours de fête de village et ces disciplines connaissent aujourd'hui de plus en plus de licenciés.

COSTUMES ET COIFFES

Vous ne les verrez quasi plus que dans les musées, lors de pardons ou à l'occasion de rassemblements celtiques et de certains *festoù-noz*. Les costumes traditionnels sont étonnamment diversifiés ; on dénombre plusieurs dizaines de modes vestimentaires et des centaines de variantes. C'est un symbole d'appartenance à une commune, à un terroir, à une paroisse. Leur richesse décorative est telle qu'ils ont inspiré de nombreux peintres et photographes, au point de faire figure de symboles de la Bretagne. Les broderies sont somptueuses, les dentelles finement ouvragées. Le regard est bien sûr accroché immédiatement par les coiffes des femmes, qui rivalisent d'ornementation. La coiffe bigoudène, portée à Pont-l'Abbé, et celle de Pont-Aven sont les plus célèbres.

La cuisine bretonne

Plateau de fruits de mer

JEAN-BERNARD CARILLET ©

Terre de saveurs iodées par excellence et pays de cocagne, la région ravira les fins palais ou, tout simplement, les amateurs de produits ultrafrais. Ceux qui font attention à leur ligne consommeront à l'envi coquillages, crustacés et poissons, aliments qui possèdent des qualités nutritionnelles remarquables !

LES FRUITS DE MER

La région est une véritable corne d'abondance en matière de fruits de mer : moules, huîtres, bigorneaux, bulots, amandes, praires, palourdes, coquilles Saint-Jacques, crevettes (roses et grises), étrilles, cigales de mer, araignées de mer, tourteaux, langoustines et, bien sûr, le fameux homard breton !

Un plateau de fruits de mer se déguste avec du pain de seigle et du pain de froment, du beurre salé, du citron et de la mayonnaise, le tout arrosé d'un bon vin blanc. Vous pouvez aussi simplement demander une assiette de fruits de mer (par exemple des langoustines royales, qui sont les plus charnues et aussi les meilleures). Les produits d'une fraîcheur absolue, comme le homard, ont un prix et sont parfois facturés au poids dans les restaurants. Comptez au moins 60 € (plus pour du homard) le plateau de fruits de mer pour deux personnes. Bien souvent, vous verrez le vivier d'où proviennent les crustacés qui vous seront servis.

La Bretagne est l'une des principales régions productrices de moules et d'huîtres. Il est possible de se régaler directement chez les producteurs qui parfois installent quelques tables et chaises en extérieur. Les huîtres sont classées en 12 grands crus (l'Aven Belon, la Cancale, la Paimpol, la golfe du Morbihan, la Quiberon, la rivière d'Étel, la Penerf, la Croisicaise, la rivière de Tréguier, la Morlaix Penzé, la Nacre des Abers et la Rade de Brest) répartis entre la Bretagne Sud et la Bretagne Nord, auxquels il faut ajouter un cru à part, la "plate" de Belon. Chacune possède des saveurs propres. La plus connue est la Cancale. Quant aux grands centres mytilicoles, ils se trouvent dans la baie de Saint-Brieuc, à Paimpol, à Pénestin et à Saint-Cast-le-Guildo. Il s'agit de moules de bouchot – élevées sur des pieux de chêne.

LES POISSONS

Les poissons, en provenance directe des criées, tiennent en Bretagne le haut du pavé culinaire. Celui dont la chair est la plus estimée est le délicieux bar de ligne (autrement dit pêché à la ligne et non au chalut, notamment par les "ligneurs" du raz de Sein). Sole, lotte, sardine, rouget, merlan, lieu noir (ou colin), thon, maquereau, turbot, tacaud, merlu, cabillaud (qui devient morue après avoir été salé), saint-pierre, cuisinés simplement et accompagnés d'un peu de beurre, sont de pures merveilles. Le congre et la vieille sont utilisés principalement dans les soupes. De temps à autre, vous trouverez la cotriade au menu des restaurants. Sorte de bouillabaisse bretonne, elle est préparée avec différents poissons du jour (dorade, sardine, maquereau, congre, merlu...), des légumes (pommes de terre, ail, oignon, parfois des poireaux) et cuite dans un court-bouillon. À l'origine, elle était cuisinée à bord des bateaux avec la "part de pêche" des équipages, ou directement sur le port au retour de pêche. Presque chaque port possède d'ailleurs sa propre recette (variantes dans les légumes et les poissons, mais la pomme de terre reste l'ingrédient essentiel). La cotriade est surtout populaire dans le Morbihan et sur la côte d'Émeraude. Parmi les plats de poissons les plus servis dans les restaurants, vous trouverez la lotte à l'armoricaine (queues de lotte, oignons, ail, échalote, beurre demi-sel, muscadet, tomates).

Les dernières conserveries artisanales de Bretagne, comme La Belle-Îloise ou La Quiberonnaise, proposent des produits de qualité qui font le bonheur des amateurs de sardines à l'huile, de filets de maquereau ou de thon germon. Les ateliers de fumaison vendent aussi des produits de qualité.

La mer étant omniprésente en Bretagne, on oublie parfois les poissons de rivière qui sont pourtant bien présents sur les tables de la région. Truite, saumon, anguille, brochet sont les rois des eaux douces et attirent de nombreux pêcheurs. Le brochet au beurre blanc est notamment apprécié dans la région de Nantes.

LES VIANDES ET LES CHARCUTERIES

On peut recommander l'agneau de pré-salé, élevé dans la baie du Mont-Saint-Michel, ainsi que le "coucou", une race de poule typique de la région de Rennes. Côté charcuterie, l'andouille artisanale de Guémené-sur-Scorff, à base d'abats de porc, se différencie de celle de Vire par ses chaudins de porc (ou boyaux de porc) qui sont enroulés les uns sur les autres et qui forment des cercles concentriques à la coupe. Utilisée aussi dans la garniture de crêpes, c'est un véritable délice. L'andouille artisanale de Baye, dans le Finistère Sud, est légèrement différente, car elle est fumée au bois de hêtre. Les pâtés bretons sont eux aussi réputés pour être savoureux.

Le *kig ha farz* est un plat traditionnel que l'on consomme surtout dans le Finistère Nord. Il s'agit d'un pot-au-feu associant divers légumes (chou, carottes, navets, céleri, oignons), du porc (lard et saucisse), du bœuf et du blé noir. Il s'accompagne d'une sauce appelée lipig, à base d'oignons bien cuits baignant dans du beurre doux fondu. L'idéal est d'accompagner ce plat d'un bon cidre brut. Autres spécialités du terroir : le lard nantais (couenne, foie, poumon et côtelettes de porc, carottes, oignons, navets et bouquet garni), le porché de Dol, un plat mijoté de la région de Dol de Bretagne (mélange d'os, de couenne, de pieds et d'oreilles de porc, carottes et bouillon), le ragoût de pré-salé (épaule d'agneau de pré-salé, carottes, navets, pommes de terre, petits pois), la bardatte (chou entier farci de viande de lapin), le lapin au muscadet et le poulet en croûte de sel de Guérande.

LES FRUITS ET LES LÉGUMES

La Bretagne est l'une des premières régions agricoles françaises. Les parcelles maraîchères viennent parfois mordre le littoral, comme dans le Haut-Léon. L'artichaut camus, l'oignon rosé de Roscoff, les carottes nantaises, les endives de Kerlouan, le coco de Paimpol (haricot demi-sec), les choux-fleurs, les pommes de terre, les petits pois ne forment qu'un aperçu de la diversité des productions. Une bonne partie de ces légumes, de qualité, bénéficient d'un label. Certains agriculteurs ont créé de nouvelles cultures, comme celles de la tomate ou du crosne.

Goûtez quelques bonnes spécialités à base de légumes comme le *kouign patatez* (gâteau de pommes de terre gratiné au four préparé avec du beurre salé), le *farz oaled* (gâteau de pommes de terre avec lardons, raisins secs et pruneaux) originaire d'Ouessant, les artichauts farcis au crabe ou au lard ou encore un grand classique, les petits pois à la nantaise (petits pois frais, petits oignons blancs, tomates et bouquet garni).

Les fruits les plus cultivés en Bretagne sont la pomme et la délicieuse fraise de Plougastel, au sud de Brest. Essayez ce petit en-cas : sur une tranche de pain frais, mettez un peu de beurre salé et des fraises, c'est un régal ! À Redon et alentour, c'est le marron (une variété de châtaigne assez grosse) qui est à l'honneur dès l'automne et qui accompagne certains plats de viande.

LES PLANTES MARINES ET LES ALGUES

Les plantes marines sont surprenantes. La salicorne et le fenouil de mer (appelé aussi perce-pierre ou encore criste-marine) sont des plantes sauvages qui poussent en bord de mer. La tige charnue de la première ressemble à un haricot vert et se cueille

Blé noir en Bretagne

Importé d'Asie à l'époque des croisades, le sarrasin (qui définissait aussi l'étranger de confession musulmane), ou blé noir, a fait son apparition en Bretagne au XVIe siècle. Cette plante, utilisée pour confectionner bouillies, crêpes, galettes et bière, n'était pas soumise à la dîme du clergé à la différence du froment. On l'appelait d'ailleurs la céréale du Tiers-État ou du peuple. Aujourd'hui, le sarrasin est importé le plus souvent de Russie ou de Chine, mais, depuis 1989, un groupement de plus de 200 producteurs a créé un label "blé noir tradition Bretagne", dont un tiers des récoltes est issu de la filière bio. Pour mieux comprendre leur démarche : www.blenoir-bretagne.com.

au printemps et au début de l'été. Elle peut se consommer crue en salade, ou revenue à la poêle avec de l'ail et du beurre. Vous en trouverez vendues en pots, préparées à la manière des cornichons. Du fenouil de mer, on utilise essentiellement les feuilles qui ont un petit goût piquant et aromatisent souvent les vinaigrettes. Il existe 500 espèces différentes d'algues dont quelques-unes sont comestibles. Parmi elles, la dulse (ou laitue de mer), la nori et le wakamé (espèce cultivée). On peut les manger fraîches, séchées ou en conserve. Excellentes pour la santé, elles sont de plus en plus cuisinées par les restaurateurs bretons.

LE BEURRE SALÉ

Le beurre salé, que l'on ne consomme avec autant d'engouement dans aucune autre région, trouve son origine dans les arcanes administratives de l'Ancien Régime. La Bretagne n'était pas, alors, soumise à l'impôt sur le sel, la gabelle, et pouvait donc user et abuser de ce précieux "or blanc", qu'elle produisait par ailleurs, à Guérande notamment, et qui servait à conserver les aliments – en particulier le beurre. De nombreuses spécialités sucrées sont estampillées "pur beurre" en Bretagne.

LES CRÊPES ET LES GALETTES

Symboles bretons, les crêpes et les galettes furent consommées dès le XIVe siècle. La crêpe est préparée à base de froment, la galette à partir de sarrasin (ou blé noir). Sachez que certains Bretons appellent galettes les crêpes, qu'elles soient au froment ou au sarrasin ! Les crêpes sont associées aux garnitures sucrées, les galettes aux salées. Le sarrasin a été introduit au retour des croisades.

Les garnitures se composent de produits du terroir : beurre, jambon, œuf, fromage, andouille, fruits de mer, etc. La galette-saucisse, souvent vendue à emporter, est un en-cas très apprécié dans la région depuis fort longtemps (normalement la galette est froide et la saucisse chaude). La plus classique des galettes associe jambon, œuf et fromage, tandis que les "spécialités" présentent des garnitures souvent très originales (confiture d'oignons de Roscoff et algues par exemple).

Une bonne crêpe n'est pas préparée à l'avance, mais cuite à la commande, souvent sous les yeux des clients, sur une grosse plaque chauffante (un *billig*). Parmi les innombrables crêperies, les excellentes adresses se font rares, la surfréquentation touristique incitant les restaurateurs à privilégier le rendement.

LES PÂTISSERIES, LES BISCUITS ET LES FRIANDISES

On trouve sur la table du petit-déjeuner des crêpes, mais aussi du quatre-quarts, un gâteau simple et rapide à faire (les quatre ingrédients, œufs, sucre, beurre et farine, sont présents en quantités égales en poids). Même s'il n'est pas breton à l'origine, il est ici confectionné avec du bon beurre artisanal ; c'est donc en Bretagne qu'il est le meilleur ! Le gochtial, autre mets du matin, est un succulent pain brioché à la mie dense et moelleuse que l'on vend nature, avec des raisins secs ou avec des pépites de chocolat, surtout consommé à Vannes et dans la presqu'île de Rhuys. Le pastechou du Léon est un pain doux avec des pruneaux, moins sucré que la brioche.

Le kouign-amann (littéralement gâteau au beurre), originaire de Douarnenez, est un gâteau particulièrement reconstituant, composé de beurre, de farine de froment et de sucre. Ce péché mignon, à la croûte bien dorée et caramélisée, se déguste tiède. Le gâteau breton est un gros biscuit très dense, sec, riche en beurre et en jaunes d'œufs,

dont la croûte est ornée de croisillons, qui se conserve très longtemps. Il se mange accompagné de crème anglaise ou de glace à la vanille. Quant au fameux far breton, c'est un entremets qui ressemble à un flan et incorpore souvent des pruneaux.

Vous pourrez aussi goûter les chocards d'Yffiniac, dans les Côtes-d'Armor (gros chaussons de pâte feuilletée fourrés à la compote de pomme parfumée à la cannelle), les beignets bretons à base de pommes qui ont un petit goût bien particulier grâce à la pâte qui est préparée avec du cidre, les craquelins de Dinan, de Saint-Malo et de Binic, les galettes de Saint-Guénolé (Batz-sur-Mer), de Pont-Aven, de Saint-Michel, les traou mad (Pont-Aven) et les immanquables Petit beurre de LU.

Autre dessert tout en fraîcheur, le crémet de Nantes est préparé à base de fromage blanc crémeux obtenu à partir de lait caillé, auquel on associe de la crème fraîche et aussi des fraises de Plougastel.

Parmi les autres douceurs bretonnes, citons le salidou, ce caramel au beurre salé originaire de Quiberon, les berlingots nantais, les niniches de Quiberon (sorte de sucettes), les papates de Saint-Malo (pâte d'amande), et la confiture de lait (mélange de lait et de sucre cuit).

LES BOISSONS

Boissons alcoolisées

Boisson vedette, le cidre, à base de jus de pomme fermenté, est roi dans les crêperies. Il en existe de multiples sortes – fermier, artisanal, bouché, etc. Le plus renommé est celui de Fouesnant, dans le Finistère Sud, qui bénéficie d'un label AOC garantissant sa qualité. Toujours à base de pomme mais aussi d'eau-de-vie de cidre, le pommeau de Bretagne, à la belle couleur ambrée (AOC depuis 1997), est surtout consommé à l'apéritif.

Kouign-amann

Un soda régionaliste

Il existait déjà un "Zam Zam Cola" en Iran, un "tuKola" à Cuba, un "Cola Turka" en Turquie, il fallait bien qu'il y ait un Breizh Cola en Bretagne ! Créé en 2002 par Phare Ouest, une filiale de la brasserie Lancelot, qui produit des bières comme la Duchesse Anne et la Telenn Du, ce soda "alternatif" (www.breizhcola.fr) vous sera régulièrement proposé (en version "light" également). Nous vous laissons juge pour ce qui est de la saveur.

La Bretagne brasse d'excellentes bières artisanales et l'on compte une vingtaine d'établissements produisant plus de 80 bières différentes. Typées et originales, elles devraient séduire les amateurs. Vous en trouverez de toutes sortes (blanches, blondes, ambrées, brunes, bio, etc.). Citons notamment la Coreff, la Dremmwel, la Lancelot, la Telenn Du, la Tri Martelod, la Duchesse Anne...

Le fameux chouchen est le nom breton de l'hydromel, qui passait pour la boisson des dieux à l'époque des Celtes. Il titre environ 18° et s'obtient par fermentation de miel mélangé à de l'eau. Le lambig est une eau-de-vie titrant 50° d'alcool, obtenue à partir du cidre.

Côté vin, le muscadet est un vin blanc sec, qui s'accorde bien avec les fruits de mer, produit en partie dans le pays nantais. Il bénéfice d'une AOC depuis 1937. Le gros plant est un vin blanc sec (un peu plus léger que le muscadet) produit à partir du cépage "folle blanche". Il bénéficie d'une appellation d'origine vin de qualité supérieure (AOVDQS).

Boissons sans alcool

Souvent, si vous demandez de l'eau en bouteille à table, on vous apportera automatiquement de la Plancoët. C'est une eau minérale produite dans les Côtes-d'Armor.

Le lait ribot, autre boisson prisée en Bretagne, est un lait légèrement fermenté qui se consomme froid. Servi dans une bolée (petit bol avec une anse), il accompagne idéalement crêpes et galettes à la place du cidre. Il existe même une tarte au lait ribot.

Enfin, dans presque toutes les crêperies on vous proposera, comme alternative au cidre, du jus de pomme fermier.

Activités sportives

Pratique du catamaran

MARIE DUFAY ©

Quelle plus belle façon de découvrir la Bretagne que la voile, les sports de glisse, la randonnée, le cyclisme, la plongée sous-marine, le parapente ou le kayak ? Grâce à des structures et à un encadrement de qualité, les loisirs sportifs, sur terre ou sur l'eau, constituent l'un des principaux attraits touristiques de la région. Ils permettent d'approcher une nature intacte dans d'excellentes conditions de sécurité.

SPORTS DE GLISSE

Les sites du littoral breton assouviront toutes vos envies de grands espaces ou de montée d'adrénaline. Char à voile, speed-sail, surf, kitesurf et planche à voile bénéficient de lieux de pratique exceptionnels sur toute la côte, où vous pourrez louer du matériel, vous initier ou approfondir vos connaissances auprès de moniteurs agréés.

Planche à voile et funboard

Des spots bien ventés sont disséminés tout le long du littoral de la Bretagne, ce qui en fait l'une des destinations incontournables aux yeux des véliplanchistes. Les plus confirmés peuvent pratiquer le funboard, une planche à voile plus petite, plus technique, que l'on utilise dans du force 4 et plus, afin de partir au planning et de ressentir des sensations de glisse vraiment étonnantes. Les vitesses en funboard peuvent monter jusqu'à 70 km/h et autorisent figures et sauts dans les vagues. On conseille d'attendre l'âge de 12 ans pour commencer la planche à voile ; toutefois, des écoles de plus en plus nombreuses initient les petits en douceur sur des planches au gréement ultraléger, destinées aux 5-9 ans. La Fédération française de voile propose des cours dans ses écoles et ses clubs affiliés ; retrouvez leurs coordonnées sur www.ffvoile.net.

Surf

Il suffit de longer la côte après une tempête pour voir les plages et les criques envahies de surfeurs. Avec ses centaines de kilomètres de côtes très découpées et ses grandes plages aux orientations différentes, exposées à tous les vents, la Bretagne est très réputée auprès des amateurs de sports de glisse. Deuxième région française pour la pratique du surf après l'Aquitaine, elle compte 14 clubs réunis sous l'égide de la Ligue de Bretagne (www.surfingbretagne.com), ainsi que 10 écoles appartenant au réseau Écoles de surf de Bretagne (ESB ; www.ecole-surf-bretagne.fr), gage d'un enseignement de qualité. De nombreux clubs et centres nautiques accueillent débutants et confirmés et proposent des prestations à la carte, du cours personnalisé au stage à la semaine, en passant par la location de matériel.

L'automne est la saison idéale pour se jeter à l'eau. En hiver, n'oubliez pas une bonne combinaison intégrale, des chaussons, des gants, une cagoule et des bouchons d'oreille pour éviter les otites. Ne partez pas sans connaître les conditions météorologiques (www.surf-report.com). Les spots les plus célèbres sont dans l'ouest du Finistère, qui capte le mieux la houle. À vous de découvrir les plus confidentiels, qui se cachent jusque dans les îles (Belle-Île, Groix, les Glénan, Ouessant, Molène...). Mais le surf et ses variantes (Bodyboard, stand up paddle) se pratiquent sur toutes les côtes où l'on trouve des vagues hautes et des déferlantes, notamment sur la presqu'île de Quiberon, sur la presqu'île de Crozon, à Saint-Malo, à Brest, en passant par le cap Fréhel, Perros-Guirec et Le Conquet. N'oubliez pas le respect dû aux surfeurs locaux, qui n'hésiteront pas à vous remettre à votre place si vous débarquez en terrain conquis !

Kitesurf

La griserie d'un sport de glisse qui se pratique tant sur l'eau qu'en l'air, ça vous tente ? Debout sur une planche, les pieds calés dans des *footstraps*, on se fait tracter par un cerf-volant qu'on dirige avec les bras. Figures, sauts jusqu'à 15 m, pointes de vitesse, vous reviendrez rompu mais heureux sur la plage. Les spots les plus recherchés correspondent à des hauts-fonds où les vagues déroulent régulièrement en se creusant. Les grandes plages offrant des espaces dégagés sont idéales. Si la période estivale permet de profiter des vents thermiques, les autres périodes permettent d'accéder à des zones de pratique interdites en été. Les côtes ventées et les longues plages de sable dépourvues d'obstacles de la presqu'île de Quiberon et de la baie d'Audierne sont très attrayantes pour les kitesurfeurs. À Saint-Malo ou dans l'aber-Wrac'h, on vous enseignera également tout ce que vous devez savoir avant de vous jeter à l'eau. Mieux vaut prendre des cours avant de se lancer seul dans une telle activité ! Les Écoles françaises de kitesurf (EFK), labellisées par la **Fédération française de vol libre** (FFVL ; ✆ 04 97 03 82 82 ; http://federation.ffvl.fr ; 4 rue de Suisse, Nice), sont les mieux à même d'accompagner les nouveaux pratiquants. Consultez son site Internet pour une liste des écoles.

Char à voile et speed-sail

À marée basse, les vastes étendues de sable plat et lisse des plages bretonnes, exposées au vent, forment un lieu de pratique privilégié toute l'année. Chaussez vos lunettes et votre casque de protection, gonflez la voile de votre bolide et accélérez jusqu'à 90 km/h sur la longue étendue de sable devant vous ! L'apprentissage en club permet d'acquérir les gestes de sécurité indispensables et les bases pour réaliser les manœuvres (s'arrêter, virer sans se retourner). Il n'y a pas d'âge pour pratiquer ce sport accessible à tous (certaines écoles de char à voile proposent des stages à partir de 5 ans et affichent une expertise Handisport) : différents modèles permettent d'évoluer de l'apprentissage à la compétition. Tous les clubs de Bretagne sont recensés sur le site de la **Fédération française de char à voile** (☎ **01 45 58 75 75 ; www.ffcv.org ; 17 rue Henri-Bocquillon, Paris**).

AU RYTHME DE LA NATURE

Cheminer en pleine nature, taquiner le poisson, découvrir les petits villages à vélo, chevaucher dans la lande ou encore explorer la côte et les îles en kayak... La Bretagne vous invite à prendre le temps et à vous faire plaisir. La région est jalonnée de sentiers côtiers, d'itinéraires de randonnée, de parcours thématiques balisés, qu'on arpente seul ou en famille.

Randonnée à pied

On peut parcourir des milliers de kilomètres sur la côte, dans les forêts ou la campagne, sans jamais se lasser de ce patrimoine naturel, culturel et historique. Le sentier des douaniers, ou GR®34, longe une bonne partie du littoral. Il est balisé par la Fédération française de randonnée pédestre (FFRP). La FFRP a publié plusieurs TopoGuides®, comprenant des cartes et des descriptifs d'itinéraires. Les conseils régionaux des départements éditent également des guides avec des propositions d'itinéraires qui sont généralement offerts ou vendus dans les offices du tourisme. Pour le Morbihan, par exemple, vous trouverez un guide intitulé *Le tour du golfe à pied*. Même chose pour le Finistère qui publie un guide des randonnées. Nos coups de cœur ? La presqu'île de Crozon au printemps, lorsque les landes sont colorées de pourpre, et les falaises vertigineuses du cap Sizun.

Kayak

Le kayak de mer ou de rivière permet de découvrir des sites souvent inaccessibles par voie terrestre et d'approcher en silence la faune. Il se pratique volontiers en famille, dans les abers, les rochers de Ploumanac'h, la ria d'Étel, autour du cap Sizun ou dans le golfe du Morbihan, à la journée ou en bivouac. Les centres nautiques et les Points Kayak Mer vous permettent de vous initier en toute sécurité (à l'heure ou à la demi-journée) ; dans certains cas, vous pouvez également louer un kayak et partir seul, mais vous serez assigné par le loueur à un périmètre restreint. Voir le site www.kayak-bretagne.com pour plus d'informations. Assurez-vous que les conditions météo ne vous joueront pas de vilain tour... Les enfants peuvent pratiquer le kayak de mer dès 10 ans. Consultez le site Internet de la **Fédération française de canoë-kayak** (**FFCK ; ☎ 01 45 11 08 50 ; www.ffck.org ; 87 quai de la Marne, Joinville-le-Pont**) pour une liste des clubs et écoles qui mettent en œuvre les critères de qualité répondant à son label.

Randonnée à cheval

Vous ne résisterez pas à la tentation d'une balade à travers la campagne bretonne ou à un petit galop sur une plage déserte...Des sentiers côtiers sont ouverts aux chevaux, et les enfants adoreront se promener à dos d'âne ou de poney. Les nombreux centres équestres permettent de découvrir autrement le Mont-Saint-Michel, la forêt de Paimpont, l'île de Batz, Ouessant ou Belle-Île.

Cyclotourisme

Haut lieu du tourisme vert, la Bretagne dévoile ses plus belles facettes à ceux qui consentent à faire un petit effort. À l'instar de la randonnée pédestre, le cyclotourisme est un excellent moyen de découvrir la Bretagne littorale et de circuler sur les îles. Les routes ne présentent pas de danger particulier et les dénivelés sont peu importants. Dans les stations balnéaires, il est facile de louer un vélo. Les offices du tourisme vous conseilleront des itinéraires. De la balade d'une demi-journée à de longs circuits de 30 ou 60 km, partez sur les petites routes et les sentiers balisés pour jouir des plus beaux panoramas. De nombreux offices du tourisme ont balisé des itinéraires de découverte pour tous les niveaux, grâce auxquels les VTTistes découvrent la campagne bocagère et le petit patrimoine au gré des chemins creux. Pour un voyage au long cours, les véloroutes les attendent. Consultez les volumes *du Tour de la Bretagne à vélo* (Rando éditions, 2008). L'ouvrage *La Bretagne par les voies vertes* (Éditions Ouest-France) est également une bonne source d'informations. La Région Bretagne édite une carte des voies de circulation protégées pour les cyclistes (à télécharger ou à commander sur le site www.tourismebretagne.com). Le site www.randobreizh.org est également une source pertinente pour choisir son itinéraire à partir de cartes interactives.

Pêche

À pied, en mer, en rivière, la pêche est indissociable des mœurs bretonnes ! Munissez-vous d'un annuaire des marées, de l'attirail indispensable, prenez conseil auprès des habitants, et à vous le festin ! Des parties de pêche en mer sont organisées un peu partout en Bretagne. La pêche à pied est une activité typique de la Bretagne. Pratiquée aussi bien par les Bretons que par les touristes, elle consiste à récolter des coquillages et des crustacés sur l'estran, autrement dit la zone laissée découverte par la marée basse. Le littoral regorge en effet de petits trésors comestibles, rendus accessibles, à portée de main, l'espace de quelques heures : ormeaux, coques, bigorneaux, crevettes, etc. C'est probablement l'un des meilleurs moyens de se familiariser avec le littoral et sa petite faune. Cette distraction, qui favorise l'observation, plaira également aux enfants ! Attention, le bord de mer est un milieu fragile. Une réglementation sévère (horaires, tailles minimales, quantités maximales...) s'applique à la pêche à pied.

LE GRAND FRISSON

Sous l'eau ou en l'air, loin du plancher des vaches, vous attendent d'indicibles plaisirs : la pratique de la plongée ou du parapente est synonyme d'émotion, de passion, et comblera l'explorateur intrépide qui sommeille en vous. Un peu d'équipement, une météo favorable et c'est parti pour le grand frisson. Une façon originale de découvrir entre amis ou en famille les richesses des paysages côtiers de la Bretagne.

Parapente

Les sensations fortes du saut en parapente sont accessibles à tous. Décollez de la dune, jouissez de la tranquillité du vol, de la finesse des trajectoires, avant d'atterrir sur

Baptême de plongée

Un "baptême" vous permettra de ressentir vos premiers émois subaquatiques. Il s'agit d'une balade sous-marine d'une vingtaine de minutes encadrée de près par un moniteur, dans un site sécurisant. Aucune formalité n'est requise, si ce n'est une autorisation parentale pour les mineurs. Les seules contre-indications sont d'ordre médical. Quant aux enfants, grâce à un matériel adapté, ils peuvent faire un baptême dès 8 ans. Comptez de 40 à 50 €, tout compris.

En matière d'assurance, la situation varie : certains centres imposent de prendre une licence FFESSM (environ 30 €), dans laquelle l'assurance est incluse, d'autres disposent d'une assurance en responsabilité civile qui couvre d'office leurs clients.

la plage, comme sur le site de La Guimorais, au bord de la Côte d'Émeraude, près de Saint-Coulomb, ou prenez votre envol du Ménez-Hom, la Mecque des parapentistes en Bretagne Sud. La presqu'île de Crozon se découvre également en parapente. Pour plus de renseignements, contactez la FFVL (Féderation française de vol libre).

Plongée

Jetez-vous à l'eau ! Si les fonds sous-marins du littoral n'ont rien de tropical, ils présentent, malgré tout, des conditions favorables en saison. La température de l'eau, froide en hiver (aux alentours de 9-10°C), peut monter à 18°C en juillet-août. La période idéale s'étend de juillet à fin septembre, mais l'avant-saison (mai-juin) et le mois d'octobre se prêtent également à la pratique de l'activité. La clarté n'est pas le point fort des eaux bretonnes, à l'exception de certains secteurs comme les îles au large, notamment les Glénan et Ouessant. Lorsque les conditions sont bonnes, vous pouvez espérer au maximum 20 m de visibilité. Dix mètres sont plutôt la règle.

La configuration des sites sous-marins fait écho au relief terrestre. On trouve aussi bien des tombants abrupts que des plateaux rocheux et des fonds sableux. Des hauts-fonds s'élèvent également ici et là au large des côtes. La plupart des sites sont multiniveaux, mais une proportion non négligeable d'entre eux sont destinés aux confirmés (à partir du niveau 2). Vous pouvez faire votre baptême, des explorations ou des plongées sur épave à Saint-Malo, au cap Fréhel, sur la côte de Granit rose, dans les abers, à Brest, sur l'île d'Ouessant, dans la baie de Douarnenez ou dans les fonds limpides autour des Glénan.

La plupart des centres ouvrent en principe à partir de mars ou avril et cessent leurs sorties en octobre ou en novembre. Pendant l'avant-saison et l'arrière-saison, ils fonctionnent au ralenti, généralement les week-ends et sur demande. La plupart tiennent compte, pour le choix des sites, du jour, des conditions météo, des horaires de marée et des niveaux des plongeurs inscrits. Le tarif du baptême comprend le matériel. Le prix des plongées exploration est modulable en fonction de votre équipement personnel. En général, le tarif de la plongée exploration à l'unité oscille entre 35 et 45 €, matériel et encadrement compris. Il existe des forfaits (généralement de 5 ou 10 plongées), avec un tarif dégressif. La formation au niveau 1, le plus susceptible d'intéresser les touristes en Bretagne, revient en moyenne à 350-400 € (de 8 à 10 séances, soit 4 à 5 jours) selon les centres.

VOILE

Des côtes et des plans d'eau de toutes natures (criques, anses, baies, estuaires, golfes), du vent régulier toute l'année, de nombreux ports équipés, des expositions différentes et un réseau de professionnels compétents pour l'enseignement : la Bretagne est le paradis de la navigation.

Plaisance et croisières à bord de vieux gréements

Les plaisanciers redécouvrent les joies de la navigation à l'ancienne lors de croisières à bord de vieux gréements. Ceux-ci ont failli disparaître des côtes françaises mais refusant cette fatalité, la Bretagne s'est battue pour sauvegarder son patrimoine maritime ; en témoigne le nombre impressionnant de cotres, gabares ou bisquines, restaurés ou reconstruits à l'identique, qui sillonnent les eaux bretonnes. Des balades à la demi-journée ou à la journée sont proposées aux novices, qui peuvent participer aux manœuvres. Découvrez le monde de la voile traditionnelle en embarquant à bord de ces vieilles coques magiques ou lors des grands rassemblements à Brest, à Paimpol ou à Vannes qui accueillent des millions de visiteurs.

La Bretagne réserve aux navigateurs de belles croisières ; de Saint-Malo aux Sept-Îles, par exemple, le parcours côtier est magnifique et varié. Les ports de Paimpol, Tréguier, Saint-Quay-Portrieux, Morlaix, Concarneau, Lorient, Vannes, La Trinité-sur-Mer et le port du Crouesty font l'objet d'escales fort agréables et sont très bien équipés. Les plus expérimentés trouveront leur bonheur vers la côte des abers, la rade de Brest et l'île d'Ouessant, là où la mer peut se montrer rude mais reste majestueuse. Le golfe du Morbihan, abrité, est idéal pour une navigation au calme. Certaines bases nautiques louent des voiliers, avec ou sans skipper.

Voile légère

L'aventure n'est qu'à quelques mètres de la plage : en Optimist pour les plus petits, sur dériveur ou catamaran pour les plus grands, d'innombrables écoles de voile et structures de location vous permettent de tirer des bords en toute sécurité dans les criques, baies et grèves de Bretagne. Des moniteurs qualifiés enseignent les rudiments de la voile sur divers supports, en toute sécurité. Vous trouverez toujours une formule d'apprentissage ou de perfectionnement à votre convenance. Les Clubs Moussaillons et les Jardins des Mers accueillent spécialement les marins en herbe, pris en charge dès 4 ans. Chaque station balnéaire, ou presque, comme chaque île, est dotée d'une base nautique où l'on pourra s'initier aux joies de la glisse et de la navigation. Renseignez-vous auprès de la **Fédération française de voile** (FFV ; ✆01 40 60 37 00 ; www.ffvoile.fr ; 17 rue Henri-Bocquillon, Paris).

Vous pouvez vous inscrire (ou inscrire vos enfants, à partir de 13 ans) pour un stage à l'**École de voile des Glénans** (✆01 53 92 86 00 ; www.glenans.asso.fr ; quai Louis-Blériot, Paris) qui se veut accessible aux hommes et aux femmes de tous horizons, dans un constant souci du respect de l'environnement et de l'engagement bénévole. C'est la plus grande école de voile d'Europe. Association à but non lucratif, les Glénans ont su développer un mode d'enseignement unique mettant l'accent sur la pédagogie et la sécurité. À l'archipel des Glénan, on pratique la croisière, le catamaran, le dériveur et la planche à voile ; à l'île d'Arz, la croisière, le catamaran et le dériveur ; à Paimpol, uniquement la croisière.

Environnement

Grand cormoran, parc naturel régional de Brière (p. 280)

CÉDRIC PONGE/FOTOLIA ©

Clé de voûte de son succès touristique, la Bretagne possède un patrimoine naturel bien préservé, à commencer par son littoral, encore largement épargné de toute urbanisation anarchique. De nombreuses zones sont protégées et sont des paradis écologiques. Ce trésor est pourtant régulièrement menacé par l'activité humaine, que ce soit par la mer ou par la terre, et nécessite une vigilance constante.

LA GÉOGRAPHIE

Examiner la géographie de la Bretagne, c'est déjà tomber sous le charme de la région. Postée au "finistère" occidental de l'Europe, telle la figure de proue du Vieux Continent, cette vaste péninsule s'étire plein ouest, résolument tournée vers le large, bordée au nord par la Manche, au sud et à l'ouest par l'Atlantique. D'une superficie de 27 506 km², elle regroupe quatre départements : le Finistère, les Côtes-d'Armor, l'Ille-et-Vilaine et le Morbihan. Si l'on considère la Bretagne historique, il convient d'ajouter le comté de Nantes (en Loire-Atlantique), administrativement rattaché à la Région des Pays de la Loire depuis 1941.

On a coutume de distinguer l'Armor (ou Arvor), le "pays de la mer", autrement dit la Bretagne littorale, où vit la plus grande partie de la population, et l'Argoat, le "pays des bois", la Bretagne de l'intérieur, au caractère plus sauvage. Pour autant, aucun point de Bretagne n'est distant de plus de 80 km des côtes. L'Argoat comprend de modestes "montagnes", notamment la chaîne des Montagnes Noires, qui s'étend sur 60 km d'est en ouest, et les monts d'Arrée. Contemporain des Vosges, ce relief, appelé Massif armoricain, est apparu à l'ère primaire, voici environ 600 millions d'années. Il s'est aplani à l'ère secondaire.

L'intérieur se présente comme un massif granitique, schisteux ou gréseux, à la topographie vigoureuse faisant alterner des hautes collines ondulées et des plateaux, couverts de landes, entrecoupés de vallées, où font saillie des arêtes schisteuses. La côte, extraordinairement découpée, totalise environ 1 600 km – près de 3 000 km si l'on prend en compte les rias et les îles.

Îles et îlots

La Bretagne totalise à elle seule 67% des îles et îlots français. Très typées, les îles possèdent chacune un fort particularisme. Elles se répartissent entre l'Atlantique, la mer d'Iroise et la Manche. Belle-Île-en-Mer, la plus grande et la plus peuplée (8 563 ha et 5 200 habitants environ – jusqu'à 35 000 en saison), est suivie de Groix (1 770 ha, 2 266 habitants), toutes deux au large des côtes morbihannaises. Les autres se nomment Ouessant, Batz, Moines, Bréhat, Houat, Sein (la plus petite, avec ses 60 ha), Molène, Arz et Hoëdic (la moins peuplée, avec 117 habitants). S'y ajoutent une multitude d'îles et d'îlots non habités, dont le célèbre archipel des Sept-Îles (au large de Perros-Guirec) classé réserve ornithologique et refuge des fous de Bassan, et les îles de Glénan, où se reproduisent les narcisses des Glénan. Pas moins de 4 réserves naturelles – sur les 7 que compte la Bretagne – sont destinées à protéger ce patrimoine naturel exceptionnel, sans compter les réserves biologiques de la très active association Bretagne Vivante (www.bretagne-vivante.org).

LE CLIMAT

Que de clichés ne colporte-t-on pas sur le climat de la Bretagne, qui serait fait de tempêtes et de pluie incessantes ! La réalité est bien différente. La région est entièrement soumise à l'influence océanique, mais il existe des nuances régionales et des microclimats très marqués, du fait en particulier des courants et vents marins, dont l'influence modère les variations de température.

D'une manière générale, l'hiver est tempéré : les températures moyennes dans les villes côtières et les îles atteignent 6 à 8°C et rivalisent avec celles enregistrées sur la côte méditerranéenne. Les périodes de gel sont rarissimes. En été, la chaleur n'est jamais étouffante, ce qui donne au climat breton une connotation tonique.

L'ensoleillement est très variable. Le littoral du Morbihan bénéficie de la plus forte insolation annuelle, avec une moyenne supérieure à 2 000 heures, équivalente à celle de Bordeaux. Brest, par comparaison, ne jouit que de 1 750 heures de soleil par an environ. Le centre-ouest et le nord sont en règle générale un peu moins favorisés sur le plan climatique. Les îles bénéficient de conditions plus favorables.

Autre élément crucial, qui alimente maints clichés sur le climat breton : les précipitations. Là encore, elles varient considérablement. Les îles sont les moins sujettes à la pluie, ainsi que le littoral de la Bretagne Sud. De façon générale, l'ouest de la Bretagne, en particulier les reliefs comme les monts d'Arrée, connaît plus de précipitations que l'est, vers Rennes notamment.

LA FAUNE ET LA FLORE

La Bretagne est le paradis des naturalistes. La diversité des milieux et des biotopes ainsi que le climat favorisent l'implantation de multiples espèces.

Oiseaux

Exceptionnelle, l'avifaune comprend aussi bien des espèces vivant à l'année que des migrateurs. Sont ainsi recensées 173 espèces nicheuses (selon un inventaire datant de 1995), soit 63% de celles recensées en France. Par leur nombre et leur diversité, les oiseaux de mer constituent un élément original et central du patrimoine naturel de la Bretagne. Parmi les espèces les plus communes, citons les goélands (argenté, brun, marin), le guillemot de Troïl, la mouette tridactyle, la mouette rieuse, le cormoran huppé, le fou de Bassan, la sterne, le tadorne de Belon et, dans une moindre mesure, le macareux moine, qui affectionnent les falaises où ils peuvent nicher. Sur les grèves, à marée basse, vous verrez des huîtriers pie et des gravelots fouir le sédiment à la recherche de coquillages et de vers. Les canards (colvert, souchet, pilet) et les foulques sont les hôtes privilégiés des marais, notamment en Brière. Les sarcelles, les râles d'eau, les bécassines et les busards fréquentent également ce milieu. Les rias et les vasières (zones de vase nue découvertes à marée basse) sont les repaires de prédilection des bernaches cravants, des hérons cendrés, des aigrettes, des chevaliers gambettes, des courlis, des spatules, des huîtriers pie et des avocettes. La plupart de ces espèces sont dites “limicoles” (de “limon”). Elles sont dotées d'un bec long et fin qui leur permet de fouiller le sol meuble pour trouver des coquillages, des crustacés et des vers, ainsi que de longues pattes pour se déplacer facilement sur ce substrat.

Des oiseaux non marins sont aussi emblématiques de la Bretagne : le faucon pèlerin, le grand corbeau, le busard cendré, le crave à bec rouge, etc.

Les meilleurs… endroits où observer les oiseaux

1 Sept-Îles, p. 123

2 Ria d'Étel, p. 222

3 Cap Sizun, p. 177

4 Belle-Île-en-Mer, p. 211

5 Île d'Ouessant, p. 148

6 Parc naturel régional de Brière, p. 280

Plantes

L'existence de microclimats se traduit notamment par une flore spécifique. Ainsi, il n'est pas surprenant de voir des plantes exotiques et des pinèdes qui évoquent un paysage méditerranéen le long du littoral ou sur certaines îles. On ne mentionnera ici que les essences les plus courantes dans la zone côtière.

Sur les dunes poussent des oyats, qui permettent de fixer le sable, des immortelles des sables, des liserons des dunes et des chardons des sables. Dans les vasières, on remarquera la lavande de mer (ou saladelle). Quant à la salicorne, comestible, elle est installée à la limite inférieure des prés-salés et résiste aux fortes salinités. L'ajonc d'Europe et la bruyère forment l'essentiel du couvert végétal des landes. Les taches colorées sur les rochers, jaunâtres, brunâtres ou noirâtres, sont des lichens, associant une algue et un champignon.

Algues marines

Ne soyez pas surpris de voir des taches noirâtres ou brunâtres sur les plages au petit matin : il s'agit souvent d'algues échouées, le goémon. La Bretagne est l'une des régions d'Europe les plus riches en algues. On dénombre plusieurs centaines d'espèces au large des côtes. Leur récolte et leur exploitation sont d'ailleurs des activités ancestrales dans le Finistère Nord, que perpétuent des pêcheursgoémoniers. Elles sont utilisées dans l'industrie alimentaire pour leurs vertus gélifiantes et épaississantes, ainsi que dans les domaines pharmaceutique et cosmétique. Une dizaine d'entre elles peuvent être employées dans l'alimentation humaine, notamment le haricot de mer, la laitue de mer et le wakamé.

Organismes marins

Il est impossible de passer en revue tous les organismes marins qui habitent le littoral breton, tant ils sont nombreux. À marée basse, l'estran rocheux et les grèves permettent d'apercevoir, en plus des algues marines, des éponges, des algues calcaires, divers coquillages (coques, praires, palourdes, couteaux, bigorneaux), des moules, des patelles, des vers, des bernard-l'ermite, des crevettes, des crabes, etc. Une partie de ces animaux est d'ailleurs recherchée lors des parties de pêche à pied. Quant à la faune marine, elle est très abondante. Les fonds sont habités de multiples invertébrés colorés aux formes complexes, dont des gorgones, des corynactis, des anémones, des alcyonaires, des nudibranches, des ascidies, des homards, des galathées, des langoustes, des bryozoaires (roses de mer), des spirographes. Les poissons les plus couramment rencontrés sont les tacauds, les baudroies, les labres, les roussettes, les soles, les merlus, les lieus, les bars et les congres.

Les autres espèces

La Bretagne accueille aussi 73 espèces de mammifères, dont le phoque gris, la loutre, le castor, ainsi que des chauves-souris.

Faune et flore protégées et menacées

Parmi les invertébrés protégés, on trouve l'escargot de Quimper et la mulette perlière. L'écrevisse à pattes blanches subit aussi la pollution des cours d'eau. Concernant les oiseaux, on dénombre de nombreuses espèces protégées. Certaines sont particulièrement menacées : le gavelot à collier interrompu, le vanneau huppé ou encore l'œdicnème criard, tous trois liés à la dune, mais aussi le phragmite aquatique ainsi que des petits passereaux nicheurs. Concernant les poissons, la situation est plus sensible à l'est où certaines espèces (truite, chabot, lamproie de Planer) sont en régression voire menacées de disparition, tandis qu'à l'ouest le milieu aquatique conserve bon an mal an son intégrité. Côté flore, quelque 158 plantes sont protégées en Bretagne, alors qu'aucune espèce de flore marine ne fait l'objet de mesure de protection particulière. Pourtant, l'herbier de zostère marine, que l'on peut trouver sur l'estran, est particulièrement sensible aux activités humaines sur le littoral.

LES PROBLÈMES ENVIRONNEMENTAUX

Les dangers viennent de la mer – les marées noires en sont la plus cruelle illustration – mais aussi de la terre. L'exploitation agricole intensive se traduit par une pollution du sous-sol qui nuit à la qualité de l'eau et, au final, souille la mer. Le développement incessant du nombre d'élevages a provoqué l'augmentation de la quantité de lisier (déjections animales). Les terres saturées et les sols engorgés n'ont plus la capacité de retenir le lisier qui s'écoule dans la mer et facilite la prolifération d'algues. Depuis 1998, on observe cependant une baisse de teneur en nitrates dans les cours d'eau. La qualité des eaux de baignade reste en outre excellente sur la quasi-totalité des côtes bretonnes. L'existence d'instituts de thalassothérapie, ainsi que la surveillance des multiples secteurs ostréicoles disséminés sur l'ensemble du littoral, qui ne tolèrent pas la moindre forme de pollution, garantissent la qualité de l'environnement. Par ailleurs, de nombreux sites bénéficient d'une protection.

Marées vertes

Depuis quelques années, des zones côtières bretonnes se couvrent d'un épais manteau vert. Surnommé "laitue de mer", l'ulve forme ce tapis coloré, véritable nuisance pour le baigneur. En se déposant et en séchant sur le sable, l'algue dégage vite une odeur de putréfaction, envahissant les premières vagues. Le phénomène est loin d'être anecdotique, puisque chaque année des centaines de milliers de mètres cubes de cette algue sont ramassées sur une cinquantaine de sites, la plupart en Bretagne Nord. Les spécialistes sont formels, l'algue prolifère sous l'effet de la chaleur et de la concentration en nitrates. Sur le banc des accusés, l'agriculture intensive, qui utilise avec excès les engrais et les élevages porcins. Les engrais, mélangés aux déjections des porcs, se concentrent dans les cours d'eau, avant de rejoindre la mer ou de polluer les nappes phréatiques. Si l'agriculture est responsable, le véritable coupable ne serait-il pas plutôt l'État qui ferme les yeux sur des ouvertures et des extensions de porcheries non réglementaires ? Malgré la mort d'un cheval, en juillet 2009, sur la plage de Saint-Michel-en-Grève, ou d'une trentaine de sangliers dans le lit du Gouessant en 2011, l'accent est mis sur le ramassage des algues plus que sur la prévention. Les gouvernements successifs hésitent à se confronter aux agriculteurs et à décider des politiques contraignantes. Autre coup dur pour l'État sur ce sujet : la cour administrative d'appel de Nantes l'a condamné sévèrement, lui ordonnant de verser des indemnités pour la prolifération des algues vertes en Bretagne. L'arrêt de la cour reconnaît que "le laxisme et les carences des préfets, qui n'ont pas appliqué les réglementations nationale et européenne, ont bel et bien favorisé la prolifération des algues vertes". Le dossier est loin d'être clos tant les enjeux agricoles et touristiques sont importants.

Les meilleures… côtes sauvages

1 Quiberon, p. 205
2 Crozon, p. 166
3 Cap Sizun, p. 177
4 Belle-Île-en-Mer, p. 207
5 Pointe du Grouin, p. 85
6 Cap Fréhel, p. 100

Marées noires

Les côtes bretonnes, depuis 1967 et l'échouage du *Torrey Canyon* au large des îles Scilly, n'ont pas été épargnées par les marées noires. Le 16 mars 1978, *l'Amoco Cadiz* sombre près du port de Portsall : 230 000 tonnes de pétrole brut se répandent sur 360 km de côtes, polluant 200 000 ha de surface marine. Dernière catastrophe pétrolière en date, celle de l'*Erika*, le 12 décembre 1999. Ce sont alors plus de 10 000 tonnes estimées qui se répandent de Plogoff à Saint-Georges-de-Didonne, touchant 400 km de littoral. L'échouage du *TK Bremen* en 2011 aura heureusement des conséquences plus limitées. Mais l'on pourrait citer des dizaines d'autres accidents ayant entraîné des marées noires d'une ampleur plus ou moins importante.

Chaque année, des milliers de navires, parmi lesquels de nombreux "bateaux poubelles", contournent les côtes bretonnes. La prévention semble aujourd'hui le maître mot pour contrer les déversements d'hydrocarbures. Ces efforts ont été entrepris dès le désastre de *l'Amoco Cadiz* avec la prise de conscience qu'il fallait établir une surveillance constante des côtes, réglementer la circulation des navires, mettre en place des moyens d'intervention d'urgence et créer des organismes de contrôle et d'études comme le Cedre. Ces mesures semblent encore incapables d'enrayer les répercussions désastreuses sur les sites naturels et la faune du littoral. Dans le bilan de chaque marée noire s'inscrit évidemment le nombre d'oiseaux de

mer touchés par la pollution. Certaines espèces – les plus dépendantes de la mer – souffrent plus que d'autres, comme le guillemot de Troïl, le pingouin torda ou les plongeons imbrins.

Espaces protégés

De nombreux sites bénéficient de mesures de protection de divers organismes et d'associations : le Conservatoire du littoral (organisme public dont la mission est d'assurer la protection définitive des espaces naturels remarquables situés en bord de mer, grâce à une politique d'acquisition et de réhabilitation) ; la Société pour l'étude et la protection de la nature en Bretagne (SEPNB) ; le parc naturel régional d'Armorique ; le parc naturel régional de Brière et la Ligue pour la protection des oiseaux (LPO).
Des lieux aussi réputés que la pointe du Raz, le cap Fréhel, Ploumanac'h, les dunes d'Erdeven, la pointe du Grouin, les Sept-Îles, la baie de Saint-Brieuc, la Côte sauvage à Quiberon et des dizaines d'autres encore jouissent d'un statut de protection. Quant à l'archipel de Molène, il a reçu l'estampille "réserve de biosphère" de l'Unesco.
La réhabilitation de la pointe du Raz, menacée par le béton et la surfréquentation anarchique, est probablement le plus bel exemple de sauvegarde de l'environnement. Sur d'autres sites très touristiques, comme le sentier douanier à Ploumanac'h, le Conservatoire a mis en place un cheminement et des barrières de protection. D'une manière générale, ne quittez pas le tracé des sentiers pour éviter tout piétinement intempestif de zones sensibles.

Défis environnementaux

Atteinte à la qualité des eaux, marées vertes, bouleversement paysager du bocage, inondations à répétitions ; autant de dégradations environnementales engendrées en grande partie par l'agriculture. À cela s'ajoute l'étalement urbain qui grignote campagnes et littoral. Sans oublier les épisodes désastreux des marées noires, 8 en

Lande, île d'Ouessant

Erika : Mesquer l'emporte face au goliath Total

Dans la bataille judiciaire qui l'a opposée pendant plus de 10 ans à la société Rina et au groupe Total, Mesquer a finalement obtenu gain de cause... L'affaire était montée jusqu'à la Cour de cassation, qui avait elle-même sollicité la Cour de justice européenne pour des précisions. En 2008, le jugement était rendu : Total (qui, depuis, a fait appel) était bien responsable des déchets (les boulettes d'hydrocarbure) qui ont pollué plus de 400 km de côtes après la marée noire de l'*Erika* en décembre 1999. L'arrêt stipulait que la société italienne Rina devra rembourser à la commune de Mesquer – constituée en partie civile avec une dizaine d'autres communes – les frais de nettoyage de ses plages, consacrant ainsi le fameux principe du pollueur-payeur. Un protocole d'accord a été signé en juillet 2011, et les communes ont enfin obtenu leurs indemnités.

quarante ans, au nombre desquelles celles, tristement célèbres, de l'*Amoco Cadiz*, de l'*Erika* (des boulettes d'hydrocarbure ont pollué plus de 400 km de côtes après cette marée noire en décembre 1999) et, dernière en date, qui sonne comme une douloureuse piqûre de rappel bien qu'elle se soit avérée de moindre ampleur, celle du *TK Bremen*, échoué à Erdeven fin 2011.

Carnet pratique

Quai du Stellac'h, Saint-Pabu (p. 145)
RÉGIS COUTURIER ©

A-Z

Infos utiles

Achats

La Bretagne est une région riche de savoir-faire et vous n'aurez aucun problème pour rapporter quelques spécialités locales. Au premier rang de celles-ci, les inévitables faïences de Quimper et ses imitations, les produits à base d'algues (du savon au pâté) ou encore les gâteaux et biscuits pur beurre. Sur le plan vestimentaire, ne manquez pas de faire étape dans l'une ou l'autre des coopératives maritimes situées dans les ports bretons. Vous y trouverez l'ensemble de la panoplie du marin, de la vareuse au bonnet, du pull à rayures au caban. Les prix sont élevés mais la qualité est au rendez-vous. En septembre et à Pâques, les coopératives font souvent des promos sur les collections de fin de saison. Enfin ne manquez pas les produits d'À l'aise Breizh, une bande de joyeux lurons qui a réussi à revisiter le mythe de la Bretagne avec beaucoup d'humour. Aujourd'hui, leur créativité s'exprime à travers de multiples objets : tee-shirts, chaussettes, caleçons, tongs mais aussi arts de la table.

À l'instar de la programmation festivalière dans la région, la production musicale d'artistes bretons est riche et variée. Dans nombre de petits magasins ou même de bars, vous trouverez une sélection de CD, produits pour la plupart sous le label Coop Breizh, que ce soit pour la musique traditionnelle bretonne ou pour des groupes de rock, pop ou jazz.

Même si la Bretagne n'est pas une région de cuisine exceptionnelle, on peut y trouver facilement des spécialités alimentaires à rapporter. C'est le cas des biscuits secs qui ont même leur magasin dédié dans les grands centres touristiques. Il est préférable pourtant de s'approvisionner dans les pâtisseries et boulangeries qui vendent des produits artisanaux, plus fins. Vous en trouverez dans toutes les grandes villes mais aussi dans de plus petites. N'hésitez pas non plus à vous promener sur les marchés locaux. Vous pourrez facilement glisser dans vos bagages des galettes et des crêpes qui se gardent pendant 2 jours au réfrigérateur (dans le bac à légumes et en les sortant de leur emballage plastique). Ces produits se conservent sans problème plusieurs mois au congélateur. Bières artisanales, cidres fermiers ou chouchen s'achètent aussi sur les marchés ou dans des boutiques spécialisées.

Dans les villes portuaires, vous trouverez dans les poissonneries, dans les criées ou même directement sur les quais, au retour des bateaux, tous les produits de la mer : crustacés, coquillages, poissons... difficile de faire plus frais et moins cher. Les conserves de la mer sont évidemment plus faciles à transporter. Les produits sont nombreux et variés, et leur emballage soigné en fait des cadeaux tout désignés. À Saint-Malo ou Paimpol, des fermes marines proposent des produits issus d'une fabrication plus artisanale.

Parler de produits bretons sans évoquer la charcuterie serait une atteinte à l'honneur régional : pâté, saucisse, saucisson, jambon... le choix ne manque pas. L'andouille de Guémené devrait laisser des bons souvenirs aux gourmets. Là encore, préférez les produits de fabrication artisanale, plutôt que ceux vendus en grande surface.

Argent

Aucun problème pour retirer de l'argent dans les distributeurs automatiques de billets (DAB) dans les villes et les bourgs de Bretagne. En revanche, les îles ne sont pas toutes équipées de distributeurs. C'est le cas de Houat et Hoëdic dans le Morbihan, et de Bréhat et des Sept-Îles dans les Côtes-d'Armor. Prévoyez de retirer du liquide avant de vous y rendre.

Les banques, bureaux de change et bureaux de poste acceptent souvent les chèques de voyage.

Pour les voyageurs étrangers

Un séjour en Bretagne est soumis aux mêmes conditions que dans toute autre région française. À ce titre, Belges, Suisses et Canadiens n'ont pas besoin de visa pour une période maximale de 90 jours. Les Canadiens sont limités, quant à eux, à deux séjours de 90 jours par an. Les citoyens canadiens doivent présenter un passeport en cours de validité ; une simple carte d'identité suffit pour les Belges et les Suisses. Pour plus de précisions, ou pour d'autres nationalités, reportez-vous au site officiel du ministère des Affaires étrangères français : www.diplomatie.gouv.fr.

La Bretagne vit au même rythme que le reste de la France. Elle a donc une heure (hiver) ou deux heures (été) d'avance par rapport à l'heure de Greenwich. Lorsqu'il est 14h à Nantes ou à Brest, il est 8h à Montréal. L'heure est la même qu'en Suisse ou en Belgique.

En France, les prises électriques ont deux fiches rondes (220 V, 50 Hz). Les Canadiens auront besoin d'un adaptateur.

AMBASSADES ET CONSULATS ÉTRANGERS EN FRANCE

- **Consulat de Suisse à Nantes** (☎02 40 95 00 50 ; 81 rue des Renardières, 44100 Nantes)
- **Consulat de Belgique à Lorient** (☎02 97 37 67 10 ; 58 av. de la Perrière, 56100 Lorient)
- **Ambassade du Canada** (☎01 44 43 29 00 ; www.amb-canada.fr ; 35 av. Montaigne, 75008 Paris)

AMBASSADES ET CONSULATS DE FRANCE À L'ÉTRANGER

BELGIQUE

- **Ambassade** (☎02 548 87 11 ; www.ambafrance-be.org ; 65 rue Ducale, 1000 Bruxelles)
- **Consulat** (☎02 548 88 11 ; www.consulfrance-bruxelles.org ; 42 bd du Régent, 1000 Bruxelles)

CANADA

- **Ambassade** (☎0613 789 17 95 ; www.ambafrance-ca.org ; 42 Sussex Drive, Ottawa, Ontario K1M 2C9)
- **Consulats Montréal** (☎0514 878 43 85 ; www.consulfrance-montreal.org ; 1501 McGill Collège, 10e étage, bureau 1000, Montréal (QC) H3A 3M8) ; **Québec** (☎0418 266 25 00 ; www.consulfrance-quebec.org ; 25 rue Saint-Louis, Québec (QC) G1R 3Y8)

SUISSE

- **Ambassade** (☎031 359 21 11 ; www.ambafrance-ch.org ; Schosshaldenstrasse 46, BP 300, 3006 Berne)
- **Consulat général** (☎022 319 00 00 ; www.consulfrance-geneve.org ; 2 cours des Bastions, 1205 Genève ; service des visas ☎0900 847 237).

DOUANE

Si vous partez par bateau ou par avion vers un pays non membre de l'UE, vous ne pouvez pas emporter plus de 200 cigarettes, 2 litres de vin (ou autre boisson alcoolisée de moins de 22°) et un litre d'alcool (titrant plus de 22°).

TÉLÉPHONE

Pour appeler la France depuis l'étranger, composez le code d'accès international de votre pays (☎00 pour la Suisse et la Belgique, ☎011 pour le Canada) suivi de l'indicatif de la France ☎33.

Pour appeler l'étranger depuis la France, composez le code d'accès international ☎00, suivi de l'indicatif du pays (☎32 pour la Belgique, ☎41 pour la Suisse, ☎1 pour le Canada).

Bénévolat

Les **chantiers internationaux de jeunes bénévoles en Bretagne** (www.chantierbenevolebretagne.org) proposent plusieurs chantiers ; fouilles archéologiques, mise en valeur du patrimoine, enjeux environnementaux, aménagement d'équipements. Ils sont ouverts à tous ; certains sont spécialement dédiés aux mineurs (à partir de 14 ans).

Cartes et plans

La carte routière Michelin n°230, au 1/200 000 (1 cm = 2 km) donne une excellente vision d'ensemble de la région et fait apparaître les routes les plus pittoresques. Les cartes IGN (Institut géographique national ; www.ign.fr) sont aussi très utiles. Les cartes n°113 (Brest/Quimper), n°114 (Saint-Brieuc/Morlaix), n°115 (Rennes/Saint-Malo), n°16 (Rennes/Granville)), n°123 (Vannes/Lorient) et n°124 (Nantes/Saint-Nazaire) de la série verte (Top 100), au 1/100 000 (1 cm = 1 km), sont ainsi très pratiques pour se repérer dans le réseau parfois inextricable de hameaux et de petites routes proches du littoral.

Pour la randonnée, vous pouvez vous procurer des cartes encore plus précises éditées par l'IGN, dans les séries orange (1/50 000) ou bleue (1/25 000) : Mont-Saint-Michel/Dol-de-Bretagne n°1215 OT, Saint-Malo/Dinard/Dinan n°1116 ET, Paimpol/Tréguier/Île de Bréhat n°814 OT, Saint-Cast-le-Guildo/Cap Fréhel n°1016 ET, Lannion Perros-Guirec/Les 7 îles/Côte de Granit rose n°714 OT, Île d'Ouessant n°317 OT, Brest/Pointe Saint-Mathieu n°0417 ET, Quimper/Concarneau/îles de Glénan 519 ET, Quimperlé/Pont-Aven 620 ET, Saint-Brieuc n°0916 OT, Erquy/Le-Val-André n°0916 ET, Lorient/île de Groix 720 ET, presqu'île de Quiberon/Auray/Carnac 821 OT, Belle-Île/îles de Houat et d'Hoëdic 822 OT et Vannes/Golfe du Morbihan 921 OT.

Climat

Les ignares vous soutiendront que la région est en permanence en butte aux tempêtes et à la pluie. La réalité est bien différente. D'ailleurs, on rappellera que la côte bretonne s'enorgueillit de multiples instituts de thalassothérapie où les bienfaits vivifiants et régénérateurs du climat ne sont plus à démontrer. On dit souvent en Bretagne que l'on voit passer tous les types de temps en une seule journée. Tout cela pour dire que la région est entièrement soumise à l'influence océanique, mais il existe des nuances régionales et des microclimats très marqués.

Sauf dans le centre de l'Ille-et-Vilaine, où le thermomètre peut descendre bas, l'hiver est tempéré : les températures moyennes dans les villes côtières et les îles atteignent 6 à 8°C et rivalisent avec celles enregistrées sur la côte méditerranéenne. Les périodes de gel sont rares. Au printemps, la végétation est souvent en avance de 2 à 3 semaines par rapport à d'autres régions.

En été, la chaleur n'est jamais étouffante, ce qui donne au climat breton une connotation tonique. L'existence de microclimats se traduit notamment par une flore spécifique. Il n'est pas rare de voir des plantes exotiques et des pinèdes qui évoquent un paysage méditerranéen le long du littoral ou sur certaines îles, par exemple dans le golfe du Morbihan ou sur l'île de Bréhat.

Les amplitudes thermiques annuelles sont plus faibles à l'ouest (9-10°C) qu'à l'intérieur et à l'est, où elles peuvent atteindre 12-13°C. L'ensoleillement est lui aussi très variable. Le centre du Finistère est en règle générale un peu moins favorisé sur le plan climatique. Les îles

Météo France

Météo France (☎ 3250 ; http://france.meteofrance.com) propose des prévisions, département par département, pour les 7 jours à venir.

Vous pouvez aussi accéder directement aux différents bulletins de Bretagne Sud en appelant le ☎ 08 99 71 02 XX (n° du département concerné ; 1,35 €/appel + 0,34 €/min).

bénéficient de conditions plus favorables.

Autre facteur crucial, qui alimente maints clichés sur le climat breton : les précipitations. Là encore, elles varient considérablement. Les îles sont les moins sujettes à la pluie, ainsi que le littoral, alors que le centre de la Bretagne est souvent plus arrosé.

Désagréments et dangers

La Bretagne est une région dans l'ensemble très sûre, où les risques de vol ou d'agression restent minimes.

La mer présente certains dangers qu'il ne faut pas négliger. Baignez-vous sur les plages surveillées, suivez les conseils des sauveteurs et tenez compte de la signalisation relative à la sécurité (drapeau vert, orange ou rouge). Attention à la baignade dans les criques sauvages, certes tentantes, mais susceptibles d'être balayées par des courants et des lames de fond. Là encore, renseignez-vous sur les éventuels pièges du secteur.

Les marées peuvent aussi jouer de très mauvais tours. En particulier dans les baies où la mer se retire sur plusieurs kilomètres. Ne vous laissez pas piéger ! Renseignez-vous auprès des autres estivants et ne partez jamais seul si vous ne connaissez pas la zone. Faites attention en particulier lorsque vous emmenez avec vous des enfants en bas âge. Si vous vous retrouvez encerclé par la mer, réagissez rapidement et appelez à l'aide. Surtout, gardez en tête les horaires des marées (dépliants gratuits disponibles dans les offices du tourisme et chez les marchands de journaux). Lorsque vous vous promenez sur les sentiers côtiers, parfois en surplomb des falaises, ne vous écartez pas du tracé.

Le phénomène des marées vertes est surtout présent en Bretagne Nord, sur deux zones : la baie de Saint-Brieuc et la baie de Lannion. Le Finistère Sud est également touché, dont parfois la baie de Douarnenez. La plupart des communes affectées par cette pollution ont mis en place un service de nettoyage des plages. Tôt le matin, des tracteurs viennent ramasser des tonnes d'algues pour faire la place nette aux vacanciers. Malheureusement, toutes les étendues sableuses ne sont pas nettoyées et vous serez peut-être obligé de patauger dans cette soupe algueuse.

Conséquence du taux de nitrates élevé, la qualité de l'eau est parfois sujette à caution dans certaines zones de Bretagne. Les femmes enceintes, les bébés et les personnes fragiles peuvent donc éviter l'eau du robinet.

Enfants

La Bretagne, destination "plein air" par excellence, est une région idéale pour passer des vacances avec des enfants. Ils apprécieront bien évidemment les plaisirs liés à la mer, notamment les plages. Les principales d'entre elles sont pourvues de clubs de plage spécialement conçus pour l'accueil des enfants et bénéficiant d'un encadrement compétent. Ceux qui ne savent pas nager peuvent ainsi apprendre la natation dans des petites piscines avant de se jeter dans les vagues. La plupart des activités nautiques, en particulier la voile, leur sont accessibles grâce à l'existence de nombreux stages dès l'âge de 6 ans. Pour les plus grands, dans certaines stations balnéaires, vous trouverez des clubs pour pratiquer des activités nautiques à des prix défiant toute concurrence. Renseignez-vous auprès des offices du tourisme.

Vous trouverez, dans la plupart des régions, des piscines intercommunales équipées de bassin de nage et d'espaces plus ludiques.

Dans les musées, monuments et autres curiosités, les enfants bénéficient de tarifs réduits. Les multiples fêtes traditionnelles et festivals donneront également aux enfants une occasion de s'émerveiller.

Les îles se prêtent à une escapade d'un ou de plusieurs jours. À Houat, Hoëdic, Sein, Batz et Bréhat aucune voiture ne circule. La liberté d'aller et venir constitue un bonheur que partagent petits et grands.

Côté équipements, les hôteliers, les restaurateurs et les propriétaires de chambres d'hôtes ont l'habitude de recevoir les familles et proposent des prestations adaptées (lit supplémentaire dans les chambres, etc.). La plupart des restaurants et des crêperies, même haut de gamme, offrent des menus enfant de 6 à 13 € (pour les moins de 10 ou 12 ans).

Handicapés

À l'instar du reste de la France, la Région Bretagne et les départements communiquent de plus en plus sur l'accessibilité pour les personnes handicapées à travers le label "Tourisme et handicap". Il n'est pas rare maintenant de voir des petits hôtels ou des hébergements en chambres d'hôtes mettre ce label en valeur. Pour obtenir la liste des prestations homologuées Tourisme et handicap, et pour télécharger les brochures utiles, vous pouvez vous connecter sur les sites suivants :

Région Bretagne (www.bretagne-accessible.com)
Finistère (www.finistere-accessible.com)
Loire-Atlantique (www.ohlaloireatlantique.com)
Morbihan (www.morbihan.com)

Vous pouvez également contacter l'Association des paralysés de France (APF ; www.apf.asso.fr), qui s'efforce d'orienter dans leurs recherches les visiteurs à mobilité réduite ayant une demande particulière.

Hébergement

La gamme des hébergements est particulièrement diversifiée. Tous les budgets et tous les styles trouveront leur bonheur.

AUBERGES DE JEUNESSE

Bonne nouvelle pour les voyageurs à petit budget, la Bretagne est l'une des régions françaises les mieux dotées en auberges de jeunesse. Dans le Morbihan, vous en trouverez à Belle-Île-en-Mer, Quiberon et Vannes ; dans le Finistère à Camaret, Concarneau, Groix, Quimper, Brest, Morlaix et Ouessant ; dans les Côtes-d'Armor à Dinan ; en Ille-et-Vilaine à Rennes et Saint-Malo ; en Loire-Atlantique à Nantes.

À quelques exceptions près, elles sont affiliées à la **Fuaj (Fédération unie des auberges de jeunesse ; www.fuaj.org)**. La carte d'adhésion, obligatoire, coûte 11 € pour les moins de 26 ans et 16 € au-delà. Le niveau de confort et d'équipement varie beaucoup d'une auberge à l'autre. Certaines sont impeccablement tenues, avec parfois des chambres doubles, et bénéficient d'un cadre exceptionnel. D'autres, en revanche, évoquent encore les chambrées collectives des colonies de vacances. Le petit-déjeuner est parfois inclus dans les auberges les plus confortables. Si vous n'avez pas de sac de couchage, vous devrez payer la location des draps (de 3 à 5 €, quelle que soit la durée du séjour). En période estivale, pensez à réserver. Un pass permet d'obtenir une nuit gratuite toutes les 5 nuits payantes.

CAMPING

Il existe une forte densité de campings, dont les prestations vont du simple une ou deux-étoiles ne proposant que des services élémentaires pour un prix des plus modiques (à peine 3 €), aux quatre-étoiles disposant d'équipements de standing (piscine, parcours aquatique, restauration, laverie, aires de jeux, animations, etc.). La quasi-totalité des campings ouvre en saison uniquement, généralement d'avril à fin septembre. La plupart disposent de mobile homes en location. Une formule originale et très bon marché est le "camping à la ferme". On plante sa tente sur une parcelle d'exploitation agricole, près de la bâtisse principale. Les infrastructures sont, en revanche, plutôt limitées. Le comité régional du tourisme de Bretagne publie un guide fort utile sur le sujet.

CHAMBRES D'HÔTES

La Bretagne compte un nombre très élevé de chambres d'hôtes. Beaucoup sont situées dans des maisons néobretonnes (le rectangle blanc avec le triangle gris posé dessus), elles-mêmes construites dans des zones urbanisées. En revanche, il existe des chambres d'hôtes agréables et pleines de cachet, souvent au même tarif. Dans cet ouvrage n'ont été retenues que les chambres d'hôtes présentant un véritable intérêt en termes d'originalité ou d'emplacement. Nombre de chambres d'hôtes sont labellisées "Gîtes de France" ou "Clévacances". Cette nomenclature garantit le respect de normes de sécurité et de confort, mais n'est nullement un gage de charme ou de cachet. Souvent, les hébergements qui ont le plus de caractère décident de s'organiser seuls, sans s'affilier à un label.

Les offices du tourisme vous remettront une liste complète des chambres d'hôtes implantées dans leur secteur. Comptez de 45 à 65 € la nuit pour 2 personnes, petit-déjeuner inclus. Dans les manoirs et les châteaux, cette prestation peut monter jusqu'à 150 €.

GÎTES D'ÉTAPE

Les gîtes d'étape sont des structures prévues à l'origine pour les randonneurs, mais, en principe, ils accueillent tous les visiteurs. Ce sont généralement des bâtiments qui sont gérés par les communes, plus rarement par des particuliers. Il s'agit pour l'essentiel de chambres à partager, avec toilettes et douche communes. Les tarifs sont de l'ordre de 10 à 20 € par personne et selon le confort.

La Bretagne est relativement bien pourvue en gîtes d'étape. La qualité des infrastructures varie d'un gîte à l'autre.

GÎTES ET MEUBLÉS

Bon nombre d'estivants louent un gîte rural à la semaine. Il s'agit souvent de maisons aménagées dans le respect de l'architecture bretonne, en bord de mer ou à la campagne. La location, sur la base d'un contrat, débute en principe le samedi et s'effectue à la semaine.

Les maisons, entièrement équipées, se révèlent idéales pour les familles ou pour ceux qui préfèrent être autonomes.

La plupart des gîtes sont labellisés "Gîtes de France" ou "Clévacances", ce qui garantit le respect des normes. Certains propriétaires louent des meublés en dehors de toute affiliation. Les offices du tourisme tiennent une liste des loueurs saisonniers de leur commune. Ces listes ne sont pas exhaustives. Pour y figurer, le prestataire doit adhérer à l'OT.

HÔTELS

Le parc hôtelier est vaste et diversifié et les prix restent raisonnables. La majorité des établissements sont des deux-étoiles de style familial, au confort standard et convenable. Les tarifs sont étroitement liés à l'emplacement (en bord de mer ou non) et au cachet de la station et peuvent ainsi varier de 35 à 80 € la nuit pour une double. En règle générale, ils s'appliquent pour la chambre et la distinction simple/double est assez peu usitée.

Dans les stations balnéaires, les hôtels comprennent souvent un restaurant et certains imposent la demi-pension pendant la période estivale (bien que cette pratique soit illégale). Ils ont un fonctionnement saisonnier, généralement de Pâques à octobre.

Vous remarquerez que nombre de structures hôtelières sont estampillées "Logis de France". Sachez que c'est un gage de respect de normes de confort et de sécurité, mais nullement de charme ou de caractère. La plupart de ces établissements sont familiaux et offrent un confort convenable.

Il existe bien entendu d'excellents hôtels de charme et de caractère, installés dans des manoirs ou des châteaux, au cœur d'un site bucolique.

Le comité régional du tourisme de Bretagne et les comités départementaux du tourisme publient chacun des guides *Hébergements* sur leur territoire respectif. Ces listes ne sont pas exhaustives mais sont fort utiles (voir la rubrique *Offices du tourisme*).

Homosexualité

Mis à part dans les grandes villes (Brest, Nantes et Rennes), les lieux gays ne sont pas légion en Bretagne. À noter qu'un petit bourg du Centre Bretagne, Gourin (dans le Morbihan), s'est fait une spécialité de la Fest ty Gay (Gay Pride à la mode bretonne). Vous trouverez sur le site www.guidomo.fr des informations utiles : restaurants, chambres d'hôtes, lieux de sorties....

Internet (accès)

De plus en plus d'hôtels, de chambres d'hôtes et de bars possèdent un accès Wi-Fi gratuit. Vous pouvez aussi vous connecter dans les offices du tourisme et, si vous êtes sur la côte, dans les capitaineries de port. Les communautés de communes ont développé des cybercentres qui permettent de se connecter sur des ordinateurs en libre-service ou avec son portable.

Offices du tourisme

Des offices du tourisme et des syndicats d'initiative sont implantés dans les villes et sur les sites touristiques. Certains ouvrent toute l'année, d'autres seulement pendant la haute saison.

De plus en plus d'offices du tourisme possèdent leur propre site Internet. Leurs coordonnées sont données dans ce guide.

Les comités régionaux et départementaux du tourisme mentionnés ci-après restent d'excellentes sources d'informations :

Région Bretagne (02 99 28 44 30 ; www.tourismebretagne.com ; 1 rue Raoul-Ponchon, 35069 Rennes Cedex)

Côtes-d'Armor (02 96 62 72 01/15, fax 02 96 62 72 25 ; www.cotesdarmor.com ; 7 rue St-Benoît, 22000 Saint-Brieuc)

Finistère (02 98 76 25 64 ; www.finisteretourisme.com ; 4 rue du 19-Mars-1962, 29000 Quimper)

Ille-et-Vilaine (02 99 78 47 46/47 ; www.bretagne35.com ; 5 rue du Pré-Botté, 35000 Rennes)

Loire-Atlantique (0810 04 40 01 ; www.ohlaloireatlantique.com ; 11 rue du Château-de-l'Éraudière, 44306 Nantes)

Morbihan (0825 13 56 56 ; www.morbihan.com ; allée Nicolas-Le Blanc, BP 408, 56010 Vannes Cedex)

Vous pouvez aussi vous adresser à la **Maison de la Bretagne** (01 53 63 11 50 ; www.maisondelabretagne.fr ; 8 rue de l'Arrivée, 75014 Paris), à Paris.

Photographie

Contrairement au Gwenn ha Du (le drapeau blanc et noir breton) les paysages de Bretagne sont un véritable arc-en-ciel de couleurs. Le gris ardoise du ciel, le bleu turquoise de la mer, le rose de la bruyère, le jaune des ajoncs, le violet des hortensias et tant d'autres forment une palette de couleurs que l'on trouve rarement ailleurs. Pourtant toutes ces couleurs ne seraient rien sans la lumière qui change aussi vite que la météo. Un seul conseil, n'oubliez jamais votre appareil photo mais sachez le protéger des averses et de deux ennemis redoutables, le sable et le sel marin.

Téléphone

Les réseaux de téléphonie mobile couvrent l'ensemble du territoire breton même si quelques zones isolées captent mal. C'est le cas par exemple sur certaines îles ainsi que dans des zones de campagne dans le Centre Bretagne.

Des cabines téléphoniques sont installées dans un grand nombre de villages, généralement à proximité des bureaux de poste et des mairies.

Voyager en solo

Les voyageurs solitaires devront s'attendre à quelques déconvenues, surtout en haute saison, où tout semble avoir été pensé pour les couples et les familles. La tarification en "simple" n'est pas courante. En revanche, les prestataires accoutumés à la fréquentation de randonneurs facturent les nuitées par personne.

VOYAGER SEULE

Aucun danger particulier ne menace a priori les voyageuses. Observez simplement des règles élémentaires de précaution : ne partez pas seule en randonnée, évitez le stop et ne vous aventurez pas dans des ruelles désertes la nuit.

Transports

Depuis/vers la Bretagne

VOIE AÉRIENNE

AÉROPORTS

L'**aéroport de Rennes** (**☎ 02 99 29 60 00 ; www.rennes.aeroport.fr ; ⌚ point information lun-ven 5h-22h30, sam 5h-21h30, dim 5h30-22h30**), principal aéroport breton, est situé à environ 10 minutes en voiture du centre-ville (prendre la rocade, puis la sortie n°8, direction Saint-Nazaire). Le terminal est desservi par la ligne de bus n°57 du réseau **Star** (**☎ 0811 555 535 ; ticket 1,30 € ; ⌚ lun-ven 5h25-minuit, sam 6h-21h, dim 10h30-minuit**) avec une fréquence de 20 à 30 minutes en semaine (comptez 20 min de trajet depuis le centre-ville). L'arrêt se trouve à 300 m de l'aérogare, à l'intersection des avenues Joseph-Le-Brix et Jules-Vallès.

L'**aéroport Nantes-Atlantique** (**☎ 02 40 84 80 00, 0892 568 800, 0,34 €/min ; www.nantes.aeroport.fr**) est situé à 10 km au sud du centre-ville, à Bouguenais. Le service de **navettes TAN AIR** (**☎ Allotan 02 40 444 444 ; www.tan.fr**) vous y amène en moins de 30 minutes (départs depuis la gare ou l'arrêt Commerce en centre-ville).

L'**aéroport de Brest** (**☎ 02 98 44 14 40 ; www.brest.aeroport.fr ; pl. du 19e RI, Brest**) est situé à environ 5 km du centre de la ville. On y accède par la RN12, direction Morlaix. Des navettes partent de la gare ou de l'office du tourisme et rejoignent l'aéroport en 20 minutes environ (ticket 4,60 €).

L'**aéroport Lorient-Bretagne Sud** (**☎ 02 97 87 21 50 ; www.lorient.aeroport.fr**) est implanté à 7 km à l'ouest du centre-ville, sur la commune de Ploemeur (sur les panneaux, vous verrez indiqué "aéroport de Lann-Bihoué"). Aucun service de bus n'assure la navette entre Lorient et l'aéroport ; si vous n'êtes pas motorisé, vous devrez prendre un taxi.

À Quimper, l'**aéroport de Pluguffan** (**☎ 02 98 94 30 30 ; www.quimper.aeroport.fr**), appelé aussi aéroport de Quimper-Cornouaille, se trouve à une dizaine de kilomètres à l'ouest de la ville. La ligne 25 des bus du réseau **QUB** (**☎ 02 98 95 26 27 ; www.qub.fr**) relie l'aéroport au centre-ville en 30 minutes.

L'**aéroport de Lannion** (**☎ 02 96 05 82 22 ; www.lannion.aeroport.fr ; route de Trégastel, Lannion ; ⌚ comptoir de vente lun-ven 5h30-12h et 14h-19h**) est situé à 5 km du centre-ville. Il est desservi par des liaisons en provenance de Paris-Orly Sud.

Les aéroports de Saint-Brieuc et de Morlaix sont réservés aux voyages d'affaires et celui de Dinard-Saint-Malo ne propose des liaisons que vers le Royaume-Uni.

DEPUIS LA FRANCE

Air France (**☎ 36 54, 0,34 €/min ; www.airfrance.fr**) assure des liaisons directes, en propre ou via sa filiale **Brit Air** (**www.britair.com**), entre Rennes et Paris (3/j), Lyon (3/j), Toulouse (1 à 3/j), Nice (1/j) et Marseille (1/j). L'été il y a aussi des vols Rennes-Figari et Rennes-Montpellier. Au départ de Brest, des vols relient Lyon et Paris. Comptez 1h15 à 1h30 de trajet et autour de 150 € pour ces billets aller-retour. Il y a des liaisons quotidiennes et sans escale de Lorient vers Paris-Orly (1 heure 10) et Lyon-Saint-Exupéry (1 heure 30), de Quimper vers Paris-Orly (1 heure 05), de Nantes vers Bordeaux (45 minutes), Clermont-Ferrand (55 minutes), Lille (1 heure 05), Lyon (1 heure 10), Marseille (1 heure 20), Montpellier (1 heure 05), Nice (1 heure 30), Paris (1 heure 05), Strasbourg (1 heure 20) et Toulouse (1 heure). Comptez autour de 250 € pour ces billets aller-retour. Les tarifs fluctuent considérablement selon le profil des passagers (couple, famille, senior, jeune, etc.), les dates de réservation, la durée du séjour ou les diverses promotions. Renseignez-vous directement sur le site Internet d'Air France.

Plusieurs compagnies *low cost* ou charter opèrent depuis Nantes : **Ryanair** (**☎ 0892 562 150, 0,34 €/min ; www.ryanair.com/fr**) effectue des rotations vers Marseille

(1 vol par jour, 1 heure 25) ; **EasyJet** (www.easyjet.com) relie Lyon (1 vol par jour, 1 heure 25), Nice, Toulouse et Bâle-Mulhouse ; **Eastern Airways** (✆ 03 80 60 43 88 ; www.easternairways.fr) dessert Dijon, et **Air Austral** (✆ 0825 013 012 ; www.airaustral.com), Saint-Denis-de-la-Réunion.

La compagnie **Airlinair** (✆ 0810 478 478, prix d'un appel local d'un fixe ; www.airlinair.com) propose des liaisons Lannion-Paris (3-4/j) à partir de 150 €.

Entre Bordeaux et la Bretagne (liaisons directes avec Rennes et Brest), c'est la compagnie **Chalair** (✆ 0892 700 499, 0,34 €/min ; www.chalair.eu) qui assure des vols quotidiens.

La compagnie **Airlinair** (✆ 0810 478 478, prix d'un appel local d'un fixe ; www.airlinair.com) propose des liaisons Lannion-Paris (3-4/j) à partir de 150 €.

Flybe (✆ 00 44 13 922 685 29, centre d'appel en Angleterre ; http://fr.flybe.com) propose entre 3 et 5 vols par semaine vers Southampton au départ de Brest et de Rennes. Pendant l'été, il existe d'autres liaisons avec l'Angleterre.

Enfin toujours en été, des liaisons entre Rennes et l'Irlande sont proposées par **Aer Lingus** (✆ 0821 230 267 ; www.aerlingus.com).

DEPUIS LA BELGIQUE ET LA SUISSE

Il vous faudra transiter par Paris ou Lyon pour rejoindre les aéroports de Rennes, Lannion, Brest, Lorient et Quimper. Nantes, en revanche, est reliée à Bruxelles par **Air France** (✆ 36 54, 0,34 €/min ; www.airfrance.fr) et à Genève par **EasyJet** (www.easyjet.com).

DEPUIS LE CANADA

La compagnie **Air Transat** (www.airtransat.fr) relie Nantes à Montréal (2 vols par semaine).

Sinon, vous devrez transiter par Paris ou l'Angleterre.

VOIE TERRESTRE

BUS

La société **Eurolines** (✆ 01 49 72 51 61 ; www.eurolines.fr) relie Nantes à Bruxelles, Anvers, Gand, Liège, Mons ou Courtrai et les principales villes en France. Elle relie Rennes à Bruxelles, Anvers, Liège, Mons ou Courtrai et, en France, à Paris, Rouen et Toulouse.

TRAIN

Le **TGV Paris-Rennes** (SNCF ; ✆ 3536 ; www.voyages-sncf.com) vous amènera dans la capitale bretonne en 2 heures 10 environ. Pendant l'été et les vacances scolaires, il y a un train toutes les demi-heures au départ de Paris pour Rennes. Certains trains poursuivent leur route jusqu'à Brest, en passant par Saint-Brieuc, Guingamp et Morlaix, ou encore Saint-Malo. Des investissements prévus sur la ligne Paris-Rennes-Brest devraient permettre de faire gagner 45 minutes sur le trajet Paris-Rennes à l'horizon 2014. Pour les destinations du grand Sud, Rennes est relié à Lyon en 4 heures 20 et à Marseille en 7 heures. Au Nord, le trajet Lille-Rennes s'effectue en 4 heures.

Le **TGV Paris-Montparnasse-Quimper** (SNCF ; ✆ 3536 ; www.voyages-sncf.com) dessert Rennes, Redon, Vannes, Auray, Lorient, Quimperlé et Rosporden. Le trajet entre la capitale et Quimper dure 4 heures 20, 3 heures 07 vers Vannes, 3 heures 22 vers Auray et 3 heures 41 vers Lorient.

Pour rejoindre la Loire-Atlantique, vous prendrez la ligne **TGV Paris-Montparnasse-Nantes** (2 heures) ou Paris-Montparnasse-Le Croisic (3 heures 15). Saint-Nazaire, Pornichet, La Baule et Le Pouliguen se trouvent sur la ligne Paris-Montparnasse-Le Croisic. Le TGV ne dessert pas systématiquement ces gares intermédiaires. Au départ ou à destination de Nantes, il existe également des liaisons directes avec Bordeaux (4 heures 05), Lyon (4 heures 25), Lille (4 heures 05) et Marseille (6 heures).

VOITURE ET MOTO

La Bretagne est couverte par un réseau routier de qualité qui relie les principales villes. Il est à noter que l'ensemble du réseau constitué de 4 voies est entièrement gratuit (sauf pour la partie Loire-Atlantique). De Paris, prenez l'A11 (l'Océane) qui mène à Chartres, puis au Mans où elle se scinde en deux.

Le tronçon nord (A81) conduit à Rennes (350 km, 3 heures 30). À partir de Rennes, vous emprunterez la voie express N12 qui file vers Saint-Brieuc, Guingamp, Morlaix et Brest (3 heures). Pour Saint-Malo, Dinan et Dinard, empruntez la N137 au départ de Rennes. Toujours de Rennes, on peut suivre la N164 qui traverse l'intérieur de la Bretagne pour rejoindre Brest en passant par Loudéac, Mûr-de-Bretagne et Carhaix.

Le tronçon sud file vers Angers et Nantes. De Nantes, la voie express N165, à deux fois deux voies, mène à Vannes, Lorient, Quimper et s'achève à Brest. La presqu'île guérandaise et la Côte d'Amour (Guérande, La Baule) sont accessibles par une voie express au départ de Nantes.

Autre option si vous vous dirigez vers la côte Nord : passer par la Normandie en suivant l'A13 jusqu'à Caen, puis l'A84 qui rejoint Saint-Malo (400 km, 4 heures). Cet itinéraire se révèle souvent moins encombré que l'option de la 4 voies jusqu'à Rennes, surtout pendant les périodes de grands chassés-croisés. Il a aussi l'avantage d'être moins ennuyeux, tant les paysages sont variés. Le péage pour effectuer un trajet au départ de Paris vous reviendra autour de 35 €.

Au départ de l'est du pays, il est préférable de passer par Paris. Du sud-ouest, prenez la direction de Bordeaux, puis de Nantes.

Passer de la côte Sud à la côte Nord ou inversement est plus compliqué que de longer les côtes. Il faudra vous contenter de départementales ou de nationales classiques, à l'exception des liaisons Nantes-Rennes-Saint-Malo et Quimper-Brest.

Voyages organisés

Les agences vendent généralement deux formules : un voyage en groupe avec un guide accompagnateur et un voyage en liberté avec des hébergements réservés et un carnet de route donné au départ. Certaines agences proposent également des voyages en famille accompagnés.

Allibert (☎ 04 76 45 50 50 ; www.allibert-trekking.com ; Paris ☎ 01 44 59 35 35 ; 37 bd Beaumarchais, 75003 Paris).

Akaoka (☎ 0 825 000 840, 0,15 € TTC/min ; www.akaoka.com ; hameau de la Combe, 30440 Saint-Laurent-Le-Minier).

Chamina Sylva (☎ 04 66 69 00 44 ; www.chamina-voyages.com ; Naussac - BP 5 F Langogne, 48300 Langogne).

Club Aventure (☎ 0826 882 080, 0,15 €/min ; www.clubaventure.fr ; 18 rue Séguier, 75006 Paris). Propose de nombreux circuits.

Terres d'Aventure Paris (☎ 0825 700 825, 0,15 €/min ; www.terdav.com ; 30 rue Saint-Augustin, 75002 Paris) ; Lyon (☎ 04 78 37 15 01 ; 5 quai Jules-Courmont, 69002 Lyon).

Grand Angle (☎ 04 76 95 23 00 ; www.grand-angle.fr ; ZA, 38112 Méaudres).

La Burle (☎ 04 75 37 07 83 ; www.laburle.com ; 07510 Sainte-Eulalie).

Nomade Paris (☎ 0825 701 702, 0,15 €/min ; www.nomade-aventure.com ; 40 rue de la Montagne-Sainte-Geneviève, 75005 Paris).

Des petites structures installées en Bretagne proposent également des circuits découvertes (randonnées et/ou balades). C'est le cas de **France Randonnée** (☎ 02 99 67 42 21 ; www.france-randonnee.fr ; 9 rue des Portes-Mordelaises, 35000 Rennes) ou de la **Compagnie des Sentiers Maritimes** (☎ 02 99 78 83 70 ; www.sentiersmaritimes.com ; 2a rue Poullain-Duparc, 35000 Rennes). Pour obtenir d'autres adresses, connectez-vous au site officiel du tourisme en Bretagne www.tourismebretagne.com.

Comment circuler

BATEAU

Si les liaisons entre le continent et les îles sont fréquentes et faciles, il existe peu (et c'est dommage) de liaisons inter-îles à l'année, à part celle allant de Houat à Hoëdic, et encore moins de liaisons entre villes continentales. Quelle que soit l'île que vous souhaitez rejoindre, réservez toujours votre place bien à l'avance, en particulier pour les jours fériés et l'été. De même, faites-vous confirmer l'horaire du bateau la veille ou le jour du départ. Une avarie ou le mauvais temps peuvent, en effet, retarder ou annuler la traversée. Sur l'île, tout changement d'horaire est signalé généralement par voie d'affichage (à l'office du tourisme ou dans les boutiques).

Pour les liaisons inter-îles, renseignez-vous auprès des compagnies maritimes qui effectuent quelques liaisons ponctuelles.

Pour connaître les détails sur chaque liaison maritime, reportez-vous aux chapitres régionaux concernés. Les principales compagnies sont :

Compagnie Océane (☎ 0820 056 156, 0,12 €/min ; www.compagnie-oceane.fr). Liaisons : de Quiberon vers Belle-Île, Houat et Hoëdic ; de Lorient vers Groix.

Escal'Ouest (☎ 02 97 65 52 52 ; www.bateautaxi-iledegroix.com). Liaisons vers Groix depuis Lorient, Port-Louis et Larmor-Plage.

Compagnie du Golfe (☎ 02 53 46 56 56 ; www.compagnie-du-golfe.fr). Liaisons au départ de Vannes et de Port-Navalo vers Belle-Île et l'île d'Arz

Navix (☎ 0825 132 100 ; www.navix.fr). Liaisons au départ de Vannes, Port-Navalo, Locmariaquer, Quiberon, Étel, La Turballe, Le Croisic ou Doëlan vers Belle-Île, Houat et Hoëdic, Groix, le golfe du Morbihan et la ria d'Étel.

Penn ar Bed (☎ 02 98 70 70 70 ou 02 98 80 80 80 ; www.pennarbed.fr). Liaisons : Esquibien, à 3 km d'Audierne, vers l'île de Sein ; Ouessant toute l'année au départ de Brest, du Conquet et, en été, également de Camaret.

Vedettes de Bréhat (☎ 02 96 55 79 50, renseignements horaires ☎ 02 96 55 73 47 ; www.vedettesdebrehat.com). Six à 20 liaisons par jour selon la saison vers Bréhat, depuis la pointe de l'Arcouest.

Vedettes de l'Odet (☎ 02 98 57 00 58 ; www.vedettes-odet.com). Départs de Beg-Meil, Bénodet, Concarneau, Port-la-Forêt, Loctudy et Quimper pour les Glénans.

Vedettes CFTM (☎ 02 98 61 78 87 ; www.vedettes-ile-de-batz.com). Liaison vers l'île de Batz, tous les jours à partir de Roscoff.

BUS

Si vous n'avez pas de voiture pour vous déplacer, le bus constitue une alternative à condition de le combiner avec le train si vous souhaitez rayonner sur plusieurs départements ou pour les longues distances. Chaque département possède une compagnie de bus qui dépend directement du conseil général et qui fait donc office de service public, là où la SNCF s'est désengagée.

CÔTES-D'ARMOR

Réseau Ti'bus (☎ 0810 222 222 ; www.tibus.fr). 25 liaisons sur l'ensemble du département. Certaines sont même interdépartementales. Le prix du billet est unique (2 €) et permet une correspondance dans l'heure qui suit l'oblitération du billet. Une carte valable 30 jours est vendue 40 €. Les vélos sont acceptés dans la limite de 3 (au-delà sur réservation).

La ligne 14 assure des liaisons entre Saint-Malo et Saint-Cast-le-Guildo ; la ligne 13 relie Dinan et Saint-Cast-le-Guildo en passant par Plancoët ; la ligne 2 relie Fréhel et Saint-Brieuc via Erquy et Pléneuf-Val-André ; la ligne 5 relie les villes de Rostrenen à Saint-Brieuc en passant par Quintin ; la ligne 9 relie Saint-Brieuc à Paimpol en passant par Saint-Quay-Portrieux ; elle rejoint la pointe de l'Arcouest, via Ploubazlanec, et dessert les communes de la côte du Goëlo depuis Saint-Brieuc ; la ligne 7 vous permettra de rejoindre Paimpol en venant de Lannion, Tréguier et Lézardrieux ; la ligne 23 relie Saint-Brieuc et Paimpol en passant par les communes de Châtelaudren et de Lanvollon ; la ligne 4 relie Carhaix à Loudéac en passant par Mûr-de-Bretagne, Caurel et Gouarec ; la ligne 15 relie Lannion et la côte de Granit rose, et dessert Trégastel, Perros-Guirec et Trébeurden ; la ligne 16 assurant la liaison entre Tréguier et Lannion, s'arrête à Port-Blanc.

FINISTÈRE

Réseau Penn-ar-Bed (☎ 0810 810 029 ; www.viaoo29.fr). Une quarantaine de lignes parcourt l'ensemble du département. Le prix du billet est fixé à 2 €, sauf pour la ligne Quimper-Brest (2/4/6 € selon la distance). Carte valable 1 mois vendue au prix de 40 € (40/60/80 € pour la ligne Quimper-Brest).

De Brest, vous pourrez rejoindre Quimper par la ligne 31, Le Conquet par la ligne 11, Landéda par la ligne 20B via Lannilis, Roscoff et Saint-Pol-de-Léon par la ligne 25. De là, vous pourrez longer la baie de Morlaix via la ligne 28. De Brest, la ligne 32 dessert Daoulas, laquelle permet également de rejoindre la presqu'île de Crozon jusqu'à Camaret en opérant une connexion à Le Faou pour la ligne 34. La presqu'île de Crozon est également facilement accessible depuis Quimper via la ligne 37. De Quimper, vous pourrez rejoindre Douarnenez par la ligne 51, le cap Sizun jusqu'à la pointe du Raz via la ligne 53 et Concarneau via la ligne 43, où vous pourrez prendre la ligne 47 pour rejoindre Quimperlé via Pont-Aven.

Plusieurs lignes permettent de rejoindre les enclos paroissiaux dans les terres ainsi que les monts d'Arrée et les Montagnes Noires : la ligne 50 Morlaix-Quimper via Huelgoat, Brasparts et Pleyben, la ligne 36 Carhaix-Plouguer-Châteaulin via Pleyben.

ILLE-ET-VILAINE

Réseau Illenoo (☎ **0810 35 10 35 ; www.illenoo-services.fr**). Une vingtaine de lignes qui partent le plus souvent du centre de la métropole de Rennes. Il existe 7 zones tarifaires et les prix des billets varient de 1,90 € à 4,30 €.

La ligne 16A relie Saint-Malo à Saint-Briac-sur-Mer en passant par Dinard et Saint-Lunaire ; la ligne 7A relie Dinard à Rennes en passant par Dinan et Bécherel. Les bus relient Fougères à Vitré (ligne 13) et à Rennes (ligne 9a) d'où partent de nombreuses correspondances.

LOIRE-ATLANTIQUE

Réseau Lila (☎ **0825 087 156, 0,15 €/min ; www.loire-atlantique.fr**). Propose 45 lignes régulières qui sillonnent la région. Tarif unique 2 € (tarif réduit 1 €), carnet 10 tickets 17,60 €, carte mensuelle 54,90 €, tarif -26 ans 42 €.

La ligne E relie Saint-Nazaire au Croisic via La Baule et Batz-sur-Mer, ainsi que Guérande. La ligne J relie La Baule à Piriac-sur-Mer et dessert Guérande et La Turballe.

Pour la Brière vous avez le choix entre le Ty'Bus de la compagnie **Stran** (☎ **02 40 00 75 75**, ☎ **0810 184 186 pour réserver ; ⌚ lun-sam 7h-20h, 20h-6h sur réservation la veille avant 18h, dim et jours fériés sur réservation**) qui dessert plusieurs communes dont celles de Saint-André-des-Eaux, Saint-Joachim, Saint-Nazaire et Pornichet, et les bus du réseau **Lila** qui desservent Missillac, Herbignac, Saint-Lyphard, Assérac ou Saint-Molf, ainsi que les communes de Saint-Nazaire, Guérande, La Baule et Pornichet.

MORBIHAN

Réseau Tim (☎ **0810 10 10 56 ou 02 97 56 96 95 ; www.morbihan.fr**). Environ 15 liaisons sur l'ensemble du département. Tarif unique 2 € (tarif réduit 1 €), carte 10 voyages valable 6 mois 15 €, carte mensuelle jeunes -26 ans 32 €, carte mensuelle 42 €.

La ligne de bus 1 du réseau assure le transport entre Vannes, Auray et Quiberon, et marque un arrêt à Plouharnel, Penthièvre et Saint-Pierre-Quiberon. La ligne 18 qui fait le trajet entre La Trinité-sur-Mer et Port-Louis s'arrête à Carnac, tout comme la ligne 1. La ligne 16 fait le trajet entre Auray et Lorient, la ligne 5 Baud-Vannes marque un arrêt à Auray. La ligne 6 relie Larmor-Baden et Auray. La ligne 7 relie Vannes à Port-Navalo en passant par Sarzeau, Saint-Gildas-de-Rhuys, le port du Crouesty et Arzon. Les lignes 16 et 18 desservent aussi les localités de la Ria d'Étel.

TRAIN

La couverture ferroviaire régionale en Bretagne par les **TER** (**TER Bretagne ;** ☎ **0800 880 562 ; www.ter-sncf.com/bretagne ; ⌚ renseignements lun-ven 7h-20h**) est inégale. Si les liaisons Rennes-Brest et Rennes-Quimper permettent de desservir de nombreuses communes, en revanche, plusieurs lignes ont été fermées depuis 50 ans et remplacées par des liaisons en autocar.

La ligne Rennes-Brest traverse les villes de Lamballe, Saint-Brieuc, Guingamp, Plouaret-Trégor, Morlaix, Landivisiau et Landerneau.

La ligne Rennes-Quimper traverse les villes de Vannes, Auray, Lorient, Quimperlé et Rosporden.

Étonnamment, il n'existe pas de liaison ferroviaire rapide entre Rennes et Nantes ; comptez au mieux 1 heure 30 de trajet.

Il existe quelques lignes régionales secondaires qui se révèlent extrêmement pratiques comme le "Tire-Bouchon" entre Auray et Quiberon (en saison seulement ; voir p. 206).

TRANSPORTS URBAINS

BUS, TRAMWAY

Il existe des services de bus urbains dans les villes suivantes : Rennes, Nantes, Fougères, Saint-Malo, Vitré, Dinard, Saint-Brieuc, Dinan, Lannion, Lamballe, Morlaix, Landerneau, Brest, Quimper, Douarnenez, Quimperlé, Concarneau, Vannes, Lorient, Pontivy, Carnac, Auray.

Rennes est la seule ville de Bretagne à disposer d'un métro, le VAL ; et Nantes et Brest ont un tramway.

TAXIS

Toutes les grandes villes et agglomérations de taille moyenne comptent des services de taxis, notamment au départ des gares ferroviaires et des aéroports.

Rennes : Taxis Rennais (**02 99 30 79 79, http://transport-personne-taxi.taxisrennais.fr/)**

Brest : AAA Taxis Brestois **(0 298 806 806, www.taxi806.com)**

Vannes : Radio Taxi Vannetais **(02 97 54 34 34)**

Nantes : Allo Taxi Nantes Atlantique **(02 40 69 22 22, www.allo-taxis.com)**

VÉLO

Même si la météo ne se prête pas toujours à une découverte de la Bretagne à vélo (à cause de la pluie et surtout du vent), sa pratique se développe de plus en plus. Bonne nouvelle, les acteurs institutionnels (région, département et communauté de communes) ont décidé de passer à l'action, avec l'aide le plus souvent de fonds européens, en construisant des itinéraires sécurisés. À terme, la Bretagne devrait proposer près de 2 000 km de circuits entièrement protégés, dont 1 000 km en voies vertes (voir p. 38). À l'heure actuelle, la Bretagne, sur l'ensemble du territoire, compte 1 000 km dont la fameuse voie bleue, le long du canal de Nantes à Brest. Il existe également quelques voies entre la côte et l'intérieur de la Bretagne. En revanche, les choses s'avèrent plus compliquées pour les amateurs de cyclotourisme qui voudraient longer la côte. Ce sont en effet les zones les plus urbanisées, et la constitution d'un réseau de pistes cyclables protégées est souvent un casse-tête pour les communes.

Les itinéraires de VTT sont les plus nombreux et permettent de faire des boucles de plusieurs dizaines de kilomètres pour explorer l'arrière-pays. Renseignez-vous auprès des offices du tourisme pour obtenir les itinéraires.

LOCATION

Il y a des loueurs de vélos dans la plupart des centres touristiques et dans certaines grandes villes, où les systèmes de vélos en libre-service deviennent par ailleurs de plus en plus courants. Généralement, vous aurez le choix entre VTT et vélo de ville. Comptez de 8 à 12 € pour une location à la journée et de 40 à 50 € pour la semaine. Les coordonnées des prestataires figurent dans les parties régionales. Sinon, Nantes, Vannes, Quimper et Rennes disposent de vélos en libre-service, respectivement Bicloo, Vélocéa, Vélo-QUB et LE Vélo-STAR.

VOITURE ET MOTO

La voiture et la moto sont les moyens de transport les plus adaptés à la découverte de la Bretagne. Tout est prévu pour le confort du conducteur : le réseau routier est dense et le fléchage des sites et infrastructures touristiques est excellent. De plus, les voies rapides sont entièrement gratuites ! Enfin, avec un véhicule, on accède à toutes les richesses du littoral, alors que bus et train ne desservent pas toutes les localités. Seul point noir : les bouchons dans les zones balnéaires en haute saison et les difficultés pour se garer à cette époque.

LOCATION

Si vous ne disposez pas de véhicule, vous trouverez sur place, dans les gares et dans le centre des grandes villes, des sociétés de location. Renseignez-vous au préalable sur les prestations incluses dans le prix (kilométrage illimité ou non, taxes, assurance, rachat de franchise, etc.) et sur votre responsabilité en cas de problème. Mieux vaut en tout état de cause souscrire une assurance complète (renseignez-vous auprès de votre propre assureur ; si vous possédez une carte bancaire Premier, demandez des précisions sur la couverture incluse) couvrant les bosses et éraflures que vous risquez de faire à la carrosserie. Toutes les grandes enseignes sont en général représentées dans les principales villes. N'hésitez pas à faire jouer la concurrence. Quelle que soit la période, il est préférable de réserver. Souvent, les tarifs sur Internet sont plus avantageux qu'aux guichets. Outre les loueurs cités ci-après, une autre solution consiste à contacter avant votre départ les agences en ligne **Autoescape** (✆ 0892 46 46 10 ; www.autoescape.com), **Locationdevoiture** (✆ 0800 733 333, numéro vert gratuit ; www.locationdevoiture.fr) ou **Easycar** (www.easycar.fr) qui permettent de comparer les tarifs et de réserver en ligne.

Les sites Internet des sociétés citées ci-après répertorient les différentes agences situées en Bretagne, où vous pourrez louer un véhicule :

Ada (✆ 0825 169 169 ; www.ada.fr)

Avis (✆ 0820 050 505 ou 3642 ; www.avis.fr)

Budget (✆ 0825 003 564, 0,15 €/min ; www.budget.fr)

Europcar (✆ 0825 358 358, 0,15 €/min ; www.europcar.fr)

Hertz (✆ 0825 342 343 ; www.hertz.fr)

Rent a car (✆ 0891 700 200 ; www.rentacar.fr)

Sixt (✆ 0820 00 74 98 ; www.sixt.fr)

En coulisses

Crédits photographiques

Photographie de couverture : Phare, Ploumanach © Grand Tour/Corbis.
Photographie de dos : Alignements debout de pierres mégalithiques © Oric1-Flickr.

À propos de cet ouvrage

Cet ouvrage est la première édition du guide *Bretagne*. Ont collaboré également à cet ouvrage les auteurs suivants : Jean-Bernard Carillet, Olivier Cirendini, Laurent Courcoul, Régis Couturier, Hervé Milon, Véronique Sucère.

Direction éditoriale Didier Férat
Coordination éditoriale Isabelle Bouwyn
Responsable prépresse Jean-Noël Doan
Maquette Laurence Tixier
Cartographie Afdec
Couverture Annabelle Henry
Fabrication Céline Premel-Cabic
Photogravure Axiome
Merci à Christiane Mouttet pour sa relecture attentive, à Sarah Arfaoui pour son travail précieux et pour le pain au chocolat, ainsi qu'à Julie-Pomme Séramour et Livia Koutchoumov pour leur travail de référencement. Merci également à Dominique Spaety et à Émeline Gontier pour leur aide et leur soutien, et à toute l'équipe du bureau de Paris. Enfin, merci à Clare Mercer, Tracey Kislingbury, Joe Revill et Luan Ange du bureau de Londres, ainsi qu'à Darren O'Connell, Chris Love, Craig Kilburn, Carol Jackson, Sally Darmody et Jacqui Saunders du bureau australien.

VOS RÉACTIONS ?

Vos commentaires nous sont très précieux et nous permettent d'améliorer constamment nos guides. Notre équipe lit toutes vos lettres avec la plus grande attention. Nous ne pouvons pas répondre individuellement à tous ceux qui nous écrivent, mais vos commentaires sont transmis aux auteurs concernés. Tous les lecteurs qui prennent la peine de nous communiquer des informations sont remerci dans l'édition suivante, et ceux qui nous fournissent les renseignements les plus utiles se voient offrir un guide.

Pour nous faire part de vos réactions, prendre connaissance de notre catalogue et vous abonner à notre newsletter, consultez notre site Internet :
www.lonelyplanet.fr

Nous reprenons parfois des extraits de notre courri pour les publier dans nos produits, guides ou sites web. Si vous ne souhaitez pas que vos commentair soient repris ou que votre nom apparaisse, merci de nous le préciser. Notre politique en matière de confidentialité est disponible sur notre site Intern

NOTES

NOTES

NOTES

NOTES

NOTES

NOTES

Index

A

Les cartes sont indiquées en **gras**

B

C

K

L

M

Les cartes sont indiquées en **gras**

N

O

P

Les cartes sont indiquées en **gras**

Q

R

S

T

V

W

Y

Comment utiliser ce livre

Ces symboles vous aideront à identifier différentes rubriques :

- À voir
- Où se restaurer
- Où prendre un verre et faire la fête
- Où sortir
- Shopping
- Activités

Ces symboles vous donneront des informations essentielles au sein de chaque rubrique :

- Numéro de téléphone
- Horaires d'ouverture
- Parking
- Non-fumeurs
- Climatisation
- Accès Internet
- Wi-Fi
- Piscine
- Végétarien
- Familles bienvenues
- Animaux acceptés
- Bus
- Ferry
- Tube (Londres)
- Tram
- Train

La sélection apparaît dans l'ordre de préférence de l'auteur.

Les pictos pour se repérer :

- GRATUIT Des sites libres d'accès
- Les adresses écoresponsables

Nos auteurs ont sélectionné ces adresses pour leur engagement dans le développement durable – par leur soutien envers des communautés ou des producteurs locaux, leur fonctionnement écologique ou leur investissement dans des projets de protection de l'environnement.

Légende des plans

À voir
- Plage
- Temple bouddhiste
- Château
- Église/cathédrale
- Temple hindou
- Mosquée
- Synagogue
- Monument
- Musée/galerie
- Ruines
- Vignoble
- Zoo
- Centre d'intérêt

Activités
- Plongée/snorkeling
- Canoë/kayak
- Ski
- Surf
- Piscine/baignade
- Randonnée
- Planche à voile
- Autres activités

Se loger
- Hébergement
- Camping

Se restaurer
- Restauration

Prendre un verre
- Bar
- Café

Sortir
- Spectacle

Achats
- Magasin

Renseignements
- Poste
- Point d'information

Transports
- Aéroport/aérodrome
- Poste frontière
- Bus
- Téléphérique/funiculaire
- Piste cyclable
- Ferry
- Métro
- Monorail
- Parking
- Subway
- Taxi
- Train/rail
- Tramway
- Tube
- U-Bahn
- Autre moyen de transport

Routes
- Autoroute à péage
- Autoroute
- Nationale
- Départementale
- Cantonale
- Chemin
- Route non goudronnée
- Rue piétonne
- Escalier
- Tunnel
- Passerelle
- Promenade à pied
- Promenade à pied (variante)
- Sentier

Géographie
- Refuge/gîte
- Phare
- Point de vue
- Montagne/volcan
- Oasis
- Parc
- Col
- Aire de pique-nique
- Cascade

Population
- Capitale (pays)
- Capitale (État/province)
- Grande ville
- Petite ville/village

Limites et frontières
- Pays
- Province/État
- Contestée
- Région/banlieue
- Parc maritime
- Falaise/escarpement
- Rempart

Hydrographie
- Rivière
- Rivière intermittente
- Marais/mangrove
- Récif
- Canal
- Eau
- Lac asséché/salé/intermittent
- Glacier

Topographie
- Plage/désert
- Cimetière (chrétien)
- Cimetière (autre religion)
- Parc/forêt
- Terrain de sport
- Site (édifice)
- Site incontournable (édifice)

CHRISTOPHE CORBEL

Du plus longtemps qu'il se souvienne, Christophe a toujours passé du bon temps en Bretagne... dans la maison de sa grand-mère, bretonne de cœur, pleine de cousins piaillant comme des moineaux. Elle savait mieux que personne surveiller les nuages sous le soleil ou pêcher la crevette grise à l'aide de son pousseux. À cette époque, on se baignait deux fois par jour, il n'y avait pas encore d'algues vertes, on attrapait vigoureusement les lançons les soirs de pleine lune, on faisait 10 km à vélo pour aller manger les meilleures galettes des Côtes-du-Nord... Plus tard, Christophe a compris que la Bretagne ne se résumait pas à une maison, une plage, un village, une gare SNCF et à sa grand-mère. Bref, que la Bretagne, c'est comme un pays... En dehors de la Bretagne, Christophe aime voyager dans des endroits où le soleil et les nuages se partagent le ciel... question d'habitude.

RÉGIS COUTURIER

Comme tout bon Parisien, Régis n'est pas né à Paris, mais en Ariège. Il a bien un temps habité à Vannes, mais il n'était pas encore en âge de boire du chouchen, et a surtout grandi en Charente-Maritime, l'autre pays des huîtres. Comme tout bon Parisien encore, il est venu passer de nombreux week-ends en Bretagne, de l'île de Sein à la forêt de Brocéliande, en passant par Crozon, Plougoulm, Glomel ou Morlaix. Mais c'est à l'occasion de ce guide, en parcourant le Finistère jusque dans ses *ribines* les plus reculées, qu'il a vraiment découvert l'Armorique, et a été gagné au charme nonpareil de ses lumières versatiles, de ses paysages contrastés et du caractère trempé de ses habitants. Après des études de Lettres et un Erasmus en Écosse, Régis commence à travailler pour Lonely Planet en 1999 en éditant des guides. Ce qu'il continue de faire entre deux voyages, quand il ne se mêle pas d'en écrire ou qu'il ne pas pige dans la presse en tant que secrétaire de rédaction.

MARIE DUFAY

Marie passe son enfance à Paris, mais sa vie bascule à 8 ans lors de ses premières vacances bretonnes : la mer devient son élément, son obsession. À 14 ans, elle fait son premier stage de voile à l'archipel des Glénan. Ses diplômes de langues et d'ethnologie en poche, elle écume les îles du littoral français, des Caraïbes, de l'océan Indien, avant de poser son sac à Concarneau où elle devient journaliste et photographe maritime. À 29 ans, elle part sur son voilier de 8 mètres sillonner la Méditerranée pendant 3 ans. Le Finistère est toujours son port d'attache, où elle continue de collaborer à la presse nautique et touristique entre deux virées au large. Marie travaille régulièrement avec Lonely Planet (participation aux guides *Bretagne Nord*, *Bretagne Sud*, *Côte d'Azur*, création du guide *La Guadeloupe en quelques jours*).

BÉNÉDICTE HOUDRÉ

C'est le cœur qui d'abord l'a menée jusqu'à l'estuaire de la Loire ! Bénédicte partage la vie d'un Nantais et de fréquents séjours dans la cité ligérienne lui font apprécier la personnalité de cette ville, dynamique et séduisante. Après des études d'histoire et de sciences de l'information, et un passage au sein de quelques rédactions, Bénédicte opte pour l'édition. Elle entame une collaboration régulière avec Lonely Planet en 1999. Auteur de guides (*Lille en quelques jours*, *La Villette et le Nord-Est parisien*, *Bretagne Sud*, *Normandie*, *Pays de la Loire*), elle travaille également comme éditrice.

Les guides Lonely Planet

Une vieille voiture déglinguée, quelques dollars en poche et le goût de l'aventure, c'est tout ce dont Tony et Maureen Wheeler eurent besoin pour réaliser, en 1972, le voyage d'une vie : rallier l'Australie par voie terrestre via l'Europe et l'Asie. De retour après un périple harassant de plusieurs mois, et forts de cette expérience formatrice, ils rédigèrent sur un coin de table leur premier guide, *Across Asia on the Cheap*, qui se vendit à 1 500 exemplaires en l'espace d'une semaine. Ainsi naquit Lonely Planet, qui possède aujourd'hui des bureaux à Melbourne, Londres et Oakland, et emploie plus de 600 personnes. Nous partageons l'opinion de Tony, pour qui un bon guide doit à la fois informer, éduquer et distraire.

Nos auteurs

CAROLE HUON

Bretonne d'origine et de cœur, Carole a passé une enfance rythmée par la cueillette des champignons et les parties de pêche avec les vieux loups de mer, sur fond d'essences forestières et d'odeurs de goémon, entre la campagne rennaise et le très sauvage sillon du Talbert. Après des études d'histoire à Rennes, elle part à la quête d'autres menus plaisirs : plusieurs mois en Irlande d'abord, aux portes du Connemara, puis en Argentine, au Chili et en Bolivie, pour des projets relatifs à l'édition. Elle se découvre alors une vraie passion pour les voyages et les grands espaces, qui la mèneront jusqu'en Mongolie. Après un détour à Paris au sein de l'équipe éditoriale de Lonely Planet, Carole a voulu retrouver ses grands espaces d'origine. Elle habite aujourd'hui dans le Morbihan, face à la mer. Carole travaille régulièrement pour Lonely Planet en tant qu'éditrice.

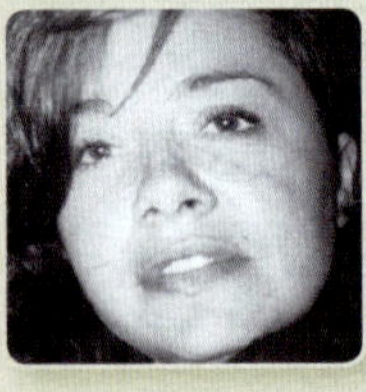

MURIEL CHALANDRE-YANES BLANCH

C'est lors de ses vacances d'enfant que Muriel a goûté (et bu la tasse !) aux vagues bretonnes pour la première fois. Charmée par la Bretagne Sud, sa famille parisienne est venue s'y installer quelques années plus tard. Depuis, après des études de langues et d'histoire de l'art, et de longs voyages pour aller voir entre autres Persépolis, le Metropolitan Museum, l'Alhambra et la mer Morte, Muriel quitte régulièrement Paris pour prendre l'air sur les côtes bretonnes et sur celles de Cuba, autre pays de sa famille. Quelques années dans l'édition d'art et les revues artistiques, en France et à l'étranger, précèdent sa collaboration régulière avec Lonely Planet.

Plus d'auteurs

L'Essentiel de la Bretagne,
1re édition

Dépôt légal Avril 2013
ISBN 978-2-81613-079-9

Imprimé par IME (Imprimerie Moderne de l'Est), Baume-les-Dames, France
Réimpression 02, juin 2013

En Voyage Éditions | un département place des éditeurs